47都道府県・商店街百科

正木 久仁
杉山 伸一 編著

丸善出版

はじめに

　「商店街」と聞いて描くイメージは様々です。ブランド店や老舗が軒を連ねる華やかな大都市の中心商店街を思い描く人もあれば、馴染みの買い物客が行きかう地元の商店街を思い描く人もいます。多いのは、空き店舗が多いシャッター通りと化した姿ではないでしょうか。スーパーマーケット、ショッピングセンターやコンビニエンスストアの登場と郊外の発展、通販の普及などにより商店街は苦境に立たされてきました。商店街実態調査によれば、約7割の商店街が衰退傾向にあると感じています。必要品の買い物をショッピングセンターやコンビニで済ますことは可能で、若い世代では商店街を利用した経験のない人もいます。時代遅れとも言われることの多い商店街を本シリーズの1冊として取り上げる意義はどこにあるのでしょうか。

　商店街の本来の活動は物品やサービスの売買です。この点では商店街の比重は低下しています。しかし、商店街には、付随して発生する活動、機能があります。店舗が連担することによってつくり出される街並みは街の雰囲気を醸し出し、誇りや愛着を持って語られてきました。そのような商店街は住民が集う場であり、そこでは住民間、店主間、住民と店主間で様々な地域の情報が交換されてきました。祭りやイベント時には商店街を中心に賑わいの空間が出現しています。このような商店街に付随する活動は、稀薄化するコミュニティを補完するものとして期待されています。また、地域の歴史や文化を学び、コミュニティ力を育成する地域学習の場としても注目されています。そのためには多くの人に商店街に足を向けていただき、魅力を再発見してもらうことが欠かせません。本書は、47都道府県の様々な特色ある商店街を、その成り立ちや変遷とともに紹介し、あらためて商店街の魅力を伝えようとするものです。

本書は2部で構成されています。第Ⅰ部では商店街のタイプ、立地、街路形態、組織といった商店街を観察、考察する際の基本事項を整理したうえで、日本の商店街の歴史と今日直面している課題について概観しています。第Ⅱ部は本書の中心的部分で、47都道府県ごとに地域性や商店街の発展と現状について概観したうえで、200ほどの商店街を「行ってみたい商店街」として選んで、成り立ちや動向、今日抱えている課題と取組みなどを具体的に紹介しています。全国には2,000にのぼる商店街があると言われており、本書で取り上げることができたのはごく一部です。都道府県庁所在都市の中心商店街のほか、明確な選択基準はありませんが、タイプや地域性などを考慮して選びました。これらはキーワードとともに一覧表にまとめて巻末の付録に収めてありますので、ご参照ください。

　記述にあたっては書籍、ネット情報など様々な情報源から資料を収集するとともに、できる限り現地に足を運んで商店街の現状を観察し地元民の声を聴き取るようにしました。執筆以降の変化についてもフォローするように努めました。本書の内容との違いもあるかと思いますが、新しい知見を加えることによって理解が一層進むととらえて、本書をご活用ください。本書が商店街に関心を持っていただき商店街を考えるきっかけになれば、望外の喜びです。

　なお、本書は野外歴史地理学研究会（会長：野間晴雄）の企画、編集で出発し、正木と杉山がとりまとめを行ってきました。その後、研究会が閉会になり、編著者に正木と杉山の名が残ったものです。ご執筆いただいた先生方および貴重な情報をご提供いただいた現地の方には、この場を借りて、厚くお礼申し上げます。また、各都道府県の地図の作成、付録の商店街一覧表のキーワードの整理では大阪学院大学大学院生谷口博君に多大のお世話になりました。

2019年5月

正木久仁
杉山伸一

目　　次

第Ⅰ部　商店街の基礎知識

1．商店街の見方 …………………………………………………… 2
商店街とは　2／商店街のタイプ　3／商店街の立地　4／商店街の街路形態　5／商店街の組織　7

2．日本における商店街の歴史 ………………………………… 8
江戸時代以前の商業地　8／明治、大正時代の商店街　9／昭和戦前期における商店街　10／戦後の商店街の拡大　11／小売業の多様化　13／大型店の立地規制と商店街　15

3．商店街の現状と課題 ………………………………………… 16
商店街の現状　16／商店街の課題　17／商店街の活性化事業　18／まちづくりと商店街　20

第Ⅱ部　都道府県別 商店街とその特色

北海道　24 /【東北地方】青森県　32 / 岩手県　38 / 宮城県　44 / 秋田県　50 / 山形県　56 / 福島県　62 /【関東地方】茨城県　68 / 栃木県　74 / 群馬県　80 / 埼玉県　86 / 千葉県　92 / 東京都　98 / 神奈川県　108 /【北陸地方】新潟県　114 / 富山県　120 / 石川県　126 / 福井県　132 /【甲信地方】山梨県　138 / 長野県　144 /【東海地方】岐阜県　150 / 静岡県　156 / 愛知県　162 /【近畿地方】三重県　168 / 滋賀県　174 / 京都府　180 / 大阪府　188 / 兵庫県　198 / 奈良県　206 / 和歌山県　212 /【中国地方】鳥取県　218 / 島根県　224 / 岡山県　230 / 広島県　236 / 山口県　242 /【四国地方】徳島県　248 / 香川県　254 / 愛媛県　260 / 高知県　266 /【九州・沖縄地方】福岡県　272 / 佐賀県　280 / 長崎県　286 / 熊本県　292 / 大分県　298 / 宮崎県　304 / 鹿児島県　310 / 沖縄県　316

コラム

端に位置する商店街　31
100円商店街　61
「雁木・アーケード」から「無散水融雪システム」へ　67
幕張新都心とイオンモール　97
『昭和10年全国商店街調査』　107
中学校地理フィールドワーク学習と商店街　197
祭りと商店街　253
高知の日曜市　271
屋台と商店街　279
プロスポーツキャンプ地の商店街　309

巻末付録

付録1　本書で取り上げた「行ってみたい商店街」一覧　322
付録2　商店街関係年表　335
文献および資料　337
索引　339

第Ⅰ部

商店街の基礎知識

1 商店街の見方

商店街とは

　戦後も1970年代までは「商店街はまちの顔」とも呼ばれ、百貨店とともに小売業の中心的存在として買い物客で賑わっていた。今日、多くの商店街ではかつての賑わいは薄れ、空き店舗が目立つ「シャッター通り」の様相を呈している。消費者は必要なものを郊外のショッピングセンターや量販店などで購入することが主になってきている。人の流れの多くは新しく作られた商業施設に吸い寄せられており、商店街は決してメインとは言えなくなっている。商店街のなかでも物販店に代わって飲食店やサービス店、チェーン店が増加しており、変化が著しい。

　では、商店街とはどのようなものなのか。百貨店やショッピングセンターとどこが異なるのだろうか。石原武政（2012）は、商店街を「公共道路に沿って中小小売店などが連続して建ち並んだ集積」としている。中小小売店が主体であることが商店街の特徴の1つである。厳密に言えば、百貨店などの大型店は商店街から除かれることになるが、両者は一体化している場合も多く、大型店も含めて商店街を考察する必要がある。2つ目は、商店街には飲食店やサービス店、娯楽施設なども含まれることで、業種構成の違いは商店街の特性を反映している。集積規模について商業統計では、小売店、飲食店およびサービス業を含む事業所が近接して30店舗以上あるものを商店街と定義しているが、1つの目安とすべきであろう。さらに、もう1つ重要な点が、公共道路に沿っているということである。商店街を、公共道路という公共空間に、いわば自然発生的に形成されてきたものととらえる見方である。地下街（地下商店街）や市場は商店街に含まれるが、私有地に様々なテナントが計画的に入居するショッピングセンターは商店街に含まないのが一般的で、本書でもそれに従う。

　商店街を商店主の集まり、商店街組織としてとらえることもできる。商店街の様々な活動には商店街組織が重要になるが、いくつか留意点がある。

第1に、必ずしも全店舗が商店街組織に加盟しているわけではないことである。第2には、1つの商店街のように見えても、内部がいくつかの組織に分かれている場合があることである。実体としての商店街と組織としての商店街は一致しないことが多い。2014年の『商業統計表』では、12,681の商業集積地区（商店街）組織を挙げているが、実体としての商店街に限れば3,000程度と見られる。

商店街のタイプ

　商店街は様々な観点から分類することができる。発生史的に見れば、街道型、参道型、市場型、盛り場型などにタイプ分けされる。また、形態や立地場所の違いによっても区分できるが、これについては後述する。ここでは、商店街を構成している商店の種類と顧客圏の大きさによるタイプ分けを取り上げる。

　小売商品は、食品や日用雑貨のように消費者が手軽にほとんど比較しないで購入する最寄品と、家具や家電など消費者が複数の店舗を回って商品を比較して購入する買回り品に大別される。最寄品を扱うのが最寄品店、買回り品を扱うのが買回り品店で、より高額で専門的な商品を扱っているのが高級店、専門店である。最寄品店の顧客が近隣ないし地元住民が中心であるのに対して、買回り品店へは広域からも訪れる。そこで、商店街は近隣型、地域型、広域型、超広域型に4区分でき、次のように説明される。

- **近隣型商店街**：最寄品店中心の商店街で、地元主婦が日用品などを徒歩または自転車などにより日常的に買い物をする商店街。
- **地域型商店街**：最寄品店および買回り品店が混在し、近隣商店街よりもやや広い範囲から、徒歩、自転車、バスなどで来街する商店街。
- **広域型商店街**：百貨店、量販店などを含む大型店があり、最寄品店よりも買回り品店が多い商店街。
- **超広域型商店街**：百貨店、量販店などを含む大型店があり、有名専門店、高級専門店を中心に構成され、遠距離からの来街者が買い物をする商店街。

　上記の説明で、顧客圏については買い物客の移動手段に触れていることに注意したい。広域型商店街になると鉄道などの利用者が多くなるだろう

し、都道府県境を越えてより広域から買い物客が訪れる超広域型商店街として、東京、大阪のほか、札幌、仙台、名古屋、福岡などの中心商店街を挙げることができる。

　しかし、この分類にはいくつかの留意点がある。まず、商店の種類で見ると異なったタイプの商店街が隣接している場合で、特に大都市の中心部で見られる。そのような場合、全体としての商業地区がどのように異なった商店街から構成されているのかを見るようにしてほしい。京都市中心部の錦市場を、近隣の主婦を対象とする食品商店街と同列に扱うことはできない。高級食材を揃え、料亭等も買出しに利用し、多くの観光客で賑わっている錦市場の性格は、中心商業地に位置づけることによって理解される。また、料理道具、厨房用品や食品サンプルなどを求めて全国各地から専門業者が買付けに来る東京の合羽橋道具筋や大阪の千日前道具屋筋は、問屋街の小売りが拡大したものであり、観光化とも無関係ではない。

　いま1つは、小売環境の変化、なかでも消費者の買い物行動の変化や郊外化により、4区分が不明瞭になってきたことである。近隣型商店街と地域型商店街の区別は不明瞭になってきた。一方で、超広域型商店街や一部の広域型商店街は活況を呈しており、二極化していると見られる。明確な基準に基づいて区分されるものではないが、その商店街が主にどの範囲の顧客を対象としているかをとらえることが重要である。なお、本書でこのタイプ分けを用いている場合は、執筆者の観察などに基づくものであることを断っておく。

商店街の立地

　小売業では、物品を購入するために消費者が商店に出向くことが一般的で、人が集まる場所が有利であり、商店街調査でも歩行者調査が欠かせないものになっている。歴史的に見ると街道筋や港町、社寺の門前などに商店が集まり、商業地が形成された。明治になり鉄道が発達すると、駅が移動の中心になり、商店街も次第に駅に引き寄せられ、再開発などにより駅前が中心商業地としての地位を確立したところが多い。その後、市街地が拡大し、マイカーが普及すると、広い駐車場のある郊外の大型店が吸引力を発揮し、買い物流動が変わった。とりわけ、様々な飲食店やサービス業、

映画館までも備えた大型ショッピングセンターが各地に開設されると、小売地図は大きく変化した。大型店の立地にとって広い用地を確保できることと、都市計画上の規制がかからないことが重視される。閉鎖工場跡地などが立地場所として選択され、あわせて周辺道路が整備されるケースをよく見かける。しかし、最近は車利用客ではなく鉄道利用者をターゲットとして、大都市の主要駅周辺で商業地の拡大整備が目立っている。商店街の立地を考察する際には、具体的に商店街形成時にどこのどのような施設が重要な役割を果たしたのか、それらの現状はどうなっているのかを見ることが必要である。また、商店街が立地する周辺地域の特性も時代とともに変化している。例えば、工場であったところが住宅団地になったり、都心部に若年層も含めて人口回帰が進んだりしている。周辺地域の変化が商店街にもたらしたメリット、デメリットはどのようなものかを考えることが重要である。

　最後に、新しい小売形態と立地について触れておく。1つはネット販売などの無店舗販売である。インターネット販売では、インターネットが使える場所であれば、消費者はどこにいても必要なものを注文、購入することができる。また、販売者は必ずしも商業者であるとは限らず、店舗を持たない場合もある。消費者、販売者ともに、立地に関わりなく（立地非拘束と言う）行われる商業活動と言える。いま1つは、過疎地域だけでなく都市部でも見かけることが多くなった移動販売がある。商業者が軽トラックなどに種々の商品を積んで、店舗に直接出向くことができない（困難な）買い物難民（弱者）のところまで出向くもので、移動スーパーマーケットとも呼ばれる。過疎地の施設を利用して販売活動を行う出張商店も同様の趣旨のものである。これらの業者は店舗を有している場合が多く、活動拠点と販売圏（サービスエリア）との関係、行政の関わりが問題となる。

商店街の街路形態

　商店街研究では、早くから商店街の道路形態に注目して、単線型、曲線型、L字型、十字型などといった形態分類が取り上げられてきた。一般に、商店街は規模が大きくなると、長くなるとともに、1本の街路から枝分かれし、平行する街路にも商店が並ぶようになり、複雑になる。商店街の背後（間）

には飲食店や娯楽施設等が建ち、面的な商業地が形成され、盛り場的様相を呈するようになる。このような街路形態を機械的に判別するだけにとどまらず、商店街の特性理解、史的理解にまで進める必要がある。そのためには、商店街のなかの通りごとの特性（商店の種類や雰囲気の違いなど）、商店街形成のきっかけになった場所や主な施設と商店街の形態との関係などについて考察する必要がある。方法として、様々な時期の地図を利用するのも有効である。

ところで、団地の一区域に計画的に店舗を配置した「団地内商店街」や市場は別として、商店街は公道に面して形成されていることは先述のとおりであり、どのような道路に面しているかが、買い物行動や商業活動に違いをもたらすことがある。まず、幅員による違いが考えられる。狭い通りでは買い物客は両側の商店を見て回りやすく、商店街としての賑わいも感じやすい。一方、通りが広いと開放感はあるが、真中に広い車道が通っていると商店街としての一体性が希薄になることもある。また、歩車が分離されていない道路では買い物客の安全上の問題もある。最近は、商品の搬送のためだけでなく、車での来街者の利便性も考慮して、道路の拡幅に合わせて、店舗のセットバックを行い、駐車スペースを設けるケースもある。

商店街の形態で特徴的なものにアーケードの有無がある。アーケードには、①買い物客を雨や強い日差しから防ぐ、②商品の日焼けや傷みを防ぐ、③商店街としての一体性を創出するといった効果があり、一時期は商店街のシンボルとしてもてはやされた。一方で、維持管理に費用がかかる、通りが狭い場合などには圧迫感があるなどのデメリットも指摘されている。近年は維持管理費の負担の大きさや、閉鎖店舗などの増加により商店街が薄暗くなったことから、アーケードを撤去する商店街も出てきている。なかには、撤去費が工面できず放置されているケースもあり、安全上からも問題視されている。一方で、高松市の丸亀町商店街や仙台市の東一番丁のように壮大なアーケードに全面改修し、新しい商業空間をつくり出しているところもある。

ところで、道路の拡張だけでなく、アーケードの設置や改修、カラー舗装などは公道に手を加えるものであり、商店街の判断だけでは実施できない。道路管理者の許可が必要になり、都市計画に位置づけられて実施される場合も多い。管理者への働きかけや費用負担には商店街の組織的活動が

必要になる。

商店街の組織

　小規模な商店では品揃えに限りがあるため、消費者を引き付けるためには、多様な商店が集まる必要があった。一方で、商店街内で同じ業種の商店が競合し、経営を圧迫することを避ける必要もあった。名称は様々であるが、なんらかの商店主の集まりは戦前からあった。戦後、各地に商店会などが発足し、1952年には全国商店街連合会が設立された。当時の商店街組織の多くは非法人組織であったが、中小企業振興法（1949年制定）に基づく事業協同組合も結成された。これは、同業種の小規模事業者で、経営合理化や取引の円滑化を目的に、共同仕入れや資材の共同購入などを行うものであった。また、1959年の伊勢湾台風で被害を受けた商店街の復興支援をきっかけに、異業者からなる地域組織として商店街振興組合の設立が認められるようになり、全国各地に設立されるようになった。法人格の商店街組織は事業協同組合と商店街振興組合で、ほかは非法人格の任意団体になる。なお、複数の組合が連合組合を結成することもある。全商店街に対する割合は任意団体が約48％、振興組合が40％、事業協同組合が12％である。

　商店街の組織的活動はソフト面とハード面に大別される。ソフト面では商店街独自のイベントや販売促進のための大売出し、スタンプ事業などがある。ハード面では、アーケードや街路灯の設置、カラー舗装、共同駐車（輪）場の整備などがある。商店街を通っているとアーケードやカラー舗装が変わる場所を見かけることがある。これは、商店街組織の境界であることが多く、商店街の外観から組織の違いを類推することができる。いずれの事業も経費を要するものであり、会員の出資金や補助金のほか、商店街がなんらかの事業を行い資金を確保することもある。補助金申請には法人格であることが求められ、振興組合設立が進められたが、近年は空き店舗の増加、チェーン店の増加などにより会員数の減少もあって、会計状況が悪化している組合も多く、法人化は頭打ちと言われている。

　今日、商店街は空き店舗対策やテナント誘致、経営者育成などの課題を抱えているが、既存商店街組織では有効に対処できていないのも現実であ

る。これらの課題に対しては、従来のように商店街と行政だけで対処するのではなく、NPO法人（特定非営利活動法人）も含めた各種団体や大学などとの連携が指摘されている。そのためには、商店街自体が現状に柔軟に対応できる組織（やわらかい人的ネットワークと言ってもよい）を持つ必要がある。個々の商店街組織を超えた「おかみさん会」では、人を呼び込む魅力的な商いを実現するために、女性の視点を活かした研修やイベントなどを精力的に行っている。また、「若手経営者の会」のなかには、「商店街の課題＝地域の課題」としてとらえて、外部組織、団体と積極的に連携しようとしているところもある。

2 日本における商店街の歴史

江戸時代以前の商業地

　江戸時代以前にも商人が集まる商い（交易）の場はあった。古代の京に市が設けられており、鎌倉時代に作成された『一遍聖絵』（『一遍上人絵伝』）には備前国（現在の岡山県東部）福岡で商いが行われている様子が描かれており、考古資料からも存在したことが確認されている。これらは特定の日にのみ商いが行われる市であって、時代とともに不定期市から、市開催日が決まっている定期市へ、さらに常設市へと発達していったと考えられる。中世には京や鎌倉などの都市的集落、湊や街道沿いなど各地に市があった。本書でも取り上げているが、戦国時代に「西の京都」とうたわれた現在の山口市の中心商店街は室町時代の市に起源が遡ると言われている。安土桃山時代になると、楽市楽座が開かれ交易活動が盛んになり、常設店舗が連なる通りが出現した。

　江戸時代には、江戸、京、大坂のほか各地に城下町が形成された。城下町以外では長崎や新潟などの港町、伊勢や善光寺（長野）などの社寺の門前町などが発達し、消費の中心ともなった。そのほか、五街道はじめ主な街道に置かれた宿場や河湊が人や物資の流通機能を担った。また、大名領

国では随所に町場が生まれ、領国支配、流通の中心となった。明治以降、盛衰はあるが、これらの場所の多くは日本の流通網形成の中心になった。

江戸時代には、武士と町人は居住地が区分されており、商業を含む諸活動では株仲間のほか様々な規制があった。城下町では商人は町人地区に居住して商いを行うことになる。大店と呼ばれる立派な構えの商家は流通の中枢を担う存在であり、主たる購入者は上層の武士や町人階層であった。一方、種々の日用品などを商う小間物屋は店舗を構えることもあるが、荷を背負って（あるいは担いで）町中を売り歩く「振売り」が主体であった。

明治、大正時代の商店街

明治時代になって西欧から新しい物品が入り、次第にそれらの消費も拡大した。①商業活動にかけられていた諸制限が解かれたこと、②生産が拡大するとともに工場を中心とした近代的生産体制へ変化したこと、さらに、③鉄道などの輸送交通機関の近代化などが、流通、商業に変化を及ぼした。

百貨店の出現
西欧の物品は輸入品がほとんどで、商品の仕入れでは大店が有利であり、購入者も大店の得意客である社会階層が主体であった。明治の中頃から上層階層で洋装化が流行し、ドレスや帽子、靴などの購入が拡大すると、大店の呉服店では、次第に取扱商品が増えてきた。また、新しい販売方式や店舗づくり（土足入店、エレベーターの設置など）が進み、20世紀に入る頃には大都市では呉服店の百貨店化が進んだ。その嚆矢が1904年の三井呉服店のいわゆる「デパートメントストア宣言」と呼ばれるもので、その後、白木屋、高島屋、松坂屋、大丸、十合が百貨店化し、1924年日本百貨店協会が設立された。

大正時代頃から百貨店は店舗を新築して売り場面積を拡大するとともに、取扱商品もさらに拡大していった。複数都市に店舗を開業するようになり、カタログ販売や出張販売といった新しい販売方式を展開するようになる。そのため、商店街との軋轢が強まり、昭和に入ると、百貨店に対する規制ができる。

商店街の形成・拡大
明治も後半になると近代的産業生産が本格化し、生産の拡大、生産者と消費者の分離が進み、全国的に商業が拡大した。東京、大阪といった大都市では、百貨店

だけでなく、特定の商品を扱う商店も増加し、一定の範囲に集まる商店街が形成されるようになり、「横の百貨店」と呼ばれた。全国に鉄道網が建設されると、県庁所在都市などの地方都市でも商店街が明瞭になった。当初は城下町時代の町人町などが商店街になったが、交通中心としての駅の地位が確立すると、商業地区は次第に駅方面へ拡大するようになった。また、師団や連隊、海軍鎮守府といった軍隊の立地が小売業の拡大、商店街の形成に及ぼした影響も無視できない。

大都市圏では、工業の拡大により増加した流入人口、労働者の生活基盤の安定化のために公設市場が開設され、各地に購買組合が結成された。また、郊外電車網の形成は郊外居住を促し、1925年に大阪市梅田にターミナルデパートが出現し、郊外でも商店が増加していった。特に、1923年の関東大震災により郊外の拡大が進んだ。なかでも、東京西郊の拡大を背景にした新宿の成長は著しかった。

昭和戦前期における商店街

商店街対百貨店

昭和に入る頃には、日本の小売業界では百貨店と商店街が対抗していた。百貨店は店舗の増改築や複数都市への店舗展開によって売り場を拡大した。地方都市でも、地元の老舗呉服店などのなかから百貨店化するものが現れ、1933年日本百貨店商業組合（組合員25店）が設立された。百貨店では、食料品や種々の日用品といった新商品の取扱いを拡大するとともに、講習会などを開催して新しい生活様式を提案したりするようになった。また、カタログ販売や出張販売による顧客獲得も進めた。

このような百貨店の動きに対して、商店街は危機感を抱き、中小小売商による反百貨店運動が活発化し、1937年に百貨店法が施行され、百貨店の営業に制限（支店・出張所設置や本・支店の拡張を許可制とするなど）が加えられるが、すでに日中戦争が始まっており、百貨店の発展が期待できる状況ではなかった。

中心商店街と地元商店街

大都市地域では商店が量的、面的に拡大し、過当競争の側面も生じていた。1929年には書籍商が新規開店する際の距離制限を行ったのが最も早い距

離制限と言われており、その後、同様の規制は他業種にも広がっていった。また、1932年には商業組合法が施行され、最初の商業組合として横浜市弁天通り商店街組合が設立された。その後、各地で商店街組合が結成され、1935年には全国商業組合中央会が発足する。同年、商工省が『全国商店街調査』を実施した。これは、当時の中小小売商を取り巻く厳しい状況を背景に実施されたもので、わが国の「商店街に関する最初で最後の詳細かつ大規模かつ網羅的な調査」と言われている。調査内容は、商店街の形態、業種構成から組織まで多岐にわたっており、当時の商店街の実態、地域差を知ることのできる貴重な資料となっている。対象となっているのは都市の中心商店街であり、調査項目に「商店街の娯楽機関」や「商店街の大衆密集場」が含まれているように、「盛り場論」から商店街をとらえようとするものと言える。

昭和に入ると、大都市ではもう1つのタイプの商店街が出現してくる。中心部の盛り場的商店街に対して、地元住民の日常生活に密着した、「地元商店街」とでも呼ぶことのできる商店街である。生活のための食料品や日用品の購入の場として、大都市では公設・私設の市場が存在したが、特に関東大震災以後、郊外の衛星都市では、駅前などに小規模な商店の集積が新たに形成された。個々の商業集積地は限られた範囲の住民を対象とするものであるが、その確立は重要なものであった。

1930年から戦争の時代に入り、戦時経済下では配給統制のもと小売業は衰退する。商品の仕入れが困難になり、小売店の実態は配給機能を担うだけのものになっていった。また、小売業は他産業への労働力供給源とされ、特に男子労働力は大きく減少した。そのため、中小小売店の多くは転廃業せざるを得ず、戦争末期には空襲による被害も重なって、商店街も壊滅状態となった。

戦後の商店街の拡大

第2次世界大戦後の流通は、配給制と闇市から始まったと言える。配給制では手に入らない物資を入手できる場として各地に闇市が出現した。闇市のなかから「マーケット」と呼ばれた「近代化した闇市」も出現し、後に寄合百貨店や商店街になったものもあったが、多くは撤去された。ただ、

駅前などの人の集まる場所に設けられることが多く、後の商店街と位置が重なることは多かった。

　その後、1950年には、米など少数の品目を除いて配給統制は完全に解除された。この頃の小売業を担ったのは、中心地域では百貨店と中心商店街、周辺地域や郊外では公設・私設の市場と商店街であった。終戦により海外からの引揚げ者などにより労働人口が増加するが、生産体制が復旧しない段階では、小売業が雇用吸引部門の1つとなった。1950年の朝鮮戦争をきっかけに日本経済が上向きになると、生産・消費とも拡大し、中小小売商が増加し、各地に商店街が形成されるようになった。また、終戦後の比較的早い時期から、統制経済下でも扱うことのできる商品（古着や鍋釜の類）の販売を始め、東京や大阪などではそのなかから頭角を現すものが現れ、「繁盛店」と呼ばれた。これらは、複数の店舗を展開するチェーンストアであり、今日のスーパーマーケットの母体となったものもあった。東京千住の羊華堂（イトーヨーカドー）、四日市の岡田屋（イオン）、大阪のいづみや（イズミヤ）などである。

　中小小売商には戦後新たに参入した小売商が多く、その基盤は必ずしも確固としたものではなかった。1949年に中小企業等協同組合法が制定され、地域の異業種組合として商店街協同組合を結成し、共同事業に取り組む商店街もあった。東京都の武蔵小山商店街や大阪市の梅田新道専門店協同組合の月賦販売事業は、現在のカード事業、クレジット販売に相当するものと言われている。1952年には全国商店街連合会が結成され、百貨店や生活協同組合と対抗する組織となっていく。1959年の伊勢湾台風では、愛知県、三重県の中心部は壊滅的な打撃を受け、市民生活の回復のために商店街の復興は緊急の課題であった。しかし、行政支援を受けるためには法人化が必要であり、そのための施策として、1962年に商店街振興組合法が制定された。

　この頃になると、多様な小売業態が出現する一方、中小小売業の「前近代性」「非効率性」、小売業の過小・過多が指摘されるようになる。しかし、新しい小売業態の出現後も日本の小売業界全体は拡大しており、直ちに中小小売業が淘汰されたわけではなかった。「商業統計調査」によれば、1980年頃までは日本の小売者数も個人商店数も増加している。しかし、1982年をピークに小売商店数は一貫して減少しており、2014年にはピーク

時の60％以下にまで減少した。規模別に見ると、従業員が4人以下の店舗は1952年から2014年の間に約100万店減少し、全商店に占める割合は95％から63％にまで低下した。また、法人・個人の別で見ると、1952年には個人商店が93％を占めていたが、2014年には40％にまで低下している。

　1982年を境にして、零細な商店主体の過小・過多のわが国の小売業の構造が変化に転じたと見ることができる。ただし、それは零細小売業の規模拡大によると言うよりも、零細な個人商店の廃業によるところが大きい。酒販店や米穀店などからコンビニエンスストアやミニスーパーマーケットなどに転じ、法人化し規模拡大した個人商店もあるが、その数は限られている。

　中小の個人商店は商店街の最も中心的な存在であり、その層の減少が商店街に与えた影響は大きかった。中小小売店の閉店、空き店舗が問題化し、1994年には日本商工会議所が初めて空き店舗調査を実施した。調査によれば、商店街の空洞化には容易に歯止めがかかる状況にはない。一方で、地域社会で担ってきた商店街の役割、特に高齢者をはじめとした買い物弱者（買い物難民）問題など、商店街が関わる社会的問題もある。

小売業の多様化

　日本の小売業は主に百貨店、中小小売店、市場の三者で担われてきたが、現在ではこのほかに、スーパーマーケット、コンビニエンスストア、ドラッグストアやホームセンターなどの専門量販店、ショッピングセンター、アウトレットモール、均一販売（例えば、100円ショップ）と多様化している。これらにインターネット販売を付け加えることができる。小売業の多様化の背景には、大量生産・大量消費、生活様式の変化や消費行動の多様化、技術革新などがある。店舗面積の拡大や多店舗展開（チェーン化）による新しい小売企業が出現し、当初の競合から企業間の合従連衡が進んでいった。一方、市場や中小小売店のなかにもセルフ販売方式を取り入れるものが出てきた。

　日本初のスーパーマーケットとして中内功がセルフ販売方式の「主婦の店ダイエー」を大阪市で開店したのは1957年であった。1960年代には品揃えの多様化、チェーン経営による大規模化を特徴とする総合スーパー

マーケットが拡大し、1972年にはダイエーが売上高で三越百貨店を抜いて日本一になった。この頃には店舗規模の拡大、多店舗展開が進められ、立地場所は駅前から郊外へ拡散し、出店規制が強まった。1980年代にはスーパーマーケットは飽和状態になり、1990年頃からは店舗閉鎖が相次ぎ、業界再編も進んでいる。食品に代表される中小規模の専門スーパーマーケットに転換するものもあり、激減した飲食料品店に代わって、商店街における食品購入の場となっている。

ショッピングセンター（以下、SC）は、1つのマネジメント機関のもとに一体として運営されている集合体で、大型商業施設にシネマコンプレックス（シネコン）やホテル、公共施設などを併設した複合施設で、ファッションビル、駅ビル、地下街、アウトレットモールなど様々なものがある。日本におけるSCの始まりは1965年頃と言われており、1969年には本格的な郊外型SCとして東京都世田谷区に玉川高島屋SCがオープンし、その後、徐々に増加した。1990年代から急増し、SC1件の規模も大きくなっており、2013年に開業したイオンモール幕張新都心の店舗面積は12.8万m^2である。

コンビニエンスストア（以下、CVS）はセルフ方式で販売する比較的小型（100m^2程度）の店舗で、年中無休、長時間営業を特徴としている。日本における最初は1969年に大阪府豊中市に開店した「マミー豊中店」であり、1974年には東京都江東区にセブン-イレブン1号店が開店した。1970年代半ば以降、ダイエー（CVSはローソン）、西友（ファミリーマート）、ユニー（サークルK）、ジャスコ（ミニストップ）、長崎屋（サンクス）といった大手総合スーパーマーケットや山崎製パン（サンエブリー、ヤマザキデイリーストア）などがCVSに参入し、急速に発展した。店舗展開におけるフランチャイズ方式は日本のCVSの特徴の1つと言われており、酒販売店や食品店などからの転換も多く、中小小売商の近代化に果たした役割は見逃せない。小口・多頻度納品体制が必要で、1985年にセブン-イレブンが商品管理手段としてPOS（販売時点情報管理）システムを導入したのを皮切りに、1980年代後半に他チェーンも次々に導入した。近年は病院、学校、駅なかなどにCVS出店する動きがある。

ドラッグストアは、1990年代後半から急増する。その背景には、1975年の薬局の距離規定の撤廃に続いて、1997年に医薬品と化粧品の再販売価格維持制度の指定が廃止されたことがある。その後、ドラッグストアの競争

激化により、チェーン・ドラッグストアが成長した。ホームセンターは、商業統計では売場面積250m^{2}以上で、住関連スーパーマーケットに位置づけられるが、金物・荒物や種苗も扱っているところが多い。起源は1970年代に遡るが、2000年代に入って急増している。均一価格店（ワン・プライス・ショップ）は戦前にもあったが、注目されるようになるのは、1991年のダイソーの100円ショップ開業以後である。近年は衣料品やメガネなど最寄品以外にも広がりを見せている。

インターネット通信販売は店舗を持たない無店舗小売業の1つである。商業者が商品を持って移動する移動販売とも異なり、従来のような商圏という考えは成立しない。パソコン、スマートフォンの普及により拡大し、2014年の商業統計によれば、家電や事務用品・文具を中心に、小売業販売額の4％ほどを占めている。ネット業者だけでなく既存小売業者がインターネットを通じた販売活動を拡大している。

大型店の立地規制と商店街

スーパーマーケットの出現は、集客効果により商店街全体が活気づくという側面もあったが、廉売は個人商店にとって脅威であった。1970年代に入り、大型店が郊外の主要道路沿いや住宅地にも立地するようになると、大型店に対する規制要求が強まった。1974年に大規模小売店法（大店法）が施行され、店舗面積1,500m^2（東京都特別区と政令指定都市では3,000m^2）以上の大型店については、その設置が届け出制になった。実質的には、開店日や店舗面積などを事前に地元と調整済みでないと届けられないものであった。これに対して、大型店側は調整対象面積未満の小型店を出店するようになり、1979年には対象面積を500m^{2}以上にするなど、規制が強化された。また、事前協議の段階で様々な規制がかけられ、新規立地の凍結を宣言した自治体もあった。なお、大店法施行に伴い百貨店法は廃止された。

1980年代になると多様な業態が出現し、小売業の近代化、効率化の動きが進んだ。1989年から90年にかけての日米構造協議が引き金になって、段階的に規制緩和措置がとられた。1991の大店法再改正では、輸入品売り場に関する特例などが認められ、1994年には対象面積や営業日等の規制が緩和された。また、1991年に特定商業集積整備法が制定され、大型店と中

小商業が共存しうる商業集積の整備、コミュニティ施設やスポーツ・レジャー施設、公共施設などの商業基盤施設の整備などが進められた。しかし、実態は複合ショッピングセンターの建設促進といった面が強かったことは否定できない。

そして、2000年には大店法が廃止され、大規模小売店舗立地法（大店立地法）が施行された。大店立地法は交通、騒音、廃棄物など生活環境維持の視点から出店調整を行うもので、中心市街地活性化法、都市計画法の改正とともに「まちづくり三法」と呼ばれ、中心市街地の再生、活性化が期待された。しかし、大型店出店の自由度が高まり、郊外やロードサイドにおける大型店の立地拡大、規模拡大への道を開き、中心商店街の衰退を加速させたとも言われる。2006年には都市計画法、中心市街地活性化法が改正され、「改正まちづくり三法体制」に移行し、特定商業集積整備法は廃止された。

3 商店街の現状と課題

商店街の現状

1970年から全国の商店街を対象に「商店街実態調査」（抽出調査）が実施されている。2015年の調査では、全国の14,655商店街から抽出した8,000商店街を対象にアンケート調査を実施し、3,240の商店街から有効回答を得ている（有効回答率40.5％）。以下、『商店街実態調査報告書』により商店街の現状を見てみよう。

1商店街当たりの店舗数は54.1店で、商店街タイプ別に見ると、近隣型商店街44.5店、地域型商店街59.7店、広域型商店街86.8店、超広域型商店街126.7店となる。これを2006年と比較すると、1商店街当たりの店舗数は全体では59.2店から10％ほど減少しているが、商店街タイプ別に見ると近隣型・地域型商店街が減少しているのに対して、広域型・超広域型商店街は増加している。特に超広域型商店街は2006年の84.4店から約50％増加

している。商店数の減少は空き店舗の増加と関連しており、2000年代に入り空き店舗率が急速に上昇している。2015年の空き店舗率は13.2%で、空き店舗率が30%を超える商店街が全商店街の10%を超えている。近隣型・地域型商店街の空き店舗率が高いのに対して、超広域型商店街では空き店舗率はむしろ低下しており、近隣型・地域型商店街と広域型・超広域型商店街に二分化している。

チェーン店舗数でも両者に差があり、広域型・超広域型商店街ではチェーン店やテナントにより店舗数が維持されていると考えられる。業種構成では物販店が全体の40.5%を占めるに過ぎなくなっており、飲食店、サービス店が増加している。飲食店、サービス店の増加とチェーン店の増加は関係があると見られる。チェーン店やテナントの場合、商店街組織（組合）への加入が少なく、加入率は65%にとどまっている。商店主が居住している店舗の割合は近隣・地域型商店街で高いのに対して、広域型・超広域型商店街の大半は商店主が居住する店舗率が30%未満である。

商店街の景況については、繁栄している（繁栄の兆しがあるものを含む）のは5%強に過ぎず、70%近い商店街が衰退している（衰退の恐れがあるものを含む）と回答している。人口規模の大きな都市では繁栄していると回答した商店街が多い傾向がある。また、近隣型・地域型商店街では繁栄しているという回答はほとんどないのに対して、超広域型商店街では3割を超える商店街が繁栄していると回答している。

商店街の課題

商店街衰退の象徴とも言えるのが空き店舗の発生である。空き店舗は、退店（閉店や移転）を埋めるだけの出店がない場合に発生する。退店理由では、商店主の高齢化・後継者不在が66.6%と最も多く、後継者問題は依然として深刻であり、商店街が抱えている最大の課題と言える。一方、空き店舗が埋まらない理由では、①所有者に貸す意思がない、②家賃の折合いがつかない、③商店街に活気・魅力がない、④店舗の老朽化が高くなっている。集客力の低下に加えて、特に近隣型・地域型商店街では、住宅併用が多いことが空き店舗対策のネックとなっていると言える。これに対して、かつては最上位に挙げられていた大型店との競合や駐車場・駐輪場の

不足といった課題を挙げる商店街の割合は低くなっている。

しかし、後継者問題に対して商店街としてなんらかの対策を講じているのは皆無に近く、個店任せになっているのが実態である。空き店舗対策でも、空き店舗情報の発信やチャレンジショップやコミュニティ施設としての利用にとどまっており、商店街として積極的な店舗誘致を行っているところは少ない。商店街再生にとって来街者、買い物客の拡大は不可欠である。そのためには個々の商店では、対面販売の長所を活かした魅力ある店舗づくりが、商店街では魅力的な店舗・業種構成を進めることが求められるが、思うように進んでいないのが現状である。

一方で、商店街の衰退は、地域社会において重要な課題となっている。都市部でも、郊外の大型店の利用が困難な買い物弱者の問題が指摘されている。また、商店街は、購買場所としてだけでなく、地域住民の交流の場でもあった。高齢者だけでなく、障がい者や親子の交流の場、子どもが地域社会と触れ合う場、地域学習の場として、商店街を見直すことが求められている。

商店街の活性化事業

商店街が実施している事業は多岐にわたるが、ハード事業とソフト事業に分けることができる。ハード事業の代表とも言えるのがアーケードやカラー舗装であり、補助金も導入して事業を進めてきた。しかし、近年は維持・管理経費がかさむうえ、撤去費用が捻出できず、老朽化に任せているところもある。駐車場・駐輪場の整備も課題で、高松市の中心商店街のように駐車場経営により利益を上げている商店街もあるが、駐車場整備の効果は必ずしも明瞭ではない。最近ではLED化や防犯カメラの設置などが増えている。個々の商店でも建物の改築・改装がされているが、最近は統一性のある街並みを創出するように個々の店舗を改築・改装することが注目される。この場合には、市町村の計画に位置づけられることが多い。

ソフト事業としては、集客、購買意欲の拡大を目的として、大売出しや祭り・イベント、サービス券・スタンプ・ポイントカード事業などが早くから実施されてきた。近年は、伝統的な祭りに加えて、それぞれの商店街が地域性を活かしたイベントを立ち上げ、広範囲から集客しているところ

もある。一方で、土曜市や「子ども商店街」のように地域住民が商店街に親しむ機会を提供しようとするものや、チャレンジショップのように空き店舗を利用してシャッター通りに賑わいを創出しようとしている商店街もある。また、防災・防犯や環境美化・エコ活動に取り組み、地域社会、まちづくりとの連携を目指す商店街が増えている。広報活動も共同チラシだけでなく、インターネットによる情報発信など多様化している。商店街マップも、単に店舗の位置を示すものから、地域の歴史や文化なども取り入れた「地域マップ」とも言えるものも作られており、地域と共存する商店街を示そうとする姿が見える。一方、個々の商店でも商品の品揃えやレイアウト、販売方式や宣伝の工夫などが必要であり、そのためには商店主などの知識の向上が必要とされている。

　商店街再生化の事業は多様であり、個々の商店主や商店街関係者だけで事業を進めるのではなく、場合によっては地域住民、団体との連携を図ることが求められる。その中心になる意欲ある人材の育成も活性化事業の1つである。商工会議所や市町村などの行政機関だけでなく、NPO法人やボランティア団体、民間企業など、連携先は多岐にわたっている。

　商店街活性化の方策として、最近全国的に注目されている事業で「三種の神器」と呼ばれているものがある。「まちゼミ（得する街のゼミナール）」「100円商店街」「街バル」である。

　まちゼミは、2003年に愛知県岡崎市商工会議所職員の提案で始まった。店主がプロならではの知識や経験（コツ）を受講生（地域住民）に無料で講義するもので、店と客のコミュニケーションの場から信頼関係を築くことを目的としている。

　山形県新庄市職員の提案で2004年に始まった100円商店街は、商店街全体を100円ショップに見立て、各店は100円商品（サービスを含む）を用意して、店主が店頭で販売するものである。消費者を店内に引き入れ、意外（魅力的）な商品を発見してもらい購買につなげることをねらっている。

　2004年に函館市西部地区で始まった「バル街」は、「街バル」、「まちなかバル」など様々な呼び名があり、統一されていない。地域の飲食店の活性化を目的とするもので、客は飲食チケットを購入し、期間中に複数のイベント参加店を巡って飲み歩き、食べ歩きする。

　これらは、ある程度の数と多様な業種の商店が揃っているのが望ましく、

効果が期待される。広域型商店街ないしそれに準ずる地域型商店街ということになろうか。一方で小規模な地域型・近隣型商店街にとって、活性化の起爆剤となるかどうかは不明瞭であり、それぞれに適した方策を探ることになろう。

まちづくりと商店街

　木造建築の耐火建築化は災害に強い都市づくりを目指すものであり、商店街のアーケード設置やカラー舗装は、快適なコミュニティ空間の創出という、ハード面でのまちづくりである。また、商店街が地元の祭りの運営等に関わることは、ソフト面でのまちづくりへの参加である。「小江戸」として知られる埼玉県川越市における蔵の保存運動もその1つであり、ほかの都市でも歴史遺産や文化遺産を見直す動きが広まっている。

　小売業とまちづくりは深く関連しているが、強く意識されるようになったのは「まちづくり三法の時代」以降とも言える。しかし、当初期待したような成果を挙げることはできず、郊外化を進める結果となった。2006年に都市計画法改正により郊外開発の原則抑制、中心市街地活性化法改正により中心部の商業活性化から、コンパクトシティ、まちなか居住の方向が打ち出され、中心市街地活性化基本計画は総理大臣認定事項となった。

　中心市街地活性化法では、事業主体としてタウンマネージメント機関（TMO：town management organization）を位置づけている。商工会議所・商工会がTMOになることが最多であるが、第三セクターで設立された「まちづくり会社」も多い。まちづくり会社の先駆とも言えるのが滋賀県長浜市の株式会社黒壁である。会社運営に携わる人材としてタウンマネジャーが誕生した。タウンマネジャーの業務は、日常業務から関連団体との連携、議会や行政が策定する計画への参画まで多岐にわたっており、その人材確保、育成が課題である。また、資金確保も課題で、補助金を受けるだけでなく、様々な事業に取り組んでいる。

　石原武政によれば、まちづくりは暮らしの質を向上させるための取組みで、1つの枠組みではとらえられないものである。小売業を起点としてまちづくりをとらえると、まず、賑わいとコミュニティ空間の創出の中心的役割を担ってきたことの意味が大きい。なかでも公道という公共空間に面

しているという商店街の特性は重要である。さらに、商店街は地域の祭りや行事の際の中心となった場所であり、「都市を記憶する場」とも言える。これらは、消費財、サービスの販売という小売業本来の役割の外側にあるもので、「小売業の外部性」と呼ばれる。小売業（ここでは、商店街）の外部性に立った商店街という地域社会の再生、活性化が必要である。もちろん、大都市の中心部にある商店街と周辺部の商店街では、現状や課題は異なっている。また、高齢者の多い商店街と若年層の多い商店街、あるいは観光地の商店街では求められる外部性の内容は異なっている。それぞれの地域の現状、特性をしっかりと把握し、行政任せでなく、商業者も地域住民の一員として商店街再生への道を検討することが求められている。

第Ⅱ部

都道府県別
商店街とその特色

1 北海道

札幌狸小路商店街（札幌市）

北海道の商店街の概観

　面積が本州の約3分の1の北海道は、自然環境や開発時期の違いなどにより、道南、道央、道北、道東に区分されるが、道北のうちオホーツク圏を別地域に、道東を十勝圏と釧路・根室圏に分けることもできる。開発が早かった道南の中心都市函館市は、幕末には開港場の1つに指定された。石狩平野を中心とする道央は都市密度が高く、札幌市以外にも交通結節点として、あるいは農業地域や炭鉱開発を背景に発達した都市がある。また、太平洋側には工業化で成長した室蘭市、苫小牧市がある。道北では、札幌市に次ぐ人口を有する旭川市が中心都市で、日本海側の水産業都市留萌市、最北の稚内市が、オホーツク圏では内陸の北見市とオホーツク海沿岸の網走市、紋別市が中心都市となる。道東では帯広市、釧路市、根室市が中心都市になる。これらの都市を結ぶように形成されてきた鉄道網は縮小化が著しく、それに代わって高速バス路線が発達し、札幌から道内主要都市のほとんどへ5時間以内で到達することができる。札幌市への一極集中が明瞭で、2014年の小売業販売額では道全体の34.4％を占めている。その他の市では、旭川市、函館市、帯広市、苫小牧市、釧路市が比較的規模が大きい。

　北海道における商業中心地の歴史は基本的に明治以降のことであるが、形成の背景は様々である。まず、港湾機能により形成されたもので、江戸時代から重要な港町であった函館に次いで、明治になって小樽が、やや遅れて稚内や釧路などが成長した。根室や留萌などは水産業を中心に成長した。これらの都市のなかには江戸時代の蝦夷地における「商場」（場所）に起源するものも多い。2つ目は内陸の開拓により建設されたもので、その代表が開拓使の置かれた札幌ということになる。開拓は士族移民、屯田兵村、会社・結社と様々な主体によるものがあるが、計画的な道路網、耕

地区画が実施され、行政機関や生活関連施設を配置する「市街地」が形成され、商店街に発展していった。3つ目は、産業化や炭鉱開発によるもので、前者では製鉄業以外に製紙業や水産業の発達により成長した都市が多い。多くの人口を擁し近隣商店街が発達した炭鉱都市では、閉山による人口減少の結果、商店街は縮小している。また、鉄道結節点では駅前を中心に商業機能が集積したが、近年は縮小しているところが多い。

　北海道の商店街の特徴としていくつか付け加えておく。道央では郊外店による影響も認められるが、北海道全域を見ると大型店の立地による影響が大きいと思われる。小樽のように郊外に立地した大型ショッピングセンターもあるが、むしろ中心市街地あるいは駅前に大型店が立地し商店街に影響を及ぼすケースが多い。2つ目は、商店街と観光との関係である。レンガ倉庫群や朝市で賑わう函館の中心商店街、小樽運河沿いの「堺町商店街」だけでなく、いわゆる観光都市以外でも観光要素の取込みが課題になっている。いま1つ、国土の端に位置することの課題がある。戦前、南樺太（サハリン）への渡航地になっていた稚内では港に隣接する商店街が賑わったが、戦後、市の中心商店街は南稚内駅周辺に移動した。また、明治初期には釧路を超える人口を擁していた根室の場合、北方漁業の操業制限などにより、商業は停滞している。

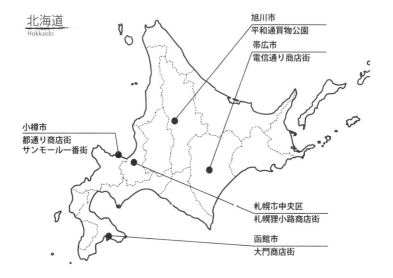

> 行ってみたい商店街

札幌狸小路商店街（札幌市中央区）
 ―あらゆるものが何でも揃う、北海道最古の実力派老舗商店街―

　狸小路という名称はユニークであるが、その由来は正確にはわかっていない。一説によると、明治の初め、客寄せした女性の巧みな化かし方を「狸」になぞらえたとも言われている。

　1873年に開設された北海道で最古の歴史を誇る狸小路商店街は、地下鉄南北線大通り駅とすすきの駅の中間に位置し、南2条と3条の間の街区、7ブロックで構成された東西約900mに及ぶ店舗数約200軒の全蓋アーケード型商店街である。ブロックごとに異なる店舗構成が見られ、それぞれが独特の雰囲気を持っている。

　初代のアーケードは1958年に狸小路3丁目に設置され、その後、1丁目から7丁目まで屋根付きのアーケードが完成した。1982年に現在のアーケードとカラー舗装が1丁目から6丁目まで設置され、2002年には、光ケーブルや無線LAN、防犯カメラ設置などのアーケードの大改修が行われている。アーケード内をゆっくりと歩いてショッピングできる居心地の良さが残っていることも大きな魅力となっている。

　創成川に面した1丁目から3丁目にかけては、老舗の商店が立ち並ぶ懐かしい雰囲気の商店街となっている。ハンコ専門店や薬局、メンズショップ、果物店などバラエティーに富んだ店舗構成になっている。4丁目から7丁目にかけては、ラーメン店や喫茶店、和食・洋食、鹿肉やジンギスカン鍋料理店など飲食店が多いエリアとなっている。6丁目には「狸小路市場」と呼ばれる路地裏の老舗市場も健在である。八百屋や魚屋から居酒屋、寿司屋など様々な店が営業していて、多くの観光客で賑わっている。8丁目から10丁目にかけてはアーケードがなく、道路に面した路面店となっている。このあたりには、古書店や革製品を扱う工房、照明器具や釣具店などマニアックな店が揃っている。

　狸小路商店街の北側に位置する大通り周辺は、百貨店や専門店、老舗店が立ち並ぶ一大ショッピングエリアである。創成川を隔てて東側には、明治初期に開設された二条市場があり、カニやホタテなどの北海道土産の水産物店や飲食店が集まり、観光客も多い。

　近年、札幌では1993年開業の「サッポロファクトリー」を皮切りに、

2003年開業のJR札幌駅「札幌ステラプレイス」、2008年開業の地下鉄東札幌駅前「イーアス札幌」などの大型複合商業施設が次々と生まれている。また、「イオンモール」各店が札幌市周辺部に、「三井アウトレットパーク札幌北広島」も札幌中心部から地下鉄やバスを利用して45～50分で行けることから、札幌の中心商店街にとっては競合するところが多い。そのため、札幌市商店街振興組合連合会では、加盟36商店街が一丸となって「札幌市地元商店街購買運動キャンペーン」などの取組みをしている。「街の元気、置いてます―ようこそ、商店街へ―」を合言葉に商店街活性化を進めている。札幌狸小路商店街は、札幌の商店街の代表として、大型ショッピングモールにない「商店街ストリート文化」の魅力を十分に備えた実力派老舗商店街である。

大門商店街（函館市）
―街の発展とともに市民に親しまれてきた駅前商店街―

　函館市内には6つのエリア（駅前・大門、中央、五稜郭、西部、東部、北部）ごとに商店街・市場が分散立地していて、合わせて32を数える。JR函館駅前には函館都心商店街振興組合、函館大門街商興会、函館朝市協同組合連合会、函館自由市場協同組合の4つの商店街・市場がある。

　なかでも、JR函館駅から東へ松風町方面に、市電沿い（電車通り）を中心に古くから「大門商店街」の名称で親しまれてきた老舗の店舗が集まった商店街がある。大門の名称の由来は、その昔、遊郭の入口にあった大きな門から来ている。この商店街には、明治時代に開業した洋品店「金森森屋」と呉服店「棒二萩野商店」が1936年に合併し、翌年に百貨店となった「棒二森屋」（2019年1月営業終了）をはじめとして、明治、大正時代に創業した印判店や和菓子店、帽子店、薬局、写真館など140ほどの老舗の個人商店が集まっている。市電松風町電停の北側は「菊水小路」「大門広小路」「京極通り」「大門横丁」などの飲食店や屋台、店舗が混在した商業地域となっている。

　近年、JR函館駅前周辺は再開発が進み、ホテルの新規開業や函館朝市、若者向けのブティック、アパレルショップなど観光客を迎え入れるための商業施設、高齢者向けケア付きマンションなどが密集している。特に、2017年竣工の「キラリス函館」は再開発事業の一環としてつくられた16階建ての再開発ビルである。地下1階から地上2階までが商業施設、3階から4階までが「はこだてみらい館」「はこだてキッズプラザ」の公共施

設が入居し、5階から16階まで分譲マンションとしてつくられた函館駅前のランドマークタワーとなっている。

　1940年7月28日に函館新聞で発行された「漫画商店街案内」には、当時の大門商店街界隈の様子が漫画のイラストを使って面白く描かれている。これを見ると、当時の商店街の繁栄ぶりが随所に表現されていてなかなか興味深い。その一部が函館市観光部発行の「函館まちあるきマップ23」の表紙に載っているので、ぜひ一読をおすすめしたい。

都通り商店街、サンモール一番街 (小樽市)
―小樽の発展と歩んできた中心商店街―

　JR小樽駅から中央通りを小樽運河方面へ行くと、すぐ右手にアーケードが現れる。都通り商店街である。アーケードを抜けて日本銀行旧小樽支店方向へ一筋行ったところにあるのがサンモール一番街アーケードで、その先は花園銀座通り商店街に続く。中央通りをはさんで都通り商店街と反対にあるのが梁川商店街で、これらが小樽市の中央商店街を形成しており、小樽の発展とともに中心を移動させながら成長してきた。なお、小樽運河に近く、ガラス館やオルゴール堂などで知られ、観光客に人気のある堺町商店街は、地元外資本が多く中心商店街には含まれていない。

　江戸時代から北前船の最北の寄港地であった小樽は、明治に入り蝦夷地開拓の重要な港湾となり、1880年に手宮-札幌間に幌内鉄道が開通し、石炭積出港になり、運河沿いに市街地が形成された。さらに、1904年に函館との間に現在の函館本線が開通し小樽駅が開設されると、稲穂方面が市街地化し、花園町第一大通り（現・花園銀座通り）に商店街が形成された。駅の北東一帯は榎本武揚の所有地で、「北辰社」を設立して開発を行い、樺太居住者や船員相手の衣料品店や食料品店が並び、賑わっていたと言われている。なお、梁川商店街の名は榎本武揚の号、梁川に由来する。大正期になると、稲穂第一大通り（現・サンモール一番街）が小樽の中心商店街になり、地元の呉服店が運河側の色内大通りから移転してきたのを皮切りに有力呉服店が集まり、これらが後に百貨店となり、市内の三大百貨店（ニューギンザ、大国屋、丸井今井）が揃う小樽を代表する商店街として繁栄する。また、都通りには映画館が開業し、繁華街として賑わうようになった。

　1975年に小樽駅前に長崎屋を核店舗とするショッピングセンターがオープンすると、ホテルや百貨店を中心に再開発を行い、ニューギンザ百

貨店は閉店した。商店街では開閉式アーケードを整備し、新装なった商店街では歩行者通行量が増加し、再開発は成功したかに見えた。しかし、丸井今井の拡張で大国屋が閉店。1999年に小樽築港近くに大型ショッピングセンターがオープンすると、中心市街地の集客力は低下し、2005年には丸井今井も閉店し、中心商店街から三大百貨店は姿を消した。また、ホテルも閉店し長く放置されていたが、介護サービス付き高齢者住宅と病院になる予定である。一方、都通り商店街も苦戦しているが、ファッションをはじめ多様な業種の商店が50店ほど存在し、空き店舗は少ない。サンモール一番街と比較すると活気があるが、核店舗となる大型店や娯楽施設がなく、小樽を代表する繁華街を形成するには至っていない。中心商店街から運河方面へは、中央通り、日銀通り、寿司屋通りと観光客の動線となる通りが複数伸びており、観光客も呼び込める魅力ある商店街づくりが期待されるところである。

平和通買物公園（旭川市）
―日本初の歩行者専用道路の商店街―

JR旭川駅からまっすぐ伸びる幅20mの平和通り沿いの商店街。駅前から8条通りまでの約1kmの間に個店だけで約100店、テナントも含めると500近い商店などがある。1898年に旭川に鉄道が通じ、翌々年、第7師団が郊外に置かれると、駅から師団への道路は「師団通り」と呼ばれるようになり、沿道には商店や銀行などが並び、昭和に入ると路面電車も開通した。戦後、「平和通り」と改められたが、旭川一のメインストリートとして発展し続けた。

社会実験を経て1972年、平和通りは歩行者専用道路となり「平和通買物公園」の愛称が付けられた。買物公園化後、デパートの新改築が相次ぎ（旭川西武、丸井今井旭川店、旭川エスタなど）、道北の商業中枢としての拠点性が高まり、ブロンズ像や噴水、ベンチなどが置かれた通りは大勢の買い物客であふれていた。しかし、歩道のアスファルト舗装は古いままで、店舗の改築もほとんど手つかずで、古めかしいという印象はぬぐえなかった。歩道部分のアーケード撤去に続いて、1998年から2002年にかけてリニューアル工事が実施され、店舗側から歩道（幅4m）、施設帯（幅3m）、緊急車輌帯（幅6m）に分けられ、歩道部分にロードヒーティングが設置されたほか、電線の地中化、段差解消などが施行された。また、多くの店舗でファサードの整備が行われ、街並みは一新した。

1990年代から郊外における主要幹線道路の整備が進み、郊外型店舗が増加したことにより買物公園への来街者は減少した。とくに、道央自動車道路のインターチェンジ近くに大型ショッピングセンターが開店した影響は大きく、中核店舗であった丸井今井旭川店や西武旭川店が閉店し、空き店舗も増加している。8条通り付近にある通りのシンボルとも言える「手」の噴水以外にも佐藤忠良の彫刻などを見ながら歩行者天国を散策するのは気持ちが良いが、途中で交差する自動車も通る多くの道路によってしばしば通行が分断されるうえ、通りに面しているのが長方形区画の短辺であるため店舗の連続性を欠き、商店街としての連続性に乏しいように感じられる。特に駅近くと比較して北半分は空き店舗も多く、「南北格差」を解消することが課題で、超低速の電気自動車によるトランジットモール化が検討されている。
　平和通りの東約1kmのところにある旭川銀座商店街は1978年に旭川で2番目の歩行者天国となった商店街で、衣料品店のほか、鮮魚や青果などの食料品主体の市場がある。こちらへも足を運んでみてほしい。

電信通り商店街（帯広市）
―開拓の歴史漂う花一杯の商店街―

　帯広市の中心商業地は帯広駅の北側にある9つの商店街からなる範囲で、1893年からの入植によって市街地区画が施行されたところである。本商店街は中心商業地の北東に位置する、大通り南から東4条南中通りまでの約450mの商店街で、開拓の歴史は1883年まで遡る。現在の静岡県松崎町の依田勉三に率いられた「晩成社」開拓団27人がこの地に第一歩を印し、現在商店街のある通りは「晩成社通り」あるいは「依田通り」と呼ばれていた。1897年に帯広で最初の電信が開通したことから「電信通り」と呼ばれるようになった。その後、市街地の整備が進むにつれ商店が集まり、藤丸呉服店や三井金物店などが位置する大通り5丁目付近は帯広の商業の中心になったと言われている。戦後も肉屋、魚屋、板金店、自転車店、馬具屋などの商店が繁盛しており、1971年に会員73名で商店街組合が設立された（1974年に法人化）。1989年には街路整備事業により移動花壇や広告塔を設置するとともに、多くの店舗が大正、昭和初期を再現すべく店舗改装を行った。同時に「松崎新浜コミュニティ商店会」（静岡県）と姉妹提携し、以後も物産会の開催など交流を続けている。
　大型店の出店や後継者不足などにより閉鎖する店舗が相次ぎ、一時は商

店街消滅の危機にあったが、仲間意識が強く、様々な取組みを行い、現在は40店ほどが営業している。2000年には「花ば咲かせ隊」を結成して商店街を花一杯で飾り、2008年からはエコサイクル活動として廃食油回収事業を始め、「高齢者・障がいのある方と協働・共生する商店街づくり事業」は北海道経済産業局の中小商業力向上事業に、「帯広電信通り商店街スイーツロードルネサンス事業」は全国商店街支援センターの商店街活性化モデル創出事業に採択された。花で飾られた商店街の中ほど、本願寺帯広別院向かいの「べんぞう商店」は、空き店舗を活用したアンテナショップで、2階には地震や水害時の一時避難所が常設されている。近くには障がい者就労支援事業で設けられたミートパイの店「てのひら」やクッキーハウス「ぶどうの木」がある。商店街にはスイーツの店が多く、各店のおすすめを食しながら商店街巡りをするのも良いだろう。ゆるキャラ「でんぞうちゃん」に会えるかも。

コラム

端に位置する商店街

日本国土の端に位置する商店街は次のようになる。〈最北端〉稚内駅前の中央商店街、〈最東端〉根室市の緑町商店街、〈最西端で最南端〉石垣市の中央商店街（ユーグレナモール）である。これらと〈西北端〉対馬市上対馬の比田勝商店街が、国境近くに位置する商店街と言える。国際クルーズ船が入港する石垣港に近いユーグレナモール、韓国プサンとの間に高速艇が就航している比田勝の商店街では多くの訪日観光客を見かけるのに対して、稚内や根室の商店街では少ない。国境を越えた往来が容易かどうかの違いを反映したものと思われる。

本州の主な半島では、〈下北半島〉むつ市田名部あるいは大湊の商店街、〈能登半島〉珠洲市飯田の商店街が先端近くに位置する。むつ市は鉄道の終点でもあり、珠洲市はかつての鉄道の終点であった。一方、〈紀伊半島〉では串本町串本の商店街が最南端に位置するが、鉄道は新宮が終点になっている。しかし、新宮が多方向から買い物客を吸引しているのに対して、串本は通過する傾向が見られる。

どのような条件、環境であれば、端という位置が商業を活性化するのか、考えてみよう。

2 青森県

新町商店街（青森市）

青森県の商店街の概観

　青森県は三方を海に囲まれ、中央部に位置する奥羽山脈が県内を二分しているなど、同じ県内でも地域によって異なる風土や文化、産業を育んできた。江戸時代には東部は南部藩領、西部は津軽藩領に分かれており、現在でも「津軽」と「南部」という2つの文化圏が存在している。

　青森県のほぼ中央に位置する県都青森市、津軽の中心都市である弘前市、南部の中心で水産・工業都市である八戸市と3つの大きな都市があり、それぞれが互いに牽制してきたと言われている。都市圏人口についても、青森都市圏が約34万人、弘前都市圏が約32万人、八戸都市圏が約33万人とそれぞれ拮抗している。いずれの都市にもそれぞれ特色ある中心商店街があり、周辺の市町村を商圏として発展してきた。

　県都である青森市は、青森県のほぼ中央に位置しており、人口29万人を超え、江戸時代より本州と北海道をつなぐ交通と物流の要衝として発展してきた。八甲田連峰や陸奥湾などの美しい自然に囲まれ、リンゴや海産物など豊富な食材に恵まれており、商店街は海産物を取り扱う市場を訪れる観光客で賑わいを見せている。また、夏の「青森ねぶた祭」や三内丸山遺跡などを訪れる人々も少なくない。主な商店街はJR青森駅から東に1km伸びる「新町商店街」、隣接する「ニコニコ通り商店街」など青森駅に近い場所に集中している。

　本州最北の城下町である弘前市は、人口およそ18万人、津軽一円における中核都市である。主な商店街は「土手町商店街」であり、市の中心に位置する弘前を代表する商店街である。「土手町商店街」はJR弘前駅前から弘前城址のある弘前公園の間に位置し、上土手町、中土手町、下土手町の3つの地区から構成されており、近年は商店街の再開発も進んでいる。

　八戸市は、太平洋に臨む青森県南東部に位置し、人口は約24万人。臨

海部には大規模な工業港、漁港、商業港が整備され、その背後に工業地帯が形成されている。全国屈指の水産都市であり、北東北随一の工業都市でもある。八戸市の中心商店街は、「十三日町」「三日町」「十六日町」「六日町」など市内の中心部に集中しており、さらにこの地域には昭和の空気と人情を感じさせる8つの横丁があり、夜には観光客や地元の人々で賑わっている。

これらの商店街には、いずれも商店街の核としての地元の百貨店が存在している。青森市、弘前市では「中三百貨店」「さくら野百貨店」、八戸市には「中合三春屋店」「さくら野百貨店」があり、他県では撤退している事例が多いが、青森県では中心商店街の核としての存在感を示している。また、冬期間の降雪など降水量の多い青森市の「新町商店街」や弘前市の「土手町商店街」では、「アーケード」が欠かせない存在となっている。

近年、青函トンネルの完成や東北新幹線の開通・延伸による県外からの観光客の来県が見られるが、東北新幹線の新青森駅、八戸駅は青森市・八戸市の市街地から離れた場所に設置されたことから、中心商店街の活性化には必ずしもつながっていない面も見られる。むしろ、もともとの青森駅や本八戸駅への乗降客が減少し、駅前商店街など地元への影響が懸念されている。

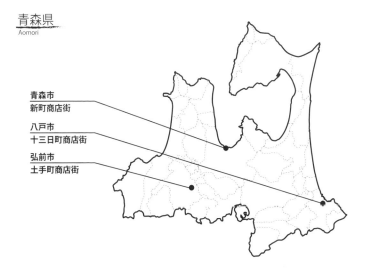

> 行ってみたい商店街

新町商店街（青森市）
― 海鮮市場が賑わう、人と緑にやさしい街 ―

　青森市の中心商店街はその起点にJR青森駅が控えているため、まさに青森市の玄関口であるのが特徴である。この地域は陸、海、空の起点となっており、交通機能上も重要な位置を占めている。JR青森駅を出ると、多くの商店、飲食店が立ち並び、青森市民および県内外から青森市を訪れる人々にとって、街並みや四季の移ろい、海の香りを楽しみながら、気ままに買い物や散策ができる街並みとなっている。

　北日本の都市は秋から冬にかけて、降雨や降雪の日が多く、商店や買い物客にとって、アーケードは欠かせない存在である。かつては「雁木」であったが、除雪対策が進んだ現在では、雁木に代わって、すべてアーケードが設置されている。

　新町商店街はJR青森駅から1kmほど続く商店街で、青森市の中心商店街として発展してきたが、1988年の青函連絡船の廃止により駅前からの人通りが急減した。また、モータリゼーションの進展や居住人口の郊外化、病院や図書館といった主要集客施設の移転などが衰退の一因となった。

　こうしたなか、新町商店街では「商店街に訪れる顧客にとって何が一番望ましいのか」ということを検討し、「人と緑にやさしいまちづくり」というコンセプトのもと「福祉対応型商店街」という理念を形成した。その背景には、商店街は商業者単独では生き残れないという危機感と、商店街は商業者だけのものではなく、訪れる人すべてのものであり、半公共的福祉施設であるという意識があったためである。

　フランス語で「こみち」を意味するパサージュ広場には様々な飲食店が立ち並んでいる。車の通行がなく、人々が安心してまち歩きを楽しむことができつつ、若者や意欲のある人たちが商売を始められるような楽しいストリートや広場をつくり出すことにより、青森市の中心市街地活性化を目指した「パサージュ構想」が生まれ、2000年に青森駅近くに多目的広場「パサージュ広場」が整備された。まちのシンボルとなる大木（ドイツトウヒ・樹高8m）やベンチなどを配置し、通路などには融雪施設を設置することで、幅広い市民の交流の場として利用されると同時に、青森市が商業ベンチャー支援事業において、商業者の育成の場所として広場全面を使用して

いる。
　アウガは青森駅前のシンボル的な商業ビルである。市場、ファッション関連の店舗のほか6〜8階には図書館、さらに地下には海産物店を中心に青森の地場産品が並び、観光客にも人気がある。新町商店街に隣接する「ニコニコ通り商店街」は、昭和の雰囲気が残る「通り」や、地元らしい「モノ」や雰囲気が目・耳・舌で味わえる場所である。青森市民の台所「古川市場」では新鮮な魚介類、野菜が手に入り、地元の市民はもとより、全国からの観光客で賑わっている。特にどんぶりごはんにお好みのお刺身を載せて食べる、究極のわがままどんぶり「のっけ丼」の人気が高く、多くの観光客を魅了している。

土手町商店街（弘前市）
　　―いつも新しさを感じさせる街―

　弘前市は本州最北の城下町で、人口およそ18万人の津軽一円における中核都市である。土手町商店街は弘前を代表する商店街であり、上土手町、中土手町、下土手町の3つの地域から構成されている。
　1878年に県内初の銀行「第五十九国立銀行」が設立され、1894年には弘前駅が開設されるなど、県下一の都市であった。青森と弘前は奥羽本線で接続され、鉄道の開通は弘前に文化、経済の面ではかり知れない恩恵をもたらし、1908年には上土手町に「津軽林檎輸出業組合」の事務所が設置されることにつながった。弘前駅は市街地の外れに建設されたが、結果的に中心市街への動線上にある土手町商店街はその恩恵を受け、また弘前駅前は卸問屋が集まる新しい街として発展していった。
　弘前市は商業の都市であり、その中心が土手町商店街であった。現在でも老舗時計店など、かつての土手町商店街の風景を今に伝える商店も多い。
　明治・大正期には江戸時代から続く老舗の商店を中心に、昭和期に入ってからはデパートや大型商業施設を中核にしながら、時代ごとの需要と供給に合わせてその姿と規模を変えてきたように見える。下土手町商店街は、1事業所当たりの年間販売額が市内の商店街で最も大きい、弘前市の中心商店街である。弘前城から南下する参勤交代の街道に位置し、商人が軒を連ねる通りであった。1898年、第8師団司令部が弘前に置かれたのを契機に、下土手町一帯の呉服屋が繁栄した。1923年には、「かくは宮川呉服店」が東北初のデパートとして開業し、弘前および近隣第一の商店街に成長した。

戦後は、「かくはデパート」を中心とし、さらに発展する。1966年には、土手町通りの拡幅と歩道部分のアーケードが完成し、現在の下土手町商店街の骨格が形成された。その後1970年代に、中三デパート（1968年開業）、紅屋（1971年開業）などの大型店が相次いで出店し、デパートが軒を連ねる津軽圏最大の商店街となった。

　一方、駅前地区においては、アーケード撤去による日除けの新設、融雪システムの導入、カラー舗装、およびストリートファニチャーの設置など街路整備を実施し、現在の商店街の景観が完成した。1979年からは、弘前駅前地区土地区画整理事業が始まった。これ以後、駅前の区割りは大幅に変更された。小売店舗中心の商店街は姿を消し、大規模なホテルやデパートが立ち並んだ。久しぶりに弘前駅前を訪ねた人が"迷子になった"と証言するほど、駅前周辺は大変貌を遂げた。2012年には戦略的中心市街地商業等活性化支援事業費補助金活用事業により、コミュニティスペースと飲食施設、コミュニティFMの放送局を合わせた複合施設「土手町コミュニティパーク」がつくられた。

弘前市土手町コミュニティパーク

弘前市上土手町商店街

　中心商店街への集客策が叫ばれて久し

い。だが近年、土手町通りの活性化事業は一定程度の成果を上げてきた。2013年7月、駅前界隈にも弘前市駅前再開発ビルとしてHIRORO（ヒロロ）が開店。市内各地で新たな動きが生まれ始めている。土手町商店街は、古くからの商店やデパートがある下土手町商店街から、近年再開発された土手町コミュニティパークや上土手町商店街のような「新しさ」が混在している商店街である。

十三日町商店街など（八戸市）
―歴史と文化、レトロな横丁のあるグルメの街―

　八戸市は、かつて八戸城（現・三八城公園）の城下町であった。数字の付く町名は毎月その日に「市」が立ち、まちが賑わうように配置されたと言われている。八戸中心商店街は十三日町商店街のほか、十六日町、三日町、六日町、十八日町、廿三日町、朔日町、長横町、番町、鷹匠小路、本八戸駅通りから構成されており、面的な広がりが見られるのが特徴である。

　八戸中心商店街のなかで、中合三春屋店、さくら野百貨店といった大型店や専門店、映画館フォーラム八戸、8つの横丁や飲食店などが多数立地しているのが、十三日町商店街である。特に、八戸ポータルミュージアム「はっち」や、市立美術館などの公共施設、路線バスターミナルもあり、多様な機能が集積している。

　十三日町には現在まで、古い歴史や伝統、暖簾を誇る店も多くある。なかでも靴や履物の店、老舗の菓子店、生活雑貨・金物店・仏具店など100年にわたって同一業を守り続ける店が存在するということは、特筆すべきである。

　さらに八戸中心商店街の「まちなか」には城下町の面影を今に伝え、個性豊かな店が軒を連ねる「横丁」が8カ所もある。「みろく横丁」「たぬき小路」「花小路」「五番街」「ロ一丁れんさ街」「八戸昭和通り」「長横町れんさ街」「ハーモニカ横丁」と呼ばれ、いずれも昭和の面影を残しつつ、新しくて明るい横丁で、グルメを楽しみたい観光客に人気がある。

　また、郷土を代表する祭り「八戸三社大祭」「八戸えんぶり」に加え、「八戸七夕まつり」「はちのへホコテン」「市民と花のカーニバル」などの主要行事も中心商店街で開催されており、「八戸の顔」として認知され、多くの市民や観光客が訪れている。

3 岩手県

末広町商店街（宮古市）

岩手県の商店街の概観

　岩手県は西部の北上川流域、東部の陸中海岸地域、両者の間の北上山間地域、および県北地域に分けられる。江戸時代、中部から北部は南部藩（盛岡）領、県南の3郡は仙台藩領に属していた。鉄道や主要道路が集中する北上川流域が交通の主軸を形成し、そこから海岸に向けて鉄道が敷設され、海岸地域の諸都市を結ぶ鉄道も整備されてきた。県域面積が広いこともあって各地域には地域中心が分立しており、特に交通が不便な海岸地域や北部では独立的な圏域が形成されている。2014年の「商業統計調査」によると、県全体に占める盛岡市の割合は、小売店舗数では21.4％、販売額では32.1％である。その他の都市では、奥州市、北上市、一関市、花巻市の集積量が大きく、販売額ベースでそれぞれ7～9％を占めている。集積量は小さくなるが、海岸沿いでは宮古市、大船渡市、釜石市、久慈市、北上山地の遠野市、県北の二戸市が商業集積地に挙げられる。

　1970年当時では、北上川流域では盛岡を頂点として、花巻、黒沢尻（北上）、一関、水沢（奥州市）が2番目のランクの中心地に位置づけられ、さらに下位中心地として土沢（花巻市）、岩谷堂（奥州市）が挙げられる。北上山地では遠野、北部では福岡（二戸）、久慈、海岸地域では宮古、釜石、大槌、山田などがあり、このなかでは宮古と釜石の規模が大きい。百貨店は盛岡市以外に花巻、水沢、一関、釜石に存在した。高額商品について見ると盛岡の商圏が広く覆っており、県南には仙台圏、県北では八戸圏が侵入していた。東北新幹線や東北自動車道の出現による影響はあるものの、上位の商業中心地の分布に大きな変化はなかった。

　岩手県を代表する商店街である盛岡市の中心商業地区は「大通り商店街」を中心に本町通り、肴町、盛岡駅前に広がっている。これらの商店街は形成時期が異なっており、中心が移動しつつ広がってきた。平野部では花巻

市の「大通商店街」、北上市黒沢尻の「本通商店街」、奥州市の「水沢商店街」、一関市の「大町商店街」などが代表的なものであり、いずれも陸羽街道（奥州街道）沿いに発達してきたが、郊外化による影響を受けている。また、遠野市の商店街のほか、一関市「大町商店街」や奥州市江刺で、蔵などの歴史遺産を活かした商店街活性化、まちづくりに取り組んでおり、世界遺産中尊寺入口（平泉町）には観光型商店街が形成されている。

　海岸地域では、宮古市の「末広町商店街」、大船渡市の「盛商店街」が規模を維持しているが、製鉄業の低迷もあって釜石市の商店街は停滞的である。2011年3月11日の東日本大震災で津波による壊滅的な被害を受けた地域では、商店や飲食店が事業を再開するため、2011年夏から中小企業基盤整備機構により長屋型プレハブの店舗が建設された。仮設商店街と呼ばれるものである。岩手県では野田村以南の10市町村に計32カ所建設され、その後撤去されたものもあるが、2017年5月末現在20カ所存在する。本格的な商店街建設に向けて用地確保などの課題が多いが、一刻も早い復興が待たれる。津波被害が比較的小さかった久慈市は、2016年の台風水害で商店街一帯が水没する被害を受け、復旧に向け取り組んでいる。

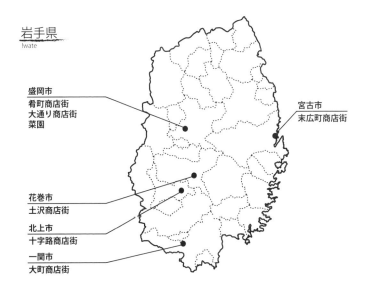

> 行ってみたい商店街

肴町商店街、大通り商店街、菜園（盛岡市）
―移動・拡大する中心商店街―

　盛岡駅の北東約500mの大通り3丁目交差点から盛岡城跡までの大通り商店街とその南側の菜園、中津川左岸の全蓋型アーケードのある肴町商店街が盛岡市の中心商業地を形成している。江戸時代には城の東から北に町人町が配置されており、特に、北上川水運の河岸から陸羽街道を経て城下に至る中津川左岸の河南地区の呉服町や紺屋町などが商工業の中心であった。明治に入り県庁所在都市になると、呉服町、紺屋町の通りは業務街に、東側の肴町が呉服店、薬品店、酒屋などの集積する中心商店街となった。

　1890年に東北本線が盛岡まで開通すると、駅が交通の中心となり大通りが開通し、城北は県庁、市役所などの官庁や金融機関が立地する業務街になる。さらに、昭和に入って大通りの南側一帯（菜園）で耕地整理による市街地整備が進められると、種々の専門店や飲食店、娯楽施設が集積し、中心商店街となる。1970年頃までは肴町商店街と大通り商店街が中心商店街の座を競い合っていたが、駅への近接性から大通り、菜園の有利性が高くなり、1980年の川徳百貨店の肴町から菜園への移転は象徴的な出来事と言える。さらに、東北新幹線の開通に合わせた駅ビル開発やバスターミナルの設置などにより駅前の様相は一新し、盛岡市の中心商業地は拡大している。

　2001年にアーケードがリニューアルされた肴町商店街は「ホットライン肴町」と通称され、長さ365mの商店街に約80店が営業している。婦人服、靴店、メガネ店などの買回り品店のほか、老舗商店街らしくお香、履物といった店舗も見られる。また、周辺にはマンションが多く立地しており、青果、精肉、鮮魚など、食料品を扱う店舗も揃っていて、「地域の台所」としての役割も担っている。一方で、不動産賃貸業者が多いのも特徴である。商店街北口のNanakは1980年まで川徳百貨店があったところで、移転後は中三が入っていたが、2011年の東日本大震災後の爆発事故で休業に追い込まれ、Nanakとして営業再開したものである。斜め向かいのバスセンターは本商店街への集客の役割を担うものであり、駅前のバスターミナルからの誘導が課題になっている。商店街周辺は古い商家や近代建築が多く残る地区で、中の橋東詰の岩手銀行赤レンガ館は1983年ま

で本店であった建物を2016年にリニューアルオープンした。その少し南の「もりおか啄木・賢治青春館」は旧第九十銀行本店の建物を利用している。

大町商店街（一関市）
―地産地消型商店街を目指して―

　県南部の中心都市である一関市の中心商店街。一関駅前交差点から北に伸びる県道沿い約500mに商店が並び、1997年まで千葉久百貨店があった交差点の南東角はマンション建設予定地になっている。

　商店街のある通りは陸羽街道（奥州街道）から分岐した今泉街道で、藩政時代の城下町の歴史をとどめる市街地の中心であった。戦後、2度にわたる台風水害を乗り越えて1952年に約120店による商店街として発足した。1975年、商店街南端に千葉久が出店し、福原、東光とともに一関の3つの百貨店が本商店街に揃い、宮城県北部からも買い物客が集まってきた。その後、他市町村における大型店の進出や郊外型店舗の増加などにより、2000年頃には商店街内の大型店の撤退が相次ぎ、空き店舗が増加した。

　現在営業をしている商店は60店ほどと見られ、商圏も縮小しており、近隣型商店街に近づいていると考えられる。商店街では地産地消型商店街の形成を目指し、2005年にはダイエー跡に産直・地域交流施設「新鮮館おおまち」を開設した。周辺農家が持ち寄る野菜、生花、海産物や惣菜、漬物などが販売されており、ダイエー撤退により商店街から消えた食料品店を補完するものとして人気がある。特に大型店への移動が不自由な高齢者に喜ばれており、食堂も設けられていて、交流の場ともなっている。商店街周辺には世嬉の一酒造「酒の民俗文化博物館」や「蔵の広場」などがあり、これらの歴史遺産を活かしたまちづくりとも連携した商店街の生き残り策が求められている。

十字路商店街（北上市）
―都市型ショッピングモールのある商店街―

　北上市の中心市街地黒沢尻は奥州街道の宿駅として整備され、北上川の河岸が南部藩の回米輸送の拠点であったことから商業が発達してきた。奥州街道と横手、釜石への街道が十字街をなし、本町、新町、諏訪町、新穀町の商店街が四方に伸びており、4商店街を合わせて十字路商店街と呼ばれる。北上川中流域から和賀川流域を集客圏とする地域型商店街となって

いる。

　1890年東北本線、1924年横黒線（現・北上線）が開通し、商業地が駅方向へ拡大していった。1960年代後半に工業誘致が始まり、1987年には北上川流域テクノポリス地域に指定されて工業化が進展し、商業も活性化した。その後、郊外店の進出などにより空き店舗も目立つようになってきたが、商店街中心に位置するさくら野百貨店（2002年ビブレから経営変更）の存在が大きく、客足の減少は限定的であった。さくら野百貨店は2010年に規模を縮小し、外部テナントを導入したが、その際100台収容可能な駐車場を整備し、中心部に位置する都市型ショッピングモールに変貌した。その結果、郊外からの車利用の買い物客を受け入れることに成功したと言える。

　4商店街で買回り品店を中心に多彩な業種構成の100を超える商店が並んでおり、なかには学生服や教科書販売、自転車店など昔ながらの商店も見られる。2005年からイベントとして「お江戸本牧亭きたかみ寄席」を実施し、4商店街で連携を強めている。

土沢商店街（花巻市）
　―北上山地の小さな商店街―

　東北新幹線新花巻駅で釜石線に乗り換えて約10分で土沢駅に到着する。宮沢賢治の『銀河鉄道の夜』の始発駅として描かれたと言われている土沢駅前に広がるのが土沢商店街で、花巻市に合併するまでの旧東和町の中心商店街として賑わい、周辺農村地域の農家が農産物やウナギなどを売りに来て、その帰りに商店街で買い物をする光景も見られたという。しかし、近年は花巻市中心部や近隣市への買い物流出、通勤ついでの買い物が増えたこと、周辺地域の人口減少と高齢化による商圏の縮小などにより、買い物客は土沢商店街から徐々に遠のき、2000年頃には100近くあった商店は半数以下に減少している。

　商店街では「株式会社土沢まちづくり会社」を設立し、萬鉄五郎記念美術館などと連携し「アートで賑わいあふれる商店街」に取り組み、2009年に「新・がんばる商店街77選」に選ばれた。さらに、商店街が周辺農村に出向き、廃校になった学校や地域センターなどで自らの商品を販売する「おしかけ商店街」を実施し、お年寄りなどに喜ばれていた。また、農と商を結ぶ取組みとして「おたすけキッチン」という惣菜屋を始めている。これは地元の農家が栽培した旬の食材を地域の女性がその日のうちに調理

し、商店街内にオープンした居住長屋「こっぽら土澤」で提供するというもので、高齢者への食の提供、生鮮食料品店がなくなった商店街の補完、子どもの食育といった役割も担っている。東日本大震災による影響は大きく、周辺農村地域とのつながりのなかで形成されてきた本商店街の歴史を背景に、新しい道を探ろうとしている姿に注目したい。

末広町商店街（宮古市）
―コミュニティが支えた港町の商店街の復興―

　JR宮古駅の北を通る閉伊街道（宮古街道）を港方面へ、栄町交差点から市役所前まで約1kmにわたって商店街が続いている。西側が末広町商店街、東側が中央商店街になる。三陸海岸の中央部に位置する港湾都市、漁港である宮古市は、古くから独自の商圏を形成してきた。当初の市街地の中心は本町（市役所付近）にあったが、1934年に山田線が開通すると、駅を起点に水田地帯に末広町などの街並みが形成された。

　戦後、いち早く復興に取り組んだ末広町では、幅員10mの道路の両側に100近い中小の商店が連なり、地域型商店街として賑わっていた。20年ほど前から地域活性化への取組みとして、市内の他商店街や生産者、福祉関連団体、教育関連団体など、地域全体での協力の仕組みづくりを積極的に行ってきた。集客力のある大型店や公設施設がないなか、空き店舗を活用した交流施設「すえひろ亭」や「りあす亭」の開設とそこでのイベントはその成果であった。

　2011年の東日本大震災では、壊滅的被害を受けた海側の中央商店街ほどではなかったが、末広町商店街でも建物の大部分が大きな被害を受け、商品も浸水破損し、営業は不可能かと思われた。震災翌日から自力でがれき撤去に取り組み、衣料品など水をかぶった商品を洗って乾かして店先に並べたところ、家財を失った被災者にとって大きな助けとなり、大勢の人が足を運んできた。その後、救援物資が届き生活が落ち着いた6月には、隣接する商店街と合同で「宮古あきんど復興市」を開催し、その後も年2回開催している。比較的スムーズに復興市が開催され、復旧に向かっているが、背景には日頃からの地域コミュニティとのつながりがあると言われている。震災で「すえひろ亭」は閉鎖されたが、その中核になる施設が「りあす亭」である。

4 宮城県

東一番丁通り（仙台市）

宮城県の商店街の概観

　2014年の「商業統計調査」によれば、仙台には県全体の小売店の41％、年間販売額では52％が集中しており、1970年と比較すると販売額で5ポイント上昇している。県内だけでなく東北地方の中心都市と言えるが、仙台への集中化が始まったのは昭和に入ってからで、特に戦後、東北地方における卸売業の拠点となってから小売業の発展をもたらしたと言われている。仙台市以外では石巻市、大崎市、名取市の集積量が比較的大きい。仙台市の小売商圏は県下全域を覆い、一部岩手県南部にも及んでいる。仙台に次ぐ商業中心地では石巻、塩釜、気仙沼、古川（大崎市）の商圏が比較的広く、なかでも仙台との交通事情が悪い石巻は独立的商圏を形成してきた。このほかに、小規模な商業中心地として小城下町起源の登米、亘理、白石、宿場町起源の築館などがある。

　仙台では、商業の中心は江戸時代の町人地区から移動し、現在は仙台駅と青葉城を結ぶ中央通りと東一番丁に中心商店街が形成され、一帯は東北最大の繁華街、歓楽街となっている。また、仙台駅東口側にも商業集積地が形成されている。市街地化の早かった青葉区では北仙台駅周辺や木町通り、若林区では連坊、河原町などの商店街があり、市街地化が新しい周辺域では、大型商業施設が主体の商業集積地が形成されている。泉中央駅前、長町駅前が代表的なものである。仙台市以外では港湾都市、石巻市の中心商店街の規模が大きかったが、震災の影響もあって店舗数は減っている。塩釜市では本塩釜駅前から塩釜神社にかけての参道に商店街が形成されており、登米市では北上川河岸に発達した「三日町商店街」が登米街道と一関街道の交差する地でもあり、周辺は歴史的建造物が多く残る地区になっている。栗原市築館、大崎市古川の商店街も街道沿いに発達したものであるが、北部の行政中心ではあるものの東北新幹線から離れた位置にある築

館と、東北新幹線駅が設置され鉄道乗換駅になった古川とでは、商店街発展の様相は異なっている。

　気仙沼市では規模の大きな「新中央商店街」のほか、気仙沼駅から漁港にかけて商店街が形成されていたが、2011年3月11日の東日本大震災による津波で大きな被害を受けた。震災後、中小企業基盤整備機構によって、被害を受けた商店や飲食店などが営業再開するため仮設商店街が県内で23カ所、気仙沼市でも9カ所開設された。そのうち、港近くに開設された「南町紫市場」は、震災後開催されていた「青空市」を母体とするもので、老舗商店など50店以上が営業しており、最大規模の仮設商店街である。また、名取市「閖上さいかい市場」は、内陸に建設された仮設住宅近くに29店舗が入居して開設されたもので、現在も被災者や地域住民に対する近隣商店街としての役割を担っている。その後、仮設商店街の閉鎖が進み、県内に残る仮設商店街は2017年5月末時点で8カ所になっているが、テナント料や集客への不安などの理由で新しい商業施設や常設店舗への移転には課題が多い。本書では、本設商店街となったなかから「南三陸さんさん商店街」を紹介する。

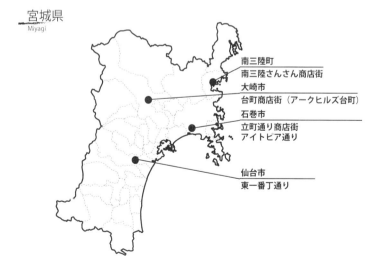

> 行ってみたい商店街

東一番丁通り（仙台市）
―東北地方の中心商店街―

　仙台市の中心商店街は、JR仙台駅と青葉城大手門を結ぶ中央通りの名掛丁商店街、クリスロード商店街、マーブルロードおおまち商店街と、これとT字型に交差する東一番丁通りのサンモール商店街、ぶらんどーむ一番街商店街、一番町四丁目商店街の6つの商店街で構成されており、東一番丁通りには仙台市の二大百貨店、藤崎と三越が立地する。総延長1kmを超える商店街は、一番町四丁目商店街以外は全蓋型アーケードのある商店街で、商店街ごとに特色あるアーケードを楽しむことができる。商店街の周辺の個性的な横丁には飲食店や娯楽施設なども集積しており、東北地方随一の繁華街となっている。

　江戸時代には一番丁は中級の侍町で、一筋西の国分町の芭蕉の辻が商業の中心であった。明治維新で仙台藩では大量の没落士族が生まれたことを背景に、かつての侍屋敷に「横丁」と称して士族の商業を始めさせたのが商業地区化の始まりであった。いわば、商業地における「士族授産」とも言える。東一番丁沿いには芝居小屋や寄席、喫茶店などが並び、新興商店街として賑わうようになった。1887年に仙台駅が開設されると駅方面の大町が商業地となった。一方、旧制第二高等学校（現・東北大学片平キャンパス）が置かれた東一番丁の南は学生街として発展した。1932年に地元呉服店であった藤崎が百貨店となり、翌年には三越百貨店が進出すると、国分町に代わって東一番丁が仙台の商業中心地となり、「番ブラ」という言葉も生まれた。

　東一番丁通りは1979年に自転車を含む車輛の進入を規制し、歩行者専用の買物公園となった。一番町四丁目商店街は、道の両側だけにかかる開放的なアーケードが特徴で、様々な木々がプロムナードを彩っており、冬季にはイルミネーションを施すなどして人気がある。北端に三越が立地し、洋服、鞄、履物、宝飾などファッション関連の店舗が多く、一番丁のなかでも地元老舗商店の多い地区でもある。「虎谷横丁」や「稲荷横丁」などの横丁には個性豊かな飲食店が集まっている。その南、ぶらんどーむ一番街商店街は仙台フォーラス、ベルモーズビル、DATEONEビルなどの商業ビルが多く、仙台における渋谷系文化発信地として知られている。1992

年に建て替えられた高層アーケード（最高部19.5m）が特徴で、中央部分で5階ほど、両側の旧歩道部分でも4階ほどの高さがあり、壁面を活かしたデザインの店構えを演出している。マーブルロードおおまちと交わるところでは、広場を囲むように藤崎が海外有名ブランド店を集めて展開し、高級ブランド街を出現させている。

藤崎から南、青葉通りをはさんで南に伸びるサンモール一番街は東北大学片平キャンパスへつながる商店街で、学生街らしく古書店や楽器店、喫茶店などが並んでいた。東北大学教養部の移転により行き交う学生が減少し、学生街の面影は薄れたが、出店コストの安さもあって、近年は横丁への新規出店が活発である。2015年に地下鉄東西線が開通し新駅が設けられたことによる変化が注目される。

8月の仙台七夕では中央通りの商店街も含めて商店街ごとに豪華な竹飾りが設置され100万人を超える観客で賑わう。仙台を訪れた際には中央通りから東一番丁通りまで足を伸ばし、それぞれの商店街の雰囲気の違いも楽しんでみてはいかがだろうか。

台町商店街（アークヒルズ台町）（大崎市）
―新幹線開通を機に装いを新たにした商店街―

2006年、古川市ほか6町が合併して大崎市が誕生した。台町商店街は古川市時代からの中心商店街で、県北の大崎平野を中心に商圏を広げていた。古川は東北本線から離れているが、県北の穀倉地帯を控えた交通の要衝で、古くは台町商店街の西の七日町付近が商業中心であった。1913年に陸羽東線古川駅が開業すると商業地は東へ拡大し、昭和に入る頃には台町にも70店ほどの商店街が形成されていた。台町の東端から駅方向へ駅前商店街が続いており、藤崎百貨店の営業所やスーパーマーケット・エンドーチェーンが出店した。1982年の東北新幹線開通により、陸羽東線古川駅は350mほど東に移動して新幹線から乗り換えできるようになった。駅前は区画整理され各種施設が進出したほか、駐車スペースも確保された。しかし、郊外店の増加などにより衰退化が目立ち、商店街の中核的存在であったエンドーチェーンも撤退した。

このため、商店街では市と協議して街路整備（電柱の地中化や街灯の更新など）、商店街のセットバック事業を実施した。事業は1989年に完成し、歩車分離となった商店街の通りは9mから16mに拡幅され、商店の装いも一新され、商店街名も「アークヒルズ台町」と命名された。また、1997

年には「台町TMC株式会社」を設立し、ホテルの新館を建設してホテル会社に賃貸し商店街活性化のための原資を生み出し、エンドーチェーン跡地にシネマコンプレックスを含む大型商業施設を建設した。2006年にオープンした「シネマ・リオーネ古川」は6スクリーンを持ち、まちおこしを目的にしたシネマコンプレックスの最初の例として注目された。

　駅からは少し離れているが、開放的な通りに沿って初期からの商店も含めて、家具、仏具、時計、宝石、鉄砲など多様な店舗が70店ほど並んでいる。空き店舗が少ないのは、駅前の駐車場が充実していることもあるが、車での買い物客に対応した商店街へ一新したことが大きいであろう。

立町通り商店街、アイトピア通り（石巻市）
　―再生への道を歩む港湾都市の商店街―

　北上川の河口の港町として発達した石巻市は、県内の幹線鉄道軸から離れていたこともあって、仙台商圏内において独立的な商業中心地として発展し、1960年代に最盛期を迎え、1996年に駅前にビブレ（後にさくら野百貨店となる）が進出してきた。しかし、郊外型店舗の進出や三陸自動車道の開通に加えて、狭隘な市街地に形成された商店街の道路事情の悪さも重なって、衰退化が目立つようになってきた。

　JR石巻駅前商店街から北上川方向へ立町通り商店街が伸び、その先は北上川と平行にアイトピア通り、寿町商店街などと続き、北上川沿いの商店街のほうが歴史は古い。立町通り商店街は最盛期には100を超える商店が軒を連ねる中心商店街として賑わい、1971年にはアーケードも完成した。2011年の東日本大震災では甚大な被害を受け、商店街でも店舗の外壁が落下し、アーケードの支柱にも亀裂が生じた。このため、商店街振興組合ではアーケードを撤去し、同時にLEDを使用した街路灯を設置するなど商店街を一新し、愛称を「イーリス立町」とした。イーリスとはギリシャ神話に登場する虹の女神である。現在の加盟店舗は40店ほどにまで減っているが、アーケード撤去で明るい空が広がる商店街に生まれ変わるのが期待されている。商店街中ほどにある「立町復興ふれあい商店街」では海産物店や人気の菓子屋など多彩な店舗が営業している。その北西に位置する石巻市役所は、2008年に閉店になったさくら野百貨店跡に入っている。また、2016年復興住宅1階に設けられた石巻ASATTEには食料品店、雑貨店、レストランが入り、新名所になっている。

　江戸時代には本町に対して「裏町」と呼ばれていた大町は昭和に入った

頃から石巻の中心商店街へと発展し、1987年の大町通りの街路整備事業の完成を機に通り名を「アイトピア」に改名した。呉服店、時計店、楽器店、花屋など60店舗ほどががんばっていたが、大震災による被害は大きく、加盟店は激減した。アイトピア通りの中ほどから橋通り商店街を抜けた北上川河畔の憩いの広場に復興商店街「石巻まちなか復興マルシェ」がある。その先、北上川の中州（中瀬）にある「石ノ森萬画館」も震災で大きな被害を受けたが、町おこし、商店街の活性化のためにも再開が待たれるところである。

南三陸さんさん商店街（南三陸町）
―経験を活かした復興商店街―

　JR気仙沼線志津川駅の東にある復興商店街。2011年の東日本大震災の翌年に開設された仮設商店街が、2017年に約600m南に造成された高台に本設商店街としてオープンしたもの。

　震災により発生した津波で壊滅的被害を受けたが、全国の商店街と連携した「ぼうさい朝市ネットワーク」の支援を受けて「福幸市」を開催し、翌年、32店舗が参加して仮設商店街が開設された。名称は「サンサンと輝く太陽のように笑顔とパワーに満ちた南三陸の商店街にしたい」というコンセプトによるもので、3つのゾーンに分けられた商店街は客の周遊を意識してすべて平屋建て、店舗配置はあえて不規則にし、フードコートを設置するなど工夫されており、「がんばる商店街30選」に選ばれた。

　隈研吾監修の本設商店街は南三陸杉を使用した平屋6棟からなり、志津川湾を一望できる展望台も設けられている。飲食店、生活関連、鮮魚、菓子、理美容、葬儀関係、コンビニ、産直施設など28店が入居しており、うち23店は仮設からの移転である。店舗は業種ごとにまとめて配置されており、随所に仮設商店街のノウハウが活かされている。新鮮な鮮魚を扱う魚屋や地元のスイーツなどを置く土産物店、商店街内の飲食店で提供される「キラキラ丼」は地元外からの訪問者にも人気がある。志津川の商店街は、震災前に8軒の海産物関連商店が集まる地区を「志津川おさかな通り」と名づけて観光客を誘致してきた経緯がある（2009年「新・がんばる商店街77選」選定）。「キラキラ丼」はその当時に開発された商品で、各店が独自性を発揮しており、復興商店街のシンボル的存在とも言える。

5 秋田県

広小路商店街（秋田市）

秋田県の商店街の概観

　秋田県は、日本海側の男鹿半島付近から山形県境までの中央部、米代川流域の県北、横手盆地を中心とする県南に分けられる。中央部は秋田市の影響が強いが、近世に小藩が分立していた南部には本荘、仁賀保が副次的中心地として存在した。米代川流域では河口の港町能代と中流域の大館の2つの中心地があり、特に鉱山や木材を背景に発達した大館は長く秋田県第2の都市と言われてきた。横手盆地は集落密度が高く、横手のほか大曲と湯沢などの中心地が存在する。東部の山地には岩手県側と結ぶ交通路が数本通じており、これらの街道に沿って小規模な交通集落、交易集落が立地していた。県北では鉱山開発が盛んで、小坂、尾去沢、花輪などの大規模鉱山では露店から成長した定期市が発達した。

　2014年の小売業販売額を見ると、秋田市が最大で県全体の32.6％を占めている。横手市、大仙市、大館市、由利本荘市、能代市が5％以上で商業集積量が大きい。商圏では、秋田市の商圏が最も広く、県中部から南部を覆っているが、能代川中流域は秋田市との移動時間がかかるため、青森県弘前市との関係が強いと言われている。

　秋田市の中心商店街は城下町時代に町人町であった通町、大町の地区と、武家地が商業地区に代わった商店が立地した広小路から秋田駅前にかけての地区からなり、後者は百貨店をはじめ大型商業施設の立地により中心商店街らしい装いを見せているものの、郊外ショッピングセンターの出現による衰退傾向が強い。その他では、雄物川河口に位置し久保田藩（秋田）の外港として発展した土崎の商店街が比較的大きい。県南では羽州街道などの街道筋の町場から発達した商店街が多いのが特徴で、なかには、増田（横手市）のように歴史的街並みを活かして活性化につなげているところもある。なお、「みちのくの小京都」とも呼ばれる角館は、武家屋敷群が

全国的にも知られ人気があるが、商店街は小規模である。県南では秋田新幹線や秋田自動車道の開通などによる変化があり、秋田新幹線のルートから外れた横手市の場合、駅前再開発により商業中心性を維持しようとしているが、従来の中心商店街に与えた影響は無視できない。このほか、花火で知られる大仙市大曲の「花火通り商店街」、湯沢市の「柳町商店街」(「犬っこ通り」)が地域の商店街としてがんばっている。県北では米代川中流域には鷹巣盆地、大館盆地、花輪盆地が並んでおり、農業生産や林業、鉱山開発などを背景に北秋田市「鷹巣商店街」、大館市「大町商店街」、鹿角市「花輪商店街」といった規模の大きな商店街が形成され、自立的商圏を形成している。

　秋田県は青森県や岩手県北部とともに市場商業が遅くまで残存してきたところで、食料品や日用品の購買先になってきた。1980年頃でも、米代川流域や横手盆地を中心に県内で40カ所を超える定期市が確認されており、現在も上記地域を中心に定期市が多数見られる。商店街で扱っていない商品を購入できる場であるだけでなく、季節を感じることのできる場でもある。秋田県の商店街を巡る際には、商店街と共存してきたとも言える市も覗いてみたいものである。

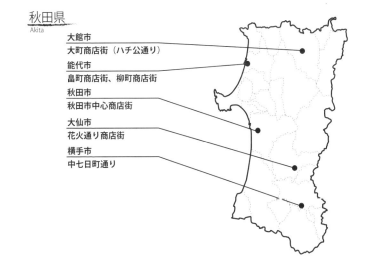

> 行ってみたい商店街

秋田市中心商店街（秋田市）
―大型施設の多い商店街と町人町起源の商店街―

　駅の西側に広がる中心商店街は、旭川を境に東側の広小路商店街、駅前商店街と西側の大町商店街、通町商店街などからなる。広小路商店街の南に中央通商店街があったが、店舗が少なくなったことから2010年に振興組合を解散した。江戸時代、東側の内町は侍町、西側の外町は町人町で、その後の商業地の形成や現在の様子も異なっている。

　広小路には明治に入り県庁や市役所など官公庁が集中し、1902年に設置された秋田駅との間は連隊の兵営などが占める地になっていた。1960年代に官公庁が市街地西方の山王地区に移転し、跡地に大規模小売店が立地し商業地区になった。駅前地区でも戦後兵営がなくなると商店などが建つようになり、1970年代後半の市街地再開発事業により様々な商業施設やホテルなどが林立するようになった。平成に入る頃から郊外に大型店が出店し、ロードサイド店が増え、さらに中心市街地から赤十字病院や県立図書館の移転が続くと、大型店の閉鎖や撤退が相次ぎ、中心商店街の空洞化が進んだ。1950年に百貨店営業を始め「秋田の三越」と言われた広小路の木内百貨店も、1991年に売り場面積を大幅に縮小している。一方で、2012年に病院等の跡地に賑わい交流館や賑わい広場、商業施設、住宅棟からなる「エリアなかいち」が整備された。商業地区から文化・学術・交流など多彩な機能を持った地区に変わりつつある。

　町人町に起源を持つ通町と大町は、江戸時代から現在に至るまで秋田の中心商業地であり、それぞれ100店ほどある。大町商店街の南側には日本銀行秋田支店をはじめとするオフィスが立地し、秋田魁新報跡地は大型商業施設とホテルになっている。なお、日本銀行南側の竿燈大通りは竿燈まつりの会場になる。一方、通町商店街は、商店街近代化事業により整備された広い歩道のある落ち着いた街並みの商店街になっている。食料品スーパーや書店、眼鏡店などの物販店のほか、医院、銀行などが並び、なかには明治時代創業の菓子店も存在する。2010年から大町商店街と通町商店街が連携して「商店街すごろく」を開催している。家族連れを中心とした参加者はすごろくの要領で各商店を巡るというもので、商店街を再発見し、買い物へいざなう効果が期待されている。

畠町商店街、柳町商店街（能代市）
　—木都の中心商店街—

　能代駅前から県道205号線沿いに北へ（市役所方面へ）伸びるのが畠町商店街で、途中から西へ柳町商店街が分岐しており、いずれも50店ほどで構成されている。周辺の商店街とともに中心商店街を形成している。

　米代川河口に位置する能代は、流域の秋田杉などを背景に木都能代として発展してきた。明治から大正期の繁華街は米代川に近い万町、大町から畠町にかけてで、柳町界隈には花街があった。1908年の能代駅開設後、駅方面にも商店が建つようになり、日用品や食料品、飲食店の多い商店街が形成された。戦後、2度の大火後、復興事業として県道は30ｍに拡幅され、広い通りの両側に呉服店、洋品店、靴・鞄店など専門性の高い業種が集積し、人通りも多く賑わっていた。現在も多様な商店が並び、なかには江戸時代創業の飴屋のほかローソク屋、武具店なども存在する。商店街の先はオフィス、官公庁が多い通りになっている。

　かつて花街であった柳町には、戦後、銀行や病院が立地し商店も集まり、しゃれたアーケードと歩道の植込みが印象的な商店街になっている。国道101号線沿いに位置するイオンが入る能代ショッピングセンターは、柳町商店街振興組合とジャスコの共同出資で1986年に設立された能代中央都市開発が建設したもので、1990年にオープンし、中心商店街の核店舗になっている。2006年に資産はイオンに譲渡され、会社は解散した。

大町商店街（ハチ公通り）（大館市）
　—ハチ公生誕地の商店街—

　県東北部に位置する大館は、木材・木製品、鉱山により発展し、長く県内第2の都市と言われたが、現在は地盤沈下傾向にある。県都秋田市へは特急でも1時間以上かかり、独立的な商圏を形成していた。交通の中心、奥羽本線大館駅（1899年開業）は市街地中心まで2km以上離れており、市街地中心の最寄駅は花輪線東大館駅（1914年開業）である。大町商店街は東大館側にあり、馬木川の北は御成町の商業地になる。江戸時代、現在の市役所近くにあった大館城に城代が置かれ、城近くの内町は侍町、西側の外町は町人町になっていた。大町はその当時からの商業地区で、1956年の大火で一帯は焼失するものの、1959年に老舗の地元呉服店「正札竹村」が百貨店となるなど1980年頃まで県北の広域商店街として賑わっていた。

1988年に御成町に大型店が立地すると、正札竹村の経営は悪化し、2001年廃業に追い込まれた。その後も、郊外店の拡大や鉱山閉山などにより中心商店街では空き店舗が目立つようになり、様々な対策を取ったがなかなか効果が上がらなかった。その頃から、大館が忠犬ハチ公の生誕地であることから、ハチ公と関連づけたまちおこしが始まり、2009年には通りの愛称を「ハチ公通り」とし、ハチ公ブランドのTシャツやトートバックなどを企画、販売するようになった。また、アートによる市街地の活性化を図るため「ゼロダテ」を組織し、空き店舗を利用してアート展の開催やZAC（交流施設）の開設などを行っている。現在、呉服、時計、スポーツなどの物販店や飲食店などが存在し、地元特産の比内地鶏やきりたんぽを提供する飲食店もある。また、商店街中ほどには「まげわっぱ体験館」もあり、地域性が感じられる。
　毎年2月の第2土曜日と翌日はハチ公通りが歩行者天国になり、県内外からの人出で賑わう。400年を超える歴史のある「アメッコ市」で、ミズキの枝に飾り付けられたカラフルな「枝あめ」など様々な飴を販売する露店が並び、秋田犬パレードも行われる。「飴を食べると風邪を引かない」と農村地域で行われていた小正月の行事が始まりで、地域との結び付きを感じさせるものである。

中七日町通り（横手市）
―内蔵のある商店街―

　横手盆地の南東部、増田にある商店街。最寄りの奥羽本線十文字駅から4kmほど離れている。2005年横手市に合併した増田は葉タバコや生糸の生産地や鉱山開発を背景に近世から近代にかけて流通、商業の拠点として繁栄し、増田銀行（北都銀行の前身）も創設された。
　町の中心部を貫く中七日町通り（愛称：くらしっくロード）は、南北約400mの間に大型2階建ての切妻造り妻入りの商家が並び、印象的な街並みを形成している。30店ほどのなかには業種を変えた店もあるが、味噌、酒の醸造業から肥料店、金物店、昆布店などかつての業種を引き継いでいる店舗も見られる。しかし、増田の商家の特徴は内蔵にあり、2013年に重要伝統的建造物群保存地区に指定された。内蔵とは主屋とその背面に建てられた土蔵全体を「鞘」と呼ばれる上屋で覆ったもので、豪雪地帯における雪害から保護するためにこのような造りになったと言われている。物品を収納する「文庫蔵」だけでなく、座敷を有し当主や家族の私的空間と

して利用される「座敷蔵」が多いのが、商業都市として栄え雇人も多かった増田の特徴である。通りに面した店舗部分からは容易にうかがうことはできないが、一部公開されている蔵もある。商店街の中ほどにある「蔵の駅」は旧金物店が横手市に寄贈したもので、観光案内所兼物産販売所となっている。その向かいの「朝市通り」では、毎月2、5、9の付く日に農家や商店の露店が並び、山菜や苗もの、キノコといった旬を感じさせる品も多く、地元住民にも人気がある。朝市の起源は江戸時代に遡り、増田の商家とともに歩んできた歴史がある。

花火通り商店街（大仙市）
―普段の賑わいを目指す花火の街の商店街―

奥羽本線大曲駅で降りると、駅前に花火通り商店街のアーチが迎えてくれる。ここから丸子橋まで約500m続く商店街で、以前は「サンロード一番街～三番街」と呼ばれていたが、全国花火大会（大曲の花火）では会場へのルートになることから「花火通り」と呼ばれるようになった。西側は尺玉商店街である。花火の街の中心商店街らしく、道路標識などに花火大会の公式キャラクター「つつどん」「たまどん」が描かれている。

大曲は交通の要衝に位置し、古くから舟運の集積地として栄えてきた。洋品店や婦人・紳士服仕立屋、文具店、酒屋、乾物屋、米屋など50店ほどの商店が並んでいるが、郊外型店舗の増加などにより、空き店舗、空き地も目立っている。商店街中ほどの「花火庵」は空き店舗を活用した賑わい創出施設で、花火関連展示施設にもなっている。また、長く本商店街の核店舗であった地元百貨店タカヤナギは、郊外に大型ショッピングセンターがオープンしたのを機に百貨店を閉鎖し、建物を解体してスーパーマーケット・グランマートに転換した。

中心市街地活性化の柱の1つとして高齢化に対応したまちづくりが挙げられており、駅近くにあった核店舗ジョイフルシティ大曲跡（2008年閉店）には厚生医療センターなどが設けられた。商店街内でも大仙市健康文化活動拠点センター「ペアーレ大仙」が開設されたが、買い物客の増加には結び付かず、利用者は減少傾向にある。花火大会時の賑わいだけでなく、普段から人が訪れる商店街づくりが課題である。

6 山形県

七日町商店街（山形市）

山形県の商店街の概観

　山形県は、山形市のある村山地方、鶴岡市、酒田市のある庄内地方、新庄市のある最上地方、米沢市のある置賜地方の4つの地域から構成され、商圏も古くからこの5つの都市を中心に形成されてきた。

　全国的に地方の商店街が苦境にあるなかで、山形県の中心商店街も例外ではない。出店が相次ぐ郊外型大型店に客が流れたり、村山地方では隣接する仙台市への買い物客の流出も見られる。こうした状況に対して、山形市や鶴岡市の商店街では、商店街主導による独自の取組みも行われている。

　県都山形市の中心商店街は、JR山形駅前の「山形駅前大通り商店街」と、文翔館（旧山形県庁）に続く「七日町商店街」がある。この2つの商店街には、現在でも地元の大沼百貨店などを中心に新旧の商店が軒を連ねている。

　庄内地方南部に位置する鶴岡市は近年、観光客が増加している旧城下町で、人口13万人。市町村合併により東北最大の面積を有する。

　主な商店街としては、JR鶴岡駅前の「駅前商店街」、さらにナイトバザールで近年注目を集めている「山王商店街」、古くからの中心商店街である「銀座商店街」などがある。

　庄内地方北部最上川河口に位置する酒田市は、江戸時代から舟運の集積地であり、大阪との北前船の寄港地として、「商都」として栄えてきた。しかし、1976年に発生した酒田大火によって中心商店街の大半が焼失。その姿を大きく変えることになった。現在では復興再開発した「中通り商店街」がその中心となっている。

　山形県南部、福島県に隣接する米沢市は置賜地方の中心である。現在でも江戸時代の上杉氏の旧城下町として、全国から多くの観光客が訪れる。主な商店街としては、近年再開発が行われているJR米沢駅から西に伸び

る「駅前商店街」と、さらに西側に続く古くからの「平和通り商店街」などである。

　また、市内北部に位置する「桐町商店街」は、中小企業庁の「がんばる商店街77選」にも選ばれている。

　山形県北部に位置する新庄市は最上地方の中心である。このうち「新庄南本町商店街」「北本町商店街」は中小企業庁の「がんばる商店街77選」に選ばれ、全国で初めて100円商店街を企画するなどの取組みを行っている。西村山地区の中心である寒河江市は、西村山地区の商圏の中心として発展してきた。

　山形県は古くから最上川の舟運が盛んであり、新庄市や長井市、河北町、大石田町なども舟運の港町として栄えてきた。長井市や大石田町、さらに大江町左沢には江戸時代からの古い商家や街並みも見られ、往時を偲ばせる。また温泉地としても有名な上山市、さらに天童市、蔵王温泉は現在も県内外からの観光客が多く訪れ、みやげ物店も多い。また、芭蕉も訪れた山寺や出羽三山の1つである羽黒山の手向地区は門前町であるが、観光客も多く、土産物店や宿坊などの宿泊施設が立ち並んでいる。

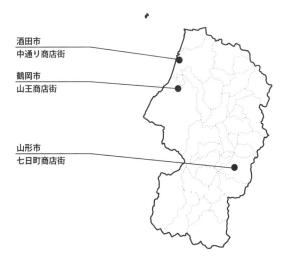

行ってみたい商店街

七日町商店街（山形市）
― 「3つの新名所づくり」と複合施設からなる商店街 ―

　山形市は紅花交易などで栄えた商都であり、人口26万人の県庁所在地である。最上義光の時代に現在の街並みの基礎ができたと言う。七日町商店街はこの城下町を起源とし、JR山形駅から約3km、徒歩30分程度の距離にある山形市の中心商業地である。旧県庁舎「文翔館」から南へ約300mの街路（幅員21m）に沿って約80店舗が並んでいる。商店街の来街客数は、1日約1.3万人、年間約500万人と見られている。

　かつて七日町商店街には大沼デパートと松坂屋デパート、さらにジャスコ山形店などの大型商業施設が中核をなし、休日だけでなく平日にも多くの買い物客が集まり、県都の中心商店街として賑わいを見せていた。しかし、山形県庁が移転したことや、郊外に大型商業施設がつくられたこと、さらに山形自動車道の開通によって、仙台市への買い物の利便性が高まったことで、仙台市やその周辺の大型商業施設に買い物客を奪われる傾向が続いており、七日町商店街はかつての賑わいが見られなくなっている。

　昨今のこのような状況のなかで、七日町通りに賑わいを取り戻し、賑わい創出効果を上げている新しい取組みとして注目されているのが、「3つの新名所づくり」である。「3つの新名所」は、七日町通りの南部、中央部、北部に配置されている。南に位置する「山形まるごと館　紅の蔵」（2009年12月オープン）と北に位置する「水の町屋　七日町御殿堰」（2010年4月オープン）は、七日町の歴史的な建造物である「町屋」を活かし、それらを改修したプロジェクトである。中央部の「山形まなび館」（2010年4月オープン）は、1927年に建設された山形市立第一小学校（国登録有形文化財）を市が整備し、観光文化交流センターとして活用するもので、施設内には多目的ルーム、紅花文庫、山形市文化財展示室、観光案内ルーム、交流ルーム、くつろぎルーム、カフェなどが設けられ、観光・交流・学びの拠点として賑わいをもたらしている。

　中心市街地の一等地にある旧山形松坂屋デパートをコンプレックスビルに再生し、2002年に全館グランドオープンしたのが、愛称「NANA BEANS（ナナビーンズ）」という8階建ての複合施設である。「生鮮市場」やファッション系のテナントやビジネスホテル、さらに公共フロアとして、創業支

援機関の「山形インキュベートプラザ」、子育て支援施設や高齢者交流サロン、「山形県芸文美術館」、小・中学生の個人学習コーナー、スポーツ関係のイベントが開催される交流スペース「スポーツプラザ21」で構成される。2003年に竣工した「イイナス」も大通りに面した一等地に立地し、「ほっとなる広場公園」をコの字型に取り囲んだ南欧風デザインの東西2棟に楽器店、宝飾店、コーヒーショップなどが入居している。「ほっとなる広場」は、移転した家電量販店の跡地を商店街で借り受けて整備、約10年間にわたり多彩なイベントを実施してきた。リニューアル後も様々なイベントは継続され、「イイナス」とともに市民の人気を集めている。

　さらに、ブライダル複合施設「オアゾブルー山形」は七日町商店街の中心部に位置しており、「街なかウェディング」をアピールするスポットとして目を引く存在である。2017年3月には、「N-GATE（エヌゲート）」と称する拠点施設がオープンした。自動車中心の山形市にあって、買い物に便利な立体駐車場との複合施設は、今後の誘客が期待される施設である。このほか、市では2020年までに、複合商業施設・セブンプラザと周辺の再開発計画など約55億円の整備事業も計画している。

山王商店街（鶴岡市）
―「ナイトバザール」で賑わいを取り戻す商店街―

　山王商店街はJR鶴岡駅の南約800mにある山王神社から、松尾芭蕉が乗船したことで知られている大泉橋まで、400m余りの通りに位置している。

　かつて松尾芭蕉が鶴岡に立ち寄った際に宿泊した現在の山王商店街は、陸路と重要な交通手段であった水路が交差する物流の発着点に当たり、鶴岡市の経済の要地として、その繁栄は大変なものであった。当時の荒町から町名が変わり、店舗数は減ったものの山王商店街の魅力は変わっていない。100年以上続く老舗が多く残り、通り土間のある鶴岡の昔の商家の伝統的な間取りを見ることができる一方、モダンな建物やファッショナブルな店舗、現代的なセンスあふれる個性的な専門店もある。

　1994年から始めた山王ナイトバザール（5月から10月までの毎月第3土曜日開催）は、スタンプラリーやフリーマーケットなどの多彩な企画が人気を集めているほか、各店舗の工夫を凝らしたサービスセールが多くの人たちの支持を得て、大変賑わっている。フリーマーケットを中心に子どもに喜んでもらうゲームやスタンプラリー、ミニコンサートなどを企画、商

店街以外からの出店希望者を受け入れている。その後に始めた「1店1品セール」や産直のネットワークによる「産直市」、老舗家具店跡の駐車場での「テント村」も定着し、好評を得ている。

2001年度の第48回ナイトバザールでは念願であった車輌侵入禁止、歩行者天国が、鶴岡市の「歩いて暮らせるまちづくり事業」とリンクして実施され、好評を得た。また毎年8月のお盆の時期に開催される「おいやさ祭り」は、商店街をすべて通行止めにして実施している。

山王商店街ではナイトバザールによる商店街活性化の経験を活かし、商店街有志によるまちづくり委員会を中心に、市や大学の支援を受けながらまちづくりを進めてきた。山王商店街再生のための三大事業として、①バザールの舞台として「みち広場」をつくる街路事業、②商店街有志が設立した山王まちづくり株式会社によるテナントミックス事業、③山王まちづくり協定・ガイドラインに基づく個店改修を順次進めてきた。

2010年には、新しく「鶴岡まちなかキネマ」が開館した。また、無電柱化と歩車道全面にわたる無散水融雪道により、雪だまりのない道に生まれ変わり、バザール・イベントの場としての「みち広場」の機能強化につながった。近年では、新規出店者もあり、空き店舗も埋まりつつある。

中通り商店街（酒田市）
―酒田大火からの復興商店街―

1976年10月29日の夜、酒田、飽海地区の商店街の中心として栄えてきた酒田市の中心商店街が一夜にして灰燼と化し、商店街の復興が酒田市復興の成否の鍵となった。酒田市では復興対策事務所を開設し、復興のための相談と指導に当たり、既存の7つの商業組合を、中通り、たくみ通り、大通りの各商店街振興組合に再編・強化して商店街近代化推進協議会をつくり、商店街の復興に取り組んだ。中通り商店街はこの時に組織化されたものである。

防火建築と魅力ある商店街づくりに際して問題となったのがアーケードである。風雨の激しい酒田ではアーケードが必要であるが、大火の経験から防災上不許可になった。そこで、それに代わるものとして、通りの店舗の1階部分をいっせいに引っ込めて建築するセットバック方式を採用しようとしたが、1軒や2軒の問題ではなく、商店街、商店全体の問題だけに議論が沸騰した。結果的には全員の賛成を得て、中通り商店街は市道から1.5m引っ込み、2階部分のひさしを1.5m市道に出す形になり、3mの歩

道が確保された。そして2mの緑地をはさんで5mの道路がある全国に例を見ない酒田独特のショッピングモールである中通り商店街は完成した。しかし、店舗の大型化や郊外化の時代と重なり、商店街への客足は以前のようには戻らなかった。

「さかた街なかキャンパス」は、中通り商店街区域内の空き店舗を利用して設置され、年間入場者が1万人を超えるなど、来街者増加に大きな役割を果たしている。この施設では商店街独自のイベントを開催し、さらに学生との共同事業により、若年層の来街を誘引することによって新たな賑わいを創出している。また、東北公益文科大学や産業技術短期大学の学生、地元高校生や農家といった、今までは商店街との交流が少なかった人々との共同事業により、新たなコミュニケーションが生まれた。

現在、中通り商店街では、街の中心である清水屋デパートがある地域を中心に、様々なイベントの開催が行われている。特に近年では酒田市の新たな魅力としての「酒田ラーメン」を目当てに来る県外客も多く、新たな誘客に努めている状況にある。

コラム

100円商店街

2004年に山形県新庄市で始まった「100円商店街」は、「まちゼミ」（2003年岡崎市で開始）、「街バル」（2004年函館市で始まる）とともに、商店街活性化の「三種の神器」と言われている。提唱者の齋藤一成さん（NPO法人AMP理事長）によると、名古屋市大須商店街での見聞がヒントになったとのことである。

商店街全体を1つの100円ショップに見立て、参加商店は100円コーナーを店頭に設置し、店内で会計をすることで、店内に足を踏み入れてもらうことをねらっている。各店舗はそれぞれ100円商品を設定するだけでなく、販売方法も工夫している。茶舗が茶筒を100円で販売して客に詰め放題を楽しんでもらっていた。ゲーム性を取り入れた販売方法で、家族連れに人気があった。物販店以外でも工夫しており、葬儀会社の「納棺体験」やお寺の「六文字写経」という珍しいものもある。商店街が準備するのはチラシ程度で、経費が少なく済むこともあって、参加商店街は増加し、100回近く開催している商店街もある。

7 福島県

大町商店街（郡山市）

福島県の商店街の概観

　福島県は東から太平洋岸の浜通り、中央部の中通り、内陸の会津に地域区分され、浜通りのいわき市、中通りの福島市と郡山市、会津の会津若松市が各地域の中心都市となる。4都市以外では、浜通りでは南相馬市（原町）、中通りでは伊達市、二本松市、須賀川市、白河市、会津では喜多方市が副次的中心になっている。2014年の「商業統計調査」によれば、小売業年間販売額第1位は郡山市で、県全体の20.7％を占めており、いわき市（18.2％）、福島市（17.4％）がこれに拮抗し、会津若松市は8.5％である。ほかの都市は会津若松市の半分以下で、4都市を中心とした圏域が分立している。

　福島県でも、まちづくり三法による中心市街地の空洞化、地域商業の衰退が問題化してきたため、2005年に「福島県商業まちづくりの推進に関する条例」を制定し、翌年「福島県商業まちづくり基本方針」を策定した（2013年改訂）。「歩いて暮らせるコンパクトなまちづくり」など5つの基本的考え方、身近な場所で最寄品を買えるまちづくりや買い物を通して暮らしの充実が実感できるまちづくりなどの方向を示とともに、店舗面積6,000m^2（場合によっては延べ面積1万m^2）以上の特定小売業施設については立地を誘導／抑制することを地域貢献活動計画が求めており、全国的に注目されている。『商業統計表』によれば、県内には304の商業集積地が挙げられているが、他県と比較して、ショッピングセンターなどの集積地が少ないのが特徴である。その理由の1つとして、上述のような県および市町村の施策があると考えられる。

　福島市、郡山市、いわき市の中心商店街はほぼ同規模の商店街で、それぞれ県北、県南、浜通りに商圏を広げて鼎立しているが、成り立ちや都市機能の違いもあって、中心商店街の様相は異なり、地域的特徴が見られる。

県内最大の城下町で産業化による変化が小さかった会津若松市は、歴史的街並みがよく残っている。現在の中心商店街は「神明通り商店街」になるが、本書では歴史的街並みを活かして復活した「七日町通り商店街」を紹介する。会津地方では蔵の街、ラーメンによるまちおこしで知られる喜多方市のほか、猪苗代町、会津坂下町の商店街が比較的大きい。中通りでは、二本松市「本町銀座」、須賀川市の陸羽街道と牡丹園通りの交差点周辺、白河市「中央商店街」一帯、田村市常葉町「中央商店街」、三春町などの商店街がある。浜通り北部では南相馬市原町の「栄町商店街」、南部ではいわき市小名浜の商店街が比較的規模が大きかったが、後者は2011年3月11日の東日本大震災の津波により壊滅的な被害を受け、前者も震災と原発災害により大きな影響を受けている。

　東日本大震災後、福島県では中小企業基盤整備機構により仮設商店街が14カ所開設された。2017年5月末日現在、なお13カ所が継続されており、他県と比較して撤去されたものが少なく、原発災害が商店街に及ぼした影響の深刻さがうかがえる。浜通り以外の商店街でも、震災直後から除染作業や来街者の呼戻しに取り組み、回復へ向かっているが、なお風評などの課題を抱えている。

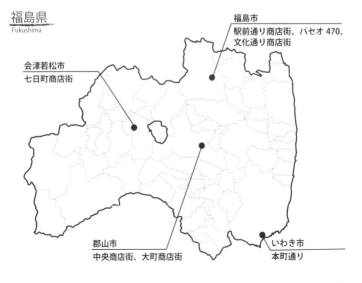

> 行ってみたい商店街

駅前通り商店街、パセオ470、文化通り商店街（福島市）
―個性的な通りが縦横に走る中心商店街―

　福島市の中心商業地は福島駅の東側に広がっている。東口右手の百貨店中合は1973年に市内の大町から移転してきたもので、以後、大型商業施設が駅前に相次いで開店し、福島市の顔となった。大型商業施設にはさまれるように存在するのが駅前通り商店街で、アーケードの老朽化や歩道の傾斜が目立つようになったことから、アーケードを撤去し、れんが基調のファサード整備による街並み整備工事が行われ、2018年に完成した。駅前通り商店街を抜けると南北に走る信夫通りに出る。信夫通りの約300m東の県庁通り、東西に走る平和通りと万世町通りに囲まれた範囲が商店密度の高い地区で、南北のパセオ通り、東西のレンガ通り、並木通り、文化通り、中央通りの各通りに商店街が形成されている。ここではパセオ通りと文化通りを中心に紹介しよう。

　信夫通りの一筋東のパセオ通りは市内で最も賑わう繁華街で、以前は「スズラン通り」と呼ばれていた。1989年にコミュニティ道路に生まれ変わり、商店のファサードも一新したのを機に「パセオ通り」と呼ばれるようになった。平和通りと万世町通りの間が470mであることから「パセオ470」と呼ばれることもある。緩やかに蛇行する車道が特徴的で、街路樹や彫像の置かれた歩道に面して約70店が並び、陶器店や楽器店、メガネ店など古くからの商店も多い。もう1つの南北の通り、県庁通りは公共施設や学校の多い通りであるが、帽子、革製品、和雑貨を扱う店舗が珍しい。

　東西の通りでは、駅前通り商店街の延長になるレンガ通りは、日銀福島支店をはじめ金融機関の多い通りで、商店は少ない。西端のまちなか広場はスーパーマーケット・エンドーチェーンの跡地である。レンガ通りの北、並木通りもれんが舗装がされた通りで、飲食店のほかに写真館やブティックなど20店ほどがある。その北、文化通り商店街は、東にある福島稲荷神社の参道商店街として古くから親しまれ、かつては「石屋小路」と呼ばれ、石屋や桶屋などもあった。250mほどの長さの通りの両側に比較的小さな店舗が70店ほど並んでいる。食料品店や衣料品店など様々な業種があるが、古くからこの通りで営業している店は少ない。間口が狭いためテナントとしてオープンしやすく、最近は若者向けの衣料品店が増えている。

夕暮れ時には歩行者天国になり、そぞろ歩きが楽しめる。また、10月第2日曜日の稲荷神社の例大祭には露店が立ち並び、大勢の人で賑わう。稲荷神社の北の北裡はかつての花街で、劇場や映画館の多い娯楽地区で、ミシン、自転車、食器、表具など昔ながらの商店も存在する。異なった個性的な姿を見せる中心商店街である。

中央商店街、大町商店街（郡山市）
―他業種も参加する中心商店街の取組み―

　陸羽街道（奥州街道）の宿場町から発達した郡山の中心商店街で、北から大町商店街、中央商店街と並び、その南は本町商店街に続き、郡山駅方面へ駅前大通り商店街が伸びる。全体で200近い店舗があり、駅前を中心に飲食店も集積している。1887年の東北本線上野-郡山間の鉄道開通に始まり、磐越西線、磐越東線が集まる郡山は、鉄道交通の中心として発達し、商業機能も集積してきた。郡山駅前から西へ伸びるさくら通りは、戦時中の強制疎開で幅員が32mに拡幅されたもので、通りの北と南では間口の大きさが異なっている。北側には現在は歓楽街となっている駅前アーケードがあり、その北には映画館が2館ある。さくら通り東南角にあった丸井郡山店跡には、2017年にホテルがオープンした。

　陸羽街道沿いのさくら通りより北が大町商店街、南が中央商店街になるが、さくら通りが広いため2つの商店街の一体性は弱いと言われている。大町商店街は、呉服、布団、瀬戸物、時計から生花、精肉、米穀まで多彩な商店が存在する商店街であるが、住宅や空き地も混在し、近年は飲食店が増加している。2008年には、商店街が運営するショッピングモール「おおまちネット」を立ち上げ、物販店だけでなく旅行代理店や不動産業者など20店ほどが参加しており、ほかのネットショップでは手に入らないような珍しい商品も扱っている。

　中央商店街は最も中心的な商店街と言え、1938年にはうすい百貨店が開店し、1969年からイトーヨーカドーも店舗を構えていた。イトーヨーカドーは撤退したが、百貨店やホテル、立体駐車場など規模の大きい施設が多く、そのなかに呉服店や洋装店、時計・メガネ店などの買回り品店が存在する。2004年の道路高質化事業で、歩道の石畳舗装化、電線地中化、収納式ボラード（歩車道の境を示す円筒柱）の取付けなどにより景観を一新し、「なかまち夢通り」と呼ばれるようになった。「エレガントでダンディーな街」をコンセプトにしたユニバーサルデザインのまちづくりに取

り組んでいる。また、2013年から駅前大通り商店街と連携して、百貨店や病院、郵便局なども参加して一店逸品運動「郡山べっぴん」をスタートさせ、商店では商品陳列や品揃えを見直すきっかけになったと言われている。

七日町商店街（会津若松市）
―再生なった大正浪漫漂う商店街―

　城下町時代からの交通の中心であった大町四ツ角から国道252号線沿い、JR只見線七日町駅付近までの商店街。城下への西の出入口に当たる越後街道（米沢街道、下野街道）沿いには多くの問屋や旅籠が並んでいた。1934年に七日町駅が設置され、会津一の繁華街として賑わっていたと言われている。1960年頃には東の神明通りにデパートやスーパーマーケットなどの大型商業施設が開店し、商業の中心はそちらに移っていった。モータリゼーションとともに来街者が減少し、近代化の波に乗り遅れた本商店街では、廃業が相次ぎ、一時は商店街としての呈をなさない状態であったと言われている。

　そのような状況のもと、1994年に「七日町通りまちなみ協議会」が発足し、明治から昭和初期の歴史ある建物を活かした街並みづくりに取り組んできた。七日町通りを3つの地区に分け、地区単位で街並み協定を結んで建物を修景し、大正浪漫漂う街並みが形成された。一方、商店も建物を隠していた看板を撤去し、業種転換を行うなどして商店街を復活させた。造り酒屋、漆器、味噌、醤油といった会津の地場産業関連の蔵や資料館が整備され、郷土料理、和食、フレンチなど多様な飲食店、菓子、民芸品などが並び、空き店舗は減少した。また、七日町駅舎も2002年に改修され、アンテナショップを兼ねた駅カフェがオープンした。

　大町四ツ角を少し南へ行くと野口英世青春館があり、東へ行けば、神明通り商店街を越えて鶴ヶ城公園に至る。徒歩でも良し観光向けバスでも良し、会津若松観光の際にぜひ立ち寄ってみたいところである。

本町通り（いわき市）
―浜通りの中心都市の商店街―

　県南東部に位置するいわき市は浜通りの中心都市で、その中核が江戸時代の城下町に起源を持つ平で、いわき駅の北に城跡が残っている。1897年に日本鉄道磐城線（現・常磐線）が開通すると、近隣で産出される石炭積出港となり、商家や銀行、娯楽施設などが集積した。1917年の磐越東線

の全通により中通りとの往来が本格化し、中心性がさらに高まった。戦後は、新産業都市の指定を受けて、電機、化学等の工業都市へシフトし、人口では県下第1の都市に発展した。

中心商業地は駅の南に広がっており、商業地区の南は市役所や県の合同庁舎などがある官庁地区になっている。10を超える商店街があるが、最も中心的なのが駅から約200m南の本町通り沿いの商店街で、ワシントンホテルから東へ1丁目から5丁目まである。洋品店、呉服店、楽器店などの買回り品店のほか銀行やホテルなどが並ぶ通りは、いわき市を代表する商店街にふさわしい。駅前通りより西側はタイル敷きの歩道が広くとられており、随所に商店街指定の駐車場が設けられている。イトーヨーカドー（1971年開店）のほか、中心商業地にも大型店が立地するが、郊外におけるショッピングセンターの出店により客足は減少し、本町通り商店街でも東のほうで空き店舗が目立つようになっている。

コラム

「雁木・アーケード」から「無散水融雪システム」へ

雪国の商店街では降雪対策が大きな課題とされてきた。古くは新潟県上越市高田地区や青森県津軽地区に見られた雁木（小見世）であり、豪雪地帯独特の景観としても有名であった。雁木はその後、アーケードにつくり替えられるなどして、冬の誘客対策として雪国の商店街には必要不可欠な存在であった。「アーケード」はその後、維持費がかさんだり誘客に効果がないとして撤去する商店街も出てきている。

一方、道路に埋め込んだパイプからノズルを通して路面へ地下水を散布する「消雪パイプ」も冬の日本海側の都市ではよく見られるが、こちらも地盤沈下の原因となったり、道路の勾配に水がたまり歩行者に車の撥ね水がかかったりなど多くの課題を抱えることになった。そこで近年、街の活性化事業の一環として「ロードヒーティング」などの「無散水融雪システム」を導入する商店街も少なくない。例えば青森県弘前市の上土手町商店街や山形県鶴岡市の山王商店街も街路に「無散水融雪システム」を導入し、来街者には好評であるという。

しかし、いずれの商店街もこうした降雪対策が賑わいを取り戻す切り札には必ずしもなっていないことも確かである。

8 茨城県

ザ・モール505（土浦市）

茨城県の商店街の概観

　茨城県は、県都水戸市を中心とした県央、日立市を中心とした県北、下妻市、古河市のある県西、土浦市、つくば市、守谷市、取手市などの県南、さらに鹿島市・行方市のある鹿行の5つの地域に分かれている。

　全国的に郊外型の大型商業施設が立地するなか、茨城県でも2000年以降、店舗面積が5万 m² を超える巨大ショッピングモールが水戸、土浦、つくば、ひたちなかの各市に続々と誕生している。また、県南の阿見町にはアウトレットモール（あみプレミアム・アウトレット）が2009年に建設されるなど、様々な形態の新たな大型商業施設がオープンしている。一方で、2006年に県央の大洗町にオープンしたアウトレットモールは、2017年に営業不振のため売却を余儀なくされた。茨城県においても、これらの商業施設への買い物客の流出が顕著であり、いずれの地元商店街も厳しい状況にある。そのため、日立市や水戸市においては、往時の賑わいを取り戻すための大規模な再開発計画や、商店街独自の取組みも行われている。

　茨城県の商店街の特徴として、会員数が60人以上の商店街が全国平均の18.3％（2012年）に対し、茨城県においては3.6％（2014年）と低く、大規模商店街の占める割合が全国平均を大幅に下回っている。商店街の立地場所については「住宅街」の割合が28.6％（2014年）で、最も高い。

　県北地域にある日立市は、古くから鉱工業のさかんな企業城下町であり、1985年には人口20万人を超える都市として発展したが、鉱工業の衰退とともに商店街の空洞化現象が見られるようになり、1990年には駅前の再開発事業も行われた。JR日立駅前のイトーヨーカドーを核店舗とした「パティオモール」、北西に連なる「まいもーる」、さらに古くからの商店街である「銀座モール」がある。

　県都である水戸市は江戸時代からの城下町であるが、那珂川と千波湖の

水圏に囲まれた狭長な台地という地形的条件があり、人口増加の面で発展の妨げとなってきた。水戸市の中心商店街もこの台地の上にあり、水戸駅北口から南町、泉町にかけての中心商店街の長さは約1,300mにも及ぶ。泉町には京成百貨店などの大型商業施設もあり、市内で最も多くの買い物客を集める地点となっている。

　県西・県南地区は、近年、東北本線や常磐線、さらにつくばエクスプレスの開業によって、東京都内への通勤者が増え、東京のベッドタウンとしての人口増加が著しい。なかでも土浦市は水戸街道の宿場町、霞ヶ浦の湖頭集落で、水陸交通の要衝として発展してきた。1960年代以降、中心商店街に中央資本による大型商業施設が進出し、JR土浦駅前には長さ505mの3階建てモール（「ザ・モール505」）が建設されるなどの近代化が図られてきた。しかし近年、市内の郊外や隣接するつくば市に郊外型の大型商業施設が次々に建設されたことなどの影響が大きく、買い物客が周辺部に流出する傾向にある。

　県西地区には、日光街道の宿場町で城下町としても栄えた古河市がある。道路・寺の配置などに城下町としての名残が多く、旧日光街道沿いには古くからの商家が今も残っており、往時の面影を残している。

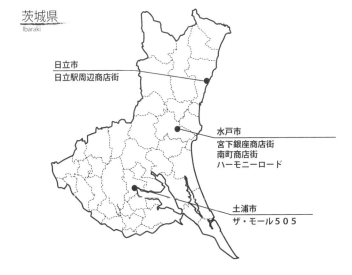

> 行ってみたい商店街

宮下銀座商店街、南町商店街、ハーモニーロード（水戸市）
―レトロの香りと伝統が出会う中心商店街―

　JR水戸駅北口から、水戸東照宮を左手に見ながら、国道50号線沿いに緩やかな銀杏坂を上っていくと、宮下銀座商店街、南町商店街、さらに京成百貨店水戸店のある泉町まで中心商店街が約2kmにわたって続いている。

　宮下銀座商店街はJR水戸駅から徒歩数分の水戸東照宮の下にある小さなアーケード商店街である。入口にある「ようこそ宮下銀座商店街」と書かれた看板には1950〜60年代の軽自動車が描かれていて、なんとも面白い。約50m続く商店街のなかは薄暗く、建物や店の看板を見ていると昭和のレトロ感が色濃く漂っている。まるで50年前にタイムスリップをしたかのような錯覚がする。商店街のなかは居酒屋などの飲食関係や、古着屋、占いの店もあり、アンダーグラウンド感があふれている。

　宮下銀座商店街から銀杏坂を南町1丁目方面に上がっていくと、南町3丁目の沿道にかけて国道50号線の両側にアーケードが設置されている。このあたりは水戸市中心部のメインストリートとなっており、江戸時代や明治時代から続く老舗商店が多く、和菓子や衣料品、文具店、レストランなどが軒を連ねている。特に、南町3丁目商店街は愛称「ハーモニーロード」と呼ば

水戸市宮下銀座商店街のレトロな看板

水戸市宮下銀座商店街のアーケード内の様子

れていて、京成百貨店までの通りが賑わいを見せている。そして、商店街の外れには、水戸市が1990年に開設した「水戸芸術館」がある。高さ100mの塔は正四面体を積み重ねた独特の外観が特徴的で、三重のらせんが空に向かって上昇しているように見え、水戸市のランドマークにもなっている。ここは、コンサートホール、劇場、現代美術ギャラリーの専用空間を持つ複合文化施設となっている。この水戸芸術館への入口に位置するハーモニーロードには、16基のギャラリーボックス（展示箱）が点在している。また、誰でも参加できる芸術空間の中核施設として、1995年には商店街のなかに「ハーモニーホール」を建設した。この施設の運営は、当初は商店街組合自主企画だけのスタートであったが、一般利用者の増加もあって、現在では会館の運営維持の経費が出るまでになっていて、水戸芸術館とのタイアップ事業も活発に行われている。南町商店街全体では、「水戸黄門漫遊マラソン」「水戸まちなかフェスティバル」「トワイライトファンタジー」など様々なイベントも開催され、魅力ある商店街づくりに取り組んでいる。

日立駅周辺商店街（日立市）
― 3つのモールからなる企業城下町の商店街 ―

　JR常磐線の特急「ひたち」に乗って東京駅から約90分で日立駅に到着する。日立駅舎は日立市出身の妹島和世によってデザイン監修された斬新な建物である。駅は間近に太平洋が見える場所にあり、世界的に見ても数少ない水平線が一望できる駅として知られている。東西の自由通路を抜けて海側と反対側の西口に市街地が広がっている。日立市は、明治時代から鉱業、電気機械を中心に産業が発達し、日立製作所の企業城下町として成長してきた。駅前からも日立セメントの大きな煙突が見える。現在でも駅前の「日立シビックセンター」をはじめ日立関連の事業所や建物が多く、日立の看板が至る所に目立っている。

　日立市の人口は約18万人、人口規模では水戸市、つくば市に次ぐ県下第3位の都市である。日立市の中心商店街は、日立駅から国道6号線にかけて、銀座通り沿いの東西約800mを結んでいる。東から西へ「パティオモール」「まいもーる」「銀座モール」の3つのモールからなる商店街が構成されている。商店街を歩いてみると、買い物客も少なく、空き店舗が目立っている。

　銀座通りにある3つの商店街のなかで最も西に位置する「銀座モール」

は、1970年に歩行者天国が始められ、七夕まつりが開催されるなど1980年代までは3つの商店街のなかでも最も繁栄していた。1983年にはショッピングモール化事業の実施に伴い、路面のタイル化や街路樹、ベンチなども設置された。商店街の中央には地元唯一の百貨店・ボンベルタ伊勢甚日立店もあり、買い物客で賑わっていたが、郊外型ショッピングセンターの台頭や店舗の老朽化などにより2005年に閉店し、商店街の空洞化にいっそうの拍車がかかった。「まいもーる」は銀座通りの中央に位置する商店街である。商店会組織として、1972年に日立中央銀座商店街振興組合が組織され、1973年には通りの両側にアーケードが建設された。設営当初は賑やかな商店街であったが、現在では銀座モールとともに、利用者は減少傾向にある。「パティオモール」は日立駅前整備事業によって新設された最も新しい商店街で、1991年に開設された。日立駅に最も近く、プラネタリウムや音楽ホールがある日立シビックセンター（1990年開館）に隣接している。また、パティオモールは、開設当初から車が進入できない歩行者専用道路に面した商店街であることが特徴である。パティオモール出店の際の条件として、日立市内に店舗を持ち支店を増やす目的であること、土地を購入して3階建て以上の建物を建設すること、10年以上店舗を続けることなどが設けられ、それらの審査基準を通過した経営者に出店が許可された。現在、パティオモールの核は市内で最大の店舗面積を有するイトーヨーカドーとその専門店館である。その他、このモール内には個人経営の店舗だけでなく、チェーンストアや居酒屋なども多い。かつての駅前商店街の賑わいを取り戻そうと、「ゆるゆる市」や「ひたち国際大道芸」などのイベントを開催したり、マスコットキャラクターの「モルちゃん」をつくったりするなど活性化に向けた取組みをしている。しかし、決定打と呼ばれるものがないことも事実である。今後の商店街の取組みに期待したい。

ザ・モール505（土浦市）
―日本最長の高架道路下ショッピングモール商店街―

　土浦市は江戸時代に9.5万石の城下町として基盤が整備され、江戸と水戸を結ぶ水戸街道の宿場町として、常陸国では水戸に次ぐ第2の都市として繁栄した。戦前には筑波山・海軍航空隊・霞ヶ浦の水郷など周辺の観光地を結び付けた「遊覧都市」としての性格を打ち出していった。
　JR土浦駅を降りると、西口の正面に土浦市役所が建っている。駅前に

市役所があること自体珍しいが、もともとは1997年にイトーヨーカドーをキーテナントとしてつくられた再開発ビル「ウララ」であった。1990年代には駅前に京成百貨店や丸井、西友などの大型商業施設も多数立地して賑わっていたが、2000年代に入るとイオンモールをはじめとする郊外型大型ショッピングセンターの進出により駅周辺の空洞化が加速した。「ウララ」もその影響を受け、イトーヨーカドーは撤退し、土浦市役所が移転してきた。現在、地下1階部分は地元資本の食品スーパー「カスミ」がテナントとして入居している。

　この土浦駅西口から国道275号線に沿って5分ほど歩くと、高架道路の下に3階建てのユニークな建物が見えてくる。これが1985年にオープンした日本最長（全長505m）の「ザ・モール505」と呼ばれる商店街である。筑波研究学園都市で1985年に開催された「つくば国際科学万博」の会場への玄関口として、土浦駅から約3kmの市街地のなかを幹線道路上に高架道路が整備され、その高架下に新たな商店街がつくられたのが「ザ・モール505」である。当時としては先進的な商業施設で、2、3階部分で連結した3階建ての商業施設が5棟配置された。現在も物販、飲食、サービス関連、事務所など50店舗近くが営業している。モールの入口部分には、当時の土浦市長が書いた「川口ショッピングモール竣工に際して」と書かれた石碑が残っている。そこには、当時、高架道路建設に伴い移転を余儀なくされた商店の経営者を中心に、「水の都・土浦」に新しい商業空間をつくって中心市街地全体の活性化を図っていこうとする並々ならぬ決意が込められている。赤茶色の石碑で少しわかりにくい所にあるが、1985年当時の土浦の様子を知るうえでも貴重な資料である。現地を訪れた際はぜひ見ていただきたい。30年以上経った今では、当時、最先端の建物であった「ザ・モール505」が過去のものになりつつある現状を考えると、なんとも言えない淋しさを感じる。休業日でもない昼間でも人影は少なく、半分近くの店はシャッターが閉じられている。

　現在ではやや寂しい状態ではあるが、中心市街地にこれだけの規模でつくられたショッピングモール型の商店街が現存していること自体が1つの歴史遺産と言える。観光地としてよみがえらせることが必要ではないだろうか。高架道路のカーブに沿って3階建ての低層ビルが連結している建物は、ほかにない。モール入口近くの霞ヶ浦名産の佃煮店の建物をはじめ、昭和初期に建てられたレトロな建物も残っていて、見るだけでも楽しい。ぜひ見に来ていただきたい貴重な商店街である。

9 栃木県

ユニオン通り商店街（宇都宮市）

栃木県の商店街の概観

　栃木県は関東地方では面積が最大で、人口は約200万人、14市11町からなる内陸県である。位置的には東京から北へ60kmから160kmのところにあり、鉄道では東北新幹線、JR宇都宮線、東武鉄道により東京と結ばれている。宇都宮から東京までは新幹線で約50分、JR宇都宮線の東京駅乗り入れによる直通運転が実施されたため、在来線でも約90分から100分程度で東京まで行くことができるようになり、東京との結び付きがいっそう強くなっている。

　県内を大きく分けると、日光市や大田原市、矢板市などの県北地域、県庁所在地の宇都宮市や鹿沼市、真岡市などの県央地域、小山市や栃木市、足利市などの県南地域の3地域に区分される。

　商業面で見ると、2014年現在で、卸売業と小売業を合わせた商業事業所数の全国順位は19位（構成比1.7％）で、周辺の県と比較すると、群馬県（構成比1.7％）とほぼ同じで、茨城県（同2.3％）、埼玉県（同4.0％）と比較するとやや少ない状況である。市町別に商業事業所数を比較すると、県央の宇都宮市が25.1％と最も多く、次いで県南の足利市8.8％、栃木市8.6％、佐野市7.9％の順となり、県央地域と県南地域に位置する上位4市で全体の50.4％を占めている。

　市別に年間商品販売額を見ると、宇都宮市1市で全体の44.7％を占め、2位以下の小山市（8.4％）、佐野市（6.3％）、栃木市（6.1％）、足利市（5.7％）を大きく引き離している。都市別人口規模で比較しても、1位の宇都宮市（52万人）に次ぐ2位以下の都市が、小山市（17万人）、栃木市（16万人）、足利市（15万人）、佐野市（12万人）の順となっていて、宇都宮市への人口集中が顕著で、県の人口の約4分の1が集まっている。

　2014年の『商店街実態調査報告書』によれば、県内の商店街の立地環

境については、全体では中心市街地の割合が51.6%と最も高く、以下、駅前（15.2%）、住宅地（14.7%）、観光地（8.7%）、郊外（8.2%）の順となっている。また、地域別に見ると、他地域と比べて、県北地域では観光地の割合が19.7%、県南地域では駅前の割合が22.7%と高くなっている。

県内の商店街の区域内に大型店（売り場面積500m²以上）がある商店街が66カ所あり、宇都宮市がある県央地域に29カ所と最も多い。大型店の内訳は「百貨店」が12店、「スーパーマーケット」が83店、「ホームセンター」が22店、「専門店」が47店、「ショッピングセンター・複合商業施設」が17店となっている。そして、地域的に見ると、県北地域では「スーパーマーケット」、県央地域では「ホームセンター」「ショッピングセンター・複合商業施設」、県南地域では「百貨店」「専門店」の割合が高い。

業態別に見ると、百貨店の進出に対しての「プラスの影響」が36.4%と高く、「マイナスの影響」の9.1%を上回っている点が特筆すべき点として挙げられる。宇都宮市では中心商店街の「オリオン通り商店街」と隣接する「東武宇都宮百貨店」、栃木市での「蔵の街大通り商店街」沿いにある市役所併設型の「東武百貨店栃木店」などは、商店街と百貨店の共存共栄を示す事例としても良い参考になるであろう。

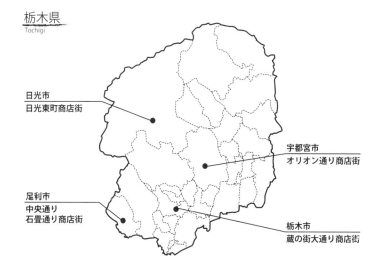

栃木県
Tochigi

日光市
日光東町商店街

宇都宮市
オリオン通り商店街

足利市
中央通り
石畳通り商店街

栃木市
蔵の街大通り商店街

> 行ってみたい商店街

オリオン通り商店街（宇都宮市）
—北関東随一の広域型大型アーケード商店街—

　オリオン通り商店街は東武宇都宮駅に隣接する市の中心部に位置し、1948年に誕生した商店街である。商店街のある一条町、江野町、曲師町の3町をオリオン座の3ツ星にちなみ名づけられた。1967年には栃木県初となる全長280mの大型アーケードを設置し、北関東唯一の広域型商店街に成長した。宇都宮の中心商店街は、東武宇都宮駅西側のオリオン通り商店街と東側のユニオン通り商店街（1952年誕生）が二大商店街と言われている。古着や靴、雑貨店などが充実しているユニオン通り商店街に対して、オリオン通り商店街には婦人服、靴、雑貨などの個人商店から美容室、カフェ、居酒屋、老舗料理店まで様々な店が軒を連ねている。商店街の入口には東武宇都宮百貨店も隣接し、買い物客で賑わっている。

　宇都宮と言えば、近年「餃子のまち」として全国的に知られており、商店街の周辺にも餃子専門店が多い。宇都宮が餃子のまちとなったのは、旧陸軍第14師団が中国に出兵したことで餃子を知り、帰郷後広まったことがきっかけとされている。また、餃子以外にも、世界的なアルトサックス奏者である渡辺貞夫をはじめ、有名なジャズプレイヤーが宇都宮出身者として多いことから、「ジャズの街・宇都宮」として毎日ジャズライブが楽しめる街をアピールして、「宇都宮ジャズライブマップ」という小冊子の地図もつくっている。また、宇都宮には魅力的なバーが多く、バーテンダー技能協会で優勝者を輩出するなど「カクテルのまち・宇都宮」としても名高い。ジャズスポットやバーだけでなく、レストラン、居酒屋、ライブハウス、ダイニングバーなど様々な店がオリオン通りと北側の大通りを中心に集まっている。

　近年、地方の県庁所在地の都市でも、郊外のロードサイ

宇都宮市オリオン通り商店街の賑わい

ドに立地する大型ショッピングセンターやアウトレットモールなどの進出に伴い、苦戦している中心商店街が多いが、宇都宮は中心商店街エリアの集客力を高める事業に次々と着手することによって、一定の成果を上げている。商店街がイベント事業とタイアップして、宇都宮発信の文化事業に取り組んでいることも功を奏している。オリオン通り商店街では、1997年から毎月第4土曜日にナイトバザールを開催し、2006年には市民広場「オリオン・スクエア」が開設され、郊外の大型店に流れる買い物客の取込みへ向けて様々な活性化プランを打ち出している。

蔵の街大通り商店街（栃木市）
― 小江戸ブランドに特化した蔵の街商店街 ―

　栃木市は「蔵の街」として北関東有数の商業都市へ発展してきた。その始まりは、1617年、徳川家康の霊柩が日光山へ改葬され、その後、朝廷からの勅使が日光東照宮へ毎年参向するようになった。その勅使を例幣使と言うことから、通る道のことを例幣使街道と呼ぶようになった。栃木はこの街道の宿場町となり、人や物資が集まるようになった。また、街を流れる巴波川の舟運で江戸との交流が盛んとなり、江戸から日光へ荷や塩が運ばれ、栃木からは木材や農産物が運ばれるようになった。江戸時代の終わり頃には栃木の商人は隆盛を極め、豪商たちが巴波川の両岸に沿って蔵を建てていった。今でも栃木の街には蔵がたくさん残っている。

　JR両毛線、東武日光線の栃木駅から北へ蔵の街大通りが約2kmにわたって伸びている。駅から歩くこと15分で蔵の街の中心部に到着する。栃木市のメインストリートである「蔵の街大通り」には、商人町の面影が漂う古い建物が数多く残っている。観光案内所や蔵資料館、物産・飲食店など4棟の建物がある「とちぎ蔵の街観光館」や、栃木市の特産品や新鮮野菜などを扱う「コエド市場」、元呉服商の店舗で、現在は飲食店となっている1923年に建てられた国登録有形文化財の洋館「好古壱番館」など、見ているだけでも楽しい。

　「蔵の街大通り」にはホテルやレストラン、銀行などとともに栃木市役所の新庁舎も建っているが、ここは全国的に見ても珍しいユニークな施設となっている。2階から5階までは市の各部が入っているが、1階は東武百貨店栃木店の店舗として活用され、百貨店と市役所の共同利用施設となっている。もともとは、福田屋という地元百貨店の店舗であったところを、百貨店撤退後の新しい利用形態としたものである。1階の市役所受付カウ

ンターの横が化粧品や食料品などの百貨店の売り場となっていて、なんとも面白い。

蔵の街大通りと巴波川との間には、昔ながらの民家や美術館とともに、古い小さな商店街が所々にひっそりと残っている。「ミツワ通り共栄会」「銀座通り商店会」といった看板やアーチが昔のままにかけられている。道路の両側が片側アーケードになった3階建ての建物が並び、1階部分が商店となっているが、そのほとんどはシャッターが閉まっていて寂しい雰囲気を漂わせている。いかにも昭和の商店街の雰囲気があり、商店街マニアにはたまらない魅力となっている。コンビニエンスストアの看板さえも蔵の街にちなみ、黒と白の配色となっている。街全体が昭和の古い街並みをそのまま残した、まさに博物館のような街である。

中央通り、石畳通り商店街（足利市）
―日本最古の学校・足利学校にほど近い「まち歩き商店街」―

足利の中心商店街は、特にこれといった特徴のない商店街である。足利市観光協会、商工会議所では「学び舎のまち、出逢いのあるまち足利」を宣伝している。足利は日本遺産に指定された足利学校や国宝鑁阿寺（ばんなじ）をはじめとした歴史・文化遺産の多いまちとして知られている。

JR両毛線の足利駅に降り立つと「歴史都市宣言のまち足利」「ようこそ足利へ　足利学校日本最古の学校」という看板が目につく。駅北口から50mほど歩くと国道67号線の中央通りに出る。東へ行くと佐野、西へ行くと桐生の道路標識が見える。この中央通りに沿って東から西へ通1丁目から通7丁目まで個人商店を中心とした商店街が形成されている。洋品、着物、洋菓子、衣裳、宝石・時計、印刷など様々な業種が集まっている。面白いのは、道路沿いの店の看板がすべて足利学校の学校門をデザインしたプレートに描かれているところである。また、よく見ないとわかりにくいが、足利学校をデザインしたマンホール蓋が至る所にあり、「マンホールマップ」もつくられている。市のウェブサイトによると足利市内だけでも2万カ所以上のマンホールがあり、いろいろなデザインの蓋が使われているそうである。

中央通りから足利学校、鑁阿寺に至る道は石畳の散歩道になっていて、和食、和菓子、土産物などの店が集中している。なかでも、「足利ブランド」として、足利産の原料を使用した商品や、足利で生産・加工された製品には、足利商工会議所などが設置した「足利ブランド創出協議会」が認定し

た最中や羊かん、そば、ワインなどがあり、各商店で販売されている。一方で、大正時代の初期からこの付近でジャガイモがたくさん採れたことをルーツに、「ポテト入り焼きそば」が足利B級グルメとしても売り出し中である。現在、市内30店舗弱の店で販売されている。

　特にこれといった特徴がないにも関わらず、商店街を歩いてみるとおもしろいものを発見することもある。通りの看板に1910年頃の足利駅前の写真や1965年頃の足利駅前の図が残っている。当時の足利駅周辺には倉庫・運送店が軒を連ね、織物の輸送拠点であったことも記されていて、興味深い発見もできる。近年の足利のキャッチコピーは「素通り禁止　足利」である。そこにはこう記されている「奥が深くて一言では言い表せない足利は、素通りなんてできないまち」まさに街歩きをしてみると素通りできない足利のまちを感じ取ることができる。

日光東町商店街（日光市）
―世界遺産「日光の社寺」門前商店街―

　近代化産業遺産であるJR日光駅のあたりは店も少なく寂しいが、約200m北へ歩くと東武日光駅がある。ここはいかにも観光地の駅前らしく、土産物店や飲食店が集中している。標高543mのプレートのある駅前のロータリーから世界遺産「日光の社寺」として有名な東照宮の表参道まで、国道119号線沿いの約1.5kmの間に日光東町商店街がある。

　日光東町商店街の商店には、土産物店、和菓子店、飲食店、日光彫専門店、ホテルなど観光客相手の店が多いが、旧日光市役所（現・日光総合支所）、消防署、銀行などの公共サービス・金融などの施設も入っている。しかし、地元住民のための日用品や電化製品、洋品・日用雑貨などの店は少ない。

　2006年に2市2町1村が合併した現在の日光市は、人口約9万人のうち旧今市市に6万人、旧日光市に2万人弱が居住していることもあり、商業の中心は日光の南に位置する今市に移っている。しかし、日光街道沿いの今市の中心商店街も1990年代からスーパーマーケットが相次いで閉店し、2000年以降は空き店舗が目立ってきている。

　現在の日光東町商店街はほとんどが観光客相手の店で占められており、地元住民相手の店はほとんどない状況である。今後の課題として、観光地立地の商店街が、観光客だけでなく地域住民のための近隣型商店街としての役割をどう果たしていくことができるかが大きな鍵となってくる。

10 群馬県

中央通り商店街（前橋市）

群馬県の商店街の概観

　群馬県を地図で見ると、空に舞う「つる」の形に似ている。1947年に、県内の子どもに群馬の地理、歴史などを教えるためにつくられた「上毛かるた」にも、「鶴舞う形の群馬県」とうたわれている。かつては上野国（こうずけのくに）と呼ばれた群馬県は、利根川の上流域、源流部に属している。県内は、高崎市を含む利根川から西の西毛、前橋市を含む利根川から東の東毛、渋川市、沼田市を含む榛名山・赤城山以北の北毛の3つに地域区分することができる。

　都市の分布を見ると、県南部を東西に通るJR両毛線沿線と東武伊勢崎線沿線に、人口上位5都市（高崎市、前橋市、太田市、伊勢崎市、桐生市）が位置している。1920年に市制を敷いていたのは前橋と高崎のみであった。その後、1941年に織物で発展した桐生と伊勢崎が、戦後の1948年には航空機産業（後の自動車産業）で発展した太田が市となった。県内の事業所数を都市別に比較すると、2014年の小売商店数では高崎市が県全体の17.7%を占め、以下、前橋市（17.0%）、伊勢崎市（9.6%）、太田市（9.3%）の順となっている。年間商品販売額では、高崎市が21.9%を占め、以下、前橋市（18.5%）、太田市（11.4%）、伊勢崎市（10.0%）の順となっている。このことからも、前橋市と高崎市の2強ライバル都市の争いが商業面でもはっきりと現れている。

　商店街は前橋市と高崎市の中心市街地に多い。前橋市では中心市街地の9つの商店街に「Qのまち」という愛称が付けられている。高崎市ではJR高崎駅西口に23の商店街が形成されている。両都市は直線距離で約10kmと近いため、中心市街地の商圏が重なっている。近年、けやきウォーク前橋、クロスガーデン前橋、イオン高崎などの大型商業施設が中心部からやや離れた地域に分散立地しているため、買い物客が大型商業施設に流れ、

中心商店街は苦戦を強いられている。中心商店街のみならず、中心市街地に立地している百貨店もかつての勢いはなく、現在では、前橋市ではスズラン1店舗のみ、高崎市では高島屋とスズランの2店舗のみとなっている。

　前橋・高崎以外の都市では、桐生、太田、伊勢崎に比較的大きな商店街が存在し、1990年頃まで賑わいを見せていたが、現在では空き店舗が目立つ寂しい状況となっている。一方で、観光地にある商店街では、町の活性化対策の一環として、様々な取組みが行われている。世界遺産に認定された富岡製糸場のある富岡市では、製糸場見学に訪れる観光客を対象として商店街の活性化を図り、北毛地域の草津町や渋川市伊香保では情緒ある温泉街の商店街が土産物店を中心に賑わいを見せている。

　前橋市や高崎市の中心部にある商店街が一体となって、大型商業施設に対抗できる実現可能な具体策を示す時期に来ている。群馬県や前橋市、高崎市でも中心市街地活性化計画に積極的に取り組んではいるが、中心商店街の再生にはつながっていない。近年、前橋市の中心商店街では、空き店舗を利用した学生用シェアハウスを整備している。若者をターゲットにした中心部への居住促進策は一定の効果は見られるが、高齢者や交通弱者など、徒歩で買い物をする人への対策も必要である。多様な人が集うことができる魅力ある中心商店街へとどのように再生していくか、今後の大きな課題である。

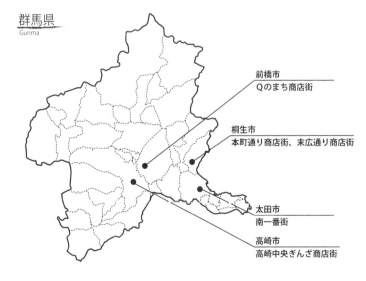

> 行ってみたい商店街

Qのまち商店街（前橋市）
— 9つの商店街で構成される、県都の中心商店街 —

　JR両毛線前橋駅から北へ約1.5km、運賃100円のバスに乗り、約10分で「Qのひろば前」に到着する。中心商業地域であるがシャッターが閉まっている店も見受けられ、寂しい雰囲気が漂っている。前橋市の中心商業地域は、北は広瀬川、南は国道50号線の本町通り、西は国道17号線、東は上毛電鉄中央前橋駅がある八展通りに囲まれた千代田町界隈にコンパクトに集中している。

　メイン通りの中央通り商店街をはじめとして、弁天通り、堅町通り、立川町大通り、オリオン通り、千代田通り、銀座通り1丁目、銀座通り2丁目、馬場川通りの9つの商店街がある。そのため、数字の9と、アルファベットのQをかけて、前橋の中心商店街を「Qのまち」と呼んでいる。このなかで一番大きな商店街は、全長320mのアーケードがある中央通り商店街（愛称：ローズアベニュー）である。前橋を代表するメインストリートで、老舗の店舗が軒を連ね、市内唯一の百貨店「スズラン」も店を構えている。このスズランは1952年に開業した衣料品店からスタートし、1962年に百貨店を開設した。中央通り商店街の北側には、立川町通りをはさんで弁天通り商店街がある。昭和の風情を残したレトロな商店街で、金物、手芸、洋品、日用雑貨、洋傘などの個人商店が大半を占めている。商店街各店の建物や看板からも半世紀以上は経っていると思われるレトロな風情が漂っていて、映画のロケ地としても使われている。商店街全体に古さが感じられ、買い物客は中・高年層が大半を占めている。

　かつては前橋一の商業中心地で賑わっていたが、JR前橋駅からも少し離れていること、自家用車の普及や郊外型ショッピングモールなどの進出に伴い、1980年代以降、前橋西武（2006年閉店）や前三（1985年閉店）、丸井前橋店（1986年閉店）など、前橋市中心部から百貨店が相次いで撤退していった。2007年には、JR前橋駅南口から約500mのダイハツ車体の工場跡に「けやきウォーク前橋」が開業した。ここは、敷地面積約10万㎡の敷地に3,000台以上の駐車施設を持ち、核店舗となる「アピタ」と150の専門店やシネマコンプレックス（映画館）を有する巨大商業施設である。この開業に伴い、前橋の中心商業地域の衰退にいっそうの拍車がか

かる結果となった。

そこで前橋市では「まちなか」にある空きビルを活用し、居住施設とオープンスペース、ショップを併設したシェアハウスを弁天商店街周辺に誘致して、若い人に住んでもらおうと考えている。何よりも若い人たちを中心商店街に向かわせる努力をしていくことが、中心市街地活性化の第一歩であると考えている。今後の前橋の中心商店街の変貌ぶりに注目していきたい。

高崎中央ぎんざ商店街（高崎市）
―昭和レトロの雰囲気満載のディープ感漂うアーケード商店街―

高崎市内には23の商店街が形成されている。JR高崎駅西口から東西、南北方向に伸びる街路に沿うように商店街が発展している。現在の高崎市内の各商店街は、高崎や前橋の郊外型大型ショッピングセンター（イオン高崎、けやきウォーク前橋、クロスガーデン前橋）の進出に伴い、苦戦を強いられている。中心市街地の百貨店も、現在では駅前の高島屋高崎店と中心部にあるスズラン高崎店の2店舗のみという状況である。

JR高崎駅から北西へ約1kmのところにある高崎中央ぎんざ商店街は、全長約400mの全蓋式アーケードを備えた高崎一の商店街として昭和の時代には大変賑わってきた。しかし、現在では、寂しい雰囲気が漂い、商店の半分はシャッター通り化している。商店街のなかは昼間でも薄暗いが、アーケード内には「元気です！中央ぎんざ」の大きな垂れ幕が20mごとにかかっていて、アンバランスな印象を受ける。

商店街のなかには八百屋、果物屋、大衆食堂などの個人商店が、今なおがんばって営業をしている。かつては商店街の中ほどにオリオン座という映画館もあったが、2003年に閉館した。商店街の八百屋のご主人に聞いてみると、30年くらい前までは買い物客で賑わっていたそうである。客足が途絶えた理由として、イオン高崎などの郊外型大型ショッピングセンターの影響も大きいが、

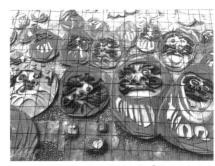

JR高崎駅前にある高崎名物「だるま」のモニュメント

何より一番の理由は、高崎市役所の新庁舎への移転（1998年）が大きかったそうである。昔は市役所職員が勤務を終えて、中央ぎんざ商店街で買い物をしたり、昼休みに食事をしたりして、たいそう賑わっていたとのこと。現在は、スナックやバーが増えてきて、昼の商店街の顔よりも、夜の歓楽街のイメージが先行している。かつては、映画のロケ地にも使われ、高崎を代表する賑わいのある商店街であった。もう一度、買い物客で賑わっていた頃の商店街に戻れないのだろうか。これだけ昭和レトロ感満載の商店街は珍しい。

本町通り商店街、末広通り商店街（桐生市）
― 「織都（しょくと）」の歴史遺産が今に残る商店街 ―

　江戸時代には「西の西陣、東の桐生」と言われたほど織物産地として発展した桐生は、高崎、前橋、太田、伊勢崎に次ぐ県下第5位の人口（約12万人）の都市である。日本を代表する絹織物の産地として有名であるが、桐生は製糸から縫製まで繊維に関するあらゆる技術が集積していることから「織都」と呼ばれている。群馬大学理工学部（旧桐生高等染織学校、桐生高等工業学校）もこの地にキャンパスが置かれ、産学一体となった連携が行われている。

　桐生の中心商店街は、JR桐生駅前の末広通り商店街と、末広通りと本町通りが交差する本町5丁目から桐生天満宮に至る約1.5kmの本町通り商店街の2つである。桐生駅北口前から、末広通り商店街が約500mにわたって続いている。片側アーケードの2～3階建ての鉄筋コンクリート造の商店が立ち並んでいるが、1950～60年代にかけて建てられた建造物がかなり残っている。本町5丁目付近には、群馬銀行や足利銀行、横浜銀行など金融機関が集中しており、ここからJR両毛線の高架をくぐって南西方向に本町6丁目商店街（本六商店街）、錦町商店街が伸びている。このあたりはカラー舗装、植栽などが整備され、景観の美しい街並みになっている。ほとんどは個人経営の商店で、うなぎ屋、石材店、ギャラリー、呉服店、カフェ、時計店と多種多様な店舗構成である。

　本町5丁目から北東方向へ桐生天満宮に至る本町通りには、「織都桐生」の往時の繁栄ぶりをうかがえるような歴史的な建造物を見ることができる。本町5丁目にある金善ビルは、金善織物会社が大正時代の1921年頃に建てた、鉄筋コンクリート造の堂々とした建物で、国登録有形文化財に指定されている。本町2丁目には有鄰館（ゆうりんかん）という古い民家を改築した休憩施設もあ

り、店内には、60年前の桐生の古い街並みや人々の生活ぶりを集めた写真も展示されている。

現在の本町3丁目付近は、以前は「桐座通り」と呼ばれていた。通りができたのは明治中頃で、行止りの道の突当りに「桐座」と呼ばれた桐生最初の常設芝居小屋があったことからこの名が付けられたということが看板に記されている。大正時代には映画館もでき、戦前から戦後にかけて織物産業で栄えた地元商人のための遊興施設や料亭が数多くあったそうである。桐生市内にはかつて北関東で最も賑わっていた「織都桐生」の風情ある古い街並みが至る所に残っている。日本遺産に認定された建物が多く、そのほとんどは現役で織物工場や記念館として使われている。

南一番街（太田市）
―富士重工（SUBARU）の企業城下町として発展してきた商店街―

太田市は人口約22万人、人口規模は高崎、前橋に次ぎ、東毛地域の中核都市（特例市）である。江戸時代には大光院の門前町、日光例幣使街道の宿場町として発達し、大正時代以降は、富士重工（現・SUBARU）の前身である中島飛行機の企業城下町として発展してきた。

東武伊勢崎線太田駅北口は、SUBARU本社、工場を中心に旧街道筋に商店街が発展してきたが、イオンモール太田などの郊外型大型ショッピングセンターの開店とともに、中心市街地の空洞化が進み、ほとんどがシャッター通り化している。駅南口の「南一番街」は、1970年に地元の商店主などが土地を買収して誕生した商店街で、駅北口の本町商店街にあった系列のすみや百貨店とともに、南一番街には結婚式場も併設した地元資本のダイキン百貨店も開設された。しかし、1977年にスーパーマーケットの「ユニー」を核としたショッピングセンター「ベルタウン」ができると、客の流れが変わってしまい、ダイキン百貨店や周辺部にあった映画館やボウリング場も相次いで撤退し、商店街のシャッター通り化に拍車がかかった。

1980年代後半以降、買い物中心の商店街の性格が弱まり、反対に、地元の工場労働者や外国人労働者相手のバー、クラブ、スナックや飲み屋などが急速に増え、歓楽街としてのイメージが高まっていった。

駅前歓楽街太田のイメージを払拭し、新しい商店街をつくっていこうとする試みも始められている。桐生市にキャンパスがある群馬大学工学部生産システム工学科を太田市中心部に移し、太田市や太田商工会議所とともに、商店街活性化に向けての連携した取組みが計画されている。

11 埼玉県

クレアモール（川越市）

埼玉県の商店街の概観

　埼玉県の商店街は、戦後大きな変化を遂げた。この変化には、人口増加やモータリゼーションの進行、県民の所得増加など様々な背景がある。ここでは、埼玉県の商業を取り巻く状況の変化を確認しながら、埼玉県の商店街の戦後の動きを整理していく。

　1960年代の経済成長期に、首都圏への人口集中が進み、埼玉県の人口も1960年の約243万人から1970年には約386万人まで急激に増加していた。加えて、県民所得が上昇し、県民の消費力が強くなった。これらを背景に、県内各地で商店、特に小売店が私鉄沿線を中心に増加していった。

　この時期には、百貨店がそれぞれの中心地に開店し、また、大型商業施設やスーパーマーケットも相次いで出店し、それまで全国で最も百貨店が少ない県と言われた埼玉県の様相は一変した。こうした大型商業施設は、主に県外から進出してきたもので、県南を中心に出店していた。県内の宅地開発の進展とそれに伴う人口増加を背景とした大型商業施設とスーパーマーケットの増加は、県内の商業を大きく変化させた。特に、地域に根ざした商店街が、最も大きな影響を受けていた。大型商業施設やスーパーマーケットが増加し始めた頃は、県南地域の商店街では、大型店出店により客足が伸び、かえって売上げが増加し、既存商店街と新規の大型店とが共存していた。一方、県北地域の商店街では、売上げが約3割減少した。このように、大型店進出の影響は、県内でも地域差があった。しかし、大型店が増加を続けていくと、やがて県内全域の商店街の売上げが減少し、共存の時代は終わりを迎えた。

　1960年代以降の県内各商店街を変化させた背景として、県南部を中心とした私鉄網の存在を挙げることができる。西武池袋線は、前身の武蔵野鉄道武蔵野線開業時（1915年）に池袋から飯能市まで路線が伸びていた。

その後、徐々に延伸を続け、1929年吾野駅開業をもって全線開通した。その後、1969年に西武秩父線が開通し、西武池袋線と直通運転を開始した。また、東武東上線や東武伊勢崎線も戦前に全線開通している。このように埼玉県は在京私鉄の路線網が広がっており、1960年代の人口増加期に県民の購買行動に大きな影響を与えた。多くの県民は私鉄などを利用して東京に買い物に行くため、埼玉県の多くの商店街は、東京との競争を強いられている。

　加えて、モータリゼーションの進展も商店街の変化の背景となっている。モータリゼーションの進展で、より大きな影響を受けたのは、旧街道筋に立地していた商店街であった。自動車で買い物に行くことが生活の一部として定着したため、旧街道沿いにあった既存の商店街が衰退し、なかには、鉄道駅やバスターミナル周辺に移転する商店もあった。鉄道駅などの周辺は、通勤客や通学客の往来が多く、大型店の出店による相乗効果を見込むこともできた。こうした経緯で、旧街道沿いから鉄道駅周辺に都市の商業中心地が移動するケースは県内各地で見られる。例えば、蕨市、与野市、上尾市、川越市、所沢市、飯能市などがそうである。しかし、こうした都市でも、駅前商店街は、大型店との厳しい競争に巻き込まれ、経営が困難となることが多くなってしまった。

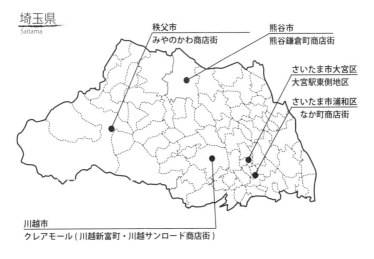

> 行ってみたい商店街

大宮駅東側地区（さいたま市大宮区）
―県下最大の商店街密集地帯―

さいたま市の中心部JR大宮駅の東に立地する一番街商店街には多くの飲食店や雑貨店が並んでいる。JR大宮駅から北に約300m伸びる大宮銀座通り商店街では、フリーマーケットやアコースティックライブ、ハロウィンフェスティバルなどのイベントが開催され、若者を中心とした集客に力を入れている。一方で、比較的年齢層が高い客層を集めている個人経営の商店もあり、地域に密着しながら経営を続けている。JR大宮駅東側の地区には、この2つの商店街のほかにも、すずらん通りやさくら横丁などの商店街が立地しており、多くの買い物客で賑わいを見せている。1960年代後半に、駅東側地区には、長崎屋（1968年）、西武百貨店（1969年）、高島屋（1970年）などの百貨店が次々と進出した。百貨店の進出による周辺商店街への影響も危惧されたが、逆に、百貨店を利用する買い物客がこの地区に集まり、周辺商店街を利用する買い物客も増加し、地区全体が活況を呈した。

しかし、この活況も長くは続かなかった。大宮駅西側地区の再開発が始まったのである。それまで東側地区に比べ商業施設が乏しかった西側地区では、1968年より「大宮駅西口土地区画整理事業」が開始され、本格的な再開発が始まった。さらに、1982年には東北新幹線開業に伴い新幹線駅が開業し、そごう大宮店（1987年）、大宮商工会跡地に大宮ソニックシティ（1988年）が開業すると、大宮駅西側の商店街も活況を呈し、東側地区は凋落に転じた。

大宮駅東側地区の凋落は、1990年代に入っても続き、各商店の経営者の高齢化と後継者不足によって廃業が相次ぎ、長引く不況の影響もあり、長崎屋などの百貨店も閉

すずらん通り：JR大宮駅東口に立地する商店街。大宮アルディージャのチームカラーであるオレンジ一色に染まっている。

店に追い込まれた。こうした苦しい経営状況を乗り切るために、各経営者は様々な工夫を凝らして、客足を取り戻そうとしている。

なか町商店街（さいたま市浦和区）
―地元に愛される買い物どころ―

さいたま市浦和地区は、2001年に大宮市、与野市と合併し、さいたま市が誕生するまでの浦和市で、埼玉県の県庁所在地として栄え、県内最大規模の都市であった。旧浦和市の玄関であったJR浦和駅西口から約250m続くなか町商店街には、約70の店舗が立地している。1981年に再開発が完了し、伊勢丹浦和店やイトーヨーカドー浦和店などはこの年に開店した。百貨店などの大型商業施設と個人経営店が共存し、多くの買い物客を集めている。商店街のなかには、大手チェーンの飲食店やカラオケ店のほか、多くの個人経営店も立地しており、空き店舗も少なく活気ある商店街である。

JR浦和駅西口には、埼玉県庁やさいたま地方裁判所などの行政・司法機関が立地している。加えて、江戸時代には、中山道の宿場町として栄えた歴史を持っており、今でも老舗の菓子店などが残っている。

一方、JR浦和駅東口の再開発事業も進められ、浦和パルコ（2007年）などの大型商業施設やさいたま市立中央図書館などの公共施設が入居する複合ビルが開業し、JR浦和駅周辺一帯が賑わいを見せるようになった。

なか町商店街：JR浦和駅西口に立地する商店街。地元サッカーチームの浦和レッズのフラッグがはためいている。

クレアモール（川越新富町・川越サンロード商店街）（川越市）
―地元の努力が生んだ県下最大の商店街―

クレアモールは、川越新富町商店街と川越サンロード商店街の統一愛称である。東武・JR川越駅から北に約1,200m伸びており、飲食店から衣料品店・書店・美容室・スーパーマーケットなど幅広い商店が100以上集まり、

川越市民の生活を支えている。特に、東武東上線川越駅と西武新宿線本川越駅との間の商店街には若者向けの飲食店やファッションを扱った商店が並び、13時から18時の間が歩行者天国になっていることもあり、多くの若者で賑わっている。2009年に実施された調査によると、川越サンロード商店街の平日平均通行量は2万4,740人で県内第1位、川越新富町商店街は2万2,554人で県内第2位であった。この2つの商店街は、埼玉県内で唯一平日の平均通行量が2万人を超えている。全国的に、地方都市の商店街がシャッター通り化するなど厳しい状況にあるなかで、この商店街は例外的に賑わっている数少ない商店街の1つである。

　クレアモールと呼ばれる商店街は、川越駅と川越市役所を結ぶ道路として長い歴史を持っており、1964年に丸広百貨店が仲町からこの商店街に移転したのをきっかけに、川越市の商業中心地となった。その後、1980年代後半から川越新富町商店街と川越サンロード商店街の環境整備が検討され始めた。そのなかで出てきたのが、ショッピングモール化構想である。この構想は、両商店街のバリアフリー化や電線地中化を実施することで、美しい景観を備えた誰でも気軽に訪れることができる商店街をつくり、商店街の活性化を目指したもので、1995年から川越サンロード商店街の電線地中化工事が開始された。そして、1997年3月にショッピングモール化工事が開始され、同年4月に川越新富町商店街と川越サンロード商店街の統一愛称をクレアモールとすることが決まった。こうした地元商店街の努力によって、クレアモールは埼玉県を代表する活気ある商店街となったのである。

みやのかわ商店街（秩父市）
―地域密着の福祉型商店街―

　埼玉県北西部に位置する秩父市は、人口約6.3万人を擁し、古くから秩父神社の門前町として栄え、市の面積の約87％が森林で占められている自然豊かな都市である。この秩父市の中心商店街が、みやのかわ商店街で、秩父鉄道秩父駅の西側に位置している。秩父駅前通りと駅前交差点を中心に、店舗数は105を数え、様々な個人商店が並ぶ。

　秩父市は、埼玉県内で高齢化率の高い地域の1つで、約2万人の高齢者が居住している。さらに、郊外への大型商業施設の出店により、市内中心部での買い物が困難な状況になっている。このようななかで、みやのかわ商店街では、主に高齢者を対象とした独自の取組みを実施している。1時

間800円のチケットを購入することで、買い物同伴などの外出支援や庭の手入れ、掃除などの家事援助、買い物の代行などの支援を受けることができる。その1つがシニアボランティアを中心とした「ボランティアバンクおたすけ隊」である。おたすけ隊として仕事をした人は、その実績を時間に応じて貯蓄し、それを自分自身や家族のために利用できるほか、秩父市の共通商品券を受け取ることもできる仕組みである。商店街が主体となって実施されている全国的にも珍しい福祉事業である。

また、商店街の活性化策として始まったナイトバザールは、みやのかわ商店街が発祥で、現在では全国的に広まっている。みやのかわ商店街のナイトバザールは、地域の伝統的な祭りである「秩父の夜祭」から着想を得て、1987年に始まったイベントである。

このように、秩父市のみやのかわ商店街は、山間の地方都市が抱える高齢化という問題に正面から取り組むと同時に、30年続くイベントを企画して、懸命に生残りを図っている商店街なのである。

熊谷鎌倉町商店街（熊谷市）
―日本で一番暑い商店街―

人口約20万人の熊谷市は、県北部の中心都市であり、道路交通網や鉄道交通網が発達しており、交通の要衝地でもある。また、2007年8月に当時の観測史上最高気温である40.9℃を記録したことで一躍全国的に有名となり、これ以降、夏になると熊谷市の気温がたびたび報道されるようになった。熊谷市も、この夏の暑さを逆手にとって、「日本で一番暑い町」として宣伝するようになった。

熊谷鎌倉町商店街は、秩父鉄道上熊谷駅と八木橋百貨店を結ぶ南北約300mの商店街である。八木橋百貨店は1927年設立の老舗百貨店で、埼玉県内初の百貨店である。近隣に郊外型の大型商業施設が開業した影響を受け、商店街では閉鎖店舗も目につくが、営業している商店には地元のなじみ客が集っており、昔ながらの雰囲気が残る商店街である。

この商店街が、1年で最も盛り上がるのは、毎年7月に開催される「熊谷うちわ祭」である。この祭りは、鎌倉町商店街の西側にある八坂神社の例祭で、1750年に始まった歴史ある祭りで、12ある地区がそれぞれ山車を準備する。山車は、それぞれ地区別にデザインが異なり、見物客の目を楽しませてくれる。祭りの期間中は、熊谷駅や八木橋百貨店などの市中心部はたいへん賑わい、日本で一番暑い町が1年で最も熱くなる期間である。

12 千葉県

成田山新勝寺門前町（成田市）

千葉県の商店街の概観

　千葉県は、様々な地域性を持つ特色豊かな県である。東京に近い県西部は、鉄道沿線を中心に住宅地開発が進み、ベッドタウンとして発展した。県都千葉市を中心とした東京湾沿岸には京葉工業地域が広がり、工業を中心とした発展を見せている。県東部に位置する成田市には、日本の空の玄関口である成田国際空港が建設され、多くの外国人観光客を迎えている。県中央部の八街市や富里市などでは農業が盛んで、農業県としての千葉県の顔も見せてくれる。県南部に目を移せば、太平洋沿いの勝浦市や鴨川市などの観光地として発展した地域もある。こうした様々な地域的特性を持つ千葉県において、商業と商店街がどのような歴史や特徴を持っているのだろうか。

　戦後の千葉県の商業や商店街を概観していこう。終戦から高度経済成長期にかけての千葉県の商業および商店は順調に発展を遂げていた。しかし、これらの商店の規模は零細で、家族で営む個人商店が圧倒的に多かった。年間の売上げを見ても、全国平均を大きく下回っていた。この背景には、東京へのアクセス性の良さがある。県都千葉市でさえも、消費者の要望に応えることができる百貨店や専門店が少なく、高級品を求めて東京に買い物に出かける消費者も少なくなかった。このような事情は、千葉市だけではなく、船橋市や市川市などの県西部の都市でも同じことが言えた。全国的に見ても規模が小さな商店が多い状況は、徐々に変化していくことになる。

　高度経済成長期に入ると、経済・工業開発の進展や人口増加に伴って、千葉市や船橋市、市川市などを中心に規模の大きな商店の割合も次第に増加していったのである。また、県中央部の佐倉市、県東部の佐原市においても、それぞれ中心部に当たる京成佐倉駅周辺、JR佐原駅周辺に規模は

大きいとは言えない商店街が立地している。県東部の銚子市では、1960年代中頃から市内中心部にいくつかの商店街が形成され、大変な賑わいを見せた。県南東部に位置する勝浦市は、日本三大朝市の1つに数えられる朝市が有名で、現在でも「勝浦中央商店街」周辺で開催され、多くの買い物客で賑わっている。

　大規模商業施設の増加は、近隣の商店街に大きな影響を与えた。地域に根ざした既存の商店街は、こうした大規模商業施設の進出によって、激しい競争にさらされ、脱落する商店街も増えていき、駅前の商店街でさえも、空き店舗が目立つシャッター通りへと変貌した。高度経済成長期の自家用車の普及による買い物行動の変化も、シャッター通り化に拍車をかけた。なんとか存続し細々と経営を続けていた個人商店も、やがて、後継者問題に直面し、閉店を余儀なくされることも多々あった。このような影響は、今もなお続いており、県内各商店街が抱える問題点となっている。そのなかでも、各商店街は、地元の特色や歴史、文化を活かして、商店街を盛り上げるために努力を重ねている。その様子を、千葉市、成田市、館山市、船橋市、銚子市を事例として、ここでは紹介していきたい。

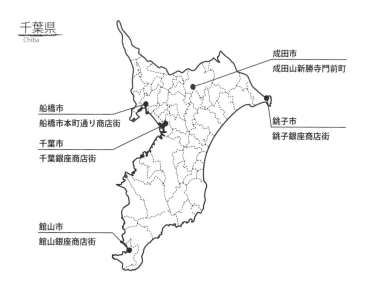

> 行ってみたい商店街

千葉銀座商店街（千葉市）
　―県都千葉を代表する商店街―

　県内最多の約97万人が住む千葉県唯一の政令指定都市である千葉市は、千葉県庁や千葉銀行本店、イオン本社、ミニストップ本社などが立地する千葉県の政治・経済の中心地である。さらに、千葉港を中心に製鋼業や石油化学工業などの大規模な工場が立ち並ぶ京葉工業地域が広がっており、工業都市としての一面も持っている。千葉市は戦後大規模な海岸埋立事業を実施し、現在の千葉市美浜区と京葉工業地帯は、この時に完成した埋立地に立地している。この埋立地には、幕張メッセや高層オフィスビルが立地する幕張新都心も開発された。

　千葉銀座商店街は、千葉都市モノレール葭川公園駅の東側に位置している。この地区は、千葉県庁や千葉市中央区役所などが立地する官庁街であり、多くのビジネスマンが行き交っている。千葉銀座商店街には、100を超える販売店、サービス店、飲食店が立地しており、約1カ月に1度のペースで歩行者天国となり、フリーマーケットなどのイベントが開催され、多くの買い物客を集めている。加えて、2007年にはプラネタリウムと食料品店が入る複合施設 Qiball（キボール）が開業し、親子連れの買い物客も増加した。こうした取組みや新しい商業施設の開業によって、千葉銀座商店街には、2008年現在空き店舗がなく、既存の商店街と新しい商業施設が共存している例と言える。

　千葉銀座商店街が位置する千葉市中心部には、近年多くの高層マンションが建設され、20〜40歳代の若い子育て世代の人口流入が続いている。こうした若い子育て世代の育成・交流を図るために、千葉銀座商店街では、近隣中学校の職場体験実習に力を入れている。この職場体験実習を通して、中学生が地元の商店街への愛着を持つようになっている。

成田山新勝寺門前町（成田市）
　―歴史と情緒ある門前町―

　成田市と聞いて、最初に思い浮かべるのは成田国際空港であろう。日本を代表する国際空港で、日本の空の玄関口である。この成田国際空港が整備される前までは、成田市は成田山新勝寺の門前町として栄え、のどかな

田園地帯が広がる地方都市であった。

成田山新勝寺門前町は、JR成田線成田駅から成田山新勝寺までを結ぶ商店街である。成田山新勝寺の参拝客のために、多くの旅館や飲食店、土産物屋が立ち並んでおり、創業100年を超える老舗も珍しくない。特に、大野屋旅館は、門前町でも珍しい戦前に建てられた建造物で、国の登録有形文化財に指定されている。こうした歴史ある建造物が残っている成田山新勝寺門前町は、江戸時代の門前町そのままの情景が広がっており、訪れる者にどこか懐かしい感情を抱かせる街である。この歴史情緒ある雰囲気を求めて現在も多くの参拝客や観光客で賑わっている。特に、7月に開催される成田祇園祭では、10台の山車が繰り出し、参道を威勢よく駆け上っていく姿を見ることができる。毎年多くの見物客で賑わう大イベントである。さらに、成田という土地柄から外国人観光客も近年増加している。

門前町としての景観や雰囲気を損なわないように、成田市は電線類地中化事業を開始した。2000年から門前町で順次開始され、2006年には京成成田駅周辺地区の地中化事業が完了した。2005年には、美しい街並みが国土交通省の都市景観大賞「美しいまちなみ大賞」を受賞した。

このような門前町としての景観や雰囲気を保つための取組みや努力によって、関東地方を代表する門前町として賑わいを見せている。

館山銀座商店街（館山市）
―県南の中心地を支える商店街―

JR内房線館山駅東口を出ると、館山銀座商店街はある。この商店街には、洋服をはじめ、メガネや貴金属、食料品、雑貨を扱う店があり、周辺住民の生活を支えている。しかしこの商店街も、全国各地の地方都市の商店街と同様に、郊外への大型商業施設の進出によって客足は減少し、空き店舗も目立つ状況となっている。近年の館山市は、1997年の東京湾アクアライン開通、2007年には館山自動車道路が全面開通したことによって、東京・神奈川方面からの自動車によるアクセス性は大きく向上し、観光客の増加も見込める条件は整いつつある。しかし、こうした観光都市としての成長の可能性を感じさせる館山市であるが、観光客の増加にはつながっていないのが現状である。

館山市は、『南総里見八犬伝』の舞台となったことでも知られている。近年、館山市は、この『南総里見八犬伝』を活用したアピールを盛んに行っており、こうした活動には館山銀座商店街も加わっている。館山銀座商店

街では、手づくり甲冑教室を毎年開催しており、参加者によってボール紙製の甲冑がつくられている。こうしてつくられた甲冑を着用した甲冑隊は、毎年10月に開催される南総里見まつりのパレードに参加している。このまつりでは甲冑隊の武者行列や山車、神輿など見ごたえのあるイベントが開催されており、多くの見物客が訪れている。こうした館山市固有の歴史を題材としたイベントが盛り上がることによって、少しでも商店街の利用者増加につながることを期待したい。

船橋市本町通り商店街（船橋市）
―ベッドタウン船橋の中心地―

　船橋市本町通り商店街は、JR船橋駅南口に位置する。JR船橋駅の南側を抜け、京成船橋駅の高架をくぐり、さらに南に行くと、東西に伸びる商店街にたどり着く。この商店街は、旧成田街道の宿場町として、また、意富比神社（船橋大神宮）の門前町として昔から栄えてきた商業地域で、現在も船橋市の中心商店街の役割を果たしている。商店街には、食料品店や雑貨店など生活に必要なものは一通り揃っており、多くの主婦で賑わっている。近年商店街周辺に、相次いでマンションが建設され、周辺人口は増加しており、商店街利用客の増加が望まれる。しかし、ほかの地方都市同様、郊外型の大型商業施設の完成に伴い、商店街利用客は減少している。

　こうしたなか、本町通り商店街は、集客のために様々な事業を実施している。そのなかでも特に力を入れている事業は、ダイヤモンドポイントカードと駐車券サービスなどである。さらに、地域貢献活動として、「きらきら夢ひろば」を開催している。ダイヤモンドポイントカードとは、買い物で貯めたポイントを買い物代金の支払いのほか、ミュージカルやテーマパークのチケットなどと交換できるサービスであり、2009年3月現在2万4,700枚を発行している。駐車券サービスは、サービス参加店舗で買い物や飲食をすると、周辺13ヵ所のコインパーキングを利用できる駐車券を受け取れるサービスである。きらきら夢ひろばでは、船橋市内で活動するNPO法人（特定非営利活動法人）と連携して、毎年各種講座やゲームを開催している。商店街周辺に新しく建設されたマンションに住む新住民と旧住民との交流の場として利用されている。

銚子銀座商店街（銚子市）
―漁港の町銚子の歴史と文化を感じさせる商店街―

　銚子銀座商店街は、銚子市東部に位置している。最寄駅は銚子電気鉄道観音駅で、飯沼山圓福寺の門前町として、戦後間もない頃から繁盛していた。1960年代後半から1970年代前半には、歩行者天国、飯沼観音境内でのイベント、ショッピングセンター屋上のミニ遊園地などを楽しみに近隣市町村からも多くの買い物客が訪れていた。商店街の長さは510ｍで、食料品や日用品を買うことができる商店が並んでいる。しかし、シャッターが下りた店舗も目立ち、どこか寂しい雰囲気を醸している。

　買い物客や観光客を呼び込むために、商店街にはいくつかのモニュメントが設置されている。万祝モニュメントや大漁節を踊る子どもなど漁師町銚子のイメージに合うモニュメントである。また、「門前町・街並み散策マップ」も作成されている。これは、銚子市内に点在する歴史的建築物や石碑を巡り、銚子の歴史をたどることができるものだ。商店街周辺には、「国木田独歩ゆかりの地」の案内板、幕末から明治時代にかけて多くの生徒を集めた守学塾跡の石碑などがある。また、毎月第4日曜日に、商店街で「門前・軽トラ市」が開催されている。この日、商店街は歩行者天国となり、音楽演奏や展示なども行われ、多くの買い物客や観光客を集めている。

> **コラム**
>
> **幕張新都心とイオンモール**
>
> 　千葉県は1973年から千葉市幕張の埋立造成地に国際交流機能や国際的・中枢的業務機能、学術機能等の一体的集積を目指し、東京への一極集中解消の受け皿にもなってきた。幕張メッセ、ワールドビジネスガーデン、放送大学などがあり、大都市の都心部の様相を呈している。イオンは2013年に延べ床面積40万㎡を超えるイオンモール幕張新都心店を新規開店した。
>
> 　イオンのような巨大なショッピングセンターは地域のインフラストラクチャーとして機能し、地域活性化の重要な要素となっている。収益が減少したからといって簡単に撤退することが困難となっており、人口減少地域でも撤退せずに収益性を高める努力が求められている。

13 東京都

アメ横商店街（台東区）

東京都の商店街の概観

　老舗が軒を連ねる銀座と日本橋の二大商業地がオフィス街京橋をはさんで南北に対峙している。日本橋は百貨店を中心に、東京を代表する商店が集中する一方で、新しい商業施設や外資系高級ホテルが次々と誕生し、レトロなビルと相まって新旧の魅力が入り混じっている。銀座は百貨店や大型商業施設を中心に、映画館、劇場、ギャラリーなどの文化施設も集まり、東京のショールームとしての役割を持ち合わせた日本一の繁華街を形成している。

　江戸時代の初めに五街道の起点と定められてから、三井越後屋呉服店（現・日本橋三越本店）などの老舗が軒を並べ、商業集積をみせていた日本橋、明治期に入り、文明開化とともに西欧風都市計画を施した銀座が生まれ、中心地化した。さらに、1895年の甲武鉄道（現・JR中央線）牛込停車場（現・飯田橋駅）開設を機に発展し、「山の手銀座」と呼ばれ賑わいを見せた神楽坂をはじめ、麻布十番や神田、品川、四谷、大塚などの小売商業中心地が明治から大正にかけて形成された。

　1923年の関東大震災以降、中央線沿線を中心に郊外への住宅地開発が進行した。新宿を筆頭に、渋谷・池袋など山手線と私鉄各線の乗換え口としてのターミナル駅が生まれ、そこに盛り場と商店の機能を兼ね備えた商店街が発展・拡大した。1935年の商店街調査によると、当時の東京市（人口約586万人）では17商店街が取り上げられ、中心部では、銀座、人形町、上野広小路など6商店街が、周辺部では浅草雷門、亀戸、蒲田など11商店街が挙げられている。東京市以外では八王子（人口約6万人）の大通りが唯一記されている。

　戦後にかけてさらなる郊外部への拡大がみられ、1950年代以降、西部では、山手線よりも西側の中野、高円寺、阿佐ヶ谷、荻窪、下北沢、三軒

茶屋、自由が丘などの駅前に商店街が発展した。一方、東部、北部の下町では錦糸町、亀戸、谷中、三ノ輪、立石、赤羽などの商店街が成長し、現在も健在である。

東京には多くの商店街が点在しており、『東京都商店街実態調査報告書』(2017年) によると、都内には2,535の商業集積がある。なかでも「三大銀座」と呼ばれる「戸越銀座」「十条銀座」「砂町銀座」をはじめとして活気あふれる商店街が多い。阿波踊りのイベントに、毎年100万人もの見物客が訪れる「高円寺パル商店街」、農山漁村との交流を目指した「とれたて村」などの事業に取り組む「ハッピーロード大山商店街」など、独自の創意工夫を凝らした商店街が多数存在している。23区外でも町田のアメ横と言われる「町田仲見世商店街」や、商店街イベントで活性化を図る「立川市商店街連合会」などがある。

一方で、全国各地の商店街と同様に、経営者の高齢化・後継者不足などによる空き店舗の増加、百貨店・ショッピングセンターなど大型商業施設への買い物客の流出により商店街の減少傾向が続いている。今後の課題として、独自の個性を持つ東京の商店街が、まちづくり、観光資源の活用、外国人観光客集客の担い手として、「TOKYO商店街」のブランド化をいっそう進めていくことが大切であろう。

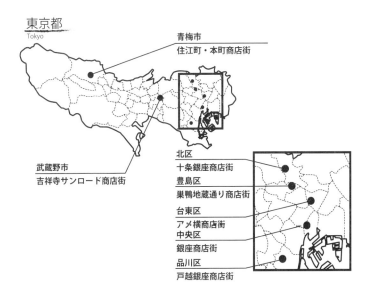

> 行ってみたい商店街

銀座商店街（中央区）
―日本の中心、東京の中心「元祖銀ぶら商店街」―

　JR東京駅からひと駅、有楽町駅から東方向へ歩くこと数分で銀座エリアに入る。地下鉄（東京メトロ）を利用するとメインストリートの銀座通りに有楽町線「銀座1丁目駅」と、銀座線、日比谷線、丸ノ内線「銀座駅」があり、銀座にショッピングに来る人にとっては地下鉄利用者が半数以上を占めている。銀座に行くと、ほかの商店街にはない華やかさが今でも感じられる。銀座を歩くことが一種のステイタスであると言われてきた。この「銀ぶら」という言葉が出てきたのは大正時代の1915～16年頃だという説がある。

　「銀座」の地名は、江戸時代の「銀座役所」に由来する。1603年に江戸に幕府が開かれると、駿府（現・静岡市）にあった銀貨鋳造所を現在の銀座2丁目に移した。その場所の正式な町名は新両替町であったが、通称として「銀座」と呼ばれるようになった。1869年には銀座1～4丁目が正式町名となる。1872年、出火により銀座築地一帯が焼き尽くされたため、明治政府は国家予算の4分の1と4年の歳月をかけて、銀座に西欧風都市計画を施した銀座通りと煉瓦街を完成させ、東京を代表する商業の中心地となった。1923年の関東大震災によって、銀座の商店は倒壊や火災でほぼ全滅してしまったが、その後商店が結束して復興に向けて動き出す。復興期の大正時代末期から昭和の初めにかけて、百貨店の進出が発展の大きな起爆剤となった。1924年に松坂屋（現・GINZA SIX）が開店以降、1925年に松屋、1930年に三越と3つの百貨店が銀座通りに揃い、地元の専門店と百貨店が共存共栄する現在のスタイルが確立した。

　現在の銀座は南北方向の中央通り（銀座通り）を中心に、東西方向の桜通り、柳通り、マロニエ通り、松屋通り、晴海通り、みゆき通り、交詢社通り、花椿通り、御門通りが交差し、面的な広がりを見せている。

　銀座1丁目から8丁目までの中央通りを中心に、東京を代表する老舗商店が軒を連ねている。なかでも、中央通りと晴海通りが交わる4丁目交差点には、1932年に建てられたネオ・ルネッサンス様式の和光本館の時計塔が銀座のシンボルとして有名である。また、商店だけではなく、劇場、画廊、博物館、企業のショールーム、高級ブランドの旗艦店、ビヤホール、

アンティークショップ、各県の特産品を扱うアンテナショップなど様々な施設や店舗が集中している。単なるショッピングだけの街ではなく、文化・情報・流行の集まる国際的な商業の街としての役割を担っている。

そのため、銀座通連合会は1984年に、①銀座は創造性ひかる伝統の街、②銀座は品位と感性高い文化の街、③銀座は国際性あふれる楽しい街の3つの銀座憲章を制定して、商店街を挙げてまちづくりに努めた。21世紀に入り、国際化が進み、まちづくりに対しての様々な課題も上がってきた。「銀座らしさ」をどのようにして維持・発展していくかが当面の課題となっている。現在の銀座のまちづくりの底流に息づいているのが「銀座フィルター」という言葉である。銀座フィルターとは、文書や決まりごとではなく、銀座らしいものを選り分ける不分律、いわば紳士協定である。銀座らしくないものは、この目に見えないフィルターにかかって自然と消えていく。銀座らしいものだけが生き残る。こうした考え方が銀座のまちづくりに脈々と流れている。「銀座らしいもの」「銀座らしくないもの」をどう振り分けていくか、20年後、50年後、100年後の銀座がどう変化していくのか期待したい。

巣鴨地蔵通り商店街（豊島区）
―とげぬき地蔵を中心に発達したおばあちゃんの商店街―

JR山手線巣鴨駅、都営地下鉄三田線巣鴨駅から都電荒川線庚申塚駅まで旧中山道沿いの800mにわたって巣鴨地蔵通り商店街がある。「おばあちゃんの原宿」と呼ばれ、全国的にも有名となった商店街は、「歴史と文化を大切にした、触れ合いのある人にやさしい街」を基本コンセプトにしている。商店街入口にかけられたアーチの下には「ぶらり・お参り・ゆったり・巣鴨」の垂れ幕が見える。商店街マップにも商店街のスローガン「人々の安らぎ空間であるとともに、生活空間として日々活況にあふれた商店街」という説明が書かれている。

アーケードのない道路に面した両側に約200軒の店がある。この商店街の特徴として、大型店が1店もなく、すべて個人商店で構成されている点である。業種別に見ると、衣料品・雑貨・生活小物・靴・鞄などの店が約60軒と一番多く、次に、食堂・喫茶・和菓子・甘味処の店が40軒近くある。ほとんどの店は看板も大きな字で書かれていて、どんな店かわかりやすい。品揃えも豊富で値段も安い。赤パンツ専門店や介護用品の店など、この商店街を訪れるお年寄り向けの店が目立つ。

商店街のアーケードの入口から数分歩くと「とげぬき地蔵尊」という名で親しまれている曹洞宗の名刹高岩寺がある。この寺は1596年に開創され、1891年に巣鴨に移ってきた。ご本尊であり、「とげぬき地蔵」として霊験あらたかな延命地蔵尊は、多くの人々から信仰を集めている。とげぬき地蔵尊縁日（毎月4・14・24の日）には、片側200近くの露天商が立ち並び、たくさんの人が訪れる。高岩寺以外にも、巣鴨には中山道の玄関口にある眞性寺のお地蔵様をはじめ、江戸時代に中山道の休憩所として賑わっていた巣鴨庚申塚も商店街の近くにあり、巣鴨参りの名所が多い。

　巣鴨地蔵通り商店街は、中小企業庁の「がんばる商店街77選」にも入っている。商店街としては東京のみならず全国から訪れる広域型商店街であるが、ただ店を訪れるだけではなく、とげぬき地蔵や庚申塚など信仰の対象として訪れる人も多い。参拝客と買い物客がとけ合い、信仰と商業の2つの顔を持った商店街とも言える。のんびりと歩きながら周囲を散策するには絶好の商店街である。

アメ横商店街 （台東区）
―舶来雑貨の殿堂、闇市パワー健在のガード下商店街―

　JR山手線上野駅から御徒町駅までの約500mのガードを中心とした付近は「アメ横」と呼ばれ、神戸-元町-三宮間と並ぶ、二大高架下商店街である。終戦直後に自然発生した闇市に起源があるが、「アメ横」の名称には諸説ある。当時人気を集めた「飴」を甘さに飢えた人々が買い求めて飴屋が軒を並べたことからアメ横になったとか、1950年に勃発した朝鮮戦争によって米国製品を大量に軍需物資として扱い発展したことから、アメリカ横丁がなまってアメ横になったとか言われている。

　現在のアメ横には、衣料品、装飾品、化粧品、バッグ、スポーツ用品、食料品、靴、万年筆、時計、喫煙具など、多様な商品を取り扱う商店が約90店集まっている。なかでも、年末の買出しは年の瀬の風物詩となっている。高架下商店街は、屋根付きではあるが道は狭く、迷路のように入り組んでいる。1950～60年代にかけては輸入時計やライター、カメラ、化粧品、万年筆などの舶来雑貨を安く買うことができ、「舶来品横丁」の性格が強かった。しかし、現在では、こだわりの商品を置くセレクトショップ的な専門店が多くなり、舶来品だけではなくなりつつある。アメ横の名称も「高架下の超専門店街　アメ横ウェルカムモール」となり、2011年にはガード下の珍獣アイドル「ウェルモパンダ」を誕生させ、さらに

2014年にはアメ横ご当地アイドルをデビューさせたりして、イメージの一新を図っている。とはいえ、雰囲気は今でもかつての闇市の雰囲気を残している。客と店員との対面販売が中心で、お店の人と顔馴染みになると割引率も高くなるようである。

アメ横高架下商店街に隣接して、JR高架の西側にアメ横通り、東側に御徒町駅前通りの2つの商店街がある。アメ横通りにある「アメ横センタービル（1958年完成）」の地下には、世界各地の食材を集めた食料品・魚屋などがあり、外国からの観光客や近隣に居住している外国人にも好評である。近年は少しずつ、周辺の商業施設の再開発が進みつつあり、松坂屋上野店をはじめとする大型商業施設も賑わいを見せている。アメ横高架下商店街が周辺の商業施設と共存しながら昔ながらの闇市的な面白さをどこまで保っていくことができるか期待したい。

十条銀座商店街（北区）
―名物がないのに自然と人が集まる実力派商店街―

JR埼京線十条駅北口から歩いてすぐのところに十条銀座商店街がある。実際に歩いてみると一見どこにでもある普通のアーケード（全長約370m）商店街に見えるが、個人商店主体の商店街全体に活気があふれていることを肌で実感することができる。買い物客とお店の人との距離が近い。十条駅周辺には、北口に十条銀座商店街と連続して富士見銀座商店街があり、南口には中央商店街がある。東京では品川区の荏原銀座、江東区の砂町銀座と並び、東京三大銀座商店街に挙げられている。

1923年の関東大震災で避難してきた東京周辺の商店主が集まって大正時代の終わりに原形ができたと言われている。現在、この商店街には全体の約3割を占める生鮮品や日用品をはじめ、多彩な業種が約180店ほど集まっている。東京オリンピックが開催された1964年の商店街名簿を調べると173店舗が掲載されていて、現在と店の数自体はほとんど変わっていないが、1964年当時から続けている店は約40店舗である。アーケードは1977年に設置され、1997年にリニューアルされた。商店街の道幅はあまり広くない分、両側の店を眺めながら買い物ができる。特筆すべきは、生鮮食料品店をはじめ、あらゆる商品が、ほかの地域と比べて2〜3割安いと言われている。商店街の商圏は半径約1.5km以内と比較的狭く、徒歩か自転車での買い物客が中心であるが、物価の安さと品数の豊富さを求めて、遠くは埼玉、横浜、渋谷方面からも買い物客が来るそうである。生鮮

食料品と並び、惣菜を扱う店が多く、「惣菜天国」と言われている。お年寄りから1人暮らしの学生にとって、朝、昼、晩とおかずやごはんを安く買うことができるありがたい商店街である。

こんな商店街はなかなかありそうでない。毎日来ても飽きない商店街である。昭和の商店街の雰囲気を色濃く残しながら、つくられたレトロ感はない。新旧が混在しているが古臭くもなく、新し過ぎることもない。特にこれといった名物がないのに自然と人が集まるホッとする商店街である。

戸越銀座商店街（品川区）
―日本で最初にできた元祖「○○銀座」商店街―

日本の商店街のなかには「銀座」と名の付く商店街はあらゆるところにあり、その数は350前後と言われている。東京・銀座以外で最初に銀座を名乗った商店街が戸越銀座である。中原街道から第二京浜国道を経て三ツ木通に至る、全長約1.3kmにわたって伸びる東京でも有数の商店街である。最寄駅は東急池上線「戸越銀座駅」で、近くには都営浅草線「戸越駅」もあり、アクセスも充実している。この商店街は3つの商店街振興組合で構成されていて、合計で約400軒の店舗が軒を連ねている。商店街にはアーケードがなく、自動車も通るが、月曜から土曜の15〜18時と日曜・祝日の14〜19時は、買い物専用時間帯として歩行者専用となっている。

戸越銀座商店街の誕生のきっかけとなった理由は2つある。1つ目は、1923年の関東大震災で壊滅的な被害を受けた東京の下町や横浜の商業者たちが、当時発展の著しかった品川区大崎周辺の工場地帯の一角を占めていたこの付近に活路を見出して集まってきたことである。2つ目は、1927年に「戸越銀座駅」が開業し、それまで散在していた周辺の商店が駅を中心に集まってきたことである。戸越銀座駅前の「駅誕生88年目の決意」と書かれた木のプレートが駅と商店街との強い結び付きを象徴している。

戸越銀座商店街連合会が作成した商店街マップを見ながら歩くと、改めて、活気ある商店街の規模の大きさに驚く。生鮮食料品やグルメ関連の店を中心に、美容、医療、不動産から日用品、リサイクル、クリーニング、葬儀など、あらゆる業種の店があり、地元密着の商店街の風格を感じさせる。また、3つの商店街振興組合が結束して「戸越銀座ブランド」事業を進めてきたことも知名度アップの1つとなっている。統一ロゴをつくり、パッケージには戸越銀座商店街の由来を記し、ケーブルテレビでCMを流し、マスコットキャラクター「戸越銀次郎」や名物「戸越銀座コロッケ」

を生み出すなど商店街の底力がある。「とごしぎんざまつり」をはじめとするイベント事業にも積極的に取り組み、量販店や大型店ではまねのできない、個人商店ができる強みを最大限に活かした商店街活性化事業にチャレンジしている。

吉祥寺サンロード商店街（武蔵野市）
—住みたい街の行きたい商店街—

住みたい街として人気の吉祥寺にあるJR吉祥寺駅北口から五日市街道を結ぶ約300ｍの間のアーケード商店街である。前身は吉祥寺駅北口商店街と呼ばれ、1971年のアーケード完成時に吉祥寺サンロード商店街と名称を変更した。駅北口にはダイヤ街チェリーナード、元町通りなどいくつもの商店街が面的に広がっている。駅南口には緑豊かな井の頭公園も隣接し、衣、食、住の何でも揃った人気のある住みたい街である。

商店街は駅北口に集中している。かつては、商店街の周辺には伊勢丹百貨店（1971年開店～2009年閉店）や近鉄百貨店（1974年開店～2001年閉店）などの百貨店もあったが、今では北口に東急百貨店、南口に丸井があるのみで、伊勢丹はコピス吉祥寺という複合商業施設に、近鉄はヨドバシカメラに業態変更した。

サンロード商店街のアーケードは2004年に改築され、LED照明を使い、明るく開放的なメンテナンスフリー・バリアフリーな点が評価され、建築・環境デザイン部門の「グッドデザイン賞」を受賞している。商店街内には、吉祥寺駅からの距離が建物ごとにメートル単位で表示されていて、面白い。また、駅北口から五日市街道にかけて、A地区からG地区まで分けられている。業種構成も物販（ファッション、ドラッグストアなど）、飲食（食事スペース）、サービス（美容、娯楽、健康など）、その他（医療、不動産など）とバランスよく分散して配置されている。

実際に歩いてみると、アーケードは開閉式で昼間と夜間では雰囲気も異なり、スクリーンに映像も写されて、商店街の情報も得やすい工夫がされている。商店街のなかには、各店の看板と並んで「いい店いい街サンロード」とフラッグ（旗）も統一されていて、面白い。人通りも多く、どの店も活気がある。商店街の周辺にはアートギャラリーや雑貨、アンティークショップ、ライブハウスから「ハモニカ横丁」と呼ばれているディープな飲み屋街もあり、街全体が吉祥寺らしさを演出している。

住江町・本町商店街（青梅市）
―街全体に名作映画の看板が飾られた昭和レトロ商店街―

　東京駅から中央線の直通快速に乗って約80分で青梅駅に到着する。ここが東京都かと思うほどのどかな風情が感じられる駅である。改札口に至る地下の通路には『鉄道員』や『終着駅』などの名作映画の看板があり、驚かされる。駅舎も駅名のプレートもレトロなイメージで統一されている。東京都の西多摩地域の中心都市である青梅市は、人口約13.5万人の旧青梅街道沿いの宿場町から発展してきた。青梅は綿織物を中心とした繊維産業が発達し、第2次世界大戦前までは「夜具地」と呼ばれる布団に使われる布地の生産で全国的に知られていた。現在では生産されていないが、40年以上前に生産された生地の反物を使ってポーチやノートなどの小物が土産物として売られている。かつては空前の織物景気で、西多摩唯一の繁華街として人が集まり、活気にあふれていた。

　青梅市中心商店街は、旧青梅街道沿いにある住江町と本町の2つの商店街である。2つの商店街とも古い街並みを保っていて、個人商店が中心となっている。最近の商店街には珍しく大型スーパーマーケットやコンビニエンスストアもない、昔ながらの昭和の風情を色濃く残している。各店舗の看板には商店主が選んだ懐かしの名作看板が飾られている。面白いことに、店の業種に合わせた映画看板が使われていて、非常に凝っている。

　これらは、青梅市在住の看板絵師・久保板観の手によるものである。彼は1950年代当時に青梅市内にあった3つの映画館の看板絵師として活躍していた。また、赤塚不二夫自身が青梅に住んでいたのではないが、漫画家になる前に、父親の故郷・新潟の看板店に勤め、映画看板描きの仕事を手伝っていたことから、旧青梅街道は別名「赤塚不二夫シネマチックロード」と名づけられている。

　近年は大型スーパーマーケットも撤退し、空き店舗も目立ってきた商店街を何とか復活させようと、若手商店主が中心となって考え出したのが名作映画看板とレトロな街並みである。住江町商店街には「昭和レトロ商品博物館」や「青梅赤塚不二夫会館」などの観光施設もつくられている。本町商店街の「まちの駅・青梅」には青梅市の特産品である梅干し、わさび、地酒、吸水性の高いタオルや青梅夜具地が売られ、好評を博している。

　これまではどちらかと言えば、奥多摩や御岳山ハイキングへの通過点として立ち寄る機会が少なかった青梅ではあるが、これだけ東京都心から近

いところに昭和の風情を色濃く残した商店街は珍しい。レトロな建物や横丁も多く、のんびりと散策するには絶好の商店街である。

コラム

『昭和10年全国商店街調査』

　昭和10（1935）年に商工省が商店街に関して実施した調査。昭和恐慌の波を受けて、商店街が近代化への解決を模索していた時期であった。全国の主要な商店街のほとんどを対象としており、「詳細かつ大規模かつ網羅的」な調査と言われている。商店街だけでなく、まちづくり、流通政策にとっての貴重な資料となっている。

〈調査項目〉

　「商店街の位置、長さ」「商店街の街路の幅員、路面、勾配」「商店街小売店の構成」「商店街の小売店以外の構成」「商店街小売店の営業状態」「商店街の顧客」「商店街の動き」「商店街の団体組織」「商店街の共同施設」「商店街の夜店、露店」「商店街の娯楽機関」「商店街の大衆密集場」「商店街の地価、家賃」「商店街地図」「商店街の更生策」等

〈調査対象都市〉

　（大都市）東京市、横浜市、名古屋市、京都市、大阪市、神戸市
　（北海道）室蘭市、旭川市、札幌市、小樽市、函館市（東北）青森市、弘前市、秋田市、盛岡市、酒田市、鶴岡市、山形市、仙台市、福島市、郡山市（関東）宇都宮市、栃木町、前橋市、高崎市、水戸市、八王子市、横須賀市（北信越）新潟市、長岡市、高田市、直江津市、富山市、高岡市、金沢市、敦賀町、長野市、上田市、松本市、甲府市（東海）岐阜市、大垣市、清水市、静岡市、濱松市、豊橋市、岡崎市、一宮市、半田町、津市、宇治山田市（近畿）大津市、明石市、姫路市、和歌山市（中国）鳥取市、米子市、松江市、岡山市、福山市、尾道市、広島市、呉市、宇部市、下関市（四国）徳島市、松山市、宇和島市、高知市（九州）門司市、小倉市、戸畑市、八幡市、若松市、直方市、飯塚市、福岡市、久留米市、大牟田市、佐世保市、長崎市、中津市、別府市、大分市、熊本市、延岡市、宮崎市、都城市、鹿児島市、那覇市
　［外地］平壌府、京城府、仁川府、大邱府、木浦府、大連
　『昭和10年全国商店街調査（全14冊）』（2007、8年復刻）不二出版

14 神奈川県

元町商店街（横浜市）

神奈川県の商店街の概観

　神奈川県は、人口918万人（2018年）で、東京都に次いで全国第2位を誇る。そのうち、横浜市374万人、川崎市151万人と両都市を合わせると、500万人を超え、県人口の半数以上を占めている。市町村別に見た小売業の年間商品販売額の構成比（2014年）では、横浜市が県全体の45.7％を占め、川崎市が12.9％、相模原市が7.3％の順となり、上位3都市で6割強を占めている。商店街も横浜、川崎の両都市に集中し、個性的なイベントで知名度を上げている商店街が目立つ。

　横浜市の都心部に立地する中心商店街として、開港以来150年の歴史を誇る「元町商店街」や「伊勢佐木町商店街」などが全国的に有名である。近年はその中心が、JR横浜駅を中心としたエリアに移り、徐々に商業地としての地位は低下しつつあるが、ファッション通の人々には根強い人気と知名度を誇る老舗専門店も多く、隣接する中華街を含めて多くの観光客で賑わっている。中心商店街の周辺部では、六角橋、横浜橋通、洪福寺松原の「横浜三大商店街」があり、庶民的で地域住民に親しまれている。

　川崎市にはJR川崎駅東口の「銀柳街商店街」や「川崎大師仲見世通商店街」など庶民的な商店街が多い。内陸部では、東急田園都市線沿線で大山街道の宿に起源する「溝の口西口商店街」は、レトロな姿を残しながら、新しい商業地に変貌している。また、東急東横線の元住吉駅西口の「モトスミ・ブレーメン通り商店街」は、ドイツ・ブレーメン市の商店街との友好提携にちなんで名づけられ、賑わいを見せている。

　2都市以外では、東海道本線・横須賀線、小田急小田原線・江ノ島線沿線の小田原、鎌倉、藤沢、平塚、本厚木、東林間（相模原市）の各駅前に比較的大きな商店街が発達している。特に、鎌倉駅東口から鶴岡八幡宮まで伸びる「鎌倉小町通り」は、土産物やカフェなどが立ち並び、ぶらり散

歩が楽しめる観光商店街として賑わっている。また、横須賀では、日本と米国の雰囲気が融合した「どぶ板通り商店街」が知られている。

一方で、大型マンションやニュータウン建設に伴い、周辺に大型商業施設が増加し、県内の最寄品中心の近隣型・地域型商店街の多くは衰退を招いている。また、鉄道の直通運転・相互乗入れなど公共交通網の整備により、乗換えなしに短時間で渋谷や新宿などの商業地区に行くことが可能となったことから、買い物客の東京都心への流出傾向がみられ、以前と比べて来店者数が伸び悩んでいる商店街も多い。

危機感を持った県内の商店街では、商店街活性化の取組みを熱心に進めているところも多い。湘南ひらつか七夕まつりは「平塚市商店街連合会」が共催し全国的に有名であるが、その他、「小田急伊勢原駅前中央商店会」では商店街の通りに名称を付け、商店街のブランド化を図るなど様々な取組みにより、2017年度「かながわ商店街大賞」を受賞している。また、25年以上前から阿波踊りのイベントを積極的に行い、街を支えている相模原市の「東林間商店街」などがある。一方で、神奈川県内の商店街では地域コミュニティの中核として、身近な買い物の場としての役割が強く求められている。商店街観光ツアーや祭り、イベント、子育て・高齢者支援、まちゼミなど多方面との連携を図りながら商店街の活性化や魅力アップを進めている。

行ってみたい商店街

元町商店街（横浜市）
―みなとまちヨコハマを代表する中心商店街―

　JR根岸線石川町駅を下車してすぐのところにある元町商店街は、別名、元町ショッピングストリートと呼ばれている。商店街の南側は山手の丘陵地、北側は山下町（中華街）と隣接している。元町の始まりは1859年の横浜開港当時まで遡る。当時、元町は横浜村にあったが、現在の日本大通りを境に、日本人商業地区と外国人居留地区が整備されることになり、翌1860年に横浜村の居住民90戸が隣接する本村に強制移転させられた。その年に「本村」を「横浜元町」に地名変更したのが元町の始まりと言われている。

　明治の初め頃には、山手居留地に外国人が住むようになり、この元町付近が山手の住居地と中心部・関内の業務地を結ぶ外国人の日常的な通り道となった。それに伴い、外国人を対象に商売を始める者が自然発生的に増えていった。現在は横浜を代表するおしゃれエリアとして、商店街のメインストリートには「元町ブランド」の老舗が数多く並んでいる。元町商店街には、横浜を代表するバッグや婦人靴、メンズショップ、紅茶専門店、レース専門店などお洒落で個性的な店が集中している。

　元町商店街は、元町1丁目から5丁目までの一直線に伸びる500mほどの元町通りが中心である。2004年には、この元町通りから1つ山側の元町仲通りをはじめとした5つの通りが結集し、「元町クラフトマンシップ・ストリート」と名づけられた商店街を設立した。元町クラフトマンシップ・ストリートには、フレンチレストランやカフェ、和食店など飲食店も多い。

　元町商店街のまちづくりの基本理念として、①歴史と文化を活かしたまちづくり、②品格のあるまちづくり、③次世代を見据えたまちづくりの3つを柱に、元町ならではの魅力的な街並みを商店街が一体となってつくり上げる努力をしている。また、ほかの商店街に先駆けて、1966年以降、全国の百貨店と販売提携した「元町セール」を展開し、翌年からはパリやローマ、ロンドンなどヨーロッパの商店街と姉妹提携を結び、オリジナル商品を直輸入して販売した。1960年代初頭から、商店街全体で「チャーミングセール」と銘打ち、バーゲンセールを大々的に行い、現在でも元町商店街の一大イベントとなっている。こうした取組みが可能となったのも、

地道な商店街活動の結果とも言える。

六角橋商店街（横浜市）
―昭和の面影を残す商店街プロレス発祥のレトロ商店街―

　横浜三大商店街の1つである六角橋商店街は、東急東横線白楽駅下車すぐの場所にある。旧綱島街道にかかる六角橋商店街アーチまで約300mの両側を中心に商店が並んでいる。そのほとんどは、食料品店、飲食店、家具店、パチンコ店など庶民的な店で構成されている。また、「六角橋商店街大通り」と呼ばれるメインストリートから一筋を入ったところには、「六角橋ふれあい通り商店街（仲見世通り）」という狭くて古いアーケードがある。そのなかには、食堂や魚屋、八百屋、乾物屋、衣服、アンティークの雑貨を扱う店、おもちゃ屋など多種多様な小さな店が集まり、昭和レトロの雰囲気を売りにしている。かつて、この地にかかっていた橋が六角形の材木で組まれていたことから「六角橋」と名づけられたと言われている。近くには、1930年に旧横浜専門学校として当地に移転してきた神奈川大学があり、学生の利用も多い。

　一時期は空き店舗が目立ち、低迷した時期もあったが、個性的なイベントで知名度を上げてきた。戦後すぐにバラックが集まる闇市として発展し、現在の商店街になっていることもあって、毎月第3土曜日には商店街のシンボルイベントでもある「ドッキリヤミ市場」と称するフリーマーケットを開催している。ライブ演奏や古本市などが夜に行われている。また、2003年に大日本プロレスの興業試合が全国の商店街のなかで初めて行われたことから「商店街プロレス発祥の地」としても有名である。

　六角橋商店街では、安心・安全で魅力ある商店街として推し進めていくために、神奈川大学や行政機関などと連携してきた。そのなかで、通りや建築物などに関する基準や、防災や商業環境の取組みなどについて商店街共通のまちづくりルールを策定し、商店街活性化に取り組んできたことが評価された。その結果、経済産業省の「がんばる商店街30選」や、神奈川県の「かながわ商店街大賞」も受賞し、ほかの商店街からも一目置かれる存在となっている。

横須賀本町どぶ板通り商店街（横須賀市）
―日本と米国の雰囲気が交わる商店街―

　京浜急行汐入駅で下車し、海側に歩いてすぐのところにどぶ板通り商店

街がある。戦前は日本海軍工廠の街として発展し、戦後は駐留米軍の街として栄えてきた。もともとは横須賀市本町という地名であるが、付近の道の中央にどぶ川が流れていたため、人の往来や車の通行に邪魔になることから、海軍工廠より厚い鉄板を提供してもらい、どぶ川に蓋をしたことから「どぶ板通り」と呼ばれるようになった。商店街には全長約400mの道の両側に沿って100店舗ほどが集まっている。業種別に見てみると、スカジャン（ヨコスカジャンパーの略）やミリタリーグッズ、アクセサリーを扱う店や、名物「よこすか海軍カレー」「ヨコスカネイビーバーガー」などの飲食店が多いのが特徴である。昼間は観光客で賑わっているが、夜になると、米軍横須賀基地で働く米国人相手の居酒屋やバーが開き、街のムードも一変する。現在は米国人相手の店だけではなく、地元の人向けの楽器店、時計店、家具店、金物店、寿司屋、うなぎ屋、ヘアサロン、コンビニエンスストアなどあらゆる業種の店が混在していて、昔の面影は薄れてきている。

どぶ板通り商店街の北側に、JR横須賀駅と京浜急行横須賀中央駅を結ぶ国道16号線が並行している。両側には大型商業施設「イオンショッパーズプラザ横須賀」「よこすか芸術劇場」「メルキュールホテル横須賀」などが立ち並ぶ。近くには横須賀製鉄所の建設に貢献したフランス人技師にちなんで名づけられたヴェルニー公園があり、ここから横須賀本港が一望できる。すばらしい景色である。

現在の横須賀市の商業中心地は、京浜急行横須賀中央駅の中央大通りに面した三笠ビル商店街付近にあるため、どぶ板通り商店街は中心からやや離れている。そのため、どぶ板通り商店街としては、この場所まで買い物客を引き付けようと、年に4回「ドブ板バザール」を開催し、スカジャン着用の買い物客に割引サービスを実施している。また、商店街の路面には横須賀に縁がある有名人の手形を埋め込んだ「手形マップ」をつくり、どぶ板通り内の70カ所の街路灯を飾るシンボルフラッグのデザインを全国から公募するなど、個性的な街並み景観を活かした様々な取組みを行っている。

米国の雰囲気を残しつつ、日本の商店街としてのおもてなしの心を込めたきめ細かな取組みがミックスされた全国的に見ても珍しいスタイルの商店街である。

小田原ダイヤ街商店会、錦通り商店街、おしゃれ横丁（小田原市）
―城下町・宿場町　小田原を代表するコンパクトな駅前商店街―

　県西部の中心都市小田原市は人口約20万人の特例市である。小田原城、小田原提灯、かまぼこ、箱根観光の入口として知られている。小田原藩の城下町、東海道小田原宿の宿場町として古くから商業が盛んであった。1960年代から70年代にかけては、JR小田原駅前東口を中心に、地元百貨店の志澤小田原本店（後の西武志澤店）をはじめ箱根登山デパート、丸井小田原店、長崎屋、ニチイなどの大型店が多数立地して、多くの客で賑わっていた。その後、1990年代以降、郊外の工場跡地に大型ショッピングセンターが次々と進出したことにより、次第に、駅前の大型店から客足が遠のき、閉店に追い込まれることとなった。

　駅東口に8つの商店街が集中しているが、その中にダイヤ街商店会と隣接する錦通り商店街、おしゃれ横丁があり、ひとつながりの街路として機能している。3つの商店街のなかでは、ダイヤ街商店会にドン・キホーテやEPO（西友小田原店）などの大型店、量販店が集中している。商店街のなかは歩行者専用道で、日用品から食料品、レストランまで、約40店舗がコンパクトに集まっていて、買い物もしやすい。錦通り商店街は、全長250mにわたり、銀行や飲食店、小田原名産のかまぼこ店、土産物店など約70店舗がある。おしゃれ横丁は裏路地の狭い通りにあり、ファッション系の店と飲食店が多く、駅前商店街の華やかさはなく、少し怪しげな雰囲気も漂っている。

　商店街の入口には、「北條ポケットパーク」と呼ばれる小さな公園があり、冬のイルミネーションは美しいと評判である。この商店街では、年に数回、小田原周辺の生産者が提供する農産物、食品を販売する「北條ストリートマルシェ」というイベントも開催され、買い物客で賑わっている。

　小田原は西湘地域の中心都市としての役割も担っている。郊外の大型商業施設へ商業の中心地が移りつつある小田原商業の現状を変えていくためにも、大型店を持たない小田原駅前の商店街が独自性を持ってどう集客していくのか、今後の発展に期待したい。

15 新潟県

高田本町商店街（上越市）

新潟県の商店街の概観

　新潟県商店街振興組合連合会に加盟している商店街は、新潟市内12商店街をはじめ、長岡市、上越市、三条市、柏崎市、新発田市、小千谷市、加茂市、十日町市、村上市、燕市、糸魚川市にある。これらは、長岡の大手通りや高田（上越市）の本町などの城下町、新潟古町・本町地区や直江津（上越市）など港町のかつての中心商業地区である商店街、「三条中央商店街」などのかつての宿場町などに由来する商店街、「新潟駅前弁天通商店街」など鉄道駅前に新たに発展した商店街に大別できる。

　2014年の「新潟県商店街実態調査」によると、商店街は厳しい状況にある。最近の商店街の景況について、「衰退している」と回答した商店街は76.1％、来街者数が減少またはやや減少していると回答した商店街は71.1％を占め、増加またはやや増加していると回答した商店街を大きく上回っている。空き店舗率は13.16％で増加傾向にある。こうした背景にはロードサイド型店舗の増加がある。

　冬期の降雪が多い新潟県の日常生活において自動車はなくてはならない存在である。さらに、幹線道路、高速道路網の整備はモータリゼーションの進展に拍車をかけた。新潟市周辺では1973年に連続立体交差式の新潟バイパスが開通したのを皮切りにバイパス網が整備され、1980年代には関越・北陸自動車道が全線開通した。これらの整備とともに市街地の郊外化が加速し、郊外への大規模小売店舗の出店が著しい。なかでも、原信、コメリといった地元企業が多い。

　江戸時代に開発された港町新潟の商業の中心は古町通りや本町通りで、小林百貨店（後の新潟三越）などがあった。発展しつつある都市では商業地区が駅に向かって拡大すると言われるが、1904年に信越線が信濃川対岸の旧新潟駅（現・弁天公園付近）まで延伸されても、間に信濃川がある

ため小規模な業務地区と飲食・歓楽街程度しか立地しなかった。しかし、1958年に駅舎が現在の位置に移転すると、1970年代の万代シテイの再開発により信濃川右岸地区は大きく変化していく。1972年にシルバーボウル、翌年にダイエー（現・ラブラ万代）と新潟交通バスセンター、1984年に新潟伊勢丹が開業した。あわせて駅と万代シテイを結ぶ弁天町地区も再開発された。1985年ごろには古町から長崎屋、イチムラが撤退するなど、商業の中心は信濃川左岸・古町から右岸・万代へと移転していった。さらに近年は、新潟駅南口から新潟バイパス、鳥屋野潟周辺にかけて宅地開発が進み、大型の飲食店や食品スーパーが立地した。このように市街地の拡大とともに商業地域も郊外へ移動しつつある新潟では、古町の再開発高層ビルNEXT21のラフォーレ原宿・新潟が2015年に撤退を余儀なくされるなど、中心市街地の苦戦が続いている。

　こうした中心市街地の空洞化に対し、新潟県は2008年に「新潟にぎわいのあるまちづくりの推進に関する条例」を施行した。この条例では大規模集約施設の適正立地を図るため、床面積が1万㎡を超える集客施設（店舗、飲食店、劇場など）で小売業の用に供する店舗面積が3,000㎡を超える施設などの新設を行う場合には、設置者に対し、事前に届出を求めている。

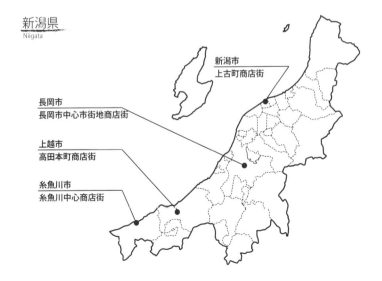

> 行ってみたい商店街

上古町商店街（新潟市）
―空き店舗減少を進める「カミフル」―

　新潟市役所の南に鎮座する白山神社の大きな赤鳥居へとつながるのが古町通りであり、白山神社側から1番町から13番町までつながる。このうち、白山神社前の古町1番町から4番町が上古町(かみふるまち)商店街であり、500mの沿道に100店舗ほどが軒を連ねる。

　信濃川左岸の旧新潟町は、江戸時代に計画的につくられた、信濃川と並行する本町通り、東堀、古町通り、西堀、それと垂直な多くの小路と堀による格子状の町割りが今に残され、町家を特徴とした街並みである。江戸時代に長岡藩の城下町長岡の外港として建設され、北前船の拠点として、また、幕末以降は開港五港の1つとして大いに栄えた。古町通りは、この旧新潟町のメインストリートであり、新潟経済の中心地であった。このうち、「上古町」は白山神社の参道にも当たり、かつては店々が立ち並び、多くの客で賑わった。しかし、万代シテイの開発、商店主の高齢化により、空き店舗が目立つようになった。

　この街の衰退に対し、2006年に1番町から4番町までの4つの商店会が1つになって上古町商店街振興組合を発足させ、まちづくりにソフト面で力を入れている。地元上古町で店舗を持った若手のデザイナーにより商店街のロゴやウェブサイト、情報誌『カミフルチャンネル』が作成された。「カミフル」とは、地元の若者を中心に使われる上古町の通称である。また、2009年にはアーケードを「人にやさしい、温かい商店街」をコンセプトに明るく歩きやすいものに改築した。

　空き店舗対策としては、振興組合が入居希望者、不動産業者、家主の間に入る調整役の役割を担っている。「上古町」は、江戸時代以降の活気ある街であった歴史を持ち、老舗店舗の古風な佇まいの街並みには風情があり、新潟県内では知名度も高く、いわば「カミフル」はブランドとなっていた。家賃相場が下落していることに加え、空き店舗対策として新潟市が家賃助成を行ったため、若手経営者による新たな個性的店舗が増加し、近年は空き店舗率は大きく下がっている。これにより、上古町商店街は、菓子店や書店、工芸品店といった老舗店舗と、カフェやセレクトショップ、ゲストハウスといった個性的な新規店舗が混ざり合い、魅力ある雰囲気を

持った特徴的な景観の街並みへと変わりつつある。

長岡市中心市街地商店街（長岡市）
―市役所の中心市街地移転による活性化―

　長岡駅の大手口側には6つの商店街がある。長岡駅から西へ伸びるメインストリートが大手通商店街で、その周囲に、駅前通商店街、スズラン通商店街、セントラル商店街、長岡新天地、殿町通商店街があり、長岡市商店街連合会を組織している。

　戊辰戦争により灰燼に帰した長岡の城下町に、1898年、長岡城の本丸跡に長岡駅が開設されると、付近に商業機能が集積した。1945年の空襲で市街地の8割が消失したが、復興都市計画事業により整然とした街並みが誕生し、1950年代後半、大手通りには長崎屋、イチムラ、大和、丸専などの大型店舗が次々に開店し、1982年の上越新幹線の開業により駅周辺の整備が進むと、中心市街地商店街は、長岡市とその周辺地域の商業の中心としてますます賑わった。しかし、平成に入ると市街地の郊外化が進み、大型店は郊外に移転していった。

　このような状況に対し、長岡市は中心市街地活性化に向けた取組みを行ってきた。特に、市役所機能を中心市街地に集中させている。

　1990年代後半には大手通りで地下駐車場の整備、アーケードの一新、歩道の舗装統一が行われた。2001年には、閉店した大丸長岡店店舗を利用し「ながおか市民センター」を開設、行政の窓口が設置された。しかし、これらの整備後も歩行者数は減少を続け、空き店舗が増加し、平面駐車場に変わった建物も多かった。

　2003年には、多くの人と機能が集まる中心市街地そのものを広い意味で「公の場」ととらえて、市役所など各機能を効果的に連携させる「まちなか型公共サービス」という概念が提言され、2012年に市役所本庁舎「アオーレ長岡」が完成した。市役所だけでなく、アリーナと大屋根付き広場「ナカドマ」を併設しており、成人式やビアガーデンなど多数の催し物が開催されている。また、長岡駅とアオーレ長岡や商店街を結ぶ「大手スカイデッキ」が設置され、アクセスが向上した。ほかにも、再開発地区「フェニックス大手」には市役所大手通庁舎が入居した。それでも中心市街地の空き店舗や駐車場は増加し続けており、アオーレ長岡などへの来訪者を街のなかへ取り込む必要がある。

　商店街連合会では、歩行者天国「自由広場ながおか・ホコ天」を年6回

開催し、商工会議所やアオーレ長岡との連携を強化して回遊性の向上を目指している。また、大手通商店街では、2011年に大手通地下駐車場の無料化(「シャコ天」)を試みるなど、人出の増加へ向けた挑戦が行われている。

高田本町商店街（上越市）
—雁木造りとアイドル—

　上越市高田地区は、江戸時代に高田藩の藩庁高田城が築城されて以来、1976年に上越市（1971年に高田市と直江津市の新設合併）の市役所が春日地区に移転するまでの間、行政の中心として発展してきた。街の西方を南北に貫くように妙高はねうまライン（旧信越線）が走り、高田駅がある。それと並行する通りが、西から仲町通り、本町通り、大町通りである。仲町通りは小さいながらも、直江津地区に住む人も「飲むなら高田仲町」と言うほど賑わいのある歓楽街である。本町通りの本町3丁目から5丁目までの約800mを高田本町商店街と言い、生鮮食品店、飲食店、衣料品店、理・美容店、銀行などが立ち並んでいる。

　高田の街並みの特徴は「雁木造り」である。雁木とは、敷地内の主屋前面に出た庇のことで、仲町〜本町〜大町地区周辺ではこれが連続して総延長16kmの通りをなしており、城下町高田を象徴する景観となっている。町家各戸が通りに面した軒から庇を長く出して、その下の私有地を提供することによって、豪雪地帯の冬期の生活通路が形成される。この点から、雁木造りの街並みは「譲り合い、助け合い」の心が形になった文化遺産とも言われ、公道に設置されるアーケードとは異なる。現在の高田本町商店街にはアーケードが設置されているが、雁木を模したような造りになっており、高田本町商店街のシンボルになっている。

　かつて、高田本町商店街は長崎屋高田店と大和上越店の2つの大型店を商店街が結ぶ「2核1モール」構造をとっていた。これにより街は買い物客で賑わいを見せていたという。しかし、2002年長崎屋高田店が撤退したことで、2核1モール構造が崩壊、2010年には大和上越店も閉店した。それらの影響もあり、商店街の販売額は減少し、空き店舗は増加した。これにより、町家が取り壊されて駐車場になるなど、賑わいの連続性が分断され、街の求心力低下へとつながった。

　2013年、上越市の高田地区中心市街地活性化事業として、長崎屋高田店跡地にスーパーマーケットや市の文化施設、高層マンションなどからな

る複合ビル「あすとぴあ高田」が、大和上越店跡地にドラッグストアやイベント広場からなる「イレブンプラザ」がオープンし、2核1モール構造の再現が目指されている。高田本町商店街を広く宣伝するため、2013年にローカルアイドルユニット「がんぎっこ」が結成され、イレブンプラザで毎週日曜日にステージ公演を行っている。さらに、がんぎっこは上越まつりや越後・謙信SAKEまつりといった上越市内の地域行事にも毎年出演している。市外、県外のイベントにも多く参加しており、2014年のイレブンプラザ定期公演を除くイベント出演42回のうち市外で開催されたものは12回だったが、2016年には40回中21回が市外での活動で、地域内だけでなく市外へも広く高田本町を宣伝することに貢献している。しかし、がんぎっこは活動体制を維持していくことが困難として、2018年春に活動を終了した。

糸魚川中心商店街（糸魚川市）

―糸魚川駅北大火―

　糸魚川市の中心市街地である糸魚川駅の北側には、駅前通り、中央通り、白馬通り、本町通りの商店街が連なる。本町通りは、旧加賀街道の宿場町として古くから栄え、雁木造りの街並みや、酒蔵、割烹などの伝統的建造物が多く残っていた。しかし、2016年12月、発生から鎮火まで約30時間続いた大規模火災が発生し、冬場としては珍しいフェーン現象により乾燥した南からの強風にあおられ、駅近くの火元から約300m離れた日本海沿岸まで燃え広がり、商店街や木造住宅など147棟が焼損した。

　被災した事業所は55に及ぶ。約360年の歴史を持つ加賀の井酒造は、酒蔵を含め社屋が全焼した。元の場所での製造および営業再開を目指し、富山県黒部市の銀盤酒造の設備を借りて生産を始めている。

　商店街としてまとまって元の場所での営業を目指す動きは見られないという。現地での再開を目指して近隣地区の仮設店舗や貸店舗で営業を続ける商店もあれば、国道148号線沿いの駐車場を確保できる地区へ移転した商店もある。この大規模火災をきっかけに営業を止めてしまった店舗もある。

　2017年8月には「糸魚川駅北復興まちづくり計画」が策定された。火災が大規模化してしまったのは、古い木造住宅が密集し、街路が狭く消火活動が困難だったことから、建物の不燃化や、道路の拡張、公園の整備を進め、災害に強いまちづくりが始まっている。

16 富山県

総曲輪商店街（富山市）

富山県の商店街の概観

　商業統計によると、2014年には富山県内に153の商店街があり、2,799の事業所が活動している。このうち約3割の商店街が富山市に所在する。富山県は、全国1位の持ち家率や1住宅当たり延べ面積に加え、道路整備率、1世帯当たり自動車保有台数も高い。中心市街地への集住よりも、郊外のゆとりある生活環境の獲得志向が強い。生産年齢人口女性に占める有職者割合も、約7割と全国上位である。結果として、買い物行動も自動車依存となり、日々の食料品調達も通勤途中に経由しやすい場所・店舗を選択するため、郊外型商業地域・施設の充実が進み、各市町の中心商店街の多くは苦戦を強いられている。

　富山県内では、呉東地域の富山市、魚津市、呉西地域の高岡市、氷見市に城下町、産業地域の商業地として発展してきた比較的規模の大きな中心商店街が存在する。しかし、経済状況や人口動向も影響し、特に富山市以東の呉東地域の商店街は空き店舗問題などが深刻化している。課題を克服するため、例えば魚津市の「中央通り商店街」は、1956年の魚津大火を契機に整備された防火建築帯の価値を再評価し、これを活かした商店街の魅力づくりを模索し始めた。黒部市の「三日市大町商店街」では、空き店舗を活用してコミュニティサポート活動拠点を設け、子育て支援やイベント開催、買い物弱者支援に取り組んだ。

　他市町の中心部や街道沿いでも、古くから営業する商店街が見られる。南砺市の旧城端町にある「西町通り」は、雪が落ち着く2月末に年始の挨拶と商売の清算で五箇山から来訪する人々のための市から続く商店街で、現在でもその市を継承した「つごもり大市」が開かれている。小矢部市の「越前町商店街」は、江戸時代に加賀藩の宿場町として栄えた歴史を持つ。

　県全域で商店街の苦境が叫ばれるなか、観光との連携など商店街の新た

な役割発揮を模索する例も見られる。富山市の旧八尾町の「越中八尾上新町商店街」では、観光客増加を契機に空き店舗を当協同組合で買い取り、観光物産館として再生し、共同駐車場やトイレの設置に取り組んだ。おわら風の盆をモチーフにした物産を扱う和菓子屋や酒屋が複数営業している。南砺市の旧井波町の「井波八日町通り」は、真宗大谷派井波別院瑞泉寺（東別院）と真宗本願寺派井波別院（西別院）の門前町で、寺に向かう石畳の道沿いに国指定伝統工芸品「井波彫刻」を商う町屋が多く軒を連ねる。通りの各所には、井波彫刻で飾られた停留所や店主の干支にちなんだ彫刻看板も見られ、店先で職人が作業する様子を目にすることができる。商店街が広がる中心地には、鮮魚店など地域住民の日常生活を支える店舗と観光客が利用可能な店舗とが共存し、人々の営みやまち歩きする姿が見られ、活気がある。

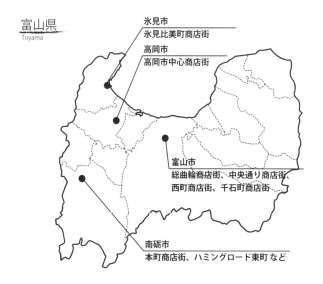

富山県 Toyama

氷見市　氷見比美町商店街
高岡市　高岡市中心商店街
富山市　総曲輪商店街、中央通り商店街、西町商店街、千石町商店街
南砺市　本町商店街、ハミングロード東町 など

> 行ってみたい商店街

総曲輪商店街、中央通り商店街、西町商店街、千石町商店街(富山市)
―路面電車で行くコンパクトシティの中心商店街―

　富山市でも、全般的に自動車依存の買い物環境・行動の傾向が強い。2005年の広域合併により、富山市は全国有数の大きな面積の市となった。高齢化が進む富山市では、近い将来運転ができなくなる住民数の増加が予測され、住民の足として自家用車に唯一依存するのではないまちづくりを試みている。市中心部では、公共交通機関も住民の足の選択肢になりやすい環境をつくることで、コンパクトシティの実現を目指し、郊外の旧市町を含めて公共交通による市中心部とのアクセスの充実を試みている。そのようななかで、富山市の中心市街地の商店街は、多くの世代の多様なニーズをカバーする機能の発揮、車社会を前提とした対策を模索している。

　富山駅から南下し、富山城址や行政施設が集積する一帯を通過すると、富山市の中心商店街が広がる一角にたどり着く。富山駅から商店街までは、路面電車で移動できる。路面電車の路線に囲まれるように、富山市一の繁華街である総曲輪が存在する。城の堀や郭であったこの場所は、明治以降に隣接する城下の職人町と合わせて商業地として開発、整備された。総曲輪を取り囲む大通り沿いや路地（総曲輪商店街、中央通り商店街）、南側の隣接する通り（西町商店街、千石町商店街）に現在の中心商店街が広がる。このエリアを歩くと、ますのすし製造・販売店やかまぼこ屋、飴屋など、富山らしい老舗に出会うことができる。売薬の町富山ならではの和漢方店では、薬膳料理を味わえる。「ガラスのまち」としての魅力も発信しており、商店街の通りや店舗でも「ストリートミュージアム」として作家の作品展示をしている。これら富山の産業を観光資源として活用し、路面電車に乗って商店街を含む中心市街地を周遊する観光コースを設定して、観光サイト、パンフレットで紹介しており、観光客だけでなく住民に向けた地域の魅力再発見の場づくりにもなっている。

　市街地の中核である総曲輪商店街は、明治期の本願寺別院（西・東）の総曲輪への移転・建設を契機に発展した。大正期にはすでに参拝者を相手に商売する店や娯楽施設が立ち並ぶ一大商店街となっていて、大正末期に全国初の商店会を設立していた。現在でも宝飾品店や衣料品店が数多く立ち並ぶ。近年では、若年層向けの店舗やシネマコンプレックスも出店する

複数の再開発ビル（総曲輪FERIOやユウタウン総曲輪など）が開業し、幅広い年齢層の中心商店街への来訪が喚起されたが、駐車場と再開発ビルとの往来にとどまり、商店街店舗での買い物行動に十分結び付かない面も懸念されている。商店街の店舗では、様々なニーズを持つ人々、多世代の顧客を引き付ける品揃えと工夫を模索している。

　住民が中心市街地に買い物に行きたくなる動機づけをし、賑わいを創出するため、パリのバザールの視察からヒントを得て、行政と商店街、サポーター市民らとの連携により、2005年から「越中大手市場（路上バザール）」が始まった。当初は、県内各地からの車での来場者に対応するため、商店街が周辺の駐車場を借り上げて料金負担を軽減する試みも行ったが、経済的負担が大きく、継続は困難であった。バザールは人々から好評で、今日まで開催が続いている。総曲輪商店街、これに面して立地する百貨店（富山大和）と先述の再開発ビルとに囲まれた広場（グランドプラザ）では、週末を中心に多彩なイベントが開催されている。ガラス張りの屋根で明るい広場は、建築・デザイン関係の賞を受賞している。車社会における中心商店街の条件不利性を、店舗やイベント、空間特性が内包する魅力をもって克服しようと試みる姿は、他地域にも有益な示唆を与えるだろう。

高岡市中心商店街（高岡市）
―鋳物産業の文化と伝統が息づくまちの商店街―

　高岡市は、江戸初期の加賀藩による築城と、廃城後の商工業振興政策により、現在の町割りや各所の特徴が形成された。特に鋳物産業が盛んで、現在でも日本一の銅器鋳造産地である。後述する中心商店街の北側にある旧北陸道（山町筋）は、江戸・明治期に中心商業地として栄えた。耐火性を考慮した土蔵造りの街並みやれんが造りの銀行が見られ、伝統的建造物群保存地区に指定されている。現在でも、仏具屋や和菓子店のほか、工芸品のセレクトショップ、町屋カフェなどが並ぶ。その北側にある、鋳物産業が盛んでギャラリーや体験工房なども立ち並ぶ金屋町とともに、高岡市の成り立ちや特徴を学び、職人や商人の営みを垣間見ることができる。

　街道利用から鉄道や自動車の活用に移り変わると、旧北陸道より南側の高岡駅北側一帯の路面電車（万葉線）周辺に商業機能が集積し、現在の中心商店街（すえひろーど（末広町商店街）、末広坂商店街、御旅屋通り、高の宮通り）が形成された。当該地域には百貨店（大和高岡店）も進出し、アーケードが設置され、多くの人で賑わってきた。この東側には高岡大仏

があり、参道となる片原町や坂下町通り、御旅屋通りでは仏壇・仏具を扱う店、昆布店や茶店も見られる。

　近年では、大型ショッピングモールの進出、新幹線駅の郊外立地の影響で、中心商店街は空き店舗の増加が見られる。現在、まちづくり会社や若い経営者を中心に店舗改善やイベント企画などに着手している。すえひろーどにある「町衆STUDIO」では、中心商店街や観光地の見どころ案内、レンタサイクルの貸し出し、地元メディアと連携した情報発信に努めている。鋳物産業や工芸品製作など町の特徴を活かし、商店街各所には銅像が置かれ、ショーウィンドウに銅器や漆器を展示する「まちなかギャラリー」が展開されている。夏の七夕まつりや冬の日本海高岡なべ祭りなど、賑わい創出にも商店街が協力している。若年層や観光客の誘致だけでなく、中心商店街の役割として高齢者にやさしい買い物環境の提供（ベンチの設置、高齢者向け商品展開の工夫）を試みる店も見られる。

氷見比美町商店街（氷見市）
　―魚と漫画でお出迎え―

　氷見駅から北に進むと氷見漁港からほど近い地区にかけて、氷見市の中心商店街が立地する。氷見比美町商店街である。商店街には、海産物販売店やかまぼこ店、地元の食材を使う飲食店のほか、日用品を商う店舗が並ぶ。

　藤子不二雄Ⓐが誕生した光禅寺が商店街のすぐ近くにあることが縁で、「まんがロード」として商店街を整備、活用している。各所にキャラクター像やモニュメントなどが立ち並び、「潮風ギャラリー」では作品展示もされている。キャラクターを活かした商品提供をする商店も見られる。藤子不二雄Ⓐがデザインした富山湾の魚をイメージしたキャラクターが各所に設置されていて、それらも水産業の町に人々を誘う。商店街から漁港方面に進むと、道の駅に併設された「ひみ番屋街」があり、海産物や氷見うどんなどの飲食、購買ができ、温泉も併設されている。隣接する漁港エリアでは、漁船・漁具や富山湾越しの立山連峰の遠景を眺めることができる。早朝であれば、魚市場の活気も感じられるし、市場内の食堂では「きときとな」魚を味わうこともできる。この商店街の活性化には、周辺施設との観光客の回遊性をいっそう高めることが課題である。

　一方で、日用雑貨店や食料品店などを地域住民が利用し続けていることが、商店街の持続的活動の基盤となる。隣接する氷見市中央町商店街とも

連携し、アーケード改修や高齢者らにやさしい場づくりを進めるなど、積極的に環境改善に取り組んで、地元住民の生活を守る中心市街地全体の活性化を試みようとしている。また、過去には地元高校の学習に協力し、高校生が商店街で買い物する様子を映像にまとめ、市役所ウェブサイトで公開した。商店街の地域連携、社会的責任の実現例と言えよう。

本町商店街、ハミングロード東町など（南砺市）
―人を呼び込み、つなげる地域のアイデア商店街―

　金沢、富山、五箇山との往来の結節地で、近世から市場が立ち、古くから農業活動が活発で散居村が見られる南砺市の旧福光町には、福光駅西側の小矢部川を渡った先に、比較的元気な店舗が数多く立ち並び、地域住民が利用を継続している商店街が見られる。古くから営業する日用品店や飲食店、和菓子店に混じり、若い経営者が開業した店も見られる。商店街を会場に開催される「ねつおくり七夕まつり」では、巨大な七夕飾りが立ち並ぶ。

　まちと人をつなぐアイデアいっぱいの商店街で、関係者の活動が活発である。「きき味トライアル」は、2人1組で商店街を回って福光の食べ物を堪能しながら店主と交流し、クイズやゲームの得点を競うイベントで、2016年には20回目を迎えた。参加希望者が多く、キャンセル待ちが出るほど人気のイベントに成長した。過去には商店街内の市立中央図書館（閉鎖したショッピングセンターに開館）と連携し、「店主さんおすすめの1冊」展を開催した。顔がわかる商店主がどんな本をすすめているか関心が集まり、期間中は図書館来館者も商店街の賑わいも増したという。

　行政と連携して、地域の買い物弱者支援にも取り組んでいる。南砺市商工会が実施している子育て支援「レシート de サポート」は、買い物客がレシートに支援したい団体名を記入して投函すると、支援金が商店街共通券で各団体に贈呈されるものである。買い物をすることで誰もが子育て支援に参画でき、地元商店での買い物の機会が増えることで地域経済の活性化に住民が貢献できる。結果的に商店街も、地域コミュニティの充実を支援する役割が発揮できている。

17 石川県

近江町市場（金沢市）

石川県の商店街の概観

　商業統計によると、2014年には石川県内には133の商店街があり、2,877事業所が活動している。このうち37％の商店街が金沢市に所在する。金沢市は石川県内最大の人口・商業集積地である。能登地域や加賀地域からの集客に加え、週末になると隣県ナンバーの自動車も中心商店街や駅前の商業施設周辺の駐車場に列を連ね、電車やバスで買い物に訪れる人も多く見られる。人口が集中する金沢市にあっても、中心市街地での高齢化の進展や、郊外地域での住宅開発と郊外型商業施設の拡充などから、消費者の購買行動は変化し続けている。石川県も車社会であり、1世帯当たり自動車保有台数は全国上位である。また、2015年の北陸新幹線開業の影響もあり、首都圏の商業地・店舗との活動や品揃えの差別化、インバウンド観光客を含む急増した来訪者への対応など新たな課題を抱えている。なお、金沢市内では後述する中心商店街のほか、住宅地域に「伏見台商店街」「石引商店街」「寺町台商興会」など、小規模だが生活密着型で工夫を凝らした活動をしている商店街が分布し、活気をみせている。

　一方、能登地域や加賀地域では、商業活動が比較的活発な七尾市、白山市、小松市のほか、輪島市、羽咋市、加賀市などに地域の拠点となる商店街が見られ、その他の市町にも規模は小さいが地元密着の商店街が存在する。特に奥能登地域や加賀地域の山間部では、少子高齢化、過疎化、産業減退などから商業施設・活動の維持が難しい。加賀地方の平野部でも、全国展開する大規模資本や他県資本などの大型商業施設や量販店の進出が著しく、ロードサイドへの商業集積が進展している。石川県内では地元資本の量販店でさえ倒産や店舗縮小が見られるなか、地域の既存商店街の生残りにも困難が伴う。

　後述する商店街以外で特徴的な商店街を挙げておこう。能登地域では、

珠洲市中心部の「飯田町商店街」（大町・南町・今町・竹町通り）は、室町時代末期に始まったとされる27の朝市を起源とする。輪島市の旧門前町にある「総持寺通り商店街」は、地元名物の門前そばをふるまう店や、土蔵を持つ古い町屋が魅力的である。同商店街や隣接する穴水町の「穴水町商店街」では、2007年能登半島地震で多数の店舗・住宅が倒壊するなど被害を受けたが、現在では多くの人々を迎え入れている。「穴水町商店街」では商店主や地域の人々が食材や酒を持ち寄り、商店街の通りや広場にキャンドルを灯して楽しむ「カフェローエル」の開催や、商店街を流れる川でのカヌー体験の実施など、賑わい創出を試みている。

　加賀地域では、白山市は旧松任中心部の「千代尼商店街」（大町・中町・安田町・茶屋町）は北國街道沿いに成立した商店街で、古くから営まれている麹店や和菓子店が見られる。商店主が講師となって「まちゼミ」も開催されている。小松市の中心市街地にある「三日市商店街」など駅周辺商店街と、「松任町商店街」など周辺地区の商店群は、城下町の町人・職人街を起源とする。城下町の面影が残る街路をたどって散策すると古い町屋の商店が多数見られ、和菓子屋や海産物店、青果店、鮮魚店など専門小売店に多数出会える。市内に安宅関があることにちなみ、中心商店街での「お旅祭り歌舞伎市」の開催や、歌舞伎のモチーフを活かした街路整備などが見られる。

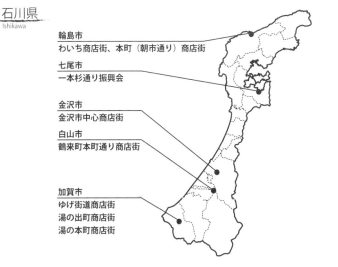

石川県 Ishikawa

輪島市
わいち商店街、本町（朝市通り）商店街

七尾市
一本杉通り振興会

金沢市
金沢市中心商店街

白山市
鶴来町本町通り商店街

加賀市
ゆげ街道商店街
湯の出町商店街
湯の本町商店街

> 行ってみたい商店街

金沢市中心商店街（金沢市）
―古いものと新しいもの、地域住民と観光客―

　金沢市の中心商店街は、金沢城下の犀川と浅野川にはさまれた土地の北國街道沿いに形成された町人街・門前町を起源とする。にし茶屋街から北進して犀川大橋を渡ると、片町商店街、堅町商店街、その南側には新堅町商店街がある。片町の北には百貨店・商業ビルが建つ香林坊があり、そこからオフィス街を通って武蔵が辻まで来ると近江町市場と横安江商店街がある。武蔵が辻で北國街道を右折し、古い商家が残る尾張町を通り、主計町茶屋街から浅野川大橋を渡ると、ひがし茶屋街に至る。

　中心商店街のうち、堅町商店街、片町商店街は金沢市の商業の中核、北陸最大の歓楽街で、若者向けの服飾や靴を扱う店舗が多数並ぶが、九谷焼などの工芸品店、茶販売店、呉服店、宝飾品店も見られる。隣接する新堅町商店街は、1971年に犀川大通りが整備された際にもともと一続きだった堅町商店街と分かれて特徴が異なる商店街に成長した。精肉店など生活密着型の店舗に交じって古美術店が点在し、近年では町屋を改修したギャラリーやセレクトショップなど若手経営者による個性的な店舗の開業が多数見られ、若年層を呼び込むイベントの開催も盛んである。ここから金沢21世紀美術館に向かう途中にある柿木畠商店街や、香林坊の鞍月用水沿いの路地にあるせせらぎ通り商店街とともに、繁華街の喧騒から離れて買い物や飲食を楽しめるエリアとなっている。1992年に石川県庁広坂庁舎の移転計画が公表された際、片町、香林坊、柿木畠、広坂、堅町の5地区内に所在する商店街振興会は共同で中心市街地活性化を模索し、1997年には「金沢中心商店街まちづくり協議会」を結成した。百貨店、ホテル、行政などとも連携しながら、各街の個性を活かした多彩なイベント企画とエリア間の回遊性を高めるための連携、店舗利用者への駐車場料金補助、イルミネーション点灯などに着手している。今日では武蔵地区とも連携し、駐車場料金補助を拡大しており、中心商店街一帯と金沢駅とを結ぶ100円バス運行の実現とともに、中心商店街が行政などと協力して市街地での人々の周遊促進を図っている。

　武蔵地区の近江町市場は、もともと地域住民の台所だが、北陸新幹線開業以降、観光客が著しく増加した。賑わいが増した半面、地元客が立ち寄

りにくくなった印象や指摘もあり、現在、関係者は観光客へのもてなしと地元客への貢献との調和のとれた場づくりや活動の工夫を試行錯誤している。様々な国からのインバウンド観光も格段に増え、海産物や加賀野菜などの特徴を解説する多国語表示のPOPや広告を示すなどの対応も増加した。はす向かいの横安江商店街（金澤表参道）は、約300年前に浄土真宗別院門前で商売を始めたのが起源である。1970年代後半からは商店街の衰退が危惧されてきたが、市の「まちづくり協定」を活用して歴史を重んじつつ新しい街に生まれ変わった。アーケード撤去、無電柱化により明るく開放的な商店街になった。生活雑貨品店のほか、仏具・法衣、古本、美術品、結納品を扱う店が並び、趣ある通りとなっている。伝統工芸の加賀毛針の製造販売店では、アクセサリー販売や制作体験もあり、若年層や外国人観光客も見られる。別院と連携した境内でのジャズコンサートの開催、金沢美術工芸大学と連携した看板製作やアートイベントなど、商店街の個性と金沢らしさを意識した、老若男女、日本人、外国人を問わず楽しめる場づくりを目指している。

ゆげ街道商店街、湯の出町商店街、湯の本町商店街（加賀市）
―湯の町・山中温泉の再生―

JR加賀温泉郷駅から南東の山間部に向かうと、開湯約1,300年の歴史を持ち、石川県内の主要温泉地の1つである山中温泉がある。加賀市にとって、加賀温泉郷の産業の盛衰は大きな影響を持つ。全国各地の大規模温泉地と同様に、高度経済成長期以降は大型宿泊施設が集積し、歓楽街が形成され、主に関西から団体客を集めてきた。しかしバブル崩壊以降、旅行形態の多様化や社員旅行の減少から従来型の温泉地のあり方では立ち行かなくなり、廃業する旅館や商店街の空き店舗が増加した。加えて、温泉街とその周辺には旅館就業者とその家族が多数暮らしており、彼らの日常の買い物環境の維持も温泉街の持続性を考えるうえで大事な課題である。

課題を克服するために、山中温泉の商店街は、個人客、若い女性客にも親しまれ、宿泊施設から客がまち歩きに出かけたくなる商店街への変化を目指した。無電線化、歩道整備や建物意匠の統一が進んだ湯の出町商店街からゆげ街道商店街を中心に、当地伝統の山中塗や九谷焼の体験ができる店やギャラリー、地元食材を味わえる飲食店や土産物店、江戸期から続く酒造店などが立ち並ぶ。商店街や旅館をつなぐ周遊バスの運行や、スイーツ交換券・総湯などの施設利用券付きのエコ乗り物レンタル、スイーツ巡

りクーポンの発売など、賑わいの創出に商店街と行政などが連携して取り組んでいる。商店街では、履物店や新聞店などの観光客にはなじみが薄い店舗でも、土産物開拓やギャラリー設置などで観光に貢献するよう努めている。

一方、隣接する湯の本町商店街は、観光客を対象とする業種も見られるが食料品や日用雑貨などを商う店が並び、住民の生活を支えている。商店街では、高齢者世帯などへの買い物支援サービスにも取り組んでいる。

鶴来町本町通り商店街（白山市）
―白山麓への玄関口、白山信仰の門前町の「味な」商店街―

鶴来は白山麓から手取川扇状地に開ける谷口にできた町であり、白山信仰の総本社・加賀一ノ宮である白山比咩神社が所在する。古くから多くの人が往来し、商業活動も活発であった。白山麓地域の人々にとって鶴来は昔から買い物や通院など生活に欠かせない場所で、現在でも白山麓の人々の買い物・生活行動調査からは鶴来との深い結び付きが見られる。

鶴来町本町通り商店街には、古い歴史を持つ白山菊酒や味噌・醤油・酢の醸造店が多数見られる。和菓子店や日用雑貨店、鮮魚店や精肉店、県内にドラッグストアを展開する薬局の本店、家具屋などが立ち並び、活気にあふれている。町屋の店舗も多く残っている。「発酵食材のまち」として地域活性化に取り組む白山市にあって、鶴来は食材の宝庫である。商店街を歩くと、先述の酒などの製造・販売店のほかにも、麹屋やかぶら寿司・こんか漬けを扱う店に出会える。商店街も関わる鶴来商工会青年部が開発した「TKGY（たまごかけごはん焼き：鶴来の醸造品と白山伏流水で炊いた地元産米を使って調理する）」を味わえる飲食店もある。

白山市鶴来町の発酵食材店の店頭

一本杉通り振興会（七尾市）
―花嫁のれんで迎える歴史ある商店街―

一本杉通りは、JR七尾駅と能登食祭市場（道の駅）との中間に位置し、前田利家が築城した小丸山城にほど近い。室町時代から続く商業集積地で、江戸時代には一帯に北前船の廻船問屋や商家が所在していた。商店街を観察すると、町屋建築、土蔵や木製の看板が現在でも多く目に飛び込んでく

る。登録有形文化財になっている店舗もあり、能登方面の海産物とともに北前船の名残を感じさせる昆布商品を扱う店、和ろうそく店、味噌・醤油醸造店、和菓子屋や茶販売店、国指定伝統工芸品の七尾仏壇を扱う店が立ち並び、訪れる人々に歴史を感じさせる。他方で、最近では若い経営者による町屋を改装したカフェやギャラリーの開店も見られる。

商店街一帯は、2016年にユネスコの無形文化遺産に登録された青柏祭で巨大な山車が通る。能登地域には、嫁入りの際に実家の紋入りの「花嫁のれん」を嫁ぎ先の仏間の入口にかけ、それをくぐって仏前で手を合わせる習慣がある。商店街では、これら地域の歴史・文化を商店主が訪問者に語り、商売の解説・見学や作業体験を提供する「ふれあい観光 語り部処」を実施している。「花嫁のれん」を活性化に活用し、毎年5月の連休前後には各店舗にのれんが飾られ、商店街で花嫁道中も行われる。期間外でもいくつかの店先には飾ってあるので、目にすることができるかもしれない。

わいち商店街、本町（朝市通り）商店街（輪島市）
―魚と塗り物と人情のまちの商店街―

輪島市中心部にある重蔵神社からいろは橋にかけて続く通りは、日本三大朝市の1つである輪島朝市で知られ、わいち商店街と本町商店街が立地する。朝市では、近隣の漁業者や農家らが自慢の品を持ち寄り、売り子の「こうてくだー」の声が響く。朝市の時間帯には通りに露店が立ち並ぶので、その背後の商店街店舗を見逃しそうになるが、輪島塗販売店のほか、海産物店、酒造店、柚子ゆべしや水ようかんを売る和菓子店などが軒を連ねているので、こちらも覗いて奥能登らしい産品に触れてほしい。

通りの西端には輪島工房長屋があり、輪島塗の木地師、塗師職人らの工房を見学できる。通りの裏や狭い路地には、土蔵を持つ町屋が並ぶ。2007年能登半島地震ではこれらに被害が生じたが、ほぼ以前の姿に戻っている。観光客に蒔絵・沈金体験を提供する町屋や、土蔵を活かした店舗も見られる。通りの電柱には、「輪島段駄羅（江戸中期から輪島塗の職人たちの間で流行した言葉遊び。五七五の形をとるが、なかの七音に2通りの意味が持たせてあり、前半の五七と後半の七五で2つの内容を含む）」の看板がかかる。歴史を強調するだけでなく、わいち商店街ではＵターンして店主となった若手経営者が地域外の目や感覚も活かして輪島の文化や魅力を地域の人々に発信する学習イベントを開催するなど、新たな取組みも見られる。

18 福井県

ガレリア元町商店街（福井市）

福井県の商店街の概観

　福井県は、嶺北・嶺南に地域が区分され、嶺北はさらに、福井平野一帯と奥越地域に分けられる。福井県は北陸地方に含まれるが、特に嶺南地方は古くから関西圏との生活活動上のつながりが深い。生産年齢人口女性に占める有職者の割合は71.3％と全国一で、1世帯当たり自動車保有台数は1.75台であり、2002年から全国1位の座は不動である。ほかの北陸2県と同様に、少子高齢化、過疎化、自動車依存の買い物環境、県外資本の郊外型商店の進出、加えて嶺北では関西圏との鉄道交通の利便性向上から、各市町の商店街の活動は苦戦を強いられている。

　商業統計によると、2014年には県内に118の商店街が存在し、そのうちの3割強が福井市に存在する。福井市では、後述する中心商店街以外の地域にも小規模で生活密着型の商店街が複数見られる。福井市以外では、鯖江市、越前市、大野市、勝山市、敦賀市に比較的規模の大きな商店街が存在し、城下町の町人街や寺社の門前町を起源としている。これら商店街の現在の活動や特色として、例えば鯖江市の「古町商店街」では、市と連携し学生活動拠点施設「らてんぽ」を設け、まちづくりに関心が高い学生の研修・インターンシップなどを全国から受け入れ、若者が参加するまちづくりによる活性化が継続的に試みられている。隣の越前市では、「本町通商店街」や「電車通り商店街」「総社通り商店街」「蓬莱本町商店街」のほか、建具店や箪笥屋が並ぶ「タンス町通り」など複数の商店街が集まっており、それぞれ個性の違いが見られる。奥越地域の拠点、大野市にある「五番商店街」は、「越前大野小京都まつり」や「結の故郷　越前おおの冬物語」の開催などで賑わい創出に協力しているほか、空き駐車場で地場野菜やてづくり食品などを販売するテント市を毎月開催したり、昭和初期まであった夕市を五番夜市として復活させたりするなど集客に工夫をしている。第

三セクターのまちづくり会社が主催する「越前おおのまち講座」では、「五番商店街」のほか中心商店街（「六間商店街」「七間商店街」「春日商店街」）などの商店・店主も協力し、各店の持つ知識・技や道具、機会を毎月豊富に提供している。食べ歩きマップの作製にも取り組み、購入した人が地図に付いているサービス引換券を持って商店会の店舗を訪ねる仕掛けを盛り込んでいる。

このほか、県内各市町にも規模は小さいが特色ある商店街が見られる。例えば、永平寺の門前町に軒を連ねる「永平寺門前商店街」や、芦原温泉の温泉街に所在する「湯の花通り商店街」「温泉商店街」、そして東尋坊に向かう路地沿いに土産物店が並ぶ「東尋坊商店街」は、観光客を迎える地域の特性を活かした活気あふれる商店街である。商店が集まるエリアということでは、北國街道沿いの宿場町であった南越前町・今庄も特筆される。古い町屋が並ぶ沿道一帯に生活雑貨・食料品店のほか、複数の酒蔵、地域名産の今庄蕎麦の店や梅肉加工店などが見られる。また、若狭街道沿いの「熊川宿」（上ノ町・中ノ町・下ノ町）は、名物の葛ようかんや鯖寿司が味わえる店や土産物店が見られるだけでなく、地元住民のための呉服、仏具、日用雑貨や食料品などの店舗も立ち並ぶ。熊川宿では、沿道の町屋の景観維持のため、空き家への店舗などの誘致をまちづくり特別委員会が進めている。

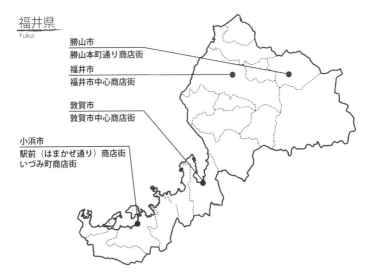

> 行ってみたい商店街

福井市中心商店街（福井市）
―北陸新幹線延伸に向けて生まれ変わるまち―

　JR、えちぜん鉄道、福井鉄道（路面電車）が発着し、通勤・通学や観光・ビジネスで多くの人々が行き交う福井駅周辺は、駅前商店街、中央商店街、新栄商店街、サンロード北の庄商店街、（ガレリア）元町商店街、呉服・上呉服・本町商店街、呉服町中央商店街などがあり、商業集積地域となっている。北陸新幹線の延伸が決定しており、現在、駅周辺地域では再開発が加速している。路面電車もJR福井駅前まで延伸された。古くから北國街道沿いの本町や呉服町が商業集積地であったが、鉄道の敷設に伴い次第に福井駅前へと商業地が拡大していき、百貨店や商業ビルの進出も伴いながら現在のような中心商店街の分布となった。

　現在、福井駅前の商店街のあるエリアでも、新幹線開通に向けて若者が立ち寄るまち、観光客が訪れるまち・商店街への転換を試みようとしている。新しい駅前地区では、「きちづくり福井会社」（現在はNPO法人（特定非営利活動法人）化）が新栄商店街に「エキマエベース」という基地を設けて、地域活性や起業などに関心がある市民や経営者が参加して中心市街地活性化策を練っている。中央商店街のなかにはまちづくりセンター「ふく＋」が設置され、市、企業、学生、住民が連携して商業地域活性の検討や交流の場の提供、情報の発信に取り組んでいる。「どまんな館」も商店街が連携し運営している施設で、商店街同士のつながりの強化や大学などとの連携を図りつつ、地域の魅力向上・商店街の賑わい創出を試みている。

　駅周辺の商店街はそれぞれ個性を持っている。例えば、小規模店舗が細い路地に密集する新栄商店街では、空き店舗再生に取り組み、若い経営者の開業を積極的に受け入れている。その結果、例えばボクサーパンツ専門店など、個性的なショップの進出が見られる。また、ほかの市民団体や市内のプラネタリウムとの連携イベントとして、夜の商店街で店舗シャッターに切り絵をLEDで照らして影絵を照らし出す「灯りの小道」を開催するなど、イベントの工夫も見られる。隣接する服飾、靴、アクセサリーや雑貨などの販売店が集まるサンロード北の庄にかけて、界隈では若年層の回遊も見られる。通学客の通行が多い駅周辺では、例えば学生応援パフェ500円の提供など、各店舗で若年層の客向けの工夫も散見される。一方、

旧北國街道沿いの呉服商店街は名前の通り呉服店のほか、仏具店や和ろうそく店なども見られる歴史ある商店街である。

敦賀市中心商店街（敦賀市）
— 嶺南、気比大社の玄関口 —

　嶺南の中心都市である敦賀市は北前船の寄港地として栄え、明治期には欧亜国際連絡列車が発着するなど、古くから交通の要衝であった。明治以降も工業や海運業、原発関連産業の発展が見られ、それら企業、従業員や家族などの消費を支えてきたのが市街地に展開する商店街群である。敦賀市の中心部のJR敦賀駅から気比大社にかけての地区に、駅前（ゆめさき通り）商店街、白銀町、本町商店街、神楽町商店街、愛生商店街が連なって立地している。かつては港湾に近いエリアや気比大社の門前で商業が活発であったが、鉄道敷設や国道建設に伴う人や物資の流動の内陸化により、次第に気比大社以南の敦賀駅までの地域に商業地が移動していった。戦後は、戦災復興や地域開発支援などを受けながら、本町を中心にアーケードの設置や道路拡張、店舗前駐車スペースの設置などの諸整備が行われたことで、県庁所在地ではない敦賀市の商店街に整備の行き届いた大規模施設群が存在する背景となっている。各商店街のアーケードのデザインの違いを比べながら気比大社までの道のりを楽しむのも良いだろう。

　商店街には買回り品を扱う店舗のほか、観光や商用の土産・お持たせを扱う和菓子店も多々見られる。ゆめさき通り商店街や神楽町商店街では、海産物店や昆布屋から北前船や若狭地域の漁業の歴史とその重要性を垣間見ることができる。駅前商店街から本町商店街にかけてのアーケード（シンボルロード）では、1999年に敦賀港開港100周年を記念して設置された『銀河鉄道999』や『宇宙戦艦ヤマト』のモニュメントが並び、最近は『銀河鉄道999』のコスチュームの無料貸出しをはじめ、コスプレして買い物を楽しんでもらおうという機会を実施した。

　商店街の苦境は、地方都市・敦賀でも生じている。人口減少や産業低迷の影響に加え、JRの新快速の運行が敦賀まで延伸したことで、人々の購買行動が京都・大阪方面に拡大していることも少なからず影響している。中心商店街関係者は賑わい創出のために知恵を絞り、「敦賀百縁笑店街（100円商店街）」を年6回程度開催し、2016年までに49回継続されている。中心市街地商店街の店舗が低価格で楽しめる買い物・イベントを提供し、各店で買い物するとスタンプラリー・抽選に参加でき、フェイスブックを見

ると、関係者が来客動向の分析を継続的に行っており、「販売した商品の売行きが場所によって異なる」「天気が多少良くないほうが市外に出かけず百縁笑店街に来訪する住民が増える」など興味深いコメントが記されている。取組みが固定客の定着、増加に十分寄与できていないなど課題はあるが、活性化に向けた試行錯誤の例として挙げておく。

駅前（はまかぜ通り）商店街、いづみ町商店街（小浜市）
―御食国（みけつくに）の商店街―

　小浜駅に降り立つと、正面の通り沿いに駅前商店街（はまかぜ通り）が見える。商店街を散策すると、衣料品店や眼鏡店、書店、写真館など、若狭地域の拠点都市の商店街らしい店舗構成が見られる。古い洋館を活かしたカフェや、若い経営者が新規出店した飲食店もある。沿岸で漁獲された魚を味わえる飲食店にも巡り合える。商店街内にあった旧旅館を2006年に改装し、はまかぜプラザ（交流スペース）を設けた。テレビドラマ『ちりとてちん』の撮影現場にもなった場所で、セットの展示などもされている。ここを使って、以前には上方落語の落語家を招いた寄席（はまかぜ寄席）、近年では様々な音楽家を招いたライブ（はまかぜLIVE）が開催されている。

　はまかぜ商店街を海に向かって進んでいくと、いづみ商店街につながる。ここは、京都への街道（鯖街道）の起点である。小浜で生産された豊かな食材が、ここから都に運ばれていた。商店街内には、鯖街道記念館がある。鮮魚店が数軒あり、店頭には焼き鯖の販売風景も見られる。御食国・小浜市は、「食・食育」をキーワードにしたまちづくりに取り組んでいる。いづみ商店街も、小浜の食文化を学ぶ装置の1つとなっている。

　両商店街の近くには、おさかな水産センター、食文化館、小鯛のささ漬けを製造・販売する店、葛ようかんの販売店などもあり、少し距離が離れるがお箸のふるさと館もある。商店街に隣接して、最近、小浜市まちの駅が開業した。これらを散策しながら「御食国」小浜の食文化を堪能するとよいだろう。これらの商店街と諸施設との回遊利便性の向上や、物語性を明確にした観光や住民客へのまち歩きの動機づけの工夫が、中心商店街活性化の今後の課題と言える。

勝山本町通り商店街（勝山市）
―歴史の深さがにじむ商店街―

　城下町の商人地区が起源の勝山本町通り商店街は、九頭竜川の氾濫を避けた河岸段丘上の武家屋敷地区から坂を下った場所に立地している。この坂道周辺は、ジオパークのジオサイトにもなっている。商店街は、景観に配慮し、商家のたたずまいを意識した意匠の店舗群に統一を図ろうとしている。商店街の道は石畳で、その地下には用水が流れており、蓋を外して雪捨てができるようになっていて、北陸らしい営みを感じ取ることができる。商店街には、旅館や呉服・衣料、金物・食器、飲食、食料品、和菓子、医薬品など多彩な業種・品揃えの店舗が立ち並ぶ。

　毎年1月末の日曜日に商店会とその周辺を会場に開催されている「勝山年の市」は、奥越前の冬の風物詩となっている。年の市は、江戸時代に周辺農村の人々が農作物や工芸品などを販売するために年末に路上で市を立て、年越しの諸用品を取り揃えるために近隣住民が買い物に来ていたことに由来する。「ないものは馬の角だけ」と言われるほど品揃えがよかったという。現在は勝山本町通り商店街振興組合が開催しており、年の市への出店者には勝山市周辺の生産者のほか、峠を越えて石川県白山市白峰地区の業者も見られる。勝山市民だけでなく、県外からの集客、普段は商店街には足が遠い若い世代の姿も多く見られる。勝山と本町通り商店街の活気と歴史の深さを感じられるので、この時期に訪問するのも良かろう。

　勝山市と白峰地区とは、白山信仰や産品の出荷・搬入などで古くから地域間のつながりが深い。現在でも白峰地区の住民が、白山市松任地区や鶴来地区、金沢市などへ買い物に出かけるだけでなく、距離的に近い勝山市でも買い物をしている実態は、生活調査からも確認できる。

近郷住民で賑わう勝山の年の市

19 山梨県

本町通り商店街（富士吉田市）

山梨県の商店街の概観

　山梨県は、人口約82万（2019年）足らずで、県都甲府市で人口19万というこぢんまりとした県である。東京都の西隣に位置し、富士山をはじめ八ヶ岳、南アルプスなどの山々に囲まれ、風光明媚な自然環境に恵まれている。東京都心までのアクセスは90分あまりで、移住先として常に上位を占める人気県でありながら、県全体の人口は減少傾向にある。県全域で少子高齢化が進んでおり、山間部では、高齢化率は極端に高く限界集落寸前の地域も多く見られる。

　商店街の形成は近世城下町甲府を商業拠点として発達し、中央本線、身延線の開通もあり、戦後復興期まで甲府市を中心とした商業活動は活況を呈してきた。しかし、高度経済成長以降のモータリゼーションの進行と同時に公共交通機関は衰退し始め、甲府市内は旧城下町の狭隘な道幅と駐車場不足による渋滞が顕著になった。甲府中心部を避けて、国道20号バイパスや中央自動車道が郊外に整備開通すると、問屋街は郊外移転し、広大な駐車場を有した大型商業施設も立地するようになり、1990年代よりドーナツ化現象が進行した。中央本線の高速化や高速バスの発達により東京都心へのストロー効果も県全体の商業活動に影響を与え、各市町村の古くからの商店街は衰退し、空き店舗も目立ち始めた。それは県都甲府も例外ではなく、空洞化した街の「中央商店街」は数年前まで全国有数のシャッター通りであった。

　このようななか、各地の商店街では活性化に向けた取組みに懸命である。これまでの商店主たちは商店街のリニューアルにより集客を画策するが、代替りした若い世代は、より多くの人たちとのつながりを模索し始めている。商店街の集客には付加価値が大切であると、むしろ文化を広めることに主眼を置き始めている。季節に応じた商店街イベントの開催はもちろん

であるが、空き店舗を利用した若手工芸作家の作品展示販売、小劇場化しての様々な講演や演芸、文化活動の開催などを行ってきた。数店舗をフードコート化して夜の賑わいを取り戻す試みや、専門技術やレシピを惜しげもなく公開しての各種教室や講座の開催など、様々な取組みをきっかけに流れを変えていこうとしている。

　比較的元気なのは富士五湖や八ヶ岳周辺の観光地型商店街である。宿泊、飲食、土産物に加え、アウトドア、インドアともに体験的活動に人気が集まっている。厳冬期は寒さを逆手にとり、気温が低いほど商品が割引になるようなイベントも開催されている。さらに、ぶどう、ももの果樹地帯では観光果樹園中心から脱却し、6次産業化を目指した取組みが盛んに行われており、地元ブランドの商品も増えている。

　山梨県の場合、まず、考えなければならないのは高齢者など買い物弱者に向けた取組みであろう。山間部では食料や日用品を扱う店舗が次第に減少しているなか、高齢者の日常生活をどう守っていくかは大きな課題である。都市部の中心市街地に客が戻り、商店街が活気を取り戻すことも大事なことであるが、山間部の高齢者向け移動販売車の定期的運行や、電話やFAX、インターネットを利用した販売方法の確立など、残された課題は多い。

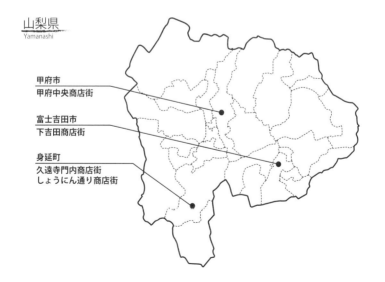

> 行ってみたい商店街

甲府中央商店街（甲府市）
—個性あふれるストリートがクロスする魅力ある商店街—

　甲府城南側の町人地に位置した中央商店街は旧甲州街道が東西に通り江戸時代から経済活動の中心として発展してきた。中央本線および甲府駅は甲府城北側の内堀跡に整備されたので少々離れ、甲府駅から山梨県庁をはさんで南東側に位置している。かつては地元系百貨店もいくつかあったが、現在の中心店舗は岡島百貨店であり、その南側一帯が中央商店街である。甲府駅前周辺を経て中央商店街までの間にオリオンスクエアというアーケード商店街がつなぎの役目を果たしている。県立宝石美術専門学校も入る「ココリ」という商業ビルを中心に、メガネや万年筆などの老舗専門店もあるアーケード商店街である。この通りの一筋東側に「オリオンイースト」という小路がある。再開発ビルテナントは1区画30m²ほどの小店舗であるが、若い商店主らによる洒落たカフェやプチレストラン、ブティック、雑貨店など若者向けの店舗が軒を連ねていて楽しめる。

　オリオンスクエアから岡島百貨店と山梨中央銀行本店の間をまっすぐ南に進むと、中央商店街の顔とも言える「かすがも〜る」が伸び、映画館や飲食店をはじめ、洋品店、ヴァンフォーレ甲府のオフィシャルショップや地元大学生のチャレンジショップなどもある。また、夜には「グルメ横丁」という何軒もの飲食店が軒を連ね、フードコート化した一画に人々が集まっている。ここから東側に伸びるアーケード街が「甲府銀座通り」であり、まさに中央商店街の中心である。呉服店、紳士服店、飲食店など、リニューアルしながらも昔から続く店舗が多く見

甲府銀座通り街の駅

られる。老舗書店の若き店主は、地元新聞への連載やラジオにもしばしば登場し、様々な話題を提供しながら山梨全体に文化を発信し続ける活動を地道に行っている。この通りには休憩エリアや交流施設「街の駅」も設けられ、買い物客へのやさしさも垣間見られる。このアーケードより南側一帯の「春日あべにゅう」「裏春日」「南銀座」は山梨県最大の歓楽街であり、飲食店が密集する夜の街である。

　甲府銀座通りアーケードとクロスする桜町通りは中央商店街の基盤となった明治期からの繁華街であり、狭いながらも春日通り同様モール化していて歩きやすい。南側は古くからの店が多い「ペルメ桜町」として、また北側は、古美術やジャズ喫茶、かつて盛況だったという劇場「桜座」を現在に復活させ、様々な芸能文化活動を行っており、個性的な店が多い「コリド桜町」として生まれ変わっている。かすがも〜る、コリド桜町にはさまれた「弁天通り」は、道幅も狭く歩車分離もされていないが、飲食店が軒を連ねている。ランチ営業の店も見られ、隠れたグルメスポットでもある。このように趣を異にする個性あふれる通りが交わり、1日中楽しめるのが甲府市中心部の中央商店街である。

下吉田商店街（富士吉田市）
―古き良き昭和の香り漂うレトロ商店街―

　富士山北麓の南北に伸びる「富士山と甲斐絹のまち」富士吉田市は人口5万弱、標高の高い南側を上吉田、低い北側を下吉田と言う。近世の富士講の隆盛とともに登山口に近い上吉田に、「御師の家」と呼ばれる宿泊施設が北口本宮浅間神社の参道沿いに立ち並ぶ門前集落として栄えた。明治以降は地場産業である甲斐絹織の盛んな下吉田に町の重心が戻り、地域密着型の商店街や歓楽街として賑わいを見せた。高度経済成長以降は国道139号バイパス沿いに幹線道路型の大小商業施設が立ち並び始め、富士急行線月江寺駅近辺の下吉田地域の商店街は衰退し始め、空き店舗が目立つようになった。

　しかし、昭和の時代に取り残されたようなレトロな商店街は郷愁を誘い、懐かしさあふれる癒やしの雰囲気を醸し出している店舗が少なくない。最近は「まちがミュージアム」と題し、空き店舗を活用した芸術作品の展示会を開催し、「得する街のゼミナール」としてプロならではの知識技能をミニ講座形式で顧客に伝えるなど、商店街の活性化を推進している。

　寒冷で火山性土壌のこの地は養蚕から甲斐絹織、麦作による粉食文化が

絹織職人の空腹を安価に満たす極めて腰の強い「吉田のうどん」を生み出した。現在も街に60軒以上のうどん店があり、それぞれ個性的なうどんを提供し、人気がある。「吉田のうどん」の食べ比べも楽しいかもしれない。

月江寺駅前から東の「中央通り商店街」は空き店舗も目立つが、駅前食堂から居酒屋、化粧品店や洋装店、学習塾や各種文化教室、レストランから中華料理店まで、リニューアル店舗と昔ながらの店舗が半々ぐらいの割合である。付近には高等学校もあり、駅前通りで人通りも比較的多い。高校生向けの「たこ焼・たい焼」の軽食店、「チキン唐揚げ」「コロッケ」を看板にした総菜店など、それぞれに特化して専門店化し、名物となっている。

中央通りから北に入る「西裏通り商店街」は歓楽街の性格が強く、通りの左右に横丁がいく筋もあり、一昔前の居酒屋やスナックがひしめく。なかには旧遊郭街の名残をとどめた横丁もあって、ちょっとした冒険気分を味わえる。もちろん、この西裏通り沿いにも、それを匂わす古い建物は残っており、昭和レトロの楼閣や洋館の建物ウォッチングだけでもかなり楽しめそうな一画であり、酒販店や美容院、割烹やラーメン店、昔からの和菓子屋、そして「吉田のうどん」店など、昭和の元気が思い出される心躍る通りである。

旧道である国道139号（本町通り）の下吉田中心部から西に入る「月江寺大門商店街」は最も活気のある商店街であろうか。呉服店から雑貨店、医院や薬局、洋食店や総菜店が軒を連ねている。下吉田の文化を牽引してきた「月の江書店」は懐かしさあふれる店構えであるし、洒落たカフェ「月光」は昼からジャズが流れている。通りは明るく歩きやすい地域密着型の商店街の雰囲気が感じられる。

久遠寺門内商店街、しょうにん通り商店街（身延町）
―信仰に根ざした落ち着きと遊び心を持ち合わせた商店街―

甲府盆地から駿河湾に流れ下る富士川沿いにある身延町は人口1.1万あまりの小さな町である。JR身延線と国道52号が南北に走っているが、すべて山間地であり、目立った産業は見られず、湯葉、竹炭、手漉和紙、椎茸などが特産品の山間過疎地域であり、高齢化率も非常に高い。鎌倉期、この地に日蓮上人が草庵を構えたことから日蓮宗総本山としての身延山久遠寺の歴史が始まり、久遠寺とともに700有余年続く門前町として今に至っている。

さて、年間100万人が訪れるという身延山久遠寺。訪れるのは日蓮宗の信者から七面山などへの登山者、四季折々の観光客など様々である。その人々を迎えるのが、久遠寺門前町として信仰色の濃い「門内商店街」とJR身延駅前の観光客向けおよび地域密着型の「しょうにん通り商店街」である。中央高速バス（新宿－身延山門前）やJR身延線特急（静岡－甲府）は本数も多く、身延駅から身延山門前までは路線バスが頻繁に往復し、アクセスは比較的よいが、昨今はマイカーや観光バスで久遠寺を訪れる人々が多く、古くからの商店街を素通りしてしまうのが悩みの種でもある。

　身延山久遠寺の総門から三門までの約1kmが「門内商店街」であるが、中心は三門に近い参道沿いの数百mほどである。さすがに大本山の門前だけあって目につくのは何軒もの仏具店。多くの店が「甲州水晶」「甲州印伝」を看板に貴石宝飾品や印伝製品などの土産物も扱っている。これは数珠などの仏具と山梨の地場産業の結び付きを示している。ほかの土産物店には山梨や身延の特産品が並び、素朴さが人気の「みのぶまんじゅう」の製造販売店も2軒向かい合っている。食事処では湯葉料理や椎茸丼など精進メニューが多く見られる。また、坂道であるにも関わらずほとんどの店舗がバリアフリーであり、訪れる人へのやさしさを兼ね備えている。現在は景観に配慮した街並みの修景にも取り組み始めている。華やかさは感じられないが、大本山門前での信仰心に根ざした落ち着きのある商店街である。

　さて、身延山への入口でもあるJR身延駅前の県道沿い数百mの間に「しょうにん通り商店街」がある。かつて、鉄道利用の参拝客が減少するなか、この商店街も衰退の一途をたどったが、県道の整備事業とともに各商店が統一感を持って店舗を全面的にリニューアルし、20年ほど前に現在の商店街の全容が完成した。訪れると、全店舗が日本瓦となまこ壁風の和風建築であり、モノトーンを基調とした風情ある家並みが目を引く。歩道も広く、電線の地中化によりすっきりとして開放的である。駅周辺には土産物店や喫茶店、食事処が見られ、周辺には地域密着の呉服、洋装、家電、医薬品などの店が見られる。各店舗の正面に掲げられた大きな家紋を見て回るのも楽しい。駐在所やコンビニエンスストア、金融機関までもが和風の統一感を保っている。訪れる人を飽きさせない遊び心を持ち合わせた商店街である。

20 長野県

中町商店街（松本市）

長野県の商店街の概観

　長野県には、中山道、北國街道、甲州街道などの街道が走り、交通の要所として多くの都市が発展してきた。松本、上田、諏訪、飯田などの城下町、塩尻、軽井沢などの宿場町、さらには、善光寺の門前町として発展した長野、諏訪大社の参道として発展した下諏訪などがある。これらの歴史的都市では、古くからの商人街や繁華街が商店街へと発展してきた経緯がある。また、明治維新以降の殖産興業により、県内では製糸業が盛んになり、戦後、高度経済成長期には精密機械工業を中心に商工業が発達し、「東洋のスイス」と呼ばれる岡谷などが工業都市として発展した。

　長野県の中心都市としては、廃藩置県後の都市道府県整理のなかで長野県と筑摩県に分割されていた時の県庁所在地である北信地域の長野市、中信地域の松本市という二大都市があり、中心市街地に複数の商店街が存在し、賑わいを見せている。

　広大な長野県において各地域の中心的役割を担ってきた東信地域の上田市や、南信地域の伊那、飯田市のような都市にも商店街が多く見られる。また、長野市周辺の須坂市、中野市などは、長野電鉄線の駅周辺への商店街の分布が見られるが、1998年の長野オリンピックの際に道路整備が進み、ロードサイド型店舗の進出で商業機能の郊外移転が顕著である。一方で、木曽谷地域は、伊那谷地域（伊那、駒ケ根、飯田など）に比べて平地が少なく、近代産業が盛んにならなかったことから、商店街も「福島商店街」（木曽町）などに限られ、数は少ない。

　明治期には県内への鉄道開通が相次いだ。一般的に鉄道は街の中心から離れたところに開通し、中心市街地から駅に向かって新たな市街地が形成される。長野県の都市においても、駅とかつての中心部を結ぶ位置に街が形成され、商業の中心は駅前へ移動した。近年においては、自動車の普

により、より郊外に住宅地が開発され、ロードサイド型の大型店舗の出店が進み、中心市街地の衰退が著しい。長野市と松本市を例に見てみよう。

松本市では、1974年の大規模小売店舗法（大店法）施行以降、松本商工会議所が調整役となって、市中心部に片倉松本ショッピングモール（後のカタクラモール）など大型店を招致し、商店街の核となった。1978年に市中心部の西に位置する松本駅が改築されると、東口でイトーヨーカドーなどの大型店が営業を開始。また、中心商店街から百貨店の井上が移転し、駅前の集客力集中に拍車がかかった。しかし、2017年、カタクラモール跡地にイオンモール東松本が出店したことで、駅前の大型店が撤退するなど、東口だけでなく市街地の商店街を巻き込んで、松本中心部の商業地図は今後一変するだろう。

長野市では中心部の人口減少が続く一方で、郊外を通る国道18号線沿いの北部、東部における人口増加が著しい。この人口増減に伴い、市中心部のダイエーが郊外移転、そごうが撤退し、ロードサイドの大型スーパーマーケットの出店が進行するなど都市機能が郊外に移転している。

このような都市を取り巻く環境の変化のなかで、長野県の商店街は、各都市の歴史、文化など地域資源を活用した方法で盛り上げようとしている。

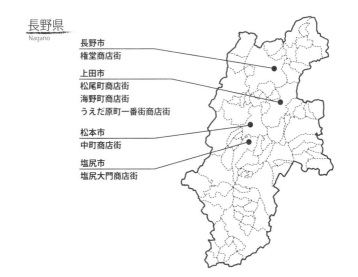

> 行ってみたい商店街

権堂商店街（長野市）
—信州随一の繁華街—

　長野市中心部は、善光寺やその周辺の歴史的街並みなど、門前町の歴史・文化・伝統を伝える地区であり、善光寺花回廊などのイベントが開催され年間を通して観光客も多く、注目を集めている。

　善光寺の表参道である中央通りから、長野大通りを経て、緑町通りまで東西約500mを結ぶアーケード街が権堂通り（権堂アーケード）である。現在、約100店舗が営業しており、衣料品店、呉服店のほか、飲食店も多く軒を連ねている。街の中心には、建物が国内で最も古い映画館「長野松竹相生座」がある。ここは、1892年に芝居小屋「千歳座」として開業、大正時代から「相生座」と改名して映画上映を開始し、現在も上映が続けられている。その他にも、権堂周辺にはライブハウスや演芸場など、文化交流施設が数多く立地している。

　「権堂」の名は、善光寺が再建される際にこの地の往生院にご本尊が移され、「仮堂」の役割を果たしてきたことが由来である。善光寺表参道や北國街道沿いにあることから、古くから花街として栄え、現在でも長野県内随一の繁華街としての賑わいを見せている。1951年に権堂町発展会が発足し、1961年に長野県内で初となるアーケードが完成した。1965年に長野市権堂商店街協同組合を設立している。1981年の長野電鉄長野線地下線開通および権堂駅開業に先立つ1978年には、長野大通り沿いにイトーヨーカドー長野店が出店、権堂アーケードへの来訪者増加も期待された。また、2010年よりイトーヨーカドー長野店では、買い物をすると帰りの長野電鉄の乗車券をプレゼントする「お帰りきっぷ」を実施しており、これは店舗だけでなく権堂エリアへの集客にも効果があるだろう。現在のアーケードは2代目で、1995年に完成し、屋根部分は開閉式となっている。2015年には、長野大通りの東側に市民交流センター「長野市権堂イーストプラザ」が開業し、市民の交流の場として利用されている。

　近年、長野市では中心市街地からの商業機能の郊外移転が顕著であり、中心市街地の空洞化が目立っていたが、古民家や商家をリノベーションして賑わいを取り戻している例が見られる。権堂アーケードから脇に入った表権堂通りには、かつて呉服問屋だった屋敷や納屋、蔵が複数の事業者に

よってリノベーションされ、2012年にカフェやコワーキングスペースなどからなるパブリックスペースとしてオープンした。

権堂の繁華街はかつてのような賑わいはないものの、歴史ある施設や店舗を十分に活用しながら、賑やかな街へ向けて再出発を始めている。

中町商店街（松本市）
―蔵のある街並み―

松本駅から北東へ国宝・松本城に向かって歩き、女鳥羽川にかかる千歳橋の手前を東に入ると、白壁と黒なまこの土蔵造りの家々が、東西約400mに及び立ち並ぶ。白と黒からなる懐かしささえ感じる、時代を遡ったかのような景色が残るのが中町商店街であり、民工芸店、飲食店、衣料品店、観光案内所などが軒を連ねている。中町通りは松本城にもほど近く、江戸時代から主に酒造業や呉服などの問屋が集まり繁盛していたが、江戸末期から明治時代にかけて、再三の火災が中町周辺を襲った。こうした大火を機に多くの商家が土蔵造りの建物を建てたことで、現在のこの街並みが形成された。

松本市においては、1970年代後半から松本駅前に商業の中心が移り、既存商店街は交通量が減少、売上げも落ち込み、商業上はもとより、都市形成の面からも重大な問題であった。松本市は1979年に都市開発基本構想を策定し、商店街の近代化を図った。中町通りでは、1987年に中町の3つの町内会と中町商店街振興組合により「中町蔵のあるまちづくり推進協議会」が発足し、基本構想を策定した。1996年には中町近くにあった酒造の土蔵造りの建物を移築・改修し、「中町・蔵シック館」（蔵の会館）としてオープンさせた。ここは、芝居・寄席などのステージ公演に利用されたり、地元の人々により喫茶店が営業されるなど、文化と憩いの空間となっている。また、1999年から2002年にかけて、電線地中化事業も行われ、蔵のある街並みをアピールポイントとするための整備が進められた。現在では、若手経営者も増え、個性的な店舗が揃う、歩いて楽しい街となっている。

松尾町・海野町・うえだ原町一番街商店街（上田市）
―観光城下町・上田の玄関口―

城下町上田のかつての市街地は、北國街道に沿った海野町・原町であった。1888年、河岸段丘の下に鉄道が敷かれ信越本線上田停車場が開業した。

これに合わせて、鉄道から市街地を結ぶ緩やかな坂道が拓かれた。これが松尾坂であり、この道に沿って、商店、宿屋、住宅ができ、松尾町となった。現在は松尾町商店街と呼ばれ、上田駅お城口のロータリーから約400m続く坂道沿いに衣料品店や薬局、居酒屋、予備校などが並ぶ。松尾町商店街振興組合では、街の歴史の宣伝のために、1998年の長野オリンピックに合わせてこの坂を「真田坂」と命名したり、フリーペーパー「真田坂」を刊行したりしている。また、2016年のNHK大河ドラマ『真田丸』の放映に合わせて、上田市からの委託を受け、店舗の一角に観光案内所が設置された。放送が終わった翌年からは振興組合が規模を縮小しながら案内所を継続している。

松尾町商店街の坂を登り、中央2丁目の交差点から西へ伸びる通りが海野町商店街、北へ続く通りがうえだ原町一番街商店街である。真田昌幸による上田城築城に際し、海野町は海野宿（現・東御市海野）、原町は原之郷（現・上田市真田町本原）からの移住者によって形成されたという。

海野町商店街には、アーケードが整備されており、衣料品店、文具店、飲食店などが立ち並ぶ。かつて多くの衣料品店やレコード店が入居し、若者を中心に賑わいを見せていた上田デパートは、現在はタバコ店、衣料品店、レコード店などが1つの店舗として営業を続けている。また、上田のソウルフードと言われる「じまんやき」（いわゆる今川焼）を提供する食堂の前には、週末を中心に懐かしの味を求める人々の列が絶えない。

原町商店街は、1974年から14年間営業したユニー上田店があった当時は大きな賑わいを見せていたそうだが、現在その跡地は駐車場となっている。近隣には、1998年に「池波正太郎真田太平記館」、2016年にはイベント会場「真田十勇士ガーデンプレイス」がオープンするなど、観光客だけでなく地元の人々も集まる場所へと戻りつつある。

これら3つの商店街では、上田市商工会議所による「懐かしの風景」のパネル展示が行われていたり、各商店が独自に真田氏関係の案内看板や、オリジナルキャラクターのイラスト看板を設置したりするなど、街を挙げて観光客をもてなしている。

塩尻大門商店街（塩尻市）
―図書館とハロウィンのある商店街―

塩尻大門商店街は、長野県のほぼ中心、JR中央本線と篠ノ井線が交わる交通の要衝である塩尻市の中心市街地である大門地区にあり、衣料品店

や飲食店、銀行、書店などが並ぶ。もともと中山道の宿場町として発展した塩尻の町の中心は、現在の市街地よりも東部に位置していたが、1902年に大門地区に塩尻駅が開業すると、駅前の大門中央通りに商店街が形成されるなど、大門地区は交通と商業の中心であった。しかし、1982年に塩尻駅が現在の場所に移転した。この移転に伴い塩尻大門商店街の核をなす地区の世帯数は減少し、新駅周辺へ移転する事業主も見られるなど、商店街は閑散とした状況となった。1993年には市街地再開発事業によりイトーヨーカドーが出店したが、年々売上げは減少していった。

そこで、2008年から中心市街地活性化事業が始まり、イトーヨーカドーの道向かいの書店や住宅などがあったエリアを再開発し、市民交流センター「えんぱーく」が2010年に誕生した。えんぱーくは、市民図書館を中心に、子育て支援施設、市役所の分室、オフィスなどからなる複合施設である。商店街の中心に図書館が開業することに対し計画段階では反対意見も出たが、現在では年間50万人が利用する施設となり、大門地区へ多くの市民が集まることとなった。大門地区のメインストリートに位置するえんぱーくは、大きな建物ではあるが、ガラス張りのテラスやピロティを持つ外観で、巨大な建物の威圧感を減らしている。

塩尻大門商店街では、毎年10月に商店街振興組合や子育て連絡協議会などの地域団体からなる実行委員会により、「ハッピーハロウィーンinしおじり」が開催され、すでに20回を超えている。商店街で行われるハロウィンイベントとしては日本最大である。もともと塩尻市在住の外国人が集まって開催したのが始まりだったが、2回目からは現在の商店街開催となり、今では塩尻市民で知らない人はいないほどの商店街最大のイベントとなっている。イベントでは、塩尻産のカボチャを使った「ジャコランタン作り」や、手作り感あふれる「仮装コンテスト」、空き店舗を活用した「ホラーハウス」などが開催される。毎年10月になると、商店街のショーウィンドウやディスプレイがハロウィン仕様になり、街全体がハロウィンカラーに染まっていく。

21 岐阜県

さんまち通り商店街（高山市）

岐阜県の商店街の概観

　岐阜県は日本のほぼ中央に位置し、7つの県に囲まれた内陸県である。県北部は飛騨、南部は美濃である。飛騨は飛騨山脈の西側に位置し、高山盆地に位置する高山市を中心に、JR高山本線沿いに北に飛騨市、南に下呂市がある。美濃は岐阜市を中心とする岐阜地区、大垣市を中心とする西濃地区、関市から北の郡上市までの中濃地区、多治見市から東の中津川市までの東濃地区の4地区に分けられる。

　岐阜県は古くからものづくりが盛んで、陶磁器、家具、木工、刃物、繊維・衣服などが有名で製造業が中心的な産業となっている。特に「匠の技」として美濃焼、飛騨の家具、関の刃物などが全国的に知られている。

　2014年における商業の年間商品販売額を4都市で比較すると、岐阜市は15,280億円で、1994年と比較して59.1%の水準まで減少している。その他の都市では、大垣市は74.7%、多治見市は68.7%、高山市は69.6%の水準まで減少している。特に、4都市のなかでは岐阜市の落込みが目立っている。

　商店街についても県都・岐阜市の中心商店街の衰退が著しく、空き店舗が目立ち、早急な対策が求められている。名古屋まで鉄道を使うと最速20分で行くことができるため、買い物は名古屋への依存度が高い。近年、中心商業地域にあった近鉄百貨店岐阜店、新岐阜百貨店、岐阜パルコなどの大型店の撤退が相次ぎ、商業核としての機能が弱まり、中心商店街の魅力減退の一因となっている。岐阜市民に対して行った意識調査の結果においても、最も満足度が低かったのは「賑わいのある中心市街地の創出」であった。中心市街地の活性化については県南部の大垣市、各務原市、多治見市でもほぼ同様の傾向が見られる。県北部の高山市についてはやや状況が異なる。「飛騨の小京都」として国内のみならず、世界各国からの観光客も訪れる人気の観光地のため、商店街も土産物店や飲食店などが集まる

観光商店街として賑わっている。

一方、大型商業施設については、2000年頃から郊外への出店が目立っている。本巣市のモレラ岐阜や岐阜市のマーサ21、カラフルタウン岐阜、大垣市のアクアウォーク大垣など主として紡績工場の跡地に建設されるケースが多い。また、2005年には県内唯一のアウトレットモールとして土岐プレミアム・アウトレットが東海環状自動車道沿いに開業し、地元客のみならず名古屋、長野、北陸方面からも多数集客している。

岐阜市や大垣市の中心部では、名古屋都心部へのアクセスが良好なのにも関わらず、商店街の衰退が目立っている。中心部での高齢化や個人商店の後継者不足に伴う空き店舗化も進行している。一方で、中心商店街に高齢者支援のデイサービスを併設したマンションの建設など居住促進対策も、徐々にではあるが進められている。地元の大学や商業高校が中心となったテナントショップやまちづくりゼミなどの商店街との連携も行われ、一定の成果を上げている。しかし、根本的な解決策にはなっていない。郊外型大型商業施設にはない、若者からお年寄りまでが、1日中楽しめる商店街に変えていくためには、商店街にしかできない魅力ある具体的な取組みを地域住民と一丸となって一歩ずつ進めていくことが望まれる。

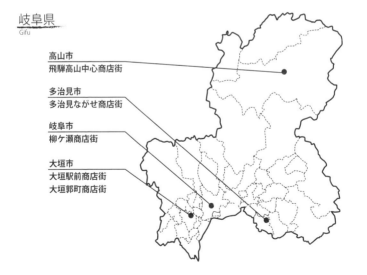

> 行ってみたい商店街

柳ケ瀬商店街（岐阜市）
―レトロな雰囲気が漂う「柳ケ瀬ブルース」発祥の商店街―

　1966年に発売された「ご当地ソング」の1つである「柳ケ瀬ブルース」は、ここが舞台となり全国的に知られるようになった。しかし、今では柳ケ瀬＝岐阜市の商店街とわかる人は、全国的に見ても年配の限られた人だけかもしれない。商店街というよりもむしろ歓楽街のイメージのほうが強い。商店街の規模としてはかなり大きく、柳ケ瀬劇場通り北商店街やメインロード柳ケ瀬など複数の商店街があり、面的な広がりを見せている。核となる大型店として、岐阜市唯一の百貨店としてがんばっている「岐阜高島屋」もこの商店街の一角にある。商店街のなかは道幅も広く、アーケードも完備されているが、どことなく昭和のレトロな雰囲気が漂った店が多い。

　JR岐阜駅北口から岐阜市のメインストリートである長良橋通りや金華橋通りを北へ約1km、徒歩で15分程度の位置にあり、駅前商店街という感じはしない。JR岐阜駅付近には飲食店が中心の駅構内商業施設「アスティ岐阜」や岐阜市内の最高層ビル「岐阜シティ・タワー43」などがあり、商業店舗も一応揃ってはいるが、中心商業地としては弱い。JR岐阜駅北口の繊維問屋街（問屋町）は、地場産業の繊維産業の不振に伴いシャッター通りとなり、昼間でも寂しい雰囲気が漂っている。岐阜市には、かつては近鉄百貨店や新岐阜百貨店、パルコといった大型店がJR岐阜駅-名鉄岐阜駅-柳ケ瀬商店街を結ぶ長良橋通りを中心に立地していたが、大型店や公共施設の郊外移転が進むにつれて中心市街地の空洞化が進み、2000年前後から相次いで撤退してしまった。

　柳ケ瀬商店街は岐阜高島屋が面している金華橋通りを中心に、西側は忠節橋通りから、東側は長良橋通りまで東西方向に約500mにわたって伸びている。昭和30年代から40年代にかけては、スーパーマーケットや百貨店などの大型商業施設もあり、岐阜一の商店街として賑わっていた。今でもその当時の面影を残していて、喫茶店や映画館、衣料品店など昭和の雰囲気を色濃く残している。最近ではカフェやレストラン、雑貨店、高齢者向け住宅なども増えてきている。アーケードの入口には「FLORENCE YANAGASE」の看板の下にギリシャ神話に出てきそうな不思議な人形がライトアップされていて面白い。商店街のなかも「やななの愛した街　柳ケ

瀬商店街」や「サッカーFC岐阜」などの垂れ幕が大きく吊り下げられている。各店舗の派手な看板や古びた装飾とアーケードが一体化してディープな雰囲気をいっそう漂わせている。シャッター通り化した一面も見られるが、古さと新しさが混在したレトロな雰囲気を漂わせた商店街である。2009年には「新・がんばる商店街77選」にも選ばれており、これから、岐阜の中心商店街として再びかつての賑わいを取り戻すことができるか見守っていきたい。

大垣駅前商店街、大垣郭町商店街（大垣市）
―水の都大垣を代表する商店街―

　JR大垣駅南口からメインストリートに沿って大垣駅前商店街・大垣郭町商店街が伸び、両商店街合わせて約100店舗が店を構えている。商店街のなかには、地元唯一の百貨店として親しまれている「ヤナゲン」や、横道を少し入ったところには「大垣城」もあり、意外性がある面白い街並みである。大垣郭町商店街は芭蕉元禄の街「OKB street」と名づけられた看板や旗が至る所に見られる。アーケードが備えられているが、片側2車線の道路沿いにあるため、車は一方通行の商店街となっている。

　商店街の建物は2階建てもしくは3階建てで、築数十年は経っているようなものが多く、全体的に昭和レトロな雰囲気が漂っている。業種別店舗構成を見ると、飲食店や食料品関係の店が比較的多い。その結果、商店街活性化対策の一環として、商店街の飲食店を食べ歩いて投票し、市民に愛されるグルメNo.1を決定する「GAKIめし―大垣めしグランプリ―」も行われている。商店街全体では「まちゼミ」と呼ばれる、商店街の各店の専門性を活かして商店主たちが主催する「つくる」「食べる」「学ぶ」「きれい」「健康」の5つをテーマにした講座が開かれている。

　JR大垣駅北口には、工場跡地を利用した大型ショッピングセンターもあり、ほかの地方都市と同様に、中心商店街をどのように活性化していくかが大きな課題となっている。電車を利用すれば、名古屋市まで30分足らずで到着するという地理的条件から見て、大垣市の商業はどうしても苦戦を強いられがちである。また、自動車を利用した郊外型大型商業施設の影響も大きい。大垣市中心市街地活性化対策の一環として、地元の岐阜経済大学（現・岐阜協立大学）の学生が主体の商店街の空き店舗を利用した「まちづくりゼミ」なども積極的に行われている。

飛騨高山中心商店街（高山市）

—まちなか歩きに最適な生活感あふれる観光商店街—

　岐阜県北部、飛騨地方の中心都市である高山市は、江戸時代、陣屋が置かれ「飛騨の小京都」と称され、古い街並みや高山祭、朝市に代表される観光都市である。日本国内はもとより近年は外国人観光客も急増し、年間36万人を超えている。アジア地域はもとより、ヨーロッパ、北米、オセアニア地域からの観光客が多い。

　高山市の中心商店街は、JR高山駅東口から徒歩10分ほどのさんまち通りと安川通りにはさまれた、江戸時代の古い街並みや趣のある建物が立ち並ぶ地域を中心に、10の商店街から構成されている。なかでも、本町通り商店街、安川通り商店街、さんまち通り商店街が高山の代表的な商店街として知られている。いずれもアーケードはなく、古い街並みや朝市などの観光ポイントに隣接していて、土産物店や飲食店をはじめ、多様な店が集まっていて、歩きながらぶらぶらと買い物をするのに最適な商店街である。

　宮川の西岸に面して広がる「本町通り商店街」は、南から北へ1丁目から4丁目あり、約60の店が軒を連ねる「本町2丁目商店街」は、戦前より中心商店街として賑わっていた。商店街には飛騨牛専門のレストランやカフェ、和菓子・洋菓子などのスイーツ、呉服、漆器、家具、書籍、土産物店までバラエティーに富んだ店舗構成となっている。「安川通り商店街」は宮川朝市や高山の古い街並みや寺院に近いため、観光客も多い。宮川にかかる鍛冶橋を渡ると宮川朝市があり、そこから東方向へ商店街が伸びている。商店街は1班から5班に分かれ、高山別院まで通りの両側に商店が並んでいる。途中で上三之町、上二之町、上一之町の古い街並みと交差している。およそ70近くの店が軒を連ね、民芸品、せんべい、漆器、時計、箸、金物、手芸からコンビニエンスストア、銀行、コーヒー専門店まで多種多様な構成である。連子格子や千本格子の家が並ぶ古い街並みのなかに商店街があり、実際に生活している商店街の人々の様子を見るだけでも面白い。地方商店街では店舗の2階部分にかつて生活をしていた居住スペースがあったのが、今では空き家になっているところが多い。しかし、高山では今でも商店街のなかに人が住み、生活感があふれた町になっている。市内中心部には大型ショッピングセンターもなく、昔ながらの個人商店が中心となっている。

多治見ながせ商店街（多治見市）
―陶磁器が並ぶギャラリー商展街―

　多治見市は1940年に市制施行した県南東部、東濃地方の中核都市である。人口は11.2万人（2017年）と県内では岐阜市、大垣市、各務原市に次ぐ規模で、名古屋までJRの快速列車を利用して約30分で行くことができ、名古屋圏のベッドタウン的な性格も持っている。

　かつては「美濃焼」として有名な陶磁器業の中心都市として経済が循環し、中心商店街も街の中心を流れる土岐川をはさんで、右岸に「ながせ商店街」「駅前商店街」、左岸に「銀座商店街」「広小路商店街」と4つの商店街があり、賑わっていた。しかし、鉄道や中央自動車道、国道19号線を使って名古屋市中心部や郊外のショッピングセンターへ買い物客が流れていくようになってから、中心商店街もいっそう苦境に立たされていった。

　現在、多治見市の4つの商店街とも店舗の老朽化や後継者不足で空き店舗が目立っている。かつて400以上あった商店の数も250以下に落ち込み、シャッター通り化に拍車がかかっている。昭和30～40年代の昭和レトロの商店街がそのまま残っていて、半世紀もタイムスリップしたような錯覚を覚える。

　このような状況から、ながせ商店街振興組合を中心に多治見まちづくり株式会社と連携して、「陶磁器の産地・多治見」のイメージを前面に押し出した商店街独自のイベントを継続的に実施している。若手の陶芸家の作品を定期的に商店街の空き店舗に展示・販売できるスペースをつくって、商店街が陶磁器のギャラリーとしての役目を果たす「商展街」の取組みを行っている。また、多治見市では、土岐川をはさんで右岸のながせ商店街から多治見橋を渡って左岸の本町に至る道を、岐阜県出身の戦国武将で茶人の古田織部の名前から「オリベストリート」と名づけ、陶磁器専門店やアンティーク雑貨、モザイクアート専門店などの店が集まるレトロな街並みを売りにしている。空き店舗を使った商店街と陶磁器の地場産業をミックスして町の魅力を高め、両者をどう活性化させていくことができるか、今後の成り行きを見守っていきたい。

22 静岡県

呉服町通り（静岡市）

静岡県の商店街の概観

　静岡県は日本のほぼ中央にあり、東日本と西日本の境界線に位置している。太平洋に面して東西に長く、155kmの距離があり、西部エリアの遠江、中部エリアの駿河、東部エリアの伊豆の3つの地域に区分される。1871年の廃藩置県以降、1874年の県区域では浜松県（県庁所在地・浜松）、静岡県（県庁所在地・静岡）、足柄県（支庁・韮山）の3つの区域に分けられていた。その後、1876年4月の足柄県廃止に伴い、旧伊豆の国が静岡県と合併したのに続き、同年8月に浜松県と静岡県が合併したことにより、現在の静岡県が生まれた。2017年現在の県の人口は370万人あまりで、都市別人口では浜松市（79.8万人）、静岡市（70.5万人）、富士市（24.8万人）、沼津市（19.6万人）、磐田市（16.7万人）の順となっている。2003年3月までは静岡市が約47万人、浜松市が約60万人であった。平成の合併で静岡市は清水市と合併し、人口は70万人を突破し、一時期は浜松市を抜いて県内人口最大の都市となった。その後、浜松市も周辺の天竜市、浜北市を合併したため再び静岡市を抜き、県下最大の都市に生まれ変わった。

　浜松市と静岡市のライバル関係は商業面でも顕著に現れている。卸売業と小売業を合わせた事業所数で比較すると、2012年では県全市の合計42,754中、静岡市が10,381で1位、浜松市が9,354で2位と両市で半数近くを占めている。

　中心商業地の現状では、静岡市は伊勢丹、松坂屋、丸井などの百貨店と「呉服町中心商店街」との棲み分けと連携により、若者からシニア層までショッピングができるコンパクトな商業地が形成されているのに対して、浜松市は老舗百貨店松菱が2001年に閉店して以降、丸井やイトーヨーカドーなどの大型店が相次いで中心部から撤退し、今では遠鉄百貨店1店舗のみとなり、寂しい状況が続いている。商店街もJR浜松駅から少し離れ

たところにあるため、駅から歩いてショッピングするにはやや不便な印象は否めない。

　また、かつては、静岡、浜松に次ぐ県東部一の商業都市であった沼津市も、近年、西武や丸井、富士急などの駅前大型店が相次いで撤退してしまった。西武の跡地ビルには吉本興業のお笑い専門劇場（ラクーンよしもと）が入っているが、隣接する中心商店街の「仲見世商店街」とはかなり雰囲気が異なっている。

　静岡、浜松両都市以外にも富士市の「吉原商店街」や静岡市清水の「清水駅前銀座商店街」、熱海市の「駅前平和通り商店街」など老舗商店街も健在である。シャッター通り化している商店街も一部見られるが、おおむねがんばっている。しかしながら、他県と同様に商店街から郊外型大型商業施設に買い物客が流れる傾向は多々見られる。特に、西部の浜松市郊外にはイオンモール浜松市野、浜松志呂やプレ葉ウォーク浜北、磐田市郊外のららぽーと磐田など大型ショッピングセンターの進出が目立っている。また、東部の富士山麓の御殿場市郊外にはアウトレットとしては日本最大の売り場面積を誇る御殿場プレミアム・アウトレット（2000年開業）もあり、地元客のみならず、東京周辺から、あるいは外国人の観光客も多数訪れている。

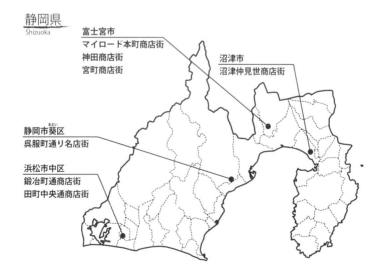

> 行ってみたい商店街

呉服町通り名店街（静岡市葵区）
―個人商店が集まった歩きやすい老舗商店街―

　静岡市の中心商店街として有名な呉服町通りには呉服町名店街や呉六名店街などいくつかの商店街が集まっている。シャッター通りが多い地方中心都市としては珍しいほど人が多く活気がある商店街である。JR静岡駅北口の松坂屋静岡店、パルコ、丸井など大型店が集中するところから呉服町通りが伸びていて、静岡伊勢丹までの約700mにわたって商店街が形成されている。郊外型のショッピングセンターとは異なり、歩いて買い物や食事ができるコンパクトにまとまった印象が強い。商店街を歩いていると、道幅も広く、両側にベンチがあることに気づく。街路樹やプランターなども随所にあって景観的にも緑のイメージで統一されている。街路灯やオープニングテント、2階、3階にはバルコニーも設置されていて、どことなくヨーロッパの街を歩いているようにも感じてしまう。商店街の資料によると、ベンチはオーストリア・ウィーンのシェーンブルン宮殿にあるものと同じもので、街路灯やプランターなどはハンガリーのハンドメイドを使用しているなど随所にこだわり感がある。

　呉服町の名が使われるようになったのは、駿府へ引退した徳川家康が1609（慶長14）年に行った町割りにおいて駿府96カ町が定められたときからである。そのため、呉服町周辺の商店街には老舗が多く、特に戦前までは、その名のとおり十数軒の呉服店が軒を連ねていたそうである。呉服通りには石畳の歩行者専用通路も完備されていて、ゆったりと買い物ができるスペースが確保されている。業種構成も江戸時代から続く老舗の呉服店から、ファッション、生活雑貨、書店、時計・宝石、クリニック、飲食、金融機関などあらゆる店舗がバランスよく配置されている点も見逃せない魅力となっている。

　老舗の店が多いことから、1993年から一店逸品運動を始めている。ロングセラー商品を紹介して、ここでしか売っていない商品を販売している。商店街を歩いていると次のような看板が目についた。"呉服町名店街のまちづくりコンセプト「呉服町は五福町、ゆとり、遊び、学び、暮らし、伝統、五つの福があるところ」"。まさに、大型店ではできない個人商店の強みを最大限に活かした商店街づくりを進めている。

鍛冶町通・田町中央通商店街（浜松市中区）
―闇市から出発した企業城下町商店街―

　東京と大阪のほぼ中央に位置する浜松市は人口約80万人、県庁所在地の静岡市の人口70万人強の人口を抜き、県下第1の政令指定都市である。浜松には三大産業のオートバイ・自動車、楽器、織機の技術から発達した「ものづくり」の企業が数多く立地し、昔から「企業城下町」として発展してきた。

　浜松の商店街は戦後の闇市から発展したところが多く、基幹産業の製造業が拡大していくにつれて、1960年代から80年代にかけて大型店の進出に伴い、商業も発展してきた。しかし、バブル崩壊とともに一転し、地元資本や東京資本の百貨店・スーパーマーケットが中心商業地から次々と撤退していった。一方で、工場の閉鎖などによって郊外に大きな空き地が発生したこともあって、跡地にイオンをはじめとする大型商業施設ができてきた。

　浜松市内の中心商店街は、JR浜松駅北側と南側の数カ所に分散立地している。多くは北口から徒歩10分足らずの鍛冶町通り、田町中央通りを中心にいくつかの商店街が面的に広がっている。浜松では13の商店街が「浜松商店界連盟」を組織して、消費者の商店街離れを防ごうと様々なイベントやアイデアを出している。鍛冶町通りにはヤマハのショールームや「うなぎパイ」で有名なお菓子の直営店、浜松餃子の店などが立ち並び、賑わいを見せている。鍛冶町通りに面してシネマコンプレックスやファッションブランドショップなどが入居する大型商業施設「ザザシティ浜松」も立ち並んでいるが、所々に空き地も見受けられる。かつては西武百貨店や丸井、地元資本の松菱百貨店など大型店も数多くあったが、今ではすべて閉鎖され、わずかにJR浜松駅前に遠鉄百貨店が残るだけという寂しい状況である。

　今後の課題として、JR浜松駅から中心商店街がある鍛冶町通り、田町中央通りまでの約1kmの間の商業地をつなげて、回遊して楽しむことができる商業空間をいかにしてつくることができるかが商業地活性化の大きな鍵となっている。

東海地方

沼津仲見世商店街（沼津市）
―富士山と駿河湾を望むアーケードがシンボルの商店街―

　沼津市は人口約20万人の県東部の中心都市である。1923年の市制施行以来、県東部の拠点都市として、静岡市、浜松市に次ぐ第3位の地位を保ってきたが、現在では、人口規模でも、小売業ランキングでも富士市に抜かれ、第4位となっている。2060年の沼津市の人口予想は10.3万人と推測されている。鉄道交通の面では東海道本線と御殿場線の分岐点ではあるが、新幹線の駅が富士市（新富士駅）と三島市（三島駅）に設置されたこともあり、沼津駅に新幹線が通っていない状況も商業面での不利な原因の1つとなっている。

　かつては、JR沼津駅前には松菱百貨店沼津店や西武百貨店沼津店、丸井沼津店をはじめとして大型店やスーパーマーケットが数多く立地し、県東部の商業中心都市としての役割を担ってきた。ところが、近年、郊外への大型店の進出や人口減少に伴い、駅前の大型商業施設が相次いで撤退し、中心商店街の活気が乏しくなってきている。

　JR沼津駅の鉄道高架事業が遅れているため、北口と南口の連絡が不便なことも駅前商業地活性化を遅らせる要因となっている。地下のガードや跨線橋を通るなど3つのルートしかなく、いずれも徒歩で10分近くかかる。北口はビジネスホテルが集中立地し、南口は商店街や商業施設が多い。駅前の雰囲気も北口と南口ではかなり異なる。

　南口にある沼津仲見世商店街は、南北約250mのアーケードを中心に広がっている中心商店街である。もともとは、戦後間もない青空市場を皮切りに発足した商店街であるが、現在では、仲見世商店街をはじめ、隣接する新仲見世商店街や上本通り商店街、アーケード名店街、大手町商店街などいくつかの商店街が集まって沼津の中心商業地域を形成している。沼津仲見世商店街のアーケードの入口には「NAKAMISE」と大きく書かれた電飾看板がひときわ目立っている。商店街のなかを歩くと、大きな看板に、富士山と駿河湾の写真を背景に「静岡県下で一番元気な商店街　沼津仲見世商店街　沼津は海の幸、山の幸に恵まれたところ」と書かれている。商店街のなかにも至る所に新旧のアニメを題材にした商店街のポスターや看板が設置されている。アーケードの中ほどには、黒板を利用して1960年代の仲見世商店街の当時の店の名前がチョークを使って手書きで書かれており、完成度の高い商店街マップになっている。これを見ていると当時の

商店街の賑わいの様子が容易に想像でき、なかなか面白いアイデアだと感心させられる。商店主の方の商店街を愛する気持ちが強く伝わってくる。現在の商店街も飲食店から書店、呉服、食料品、コンビニエンスストア、銀行とあらゆる分野の店がバランスよく配置され、個人商店の老舗も多く、落ち着いた印象を受ける。往年の華やかな商店街の再来を期待したい。

マイロード本町商店街、神田商店街、宮町商店街（富士宮市）
―富士宮やきそばと富士山信仰の聖地で有名な門前商店街―

　富士宮市と言えば、地域おこしのきっかけとなったご当地グルメ「富士宮やきそば」が挙げられる。2006年、07年と連続してB級グルメの「B-1グランプリ」を受賞し、全国的に有名になった。また、もう1つ有名な観光地として、世界遺産の1つでもある「富士山本宮浅間大社」が挙げられる。安全、火難消除、農業の守護神として、富士山信仰の聖地としても知られている。富士宮市は浅間大社の門前町でもある。

　富士宮市には、JR身延線の富士宮駅から西富士宮駅までの2kmほどのエリアに全部で6つの商店街がある。富士宮駅北口から富士山本宮浅間大社に至る道すがら、マイロード本町商店街と神田商店街がある。宮町商店街は浅間大社前から西富士宮駅に至る商店街である。

　マイロード本町商店街には、50店舗近くがあり、食料品、洋服、呉服、化粧品、靴、理髪店など最寄品主体の店が多く、買い物客の大半が地域住民である。この商店街の両側には片側式アーケードが設置されている。全体的に昭和の香りが漂うのんびりとした雰囲気が残っている。かつては、映画館や飲食店など娯楽施設が多く集まり、静岡県と山梨県を結ぶ要衝の商店街として栄えていたそうであるが、今や、その面影は薄い。このマイロード本町商店街を西へ歩くと10分足らずで浅間大社前の「お宮横丁」に到着する。ここには、富士宮やきそば学会のアンテナショップをはじめ、飲食店や土産物店が数店舗集まり、観光客で賑わっている。

　6つの市内の商店街は地域密着型商店街として、「富士宮焼きそば」と「昭和レトロ」の二大看板を掲げている。しかしながら、JR富士宮駅南口には、2001年に開業した大型商業施設「イオンモール富士宮」（商業施設面積6.1万㎡）があり、現在の富士宮商業の中心的な存在になっている。県下最大級の商業施設に、6つの地元商店街が個性を活かしてどう対抗していくことができるか、注目されるところである。

23 愛知県

大須商店街（名古屋市）

愛知県の商店街の概観

　県内最大の商業集積地名古屋市には小売事業所数で県内の34％、販売額で40％が集中しており、それに次ぐ都市としては豊橋市、岡崎市、一宮市があるが、小売店数、販売額いずれも県内シェアは5％前後で、名古屋市との格差は大きい。名古屋市の小売商圏はほぼ県全域に及んでおり、岐阜県や三重県まで広がっている。名古屋駅前の再開発に加え、2000年頃から大規模ショッピングセンター（3万m^2以上）が相次いでオープンしており、名古屋市以外の商業集積地が受けている大きなマイナス影響は否定できないであろう。

　2014年の『商業統計表』には名古屋市の商業集積地として234カ所が挙げられている。名古屋城南の栄地区とその南の大須が名古屋市の中心商業地区になるが、近年は名古屋駅周辺への商業集積が著しく、2核構造が強まっていると言える。栄地区と名古屋駅周辺では百貨店などの大規模商業施設が多数立地し、地下街が発達してきたのに対して、大須は地上の商店街が中心で、来街者や賑わいの様子は異なる。大曾根、今池、金山は複数の鉄道路線が交差し、早くから中心商業地区に次ぐ商業集積地として副都心的賑わいを見せてきた。経済成長期を経て郊外にも商業集積地が形成されたが、住宅化が大きく進み大学などの移転も多かった市東部では、地下鉄東山線沿線の「覚王山」などに商店街が形成され、宅地化がより新しい藤が丘駅周辺は大型商業施設主体の集積地になっている。衛星都市では、「高蔵寺商店街」（春日井市）のほか尾張旭市や長久手市などに商業集積地が形成されている。

　名古屋以外では、豊橋、岡崎、一宮がそれぞれ古くから東三河、西三河、尾張北部の中心地であり、規模の大きな商店街が形成されていた。街ゼミで知られる岡崎の中心商店街は城下町時代の商業地を引き継いでいるが、

駅が市街地から離れた場所に設置されたことから、他地域からの顧客吸引の面で不利である。そのほかに、津島、瀬戸、豊田、半田、常滑、刈谷、安城、蒲郡、西尾、豊川の商店街が比較的規模が大きく、起源は近世の城下町や宿場町など様々であるが、明治以降、産業化により成長した点で共通している。瀬戸市の中心商店街は鉄道による陶磁器輸送が可能になったことなどにより成長したが、最近は愛知環状鉄道が離れた場所を通ったことによる影響を受けている。逆に、城下町から自動車産業の都市に変貌した豊田市の場合は、愛知環状鉄道開通により岡崎、名古屋と直結した効果があるように見られる。三河湾の湊町として醸造業も発展した半田市は、近世の街並みを残す商店街が形成されていたが、名古屋市の衛星都市としての性格が強まるとともに、郊外私鉄線駅前に中心商店街が移動した。

　名古屋の影響が弱い県南東部の三河高原では、地形条件もあって大きな中心地が発達せず、近年は人口減少による影響も大きい。しかし、飯田街道をはじめとする長野県南部と結ぶ街道があり、古くは中馬などの継立交易が盛んで、その中心であった新城や豊田市足助は、現在も当該地域の商業中心地としての役割を担っている。足助の伝統的な街並み景観を活かした商店街活性化計画は注目される。

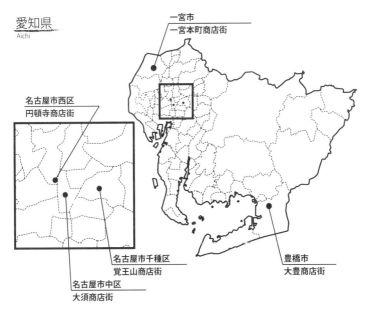

> 行ってみたい商店街

大須商店街（名古屋市中区）
 ―「ごった煮」的面白さが楽しめる商店街―

　名古屋市の中心、大須にある商店街。若宮通り、伏見通り、大須通り、南大津通りに囲まれた東西約600m、南北約400mの範囲に、網目状に広がる8つの商店街（万松寺通・大須新天地通・名古屋大須東仁王門通・大須仁王門通・大須観音通・大須門前町・大須本通・赤門明王）を中心に、飲食店や映画館、劇場、遊技場などが集まる名古屋を代表する繁華街を形成している。若宮通りの北側の栄地区とともに名古屋市の中心商業地区を形成するが、百貨店や地下街が主体の栄地区とは対照的で、高級ブランド店も少ない。

　名古屋築城により万松寺や大須観音（真福寺宝生院）などがこの地に移転し、門前に町が形成され、発展していく。1912年に万松寺が寺領を開放したことにより歓楽街として発展するが、第2次世界大戦後は客足が栄に流れ、100m道路の1つ若宮大通りができると陸の孤島と化した。1970年に大須観音が再建されたものの、名古屋劇場焼失などもあって衰退傾向が顕著になった。再生化に向けて1978年に「大須大道町人祭」が開催され、1977年のラジオセンターアメ横ビル（第1アメ横ビル）を皮切りに家電店が集まり、賑わいを取り戻していった。2010年代にはライブアイドルやコミックなどの店が増え、「オタク街」としての性格も持つようになる。もともと、衣料問屋が多かっただけに衣料品店が多いが、その他の物品販売店や土産物店、飲食店と業種構成は多様で、全国的に知られた名古屋モンの本店も存在する。

　大須観音周辺で毎月18と28の両日に開かれる骨董市などもあり、家族連れや若者に交じって参詣で訪れる高齢者も多い。また、近年は外国人客も増えており、多様な客層が往来する商店街である。「若者から高齢者まで楽しめるまち」として、地下鉄駅における案内板の設置や商店街マップの無料配布、来街者の需要変化に柔軟に対応した店づくりのための外部人材の導入などを積極的に行っており、2006年には「がんばる商店街77選」に選ばれた。随所に休憩できる広場も設けられており、からくり時計などもあるので、案内マップを片手にゆっくり楽しんでみてはいかがだろうか。

円頓寺商店街（名古屋市西区）
―古い街並みのなかの新装なった商店街―

　名古屋駅の北東、堀川にかかる五条橋の西にあるアーケード商店街。商店街のある那古野地区は空襲被害が比較的少なく、古い町屋や土蔵などが残っている。商店街の北側にある円頓寺の門前町から発展し、南向かいには真言宗高田派名古屋別院がある。1911年名鉄瀬戸線が外堀沿いに延伸して終着駅堀川駅ができると、沿線からの来街者が増加して急速に成長し、かつては大須、大曾根と並んで「名古屋の三大商店街」とも言われた。西方に日本陶器や豊田紡績の工場があったことから、1932年の調査によれば、工場勤務者を主な顧客とした食料品や衣料品を扱う店舗、飲食店が多かったが、1978年名鉄瀬戸線の路線変更により堀川駅が廃止されると衰退した。近年は、本商店街の南東にあって城下町の雰囲気が残る四間道地区とともに、名古屋駅からの徒歩散策コースとして脚光を浴びている。

　市道江川線を境に、東側の円頓寺通り商店街と西側の円頓寺本町商店街に分かれるが、イベントなどは共同で取り組んでいる。古くからの商店が多く、明治創業の老舗も残っているが、2009年、建築家をリーダーに那古野地区店舗開発協議会（通称：ナゴノダナバンク）を結成し、空き店舗対策に取り組んだことにより、新しい個性的な店舗もでき、若年の来街者も増えた。また、2015年にはアーケードを開閉式に全面改修し、パリの商店街「パサージュ・デ・パノラマ」と姉妹提携を結び、「円頓寺　秋のパリ祭」を開催するようになった。名古屋駅から名古屋城への徒歩ルートになるので、一度訪れてみてはいかがだろうか。商店街入口では三英傑（織田信長、豊臣秀吉、徳川家康）と水戸黄門のモニュメントが迎えてくれるはずである。

覚王山商店街（名古屋市千種区）
―異国情緒漂うアートな商店街―

　名古屋市東部の住宅地区にある商店街。覚王山は1904年にタイ国王から送られた仏舎利を安置する寺院として創建され、参道を中心に門前町ができた。1963年名古屋市営地下鉄「覚王山駅」が開業すると、21日の弘法縁日などは多くの参詣客で賑わうようになった。道路拡幅工事などの影響で1990年頃は一時低迷するが、現在は大学なども多い高級住宅地を背景に、名古屋で人気のある商店街の1つになっている。参道と地下鉄駅を

中心に物品販売や飲食店など50を超える店舗が並び、仏壇店や石材店といった門前町らしい業種も見られる。輸入雑貨やアクセサリーを扱う店、飲食もできるケーキ店が多いことが特徴であり、古い住宅を店舗に改装しているものも多い。地域の景観、雰囲気を活かして、「エスニック」「レトロ」「アート」を基本コンセプトにしたまちづくりを目指している。エスニックは覚王山、レトロは参道と高級住宅地、アートは文教地区に集う若者やクリエーターに由来している。商店街でも、覚王山新聞の発行や空き店舗への戦略的誘致活動によりイメージアップ、新しいタイプの店舗の出店を進めたことが来街者の増加につながっていると思われる。

大豊商店街（豊橋市）
―水路の上に設けられた商店街―

JR および名鉄豊橋駅、豊橋鉄道新豊橋駅東口駅前に、広小路と駅前大通りの2つの通りと常盤通商店街のアーケードがある。衣料品店をはじめ多様な店舗や飲食店が集積し、これらが豊橋市の中心商店街を形成している。駅前にはもう1つ商店街がある。駅前大通りの南側を並行するように東西800mにわたって連なるビル群（水上ビル）にある大豊商店街である。

1889年に東海道本線が開通し豊橋駅が開業すると、豊橋の商業の中心は城下町時代からの商業地区（中心商店街の東北方）から次第に駅前に移り、師団設置や繊維産業の発達などにより、東三河の中心都市として豊橋の駅前商店街は賑わった。戦後、大豊百貨店が建設され、その裏手に青空市場の業者が移転して、木造の棟割り住宅の一部を店舗とした大豊商店街として出発する。その後、中心市街地整備により牟呂用水を暗渠化してその上に中層の水上ビルが建てられ、1964年にはそこに大豊商店街が移転した。水上ビルは豊橋駅側から豊橋ビル（1棟）、大豊ビル（9棟）、大手ビル（5棟）と分かれており、商店街は大豊ビルにある。商店街組合に加盟する個人が1階から3階（一部4階）まで縦割りで所有しており、1階は庇（アーケード）のある店舗、2階以上は住居に利用している。小売店は東半分に集められ、衣料品、鮮魚、青果、飲食などの店舗が連なっていた。西側の問屋では菓子問屋が多く、1980年頃までは静岡県西部や長野県南部からも買出しに来る客で賑わったが、閉鎖店が目立っている。

古くからの花火店や小鳥店、はちみつ専門店、たばこ専門店などもあるが、経営者の高齢化により店を閉めるケースが増えている。2015年から、6月のみの期間限定で、アーケードと空き店舗を活用して「雨の日商店街」

を開催している。小道具、アクセサリー、雑貨などを扱う露天商やネット販売業者など60店が出店している。空き店舗へのテナント出店が望まれるところではあるが、住居と店舗の縦割り所有であるなど解決すべき課題が多く、進んでいない。一方で、賃貸料が比較的安価なことから、若者向けのブティックやレコード店、クラフトビール専門店などの出店も見られる。

一宮本町商店街（一宮市）
―リニューアルする「繊維の街」の商店街―

JR尾張一宮駅・名鉄一宮駅から伝馬通りを約300m行くと、左手にアーケードが見えてくる。ここから北へ真清田神社門前までの約500mが本町商店街で、真清田神社に近い順に1丁目から4丁目まで4つの振興組合に分かれている。商店街全体で150店ほどが軒を連ね、比較的規模は大きく業種構成も多様で、一宮市の中心商店街にふさわしいが、商圏から見ると地域密着型の商店街と言える。

真清田神社門前には、1727年には「三・八市」が開催され、江戸時代後期の記録によれば、生活必需品や綿業関係商品を扱う店などが500以上軒を連ねていたという。大正期以降の繊維産業の拡大とともに商店街も発展し、1950年代に最盛期を迎え、1956年のアーケード設置とともに一宮七夕祭りが始まった。七夕祭りでは真清田神社の摂社服織神社に織物を奉納し、海外からの参加者も含めたコスプレイヤーによるパレードは、日本を代表する衣料メーカー発祥の地の商店街らしいイベントと言えよう。

繊維産業の衰退に加えて、大規模小売店の郊外移転などにより空き店舗が目立つようになり、4月の第3土・日曜日にイベント「やろまい」（やりましょう、やるしかない、の意味）を開催するなど商店街として活性化に取り組んでいる。ハード面では2001年にアーケードを開閉型のものに全面改修し、中央部には16星座を丸く並べた半球状のドームを設けた。この時、空き店舗の多かった1丁目については、アーケードを撤去し開放的な商店街とした。また、空き店舗活用事業として、商店主有志が設立したまちづくり会社が2006年に貸店舗とボックスショップ「ほんまちプラザ」を、翌年にはコミュニティハウス「ちゃらん家」を開設している。その他、NPO法人が講座や寄席などを開催するコミュニティ施設、鉄道愛好家による鉄道模型カフェなどもある。

24 三重県

寺町通り商店街（桑名市）

三重県の商店街の概観

　三重県は県北と県南で地形や都市分布、交通条件が大きく異なる。平野が広く人口密度、都市密度が高く、交通路が発達している北部に対して、山地が海岸近くまで迫っている志摩半島以南では、中心都市としては尾鷲市、熊野市が挙げられる程度で、都市密度は低く、海岸沿いに鉄道と主要国道が走るものの県内他都市や大都市までは長い時間を要する。県北部から中部は名古屋の、伊賀市、名張市のある県西部の伊賀地方は大阪の影響を強く受けている。県都津市の県全体に対するシェアは小売店数で12.9％、年間販売額で17.7％と県内第2位で、いずれも第1位は四日市市である。2都市に続くのが伊勢市、松阪市、桑名市、鈴鹿市で、いずれも県北部の中心都市である。32万石の城下町に起源を持つ津市は、旧市街地と交通中心が分離して設置されたことや、県北部で都市が発達したこと、名古屋の通勤圏、買い物圏に含まれたことなどにより、まとまった中心商店街は形成されず、分散的となっている。西部では伊賀市の商業集積が比較的大きいが、南部の諸都市の集積規模は小さい。

　早くから東海道とそれから分岐する伊勢街道（参宮街道）などの交通路が発達し、伊勢商人、松阪商人は、街道を往き交う人々によってもたらされる情報を入手して、全国的に活動したと言われている。宿場町から発達した商店街が多いのが三重県の商店街の特徴の1つである。鈴鹿越えを控えた亀山市関には古い街並みがよく残り、重要伝統的建造物群保存地区に指定され、観光的要素の強い商店街になっている。大和から伊賀を通る伊勢街道に沿って商家が並ぶ伊賀市上野城南側の「本町商店街」の景観は人気がある。この他、津市一身田の、浄土宗派高田派本山専修寺門前の商店街は「寺内町門前町」と呼べるものである。

　城下町起源の津市や桑名市、亀山市の商店街も街道筋に発達したもので

ある。桑名市では「駅前商店街」のほかに城跡近くの寺町通り、四日市市では諏訪町、鈴鹿市では白子に商店街が形成されているが、いずれも宿場町などに起源をもつ歴史を有している。また、松阪市の中心商店街は紀州街道と伊勢街道の交差する場所に十字形に形成されている。伊勢市では伊勢参りの参詣客で賑わった古市が有名であるが、伊勢神宮と商店街のつながりは無視できないものがある。伊勢市駅の北、勢田川沿いの河崎は伊勢への物資を搬入する河港として栄えたところで、大型の商家が残り、近年はレトロな街並みを復活させる事業が進んでいる。また、内宮宇治橋前の「おかげ横丁」には土産物店や御師の家などがあったが、40年ほど前に整備され、参詣客に人気の観光型商店街となっている。上記以外の伊勢市民を対象とする商店街も伊勢参宮道と無関係ではない。

志摩半島の中心都市鳥羽市は観光客で賑わっているが、商店街は小さい。参宮街道は伊勢神宮以南では熊野街道と名前を変え、熊野市木之本の商店街は熊野街道沿いに形成され、地域の商業中心になっている。しかし、県南部では、人口減少や高齢化などにより、商店の閉鎖、商店街の空洞化が目立ち、買い物などで和歌山県新宮市に依存する傾向が強い。

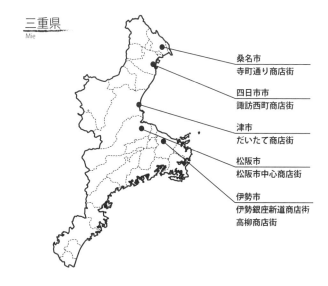

> 行ってみたい商店街

だいたて商店街（津市）
―「昭和」を感じさせる中心商店街―

　津市の主要鉄道駅としてはJRおよび近鉄の津駅と近鉄津新町駅の2つがあり、旧市街地は津新町側にある。津城跡の北東、大門地区は津観音の門前町として発展し、津の中心商店街として栄えてきた。老朽化が目立つようになってきたが、現在も国道23号線沿いの津松菱百貨店を核店舗とする丸の内商店街、近鉄津新町駅前の津新町通り商店街とともに津市の中心商店街の1つに数えられている。津観音から南に伸びる大門商店街と東西方向の立町商店街があり、合わせて「だいたて商店街」と呼んでいる。

　津観音の参道は伊勢神宮への参詣道に当たり、昔から人の往来が多く、明治に入ると芝居小屋などが立地し、一帯は繁華街として賑わっていた。大門大通りと立町の交差点南西角には当時の道標が立っている。1920年に国道が西方に移動すると参道は次第に商店街へ変貌し、1936年には県下初の百貨店として大門百貨店（津松菱百貨店の前身）が道標の東向かいに開業し、屋上からは伊勢湾が一望できたと言われている。戦後も津市一番の商店街としての地位を維持してきたが、1963年に津松菱百貨店が現在地に移転し、1973年の市役所移転、郊外における大型店の立地などにより、近年は商店街を往来する買い物客も減少しており、衰退傾向にある。アーケードとその周辺に飲食店や菓子店、呉服店など50店ほどが営業している。昔ながらの町屋で営業している商店や古い銀行の建物を飲食店として利用している店もあって、昭和の雰囲気を感じさせる商店街である。津松菱百貨店の建物は長くパチンコ店などに使われていたが、現在は閉鎖されている。飲食店の1つに元祖天むすの店がある。

　だいたて商店街アーケードの南口を出てフェニックス通りを西へ進み、三重会館前に至ると、丸の内商店街である。丸の内商店街はここから南、岩田橋北詰の津松菱百貨店までの範囲で、広い通りの両側には飲食店、洋装店、靴店、宝石店など30店舗ほどあるが、商店街というよりもオフィス街といった印象が強い。津松菱百貨店から津新町駅までは400mほどであるので、3つの商店街を巡って、比較してみるのもよいかもしれない。

　だいたて商店街のアーケードは2018年に撤去された。

寺町通り商店街（桑名市）
―参詣道の「市」的商店街―

　JRおよび近鉄桑名駅の東約800m、桑名城の堀の西に位置するアーケードのある商店街。本統寺（桑名別院）をはじめ数々の寺院が点在し、多くの参拝客が訪れていたことから商店が集積した。また、東約300mのところを旧東海道が通っており、七里の渡しへも近い。

　200mほどの商店街に40店ほどが並び、貝のしぐれ煮で全国的に知られた店舗もあるが、買回り品店と最寄品店が混在する近隣型商店街として地元住民に親しまれている。毎月6回開催される「三・八市」は桑名の風物詩として定着しており、朝市は特に賑わいを見せる。「三・八市」は、若手商店主が農家から野菜などを仕入れて売っていたことに始まり、1955年頃に朝市として定着した。市の日にはアーケード内に野菜や魚介類を売る露店が並び、本商店街に不足している業種を補っている。1986年に商店街振興組合が設立され、現在のアーケードに改修された。

　1973年に桑名駅前に再開発ビルができ、郊外に大型店が立地した影響を受け、来街者は減少した。そのため、「ふれあいカード事業」（2003年開始）、フリーマーケット「十楽市」（2005年開始）など商店街として様々な取組みを進めた。また、商店街有志で商圏分析を実施し、60歳以上をターゲットとした「高齢者にやさしい商店街」を目指して、まちづくり事業をを推進した。これらの活動が2015年に「がんばる商店街30選」に選ばれ、商店街をショッピングセンターのように位置づけ、無料カートの設置などを進めている。これらの努力により顧客層が増える傾向にあるが、新規出店をいかに増やすかが課題になっている。

諏訪西町商店街（四日市市）
―県下最大の商店街―

　近鉄四日市駅前東側の商業集積地のうち、駅から国道1号線までが諏訪西町商店街、1号線の東は諏訪商店街になる。諏訪西町商店街の中心になる一番街商店街には物販店が集まっており、隣接する二番街や三番街は飲食店や遊技場が多い地区になっている。

　起源は東海道の四日市宿に遡る。1913年の三重軌道諏訪前駅および四日市鉄道諏訪駅の開業により、県北の商業中心地としての地位を確立してきた。戦後は一帯に闇市が立っていたが、1952年に中央通りで四日市大

近畿地方　171

博覧会が開催された頃から歓楽街が形成されるようになり、1956年に国鉄（現・JR）四日市駅に併設されていた近鉄四日市駅が諏訪駅に移転統合されて四日市駅となると、駅周辺に百貨店が林立するようになった。1959年に東口に開店した岡田屋（現・イオン）は四日市を発祥の地とする。また、旧駅と新駅の間の廃線跡には商店が立ち並び、1965年に四日市一番街アーケードが完成し、県下最大の商業集積地へと発展した。

　その後、郊外における大型店の立地拡大や他都市、特に名古屋駅前における大規模商業施設出現の影響は大きく、松坂屋は2001年に閉店して別の商業施設になり、ジャスコ四日市店も2002年に閉店、跡地にはマンションが建設されている。商店街においても、近年、物販店は減少し飲食店が増加する傾向が見られる。商店街の規模は大きいものの同規模の商業集積地と比較すると来街者の広がりは比較的狭く、広域型というよりも地域型商店街としての性格が見られる。四日市市の人口が増加傾向にあり、駅前にも高層マンションの建設が進んでおり、都心への人口回帰が本商店街存続の基盤となっている。

松阪市中心商店街（松阪市）
　―十字街に沿って伸びる商店街―

　JRおよび近鉄松阪駅から駅前通りを南西に約300mの日野町交差点に古い道標があり、側面に「右わかやまへ　左さんぐうへ」と刻まれている。北西から南東へ伸びるのが伊勢街道（参宮街道）、南西からこれに合流する道が和歌山街道で、『松阪の夜』の舞台となった旅宿もここにあった。旧街道に沿って中心商店街が十字型に伸びている。駅方向は駅前ベルタウンで、物販店よりも飲食店、サービス店、銀行などが多いのが特徴である。伊勢街道を北西方向へ伸びるよいほモール、南方向へ伸びるパティオひの街、みなとまち通り、ゆめの樹通りには買回り品店や老舗が並び、中心商店街の主軸を形成している。和歌山街道沿いは新町商店街で、衣料品店などが並ぶ。全体では100店舗以上が集積しており、商店街および周辺には松阪牛を食べることができる老舗料理屋もある。また、銀行の支店が多いのも特徴で、商業都市松阪の中心商店街にふさわしいと言えよう。

　よいほモールの北西方向、昔ながらの商家が残る本町周辺は松阪商人の本拠地で、その西の松阪市役所から松阪城跡も含めた一帯は松阪観光の中心となっている。商店街は駅からの道筋に当たっており、観光、歴史を活かした商店街づくりが課題になっている。2006年から商店街内に「おも

てなし処」を4カ所設けて、土曜日を中心に商店街の案内とともにお茶の無料サービスを始めている。

伊勢銀座新道商店街、高柳商店街（伊勢市）
―伊勢神宮の町の地元商店街―

伊勢市内の商店街と言えば参拝客、観光客で賑わう内宮前のおかげ横丁や外宮参道の商店街が知られているが、ここでは地元住民が利用する商店街を紹介する。

伊勢市駅を出ると、正面に外宮の杜が見え、飲食店や土産物店が並ぶ参道が通じている。駅から県道37号線を月夜見宮方向へ約300m行くと、伊勢銀座新道商店街のアーケードに至る。アーケードを抜けて左折し、南へ200mほどで高柳商店街に至る。約300mのアーケードの先が浦之橋商店街で、商店街西端の交差点名に名を残す筋向橋は伊勢参詣への入口に当たっていた。筋向橋から南東方向、外宮前に向かって参宮街道が通じていたが、江戸時代後半に地元の薬商松原清兵衛の尽力により整備された新道が後に商店街となる通りである。当時は参詣者の流れは参宮街道が主であったが、1897年、新道通りの東端に参宮鉄道山田駅（現・JR伊勢市駅）が開業すると、浦之橋商店街、高柳商店街が中心商店街となった。第2次世界大戦後、バスターミナルなど伊勢市駅前の整備などにより、中心は駅に近い伊勢銀座新道商店街に移り、参宮街道沿いから移ってくる商店も少なくなかったと言われている。

しかし、伊勢市駅前に三交百貨店やジャスコ伊勢店などの大型店が立地すると、伊勢銀座新道商店街の地位は低下した。その後の郊外化により駅前では大型店の閉店が相次ぎ、商店街内でも歩行者通行量が大きく減少し、空き店舗が目立つようになった。式年遷宮などの際には来訪者は増加するものの、商店街が受ける恩恵は限られたものになっている。伊勢銀座新道商店街振興組合では、閉館になった映画館を利用して「さくら市場」を開設し、食品店を運営し、空き店舗を利用したチャレンジショップへの出店を呼びかけている。一方、高柳商店街では、大正時代から続く「高柳の夜店」に加えて、社会的弱者にやさしい商店街を目指して2004年「ユニバーサルデザインのまちづくり宣言」を行い、関連する事業に取り組んでいる。2つの商店街ともに広域型商店街から地域密着型商店街への移行を模索している。

25 滋賀県

ながはま御坊表参道商店街（長浜市）

滋賀県の商店街の概観

　滋賀県は「湖国」とも呼ばれるように琵琶湖で有名な内陸県である。近畿と東海、北陸を結ぶ交通の要衝でもある。滋賀県を大きく分けると、大津市、草津市のある湖南、彦根市、近江八幡市のある湖東、長浜市、米原市のある湖北、高島市のある湖西の4地域に区分される。

　古くは近江商人発祥の地としても全国的に知られている。近江商人とは、近江を本宅・本店とし、他国へ行商した商人の総称である。現在の湖東地区の近江八幡市、東近江市付近を中心に、江戸時代末期から明治時代にかけて商人や商社、企業を数多く輩出した。特に、百貨店の創業では滋賀県の関わりが深く、例えば、20世紀前半に朝鮮半島や中国大陸に進出して一大百貨店チェーン「三中井百貨店」をつくり上げたのは、現在の東近江市の呉服店が始まりであった。また、「西武百貨店」などの西武グループの創業者・堤康次郎も湖東地域の愛荘町出身である。「高島屋百貨店」の屋号も創業者の義父が現在の高島市出身であったことに由来している。近江商人の営業活動の原点である行商は、今で言うマーケティングの達人としての役割を果たし、国内外で多くの企業家が活躍してきた。売り手良し、買い手良し、世間良しの「三方良し」が近江商人の心得を説いた言葉としてつとに有名である。

　2014年の『商業統計表』によれば、滋賀県の百貨店、総合スーパーマーケットの事業所数は29であり、近畿2府4県のなかでは、大阪府97、兵庫県73、京都府38に続き4番目で、以下、奈良20、和歌山14となっている。百貨店は大津市の西武百貨店大津店（1976年開店）と草津市の近鉄百貨店草津店（1997年開店）の2店舗のみである。しかし、県内には地元資本のスーパーマーケット、平和堂（アル・プラザ、フレンドマート）が80店舗あり、小型店から大型ショッピングセンターまでドミナント戦略（一

定地域に多店舗を集中して面的に出店する店舗戦略）によって、駅前を中心に地域密着型の店舗展開を行っている。そのため、県内の各商店街にも平和堂が核店舗として立地しているケースが多く見られる。

　滋賀県内には2015年現在で117の商店街がある。商店街に県中小企業支援課が2014年から15年にかけてアンケート調査をしたところ、全体の7割以上が、最近の景況について「衰退している」と感じていると答えている。「衰退している」（74.6％）、「停滞している」（24.6％）を合わせると99.2％にのぼり、「繁栄している」と答えたのは1％にも満たなかった。小売業の事業所数を地域市町別に見ると、2014年現在で大津市（1,828）が最も多く、以下、長浜市（1,117）、彦根市（983）、草津市（877）、東近江市（832）の順となっており、いずれも琵琶湖東岸の湖南、湖東、湖北に集中しており、西岸の湖西では高島市（512）以外は少ない。

　また、近年の顕著な特徴として、若者を中心に買い物客がイオンモール草津、ピエリ守山、三井アウトレットパーク滋賀竜王などの郊外型大型商業施設に流れる傾向にある。それに伴い、商店街は店舗の閉鎖が増え、魅力がなくなるためさらに客足が遠ざかるという悪循環に陥っている。これからの商店街の活性化を考えると、単にモノを売るだけではなく、各種イベントや観光地とコラボレーションした独自の情報発信ができる取組みがさらに必要となってくる。

行ってみたい商店街

大津百町（丸屋町・菱屋町・長等）中心商店街（大津市）
―古さと新しさがミックスしたまち歩きに最適な商店街―

　滋賀県の県庁所在地である大津市は琵琶湖の西南端に位置する人口約34万の都市である。JR大津駅付近には百貨店や大型店もなく、県庁所在地の駅前にしてはやや寂しい感じがする。現在は「ビエラ大津」としてカプセルホテルや飲食店などの店舗が入った商業施設に生まれ変わった。大津市の百貨店はJR大津駅のひと駅先のJR膳所駅北口から琵琶湖側へ徒歩10分のところに西武百貨店（1976年開店）があるだけとなっている。

　大津市の中心商店街は、JR大津駅から浜大津方向に10分ほど歩いた、京町通り（旧東海道）から1つ北へ入った中町通りに3つの商店街が連続して形成されている。東から丸屋町・菱屋町・長等の商店街（全長約1km）が1本のアーケードで結ばれている。このあたりは東海道五十三次の宿場町で江戸時代末期から戦前までに建てられた伝統的な建築物（町家）が多く残っている。

　江戸時代から大津の町割りが100町あり、大津の町が繁栄していたことから「大津百町（ひゃくちょう）」と名づけ、大津のまちづくりの中心となっている。丸屋町商店街と菱屋町商店街の間には国道161号線が交差し、この道路上を京阪電鉄京津線の路面電車が走り、ゆったりと時間が流れる味わい深い風景である。3つの商店街のなかには琵琶湖の小魚や佃煮の店や和菓子、青果、近江牛、酒造など長い歴史を誇る個人商店も多い。また、丸屋町商店街の中ほどには「大津百町館」と名づけられた施設（休憩所）もある。ここは築116年以上の町家を利用した施設で、20年前までは書店として営業していた。ボランティアが常駐し、大津百町の説明をしている。施設内には昔の町家が再現され、大津の町の古地図やジオラマ模型をはじめ、商店街の古い資料も多数展示され一見の価値がある。

　大津百町では、3つの商店街を中心に商店街活性化に向けた様々な取組みをしている。なかでも、工夫を凝らした街歩きに便利な地図や資料を作成している。大津のまち家を考える会や大津市中心市街地活性化協議会が発行している「大津百町おもしろ発見地図」や「大津百町まち遺産マップ」は大津市の中心部の様子を丹念に調べてわかりやすい地図になっている。また、大津駅観光案内所が発行しているOTSU-MAPも「大津市中心部の

夢京橋キャッスルロード、彦根銀座街（彦根市）
―城下町彦根を代表する新・旧商店街の挑戦―

　彦根市は琵琶湖の東北部に位置する人口11万人、35万石の城下町である。JR彦根駅から北へ歩くと彦根城が見えてくる。彦根城の堀がある京橋からまっすぐに西へ伸びた道路沿いに「夢京橋キャッスルロード」がある。全長約350ｍ、道路幅6ｍほどの商店街には、江戸時代の城下町をイメージして白壁と黒格子の町屋風に景観が統一された店舗が並ぶ。1999年に完成した新しい商店街で、30軒近くある店は、土産物店や飲食店、和菓子や地酒を扱う店が多い。地元密着型ではなく、彦根城を訪れる観光客にターゲットを絞った商店街として賑わっている。そのため、「古くて新しいOLDNEW TOWN」を商店街のコンセプトとして掲げ、地域おこしの拠点となっている。

　彦根は県東部の中心都市として、昭和初期より商店街の充実には目を見張るものがあった。なかでも、彦根城の南、約1kmに位置する「彦根銀座街（銀座商店街）」は、戦前から県内屈指の商店街として賑わっていた場所である。1933年には湖北地方唯一の百貨店「マルビシ百貨店」も建設され、彦根の一等地として大いに栄えていた。戦後も、滋賀県を代表する地元スーパーマーケットの「平和堂」が1957年に「靴とカバンの店・平和堂」として誕生し、1963年には鉄筋5階建てのビルを建設し、県下初のエスカレーターを完備した「ジュニアデパート平和堂」が完成した。現在の銀座商店街付近は、1960年代初頭から建設された鉄筋3、4階建ての店舗付き住宅の片側アーケード型の街区で、レトロな雰囲気が漂っている。現在は、駅から離れていて市の中心部からやや外れた場所にあるため、苦戦を強いられている。

　夢京橋キャッスルロードや彦根銀座街をはじめ、彦根市内の6つの商店街は「がんばる商店街77選」に選ばれ、まちづくりと一体となった商業活動を進めている。最盛時には中心市街地にある商店街の店舗数も800以上あったが、今ではその半分の400弱に激減している。彦根市周辺には平和堂が経営母体のアル・プラザやビバシティ彦根と呼ばれる郊外型ショッピングセンターも出店し、歩いて行ける近隣型商店街は苦しい立場に追い込まれている。観光客相手の商店街としての役割だけでなく、地元客中心

の日常生活に密着した商店街をどうつくり上げていけるかが今後の鍵となる。

大手門通り・ながはま御坊表参道商店街（長浜市）
―古い街並みと黒壁がシンボルの回遊型商店街―

　大阪から新快速で約90分。JR北陸本線長浜駅を降りると、西に琵琶湖、東に伊吹山の眺めが美しい。彦根市と並ぶ湖北の中心都市である長浜市は人口12万人、人口規模では大津市、草津市に次ぐ県下3番目の都市である。豊臣秀吉が今から約400年前の1574年頃に自ら城主となり、城下町を築いたのが長浜である。その当時まで「今浜」と呼ばれていた地名も、「長浜」と改められた。

　長浜の中心市街地に連日多くの観光客が訪れるようになって、かつて閑古鳥が鳴いていたのが嘘のようである。きっかけは、1989年に北國街道と大手門通り商店街が交差する古い街並みの一角に、「黒壁スクエア」がオープンしたことによる。1900年に完成した国立第百三十銀行長浜支店を改装したもので、黒壁という名前も、当時銀行に付けられた「黒壁銀行」という愛称が由来とされている。1989年当初は、世界中のガラス作品を集めた「黒壁ガラス館」を中心にスタートしたが、現在では「黒壁AMISU」と名づけられたギャラリーやレストラン、カフェ、滋賀の特産品を集めた店などが増築され、多種多様な店が30軒ほど集まり、複合商業施設「黒壁スクエア」を形成している。

　この黒壁スクエアから東へ少し歩くと、大手門通り商店街のアーケードが見えてくる。商店街のなかには、長浜の名産品や文具、骨董、のれん、地酒など様々な店が約30軒近くある。商店街の中ほどには、地産地消の商品を集めた「まちの駅」と呼ばれる店舗や金物店の商家を改装してつくられた「まちづくり役場」が置かれていて、長浜のまちづくりに関する取組みや情報発信の拠点となっている。この大手門通り商店街は地域住民のための近隣型商店街というよりも観光商店街としての性格が強い。フィギュアで有名な海洋堂が運営するミュージアムや、日本三大山車祭りの1つとされる長浜曳山祭の展示をしている曳山博物館も商店街の一角にある。大手門通り商店街を進み、左折すると、ながはま御坊表参道商店街へとつながっている。ここは真宗大谷派長浜別院大通寺への参道にある門前商店街である。呉服、履物、荒物、陶器など買い物の店から、和食、カフェ、バーなど飲食の店まで約30軒揃っている。

この2つの商店街以外にも、北國街道を中心に、祝町通り、浜京極、ゆう壱番街、博物館通り、駅前通り、明治ステーション通りなど、東西・南北方向に通りが並んでいて、回遊型商店街の様相を呈している。ぶらぶらと商店街を中心に街歩きをするのには絶好の場所である。駅からも徒歩5分と近く、30分もあれば中心商店街を見て楽しめる。長浜は、京阪神や中京、北陸の文化・経済圏の結節点としての地理的位置が強みの1つとも言える。「近世城下町のルーツ・長浜へようこそ」と書かれたまち歩きマップもわかりやすい。ぜひ訪れたい商店街の1つである。

京街道門前通り商店街（近江八幡市）
―近江商人発祥のパワースポット商店街―

　JR近江八幡駅北口から路線バスに乗って、約10分で古い街並みが色濃く残る小幡町資料館前に到着する。南北に小幡町通り、新町通りなどの筋が、東西に京街道門前通りや大杉町通りなどの筋が碁盤目状の町をつくっている。近江八幡は近江商人の中核をなす八幡商人誕生の地で、格子戸や見越しの松、うだつなどが並び「重要伝統的建造物群保存地区」として街並みが保存されている。

　小幡町資料館前のバス停のある交差点から東西方向に、京街道（朝鮮人街道）沿いに古い街並みの商店が並ぶ「京街道門前通り商店街」がある。京街道は江戸時代、将軍が交代するたびに朝鮮国より国王の親書を持って来日する「朝鮮通信使」が往復したことから朝鮮人街道とも呼ばれる。

　京街道門前通り商店街の入口には「お願い絵札で願いが叶うパワースポット」というアーチが掲げられている。以前、商店街にはアーケードがつくられていたが、今は取り外されている。商店街の入口から西側に約450m、石段を上がると観音山広場がある。商店街の多くの店では健康祈願・恋愛成就・良縁祈願など12種類の願成就絵札が販売されている。古い街並みのなかに、八幡名物のでっち羊羹の老舗菓子店をはじめ仏具、ローソク、呉服、履物、洋服、日用雑貨、印判などの個人商店が点在しており、商店街の外れには願成就寺や本願寺八幡別院といった寺院など、のんびりと散策するには絶好の場所である。

京街道門前通り商店街で売られている願成就絵札

26 京都府

錦市場（京都市）

京都府の商店街の概観

2014年の「商業統計調査」によると、京都府の商業集積地は306カ所、うち京都市が173カ所と半数以上を占める。ショッピングセンターなどを除くと、府下の商店街の6割ほどが京都市に集中していると見られる。京都府はおおよそ南丹市を境に南部と北部に分けることができる。南部はほぼ京阪神大都市圏に含まれ、通勤・通学や買い物などで京都市や大阪市に依存する率が高く、衛星都市化が進んでいる。一方、北部では人口減少、高齢化が進行しており、観光による効果が期待されるものの、小売業を取り巻く商業環境は厳しいものがある。京都市以外では、宇治市、福知山市、舞鶴市の商業集積量が比較的多いが、周辺地域における郊外店の立地増加などにより、広域商業中心としての地位が確立されているとは言いがたい。ショッピングセンターは府南部を中心に分布しており、店舗面積3万 m²以上のものは京都市郊外にほぼ限られている。

京都府商店街振興組合連合会のウェブサイトによれば、京都市内の商店街振興組合として84掲載されているが、商業ビルなどを除くと80カ所ほどである。それらは市街地全域に分布しているが、特に中心業務地区周辺から旧市街地にかけて集中している。なかでも四条河原町周辺の商店街群が中心商店街を形成しており、京都駅、四条大宮駅、北大路駅周辺と伏見大手筋周辺の商店街が広い顧客吸引圏を有する広域型商店街として、集積規模も大きい。京都市は中心市街地居住者や学生が多い町であること、大型店の立地制約が大きいこともあって、近隣住民を主たる顧客とする近隣型ないし地域型商店街が現在も高密度に分布している。昔ながらの個人商店が多く、地元住人との長いつきあいに支えられていることが、京都の商店街の特色と言える。西陣地区の商店街や二条駅前の「三条会」、撮影所があったことから発達した「大映通り商店街」などである。その他、「京

の台所」として知られる錦、家具店が集まる夷川通りなど同種の商店が集団化した商店街もあり、起源が明治以前に遡るものも少なくなく、100年以上続く老舗も多い。また、清水寺や嵐山といった有名観光地には飲食店や土産物店主体の商店街がある。

　府南部では宇治市と亀岡市が古くからの商業中心地であり、現在も比較的規模の大きな商店街があるが、住宅衛星都市化による変化も大きい。住宅地化が早かった向日市や長岡京市では商店街が形成されたが、近年住宅地化したところでは大型店やショッピングセンター中心で、商店街の形成、発展はほとんど見られない。北部では、城下町起源の福知山、舞鶴、宮津が地域の商業中心としての地位を確立してきたが、いずれも中心商店街では衰退傾向が目立っている。舞鶴では明治になり旧城下町から離れた場所に軍港が建設され、東舞鶴と西舞鶴それぞれに商店街が形成され、現在も2つの中心商店街を持ち、顧客圏も分かれている。その他では、綾部、京丹後市峰山、同市網野において繊維産業の発達によって活気のある商店街が形成されていたが、周辺地域の人口減少や地場産業の低迷による影響は大きく、「綾部市西町商店街」は商店街近代化事業によりリニューアルした。なお、「峰山御旅商店街」は「日本一短い商店街」と言われている。

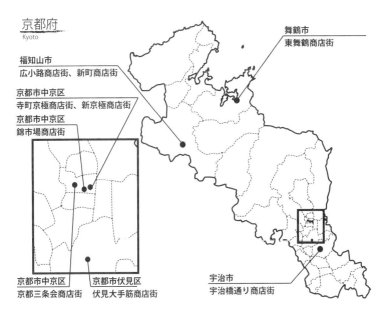

> 行ってみたい商店街

寺町京極商店街、新京極商店街（京都市中京区）
―2つの対照的な京極商店街―

　京都市中心部、大丸百貨店や高島屋百貨店のある四条通を四条河原町から西へ行くと、北側に2つのアーケード商店街が現れる。東側が新京極商店街、西側が寺町京極商店街である。一帯は商店のほかに飲食店や映画館などが多数立地する繁華街で、多くの商店街が連接している。2つの商店街の北端は三条名店会のアーケードにつながり、寺町通は三条通から北へ寺町専門店街、さらに二条通の北へ古美術店や画廊、古書店などが並ぶ寺町会と続く。

　京極とは京の東西南北端のことで、東京極の通りに沿って豊臣秀吉が寺を集めたことから寺町と呼ばれるようになった。寺町通には寺院と関連した書物や数珠、文庫、筆、薬などを扱う商人などが集まり、現在の商店街の原型ができた。また、寺院の境内を縁日の舞台に開放し、多くの人が集まる場となった。明治に入り、西洋菓子店や写真館などのハイカラな店が京都で最初に出現したのは寺町通だと言われたが、1920年代に河原町通が拡幅されると人の流れは変わり、商店街の人通りは減少した。1990年頃から、商店街のリノベーションとしてアーケードを更新するなど買い物客の呼戻しを試みており、少しずつ効果が現れている。特に三条通近くを中心に老舗や専門店が存在し、安心してゆっくり買い物、飲食を楽しめる場として京都市民に親しまれている。

　一方、新京極商店街のある通りは、1872年に当時の京都府参事槇村正直によって新しく作られた通りで、明治の中頃には見世物小屋や芝居小屋が並び、現在の繁華街の原型ができた。興行街、飲食店街としての色合いが強く、寺町通とは対照的であった。1960年頃から京都が修学旅行先に選ばれ、新京極がコースに取り入れられるようになると、観光客、修学旅行生向けの通りとなり、地元住民の利用は目立たなくなった。近年は観光客向けの土産物店だけでなく、若年層向けのファッション洋品店や飲食店が混在するようになり、地元民の足も戻ってきている。一方で、修学旅行のメッカであった歴史を活かした活性化にも取り組んでおり、その代表が、商店街中央付近に設けられた「ろっくんプラザ」（1989年開設）である。新京極商店街のもう1つの柱であった映画館、劇場の多くは閉鎖され、跡

地はホテルや商業ビルになっている。

錦市場商店街（京都市中京区）
―京の台所―

　京都市の中心、四条通の一筋北、錦通の寺町通と高倉通の間約400mの全蓋型アーケード商店街。魚、京野菜などの生鮮食料品や乾物、漬物、おばんざい（京都の日常惣菜）といった加工食品を扱う約130の店舗が幅3.3〜5mの石畳道の両側に並ぶ。高品質な「ほんまもん」（本物）を扱う専門店、老舗が多く、市民の信頼を得て「京の台所」として親しまれているだけでなく、ここで業務用の食材を仕入れる割烹や旅館も多い。

　豊富な地下水に恵まれた地で、平安時代から自然発生的に市が立ち、江戸時代には幕府により魚問屋の称号が許され、魚市場として栄えた。1927年に京都中央卸売市場ができたのを境に青果業や精肉業などの食料品店を加えて、今日のような姿に変わり、「錦栄会」（1963年商店街振興組合に発展）を設立した。1965年には阪急電車の河原町延伸により井戸水が枯渇したが、共同井水事業を進め、井戸水を確保した。現在も多くの店舗で店奥にある井戸水を利用している。また、近隣地域で大手スーパーマーケットの出店計画があった際には、組合が予定地を買収して進出を阻止するなど、様々な危機に対して商店街として結束して乗り越え、現在は小売りへシフトしている。

　1984年の石畳舗装、1993年の「柱なし工法」によるアーケード改修といったハード面だけでなくソフト面での改革も進めている。2005年には「錦市場」の登録商標を取得し、2006年にはイタリア・フィレンツェ市のサンロレンツォ市場と友好協定を締結し、食を通じた友好交流を行っている。和食が世界文化遺産に指定されたこともあって観光資源としても注目されており、狭い通りが内外の観光客であふれ返ることも珍しくない。豆乳ソフトクリームや豆乳ドーナツ、マグロのヅケ串などこれまで見られなかった食品も売られ、食べ歩きする人もいる。さらに、茶房を出店しておにぎりを供する米屋、定食を供する八百屋、焼きたてのカキを供する魚屋など飲食を楽しめる店舗も増えている。高倉通入口にあった伊藤若冲生家（もともと漬物問屋だった）跡碑、京の食文化を描いたアーケードの天井画などもあわせて楽しんでみてはいかがだろうか。

近畿地方

京都三条会商店街（京都市中京区）
―365日晴れのまちをうたうアーケードショッピング街―

　京都市中心部、JR山陰線二条駅東口を出て千本通を南へ約300m行くと、アーケードが見える。京都三条会商店街の西の入口である。商店街はここから東へ堀川通まで伸びている。全長800mに及ぶ全蓋型アーケード商店街で、その長さは京都府最長で、アテネオリンピック金メダリストの野口みずきが雨の日に練習で走ったという。2007年には全店舗が商店街振興組合への加入を達成した地域密着型の商店街。商店街のなかの通りは道幅があり、自転車、時には車も往来するが、圧迫感は少ない。

　1914年、大宮通-油小路通間（現在の商店街のさらに東側）の72店舗で商店街が結成され、その後徐々に拡大していった。最盛期には200店を超え、映画館や寄席もあったが、毎年10店ほどが減少し160店ほどにまで減少した。その後、スタンプ事業の導入や若い商店主の新規参入、京町屋の再生利用などにより商店街としての賑わいを取り戻しつつあり、店舗数も180店ほどに増えている。各種の商店が揃っており、なかには安土桃山時代創業の印判屋のような老舗もある。食品スーパーマーケットがある一方で八百屋も数店あり、個店とスーパーマーケットのすみわけ、補完が見られる。とはいえ、店主の高齢化、後継者問題はあり、今後増えることが予想される閉鎖店舗のテナントとしての活用が課題である。

　アーケードから東へ、三条通には商店が続き、歴史的建造物も多い。一方、北へ行けば、世界遺産二条城はすぐである。

伏見大手筋商店街（京都市伏見区）
―酒造地に隣接する下町商店街―

　京都市南部、京阪電車伏見桃山駅から西へ伸びる長さ約400mの全蓋型アーケードのある地域型商店街で、京阪電車の駅のすぐ東には近鉄電車桃山御陵前駅がある。商店街の通りは、豊臣秀吉が築城した伏見城の大手筋に当たり、商店街名もそれに由来する。商店街西口を南に折れると納屋町5番街で、一帯は酒造業地帯で、その先はかつての淀川水運の伏見港に通じており、特に休日には酒蔵見学や坂本龍馬ゆかりの寺田屋見学に訪れる観光客で商店街も賑わう。

　酒造業の拡大や近くに師団が配置されたことなどにより、周辺地域の人口が増加し、1923年に大手筋繁栄会を発足して街路灯を設置したのが商

店街としての始まりである。もともと伏見の町は京都に対して独立的な性格があり、大手筋商店街には買回り品店も多く立地し、郊外電車を通じて現在の京都市南部から郊外にかけて顧客圏を有していた。商店街創立時から営業を続けている商店や京都市内の老舗の出店、銀行支店の多さなどに、本商店街の特徴を見ることができる。

　一方で、沿線における新しい商業集積地の出現や郊外型店舗の増加による既存店の閉店、業種交代も多く、近年は飲食チェーン店の進出も多い。駅から商店街へ向かう通行者は多く、空き店舗は目立たない。1971年に建てられた初代アーケードは1997年に日本初のソーラーアーケードに建て替えられ、ソーラーパネルで発電された電力はアーケード内の照明や夏場の冷房などに利用されている。また、商店街東口には「おやかまっさん」、西口には「ハミングバード」のからくり時計が設置されており、「おやかまっさん」では毎正時に伏見由来の11のキャラクターが出現する。商店街を訪れた際にはどんなキャラクターが出現するのか確かめてみてほしい。また、商店街周辺に新しいマンションが建ち、小さな子どもを持つ若い世代が増えており、商店街でも空き店舗の1階部分を活用して2006年に「ぱおぱおの家」（モンゴル語の「パオ」からとっている）を開設し、子育て支援事業に取り組んでいる。

宇治橋通り商店街（宇治市）
―茶師の町の商店街―

　京阪電車宇治駅から宇治橋を渡って、多くの観光客は左折して土産物店や飲食店が並ぶ商店街を抜けて平等院へ向かうが、宇治橋から直進する通り沿いにあるのが宇治橋通り商店街である。京都から奈良へ向かう大和街道（奈良街道）に当たり、江戸時代には十数軒の茶師の邸宅が並んだこの地は、幕府に献上される宇治茶の新茶を運ぶ御茶壺道中の出発地でもあった。当時の建物としては、茶師の1人であった上林春松家の長屋門を残す程度であるが、お茶に関する店舗や建物に商店街の由来を読み取ることができる。また、商店街のほぼ中央にある公園の一角に、この地を支配していた宇治代官屋敷跡の碑が建てられている。

　商店街の中央付近で北東へ折れると、JR宇治駅前に出る。約1kmの商店街に80店ほどの商店が連なるが、JRの駅前を境に東西で様子が異なる。西側はマンションや各種の事業所が混在し、商店の連続性は低い。東側は商店密度が高く各種の店舗が並ぶが、JR宇治駅を利用する観光客は多い

ものの、商店街を素通りする傾向があり、平等院へ向かう通り沿いの商店街と比べると観光地の商店街としての色合いは薄い。

　宇治市の中心商店街として比較的広い顧客圏を有していたが、郊外型商業施設の立地増加、近隣他地域における商業中心の新規出現や拡大による影響を受けている。JR宇治駅の改築をきっかけに、観光客を誘引して商店街の活性化につなげようとしている。商店街内および周辺に観光資源は多いものの、回遊性を高める一方、商店街としての魅力度を高める必要がある。そのためには業種構成や店舗づくりなど、ソフト面で取り組まなければならないことは多々ありそうである。

広小路商店街、新町商店街（福知山市）
　―再生に取り組む衰退傾向の中心商店街―

　城下町に起源する福知山市は3つの鉄道路線が乗り入れる交通の要衝でもあり、商業の中心として発展してきた。中心市街地の商店街は、城下町時代の町人地区に起源する東部の商店街群（広小路・新町・アオイ通り）と、駅周辺の商店街群に大別され、いずれも衰退化が目立っている。

　福知山城の北側は由良川水運の船着場でもあり、城下町時代から商業地区として栄えてきた。明治末期から大正期にかけて大阪および京都との間に鉄道が開通したことや歩兵連隊が設置されたことなどにより、広小路商店街や新町商店街は福知山の中心商店街として発展し、1933年には両商店街の交差点の南西側に鉄筋コンクリート3階建ての三ツ丸百貨店が開店し、北近畿の広い範囲からの買い物客で賑わった。戦後、駅周辺地区で土地区画整理事業が実施され、市街地が西方に拡大し、駅前に地元資本の大型店が出店したことで賑わいの中心は駅周辺に移動した。その後、国道9号線のバイパスが建設されると、駅の南側でロードサイド店の出店が相次ぎ、郊外に大型商業施設が出店した2000年頃には駅前の核店舗も撤退し、中心商店街では半数近い商店が閉鎖するなど空洞化が顕著になった。

　中心市街地活性化計画では、歴史的・文化的資源を活用したまち歩き観光ルートの整備や、歴史的建造物等を利用したテナントミックス事業などが挙げられている。広小路商店街では「広小路再生プロジェクト」の1つとして、アーケードを撤去して町屋を活かした景観整備事業や、文化・芸術の交流スクエア「まちのば」の開設などが実施されている。一方、新町では1998年に商店街によって開設されたポッポランド（福知山鉄道館）を活用した事業が進められている。機関車保存館や子ども列車の運行など

があるポッポランドは鉄道の町として発展してきた福知山を象徴するもので、建設地は三ツ丸百貨店跡である。また、2016年からアーケードを活かして、毎月第4日曜日に福知山ワンダーマーケットを開催しており、福知山市内だけでなく京阪神からも出店がある。閉鎖店舗前に設けられた40ほどの露台では、こだわりの日曜雑貨や食品などが販売され、シャッター通りに賑わいが戻っているが、商店街活性化に向けて課題は多い。

東舞鶴商店街（舞鶴市）
―旧軍港都市に建設された商店街―

城下町に起源する舞鶴市（西舞鶴）と軍港都市として急速に成長した東舞鶴市（東舞鶴）は、1943年に合併して新・舞鶴市が誕生した。東西の舞鶴は5kmほど離れており、2つの市街地それぞれに中心的な商店街が形成された。ここでは数少ない旧軍港都市における例として、東舞鶴の商店街を紹介する。

1901年に海軍鎮守府が置かれ、東舞鶴に建設された碁盤目状の市街地の南北の通りには一条から九条の名が付けられ、東西の通りには軍艦名が使われた。東舞鶴駅から北へ伸びる三条通りと、その東の七条通に南北の商店街があり、大門通り（国道27号線）とその一筋南の八島通りに東西方向の商店街がある。軍港都市らしくいずれの商店街も広い通りに沿って形成されており、アーケードで覆われているのは八島商店街のみである。軍港の正門に通じていた大門通りは舞鶴の最も主要な幹線で、特に幅員が広く、視覚的には道路をはさんだ商店街としての一体性は希薄である。大門商店街の東端には中央市場があり、東舞鶴の台所となってきた。4商店街全体で100店ほどあり、空き店舗は比較的少ない。紳士服、時計、菓子など業種は多様で、商店街形成以来の老舗や、かつては海軍御用達であった店舗も多い。舞鶴が発祥地と伝えられている肉じゃがや海軍カレーを売りにしている飲食店や食品店など、軍港都市に建設された商店街の特徴を随所に残している。

駅近くに大型商業施設（らぽーる、ケーズデンキ）が進出した影響はあるものの、現在も商店街を利用する客は多い。商店街の北西方には赤れんが博物館があり、観光客を引き寄せている。観光の際に商店街も巡ってみてはいかがであろうか。

近畿地方

27 大阪府

天神橋筋商店街（大阪市）

大阪府の商店街の概観

　経済の地盤沈下からの回復が進まない大阪であるが、「天下の台所」とうたわれた江戸時代以来長く日本の商都として君臨してきた。明治後期には紡績、金属機械などを中心に工業化が進み、商業も活性化した。市内各地には様々な商業集積地が出現した一方、公設市場の開設も進んだ。大正期に入ると私鉄沿線を中心に郊外住宅地の建設が相次ぎ、駅前などに商店が立ち並ぶようになり、戦後の郊外における人口増加により商店街へと成長していった。1960年代に建設された日本最初のニュータウンと言われる千里ニュータウンでは、住区計画に従って店舗などが配置され、千里中央には大規模商業施設を主体にしたセンターが開設され、周辺の商店街に影響を及ぼした。その後、同様のセンターは全国的に建設されるようになっていった。ターミナルデパートやスーパーマーケット、回転すし発祥の地で、早くから地下街が発達し、最近は海外観光客の増加が目立つ大阪の商店街の様相を見ていこう。

　明治前期頃までの大阪の街は、大阪城の西側の船場と呼ばれる地区を中心に東西約3km、南北約2kmの範囲で、大半が江戸時代の町人町に由来する。新町廓から芝居小屋の並ぶ道頓堀に至る順慶町から心斎橋筋、市中から淀川北岸に至る街道沿いの天神橋筋などには商店が並び、商店街の原形ができていた。大阪の中心商業地は旧市街地をはさんで南北2カ所に位置し、それぞれ「キタ」「ミナミ」と呼ばれる。形成はミナミのほうが古く、キタは郊外の開発が進んでから成長してきたが、現在はキタがミナミを凌駕している。また、アーケード商店街が主体で庶民的なミナミに対して、地下街が縦横に発達し垢抜けたキタと、商店街の形態や雰囲気も異なる。戦前から住宅化が進んだ周辺地区では近隣住民を対象とする商店街が発達し、現在も活気ある商店街が見られる。「九条商店街」「千林商店街」「駒

川商店街」「粉浜商店街」などであり、アーケードのある狭い道路をはさんで商店が並ぶ姿は共通している。コリアンタウンとしても知られる「鶴橋商店街」もその1つで、戦後の闇市を経て大きくなった。

　堺市では、旧市街中心の大道（紀州街道）に平行する「山之口商店街」が堺を代表する商店街であったが、賑わいは堺東駅前に移っている。堺以外では城下町高槻、岸和田のほか、池田、枚方、八尾、貝塚などが地域の商業中心地として存在し、街道筋や寺院周辺に商店が並んでいたが、その後、商店街は駅方面に伸びていった。それ以外の衛星都市でも駅前商店街が多数形成された。そのうち、1970年前後にスーパーマーケットが立地したところは吸引力が高まったが、その後は駅から離れた幹線道路沿いや住宅団地などに大型店が立地するようになった。近年はショッピングセンターや量販店のロードサイド立地が増加しており、苦境に立つ商店街は多い。

　大阪でも大型ショッピングセンターの開設が相次ぎ、商業地図が塗り替えられつつある。工場跡地の転用だけでなく、大阪港や梅田貨物駅の再開発、阿倍野再開発はその代表であり、関西国際空港対岸の「りんくうタウン」は広く和歌山県からも顧客を吸引している。ごく最近の動きとして、外国人観光客の増加も無視できない。量販店などにおける爆買いや盛り場の賑わいが注目されるが、商店街に足を向けさせる工夫、仕掛けを考えることも課題である。

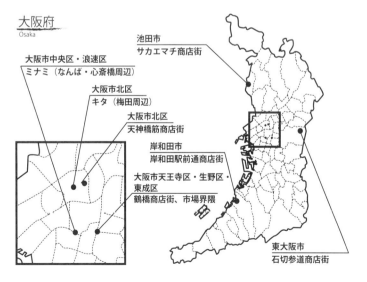

> 行ってみたい商店街

キタ（梅田周辺）（大阪市北区）
―阪急三番街などが集まる日本有数の地下商店街―

　大阪市は全国でも指折りの地下街が発達した都市で、特にJR大阪駅を中心としたキタ（梅田周辺）には阪急三番街、ホワイティうめだ、ディアモール大阪、ドージマ地下センターなどの巨大地下街（地下商店街）が網の目のように張り巡らされており、地元の人でも道に迷うほどである。また、阪急、阪神、大丸の3つの百貨店が集中した百貨店激戦区でもある。一方、地上商店街は数少ない。

　特に、キタの地下商店街として有名なのが阪急梅田駅に隣接する阪急三番街（1969年開業）である。構造的には、阪急電車の高架下に地上2階、地下2階で建設されたもので、4層に分かれ、厳密には地下街とは言えない。地上2階には阪急梅田駅、地上1階には高速バスターミナルがある。また、ターミナルホテルの老舗「新阪急ホテル」（1964年開業）や高級ブランドショップが集まる阪急17番街のある「阪急ターミナルビル」、居酒屋が集まる「阪急かっぱ横丁」や古書店が集まる「阪急古書のまち」も設けられて、複合型の大型ショッピングモールの様相を呈している。開業当初には映画館や水族館などがあったが、現在ではいずれも閉館している。

　JR大阪駅の北側に位置する阪急三番街のほか、南側には東京オリンピック前年の1963年に「ウメダ地下センター」として開業した現在の「ホワイティうめだ」や1966年開業の「ドージマ地下センター」、1995年開業の「ディアモール大阪」があり、これらの地下商店街は阪急、阪神、地下鉄、JRの各駅を結ぶ歩行者専用地下道と大規模地下街がつながる形で拡大・発展していった。大阪ではもともと、地上部分のモータリゼーションの発達に伴う道路渋滞緩和と歩行者の安全対策を目的として、キタとミナミのターミナルを中心とした地下街構想が打ち出された。そのため、東京の新宿・渋谷・池袋と比べると、梅田周辺では地上よりも地下に人が多く、混雑している状況が見られる。

　しかし、2013年4月にJR大阪駅北側の甲子園球場6個分の広さがある貨物駅跡地の再開発地区に「うめきた」が完成した。このなかに商業施設、オフィス、ホテル、マンションが入った複合ビル群の「グランフロント大阪」が開業したことによって、梅田周辺の人の流れも少しずつ変わってき

た。ここは大阪最後の一等地と呼ばれ、地域活性化の起爆剤になると期待されている。266店舗（2014年）を揃えた商業施設内には、これまでの大阪にはなかった「大阪初、関西初、全国初」の新しい飲食店や衣料品店を積極的に誘致して、キタの地下商店街や百貨店との争いを激化させている。

ミナミ（なんば・心斎橋周辺）（大阪市中央区・浪速区）
―江戸時代からの老舗が集まる大阪を代表する商店街―

　キタに対して、なんば・心斎橋に代表されるミナミには、今でも大阪らしいモダンで大衆的な商店街がまだ残っている。大阪を代表する商店街として挙げられる心斎橋筋商店街は、東京の銀座と対比されるが、実際に歩くと、かなり様子が異なることに気づく。心斎橋の北西部の御堂筋沿いには高級ブランド店が軒を連ねていて、銀座に似ている。心斎橋筋商店街は南北約600mのなかにおよそ180店舗がある。アーケード内には呉服や婦人服、靴、雑貨などの老舗専門店、米国人建築家・ヴォーリズの設計で有名な大丸心斎橋店（1933年開業）から百円ショップ、パチンコ店までありとあらゆる種類の店が看板を掲げて並んでいる。休日だけではなく、平日の昼間でも身動きができないほど混雑している。かつては、銀座をショッピングする「銀ブラ」と並んで、心斎橋は「心ブラ」と呼ばれていた。今、心斎橋筋商店街を歩いてみても、ゆっくりとショッピングをするという感じはあまりない。地下鉄心斎橋駅がある長堀通りを起点に、心斎橋筋商店街から戎橋筋商店街を抜けて高島屋大阪店（1932年開業）がある南海難波駅まで人込みをかき分けながら歩くと、およそ30分近くかかる。

　南海、近鉄、地下鉄難波駅が集中するなんばターミナル地区には、戎橋筋商店街以外にも、御堂筋の西側には若者向けのブティックやカジュアル衣料品店、飲食店が集まったアメリカ村が、東側には大阪で大衆的な歓楽街・千日前や、東の秋葉原と並ぶ西の電器店街として有名な日本橋（でんでんタウン）も徒歩で10分圏内に位置している。また1970年には、ミナミを代表する地下街「虹のまち」（現・なんばウォーク）も開業し、その後、南海難波駅と直結したショッピングモール「なんばシティ」（1978年開業）や旧大阪球場跡にできた複合商業施設「なんばパークス」（2003年開業）など、次々とオープンした。キタの梅田周辺とは違って商店街を中心にブラっと歩いていける大阪らしい賑わいをもった商業地区として、インバウンドの外国人観光客にも大変人気がある。

天神橋筋商店街（大阪市北区）
―日本一長～いアーケード商店街―

　JR大阪駅から環状線外回りでおよそ3分足らずで天満駅に到着する。デパートや高層ビルが立ち並ぶ大阪駅周辺とは街の風景も大きく異なる。「ごちゃごちゃした」という表現がぴったりのこの街に、南北に大きく伸びる天神橋筋商店街がある。北は、阪急、地下鉄が相互乗入れしている天神橋筋六丁目駅（通称：天六）からアーケードが始まり、JR天満駅、地下鉄扇町駅、南森町駅、さらには大阪天満宮の門前町界隈までの全長約2.5kmの間におよそ600店舗が並ぶ直線としては日本一長いアーケード商店街である。端から端までゆっくりと歩くと小一時間かかる。

　江戸時代以降、青果市場ができ、明治、大正、昭和と大阪の代表的な「庶民の台所」としての役割を果たしてきた。1926年には現在の天六駅のところに新京阪鉄道のターミナル（現・阪急電鉄）の天神橋駅が開設され、高架ホームを建物内に抱えたターミナルビルの先駆けとして有名であった。2010年に解体されるまで「天六阪急ビル」として親しまれ、わずかに昔の面影をとどめていた。現在では高層マンションに生まれ変わってしまった。

　商店街のなかは、あらゆる業種の店が入っていて面白い。衣料品店、呉服店、古本屋、居酒屋、百円ショップ、整骨院、パチンコ店、すし屋、イタリア料理店、刃物専門店等々、見ていて飽きない。また、商店街のなかには大型スーパーマーケットは1店舗もなく、空き店舗があればすぐに新しい店が入るため回転も早く、連日、買い物客で賑わっている。近くには、新鮮な食材が揃う天満市場や居酒屋やバー、定食屋が集まる「裏天満」と呼ばれるディープなスポットもあり、迷路のような細い路地を歩くだけでも街探検をしているようで面白い。また、天神橋筋の道路をはさんで西側は中崎町商店街（天五中崎通）に隣接しており、ここは、近年、古い民家を改造したギャラリーやエスニック料理店、カフェ、アクセサリーショップ、古着屋、化粧雑貨店が立ち並んでいる。梅田から徒歩圏内にありながら戦禍を逃れた長屋が多く残り、その空き家を活かした昭和レトロな街が人気を呼び、若い人を中心に観光客も訪れている。

　天神橋筋商店街は、日本初の商店街が運営するカルチャーセンターを開設したり、大阪天満宮の門前町を強調する鳥居型アーケードを設置したりして、ユニークな新しい試みを商店街に取り入れながらお客さんに飽きら

れない工夫を行ってきた。大阪らしい、古さと新しさが同居した「ごちゃまぜ商店街」の先駆者として、「キタ」や「ミナミ」の商業地区とは一味違う面白さを持っている。

鶴橋商店街、市場界隈（大阪市天王寺区・生野区・東成区）
―日本最大のコリアンタウン商店街―

JR大阪駅から環状線外回りで7駅目、約15分足らずで鶴橋駅に到着する。夕方、ホームに降り立つと焼肉の強烈な匂いが立ち込める。駅名を見なくても匂いでわかる全国的にも珍しい駅である。鶴橋駅のホームに降りた瞬間に、日本にいることを忘れてしまう。JR鶴橋駅と近鉄鶴橋駅のガード下と、その周辺には巨大な迷路が形成されている。ほとんどの店がキムチや韓国食材を扱う店、色鮮やかな民族衣装チマ・チョゴリの店、ごま油の香りが漂うチヂミの店、ホルモンと呼ばれるあらゆる部位が並ぶ肉屋など、コリアン文化がみなぎっている。鶴橋駅の東側には鶴橋商店街をはじめ、鶴橋市場、鶴橋鮮魚卸売市場、鶴橋卸売市場、高麗市場、東小橋商店街などが複雑に入り組んでいる。また、鶴橋駅の西側には、焼肉・ホルモンの店が集中している鶴橋西商店街がある。JR鶴橋駅と近鉄鶴橋駅を中心に広がる地域全体で約800以上の店舗、甲子園球場約2個分の面積がある。

終戦後の闇市から発展した鶴橋商店街一帯は、大阪一ディープな商店街と言われ、キムチや朝鮮人参を売る店の隣に魚屋や肉屋、ブティックや宝石店があり、ソウルの下町の商店街のなかに紛れ込んだようで混沌としている。

東側の鶴橋商店街を抜けて南東方向へ10分ほど歩くと、コリアタウンと書かれたアーチ（百済門）が見えてくる。かつては猪飼野と呼ばれた場所で、東西450ｍの間に、約120の店舗が軒を連ねる御幸通商店街がある。このあたりは在日韓国・朝鮮人が多数居住している地域で、国際色豊かな独特の雰囲気を持った商店街として、近隣の買い物客だけでなく、大阪を訪れる観光客など年間100万人以上の人がやって来る。この商店街のなかには、キムチ専門店17店舗、豚肉専門店5店舗をはじめ、焼肉屋や韓国料理店、韓国物産専門店などが集まっている。

近年は単なる買い物や食事を目的とした商店街の顔だけでなく、フィールドワークや社会見学、修学旅行の体験学習など多くの目的を持ったユニークな商店街としても全国的に注目を集めている。

サカエマチ商店街（池田市）
—阪急電車発祥の地に根づく老舗商店街—

　池田市は大阪府北西部に位置する人口約10万人の都市で、猪名川をはさんで対岸の兵庫県川西市とは双子都市的な性格を持っている。阪急宝塚線の池田駅と川西能勢口駅の両駅はわずか2分足らずの場所で、川西能勢口駅から南へ徒歩5分のところにあるJR宝塚線（福知山線）の駅名は川西池田駅である。

　池田の地名は、室町時代に豪族・池田氏がこの地に住みついたことに由来すると言われている。地理的にも、大阪・宝塚・神戸の中間に位置し、能勢街道沿いの城下町・交易町として栄えた。阪急電鉄の創業者・小林一三が晩年を過ごした場所として、現在でも、登記上の本店所在地は池田市に置いている。小林一三の思いが詰まった池田の地には、小林一三記念館、逸翁美術館、池田文庫などの施設があり、全国から見学者が訪れている。池田市の中心商店街であるサカエマチ商店街は、阪急池田駅前の国道176号線をはさんで北側に伸びるアーケード商店街である。商店街の歴史は古く、電鉄会社が日本で初めて開発を手がけた郊外型分譲住宅である池田室町住宅（1910年販売開始）の住民が日常生活で必要な品を購入する場所として、駅前に商店街が形成されていったのが始まりと言われている。そのため、商店街には明治時代創業の呉服店が今でも健在である。

　サカエマチ商店街は、駅前から1番街、2番街と約350mにわたって全蓋式のアーケードが伸びている。商店街内には八百屋、種苗店、紙・結納品店をはじめ、カフェや中華、寿司などあらゆる業種の店舗が入り混じっている。商店街を歩いていると、カラー舗装された幅広い道幅のためゆったりと買い物ができ、のんびりとした雰囲気が漂っている。2番街と交差する本町通りは、かつてはアーケードがあった商店街である。現在では取り払われたが、池田の歴史的な建造物が今でもいくつか残っている。現在、インテリアショップとなっている建物は、NHKの連続テレビ小説『あさが来た』のヒロインのモデルである広岡浅子が設立した旧加島銀行池田支店の建物である。レンガ造りの重厚な洋風建築は必見で、国登録有形文化財となっている。本町通りには、このほか、上方落語の資料を常設展示している市立として日本初の「落語みゅーじあむ」や、江戸時代に池田に建てられ、現在では愛知県犬山市の博物館「明治村」に移築された芝居小屋「呉服座」の一部を再現した大衆演劇場「池田呉服座」などが立ち並び、

池田の歴史・文化を感じることができる。

　サカエマチ商店街の周辺には、池田城址公園や五月山動物園、池田の銘酒「呉春」の酒蔵など観光スポットも多い。のんびりと商店街とその周辺を歩いて散策するには絶好の場所である。

石切参道商店街（東大阪市）
　―昭和の雰囲気が残る、活気にあふれた信仰と占いの門前商店街―

　大阪市と生駒山脈の間に位置する東大阪市は、1967年に布施市、河内市、枚岡市の3市が合併してできた。現在は人口約50万人で、大阪市、堺市に次いで府下第3位の人口規模を有する中核市となっている。東大阪市と言えば、中小企業の町工場が多く、「ものづくりのまち」として有名であるが、もう1つはラグビーの聖地、花園ラグビー場があることから、「ラグビーのまち」としても宣伝している。この花園から自転車で行ける距離に石切参道商店街がある。最寄駅は近鉄奈良線石切駅であるが、ここはちょうど生駒山の西側斜面に位置している。ここから大阪市内方面を見下ろすと、天気の良い日には大阪平野が一望でき、まさに一見の価値がある。

　石切駅北出口から線路に沿って南へ少し歩くと、「ようこそ石切さんへ」と書かれた石切劔箭(つるぎや)神社の鳥居が見えてくる。そこを右へ曲がると、神社までの参道に、飲食店・日用品から占いや土産物など様々な店が立ち並ぶ石切参道商店街が見えてくる。下り道のため、商店街から大阪平野を眺めることができ、ちょっとした旅気分も味わえる。この商店街の一番の特色は、とにかく活気があることである。商店街の至る所には「神話と夢と信仰の町　ようこそ石切さんへ―商店街おもてなし活動―」の看板やポスター、旗が置かれている。さらに、買い物客をおもてなしするコンシェルジュとしての役割がスタッフの顔写真とともに書かれていて、商店街が一体となってがんばっている様子がよくわかる。

　商店街は戦後の混乱期に有志の集まりからスタートして、1962年に石切参道商業連合会が発足した。店舗数もおよそ100店あり、食品、飲食店、土産物店とともに、刃物、衣料品、日用品とあらゆる種類の店がある。なかでも、「でんぼう（腫れ物）の神様」として霊験あらたかな石切神社の門前商店街ということもあって、占いの店や漢方薬専門店などが多いことも特徴的である。商店街の中ほどには、東大阪市が運営するアンテナショップ「まいど！東大阪」があり、東大阪の銘菓や町工場で作られた家庭雑貨やアイデア商品がたくさん置かれている。併設された無料休憩所には、疲

れた足をリフレッシュできる足湯やコミュニティルームまでつくられていて面白い。ゆっくりと歩いて、15分で石切神社に到着する。帰りは、近鉄けいはんな線新石切駅まで10分足らずと交通の便も良い商店街である。

岸和田駅前通商店街（岸和田市）
―だんじり祭りで有名な泉州を代表するアーケード商店街―

　大阪ミナミのターミナル駅なんばから南海電車で30分あまり、岸和田駅に到着する。岸和田市は人口約20万人、南大阪泉州地域を代表する都市である。江戸時代には岡部氏岸和田藩5万石の城下町として、明治時代以降は紡績業を中心に工業都市として発展してきた。現在も、岸和田駅の隣の蛸地蔵駅近くに、再建された3層の美しい岸和田城があり、南海電車の車窓からもよく見える。岸和田と言えばなんと言っても全国的には「だんじりの町」として知られ、全国から訪れる見物客は祭りの2日間で60万人を超える。

　岸和田駅前通商店街は、南海岸和田駅西口から海側へまっすぐに伸びたアーケード商店街で、入口にはだんじり祭りがテーマの切絵のステンド柄があり、商店街のシンボルとなっている。初代のアーケードは1963年に完成し、だんじりが商店街のなかを通れるように屋根を高くし、当時は日本一の高さを誇っていた。岸和田の商店街は、この岸和田駅前通商店街を中心に、紀州街道まで岸和田本通商店街が続く。周囲にはレトロな商店街「かじやまち」や「城見橋商店街」「寿栄広商店街」が枝分かれして広がっている。2011年放送のNHKの朝の連続ドラマ『カーネーション』の舞台となったのも岸和田の商店街界隈で、岸和田出身のデザイナー・コシノ三姉妹ゆかりの地「オハラ洋装店」や「コシノギャラリー」は今も岸和田駅前通商店街のなかにある。岸和田市が作成した「コシノファミリーゆかり地マップ」は、岸和田城や古い城下町の街並みとともにわかりやすい地図が描かれていて、街歩きには最適である。

　岸和田駅前通商店街のなかには、スーパーマーケットや大型店はほとんどなく、60店あまりの個人商店が中心となってがんばっている。少し路地に入るとレトロな建物が残っていて、懐かしい。紡績業で発展した歴史のある都市らしく、洋風建築の古い建物や銀行、教会、そして長屋なども昔のまま残っている。さらに紀州街道沿いや、岸和田本通商店街やかじやまちの間の寺町筋には寺社仏閣が数多く、見どころ満載である。商店街を抜けて海側に進んでいくと、10分足らずのところに、商店街とは対照的に、

「岸和田カンカンベイサイドモール」と名づけられた大型ショッピングセンターがある。古い歴史を誇る商店街がどう変革し大型店と対抗していけるか、今が、がんばりどころである。

> **コラム**

中学校地理フィールドワーク学習と商店街

　中学校社会科地理の中で、身近な地域の調査という単元がある。学習指導要領でも地域の課題を見出し、将来像について考えることを重視している。中学生が地域の商店街を調べることは、地域社会の形成に参画する態度を養う上でも大切な視点である。地理学習の中で校外でのフィールドワークをどう授業時間内で行えるのか、生徒の安全や教師の負担も考慮に入れて実施しなければならないため、現実には実践している学校は限られている。しかし、中学校で少しでも地域学習を経験した生徒は、言語活動の充実だけではなく、思考力・判断力・表現力を育む絶好の機会を得ることができ、高校・大学での学習にも課題意識をもって意欲的・継続的に取り組む姿勢が養える。商店街調査を通してお店の人にインタビューをしたり、店舗数や業種別構成を比較しながら現地調査することも、教室の授業では味わえない大きな経験となる。さらに発展課題として、商店街活性化に向けてのアイデアや魅力あるまちづくりへの提案など、大人にはない中学生ならではのユニークな発想も期待できる。

大阪教育大学附属池田中学校での地理フィールドワーク
(1997) ～池田市石橋商店街～

28 兵庫県

元町高架下商店街（神戸市）

兵庫県の商店街の概観

　兵庫県には、集客力がある有名な商店街が神戸市、姫路市、尼崎市の3つの都市に集中している。なかでも神戸市には、「三宮センター街」「元町商店街」に代表される有名商店街から、「モトコー」（「元町高架下商店街」）のようなマニアックな店が集まる個性派商店街や、「春日野道商店街」「湊川商店街」などの庶民の台所としての役割を担う商店街まで幅広く集まっている。また、尼崎市、西宮市、芦屋市、宝塚市などの阪神地域は交通の便が良く、大阪や神戸にも30分以内で行けるため、商業面でも両都市の影響を強く受けている。いわゆる「阪神間」と呼ばれる都市のなかにもそれぞれの個性が見られる。阪神間の都市は北から阪急、JR、阪神の3つの鉄道が並行して走っているため、鉄道路線によっても商店街のイメージが大きく異なる。西宮市を例にとると、西宮北口や夙川などの阪急沿線はオシャレな雰囲気が、JR沿線の西宮や甲子園口、阪神沿線の西宮の各駅は庶民的なイメージが強い。また、1995年に発生した阪神・淡路大震災以降、大きな被害を受けた神戸市、西宮市などの各都市では、商店街の復興まちづくりや震災復興再開発事業が大規模に行われている。

　一方、播磨地域と呼ばれる姫路市や加古川市、明石市の商店街は、神戸市や阪神間とは少し様子が異なる。姫路城を中心に発達した姫路市は播磨地域随一の商業拠点として伝統的な歴史のある商店街が今も根強く残っている。そのほとんどは、JR姫路駅と姫路城を結ぶ通りに沿って商店街が面的に広がっている。また、神戸と岡山からそれぞれ60km、80kmと離れており、地方中心都市としての独立性を保っている。姫路市の東、約15kmに位置する加古川市は、靴下生産日本一の街として有名である。また、姫路市・神戸市のベッドタウンとしての役割も持ち、商業的には両都市に依存している。明石市では鮮魚や乾物を扱う商店街「魚の棚」が有名

で、県外からの観光客も多い。

　内陸部に位置する丹波地域の丹波篠山市や淡路地域の洲本市では、かつては地域の中核都市として商店街が隆盛を誇っていたが、近年では、郊外に大型店や専門店が進出して中心商店街の空き店舗も目立っている。丹波篠山市では、観光客相手の集客施設を整備しながら商店街への人の流れをつくろうと様々な取組みが行われている。

　日本海に面した但馬地域では、豊岡、出石、香住の商店街が主なものである。なかでも、豊岡市の「宵田商店街」は「カバンストリート」と改名し、豊岡鞄の専門店が立ち並ぶ商店街である。また、豊岡で見逃せないものとして、JR豊岡駅前から東へ約800mにわたって伸びる大開通りにある、「豊岡駅通商店街」の昭和初期の復興建築群がある。これは、1925年の北但大震災で大きな被害を受けた豊岡で、地震・火事に強い都市を目指して多く建てられた耐火建築であり、壁面には様々な飾りやレリーフが見られ、レトロな雰囲気を残している。

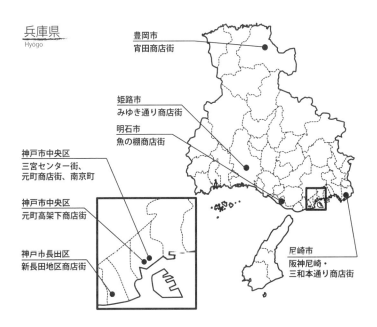

> 行ってみたい商店街

三宮センター街、元町商店街、南京町（神戸市中央区）
―ハイカラな街・神戸を代表する中心商店街―

　現在、神戸の中心商店街として最も賑わっているエリアは、JR神戸線の高架下から南側に位置する三宮から元町にかけてのところである。戦前まではJR神戸駅や新開地、湊川が商業の中心であったが、戦後は東の三宮へ中心が移動した。

　この付近は、歩いて買い物ができる範囲内に三宮センター街、元町商店街、南京町（中華街）が集中している。また、大丸神戸店やそごう神戸店の二大百貨店やさんちか（地下街）もあり、多くの買い物客で賑わっている。なかでも、三宮センター街周辺が神戸一の賑わいを見せている。終戦直後の1946年秋に地元の商店の有志たちが「流行を創る街」をつくろうと協議を重ねて商店会を結成したのが始まりである。結成当時は閑古鳥が鳴いていたそうであるが、アーケードや街路灯をはじめとして、新しい商店街のスタイルをつくり上げていった。戦前は「三宮本通り」と呼ばれていたが、神戸市民に親しまれる「愛称」を付けようと、港町・神戸のハイカラでかつ馴染みやすいムードを持った「三宮センター街」という名前が付けられた。全国にある「センター街」の元祖と言われている。隣接する「元町商店街」とともに、神戸を代表する老舗、特に婦人服・紳士服をはじめファッションの街・神戸にふさわしい店が多い。また、時計・宝石・書籍・文具・輸入雑貨・パン・洋菓子など神戸を代表する店舗が軒を連ねている。商店街のなかには、「センタープラザ」と呼ばれる、全国的にも珍しい2階建ての構造の商店街がある。

　商店街の歴史は三宮センター街よりも元町商店街のほうが古く、西国街道をそのまま取り込んだ

神戸市を代表する商店街の1つ南京町（中華街）

商店街は「元町通」と名づけられてから140年を超える歴史があり、三宮センター街と同様「老舗」と呼ばれる店が多い。元町商店街は、東の1丁目から西の6丁目まで1.2kmの間に300店以上の店が集まっている。実際に歩いてみると、東側の1丁目から西のJR神戸駅方向に歩くほどに客足が少なくなっていくことに気づく。かつては、西端の6丁目のところには三越神戸店（1926年開店）もあり、神戸の中心商業地として賑わっていた。その後、中心が三宮へと移るにつれて、客足が遠のき、惜しまれつつ1984年に閉店した。三越の跡地にはホテルができたが、1995年の阪神・淡路大震災以降、売却や解体が続いた。現在はかつての賑わいもなく、寂しい雰囲気も漂っている。

元町高架下商店街（神戸市中央区）
―マニアックな商店街「モトコー」―

　JR三宮駅から元町駅を越えて神戸駅までの約2kmのJR線高架下に400軒以上の個性的な店が並んでいる。JR三宮駅から元町駅までは「ピアザ神戸」と呼ばれ、アクセサリーやアパレルの店が多く、全体的に若者向けの商店が多い。一方、元町駅から神戸駅までの全長約1.2kmは「モトコータウン」と呼ばれ、戦後の闇市的雰囲気を持っている。ミリタリーショップやアンティークショップをはじめ、古本、飲食、鞄、古着、中古電気製品、時計、おもちゃ、レコードなど、あらゆる種類の店が所狭しと雑多に並んでいる。特に、神戸駅に近づくほどに、高架下の照明がより暗く、迷宮に入り込んだ気分となり、初めて訪れる人はこの商店街の異様な雰囲気に驚くかもしれない。おそらく、日本中でこれほどマニアックな店が凝縮した商店街は珍しいのではないか。訪れるごとに、宝物を探せるワクワク感もあり、思わぬ掘出し物に遭遇することもある。

　終戦後、この地にバラックの店が1,300軒も乱立する闇市地帯ができた。その後、神戸を訪れる外国人船員や観光客相手に質流れ品や舶来品を安く売る店が集まり、ほかの場所よりも安くて質の良い商品を手に入れられる「穴場」として知られるようになり、週末になると「お宝」を探しに買い物客が集まってくる。

　1995年の阪神・淡路大震災時にも建造物として頑丈な高架下商店街は被害も比較的少なく、かつての雰囲気を残して営業を続けている店も多い。しかしながら、ここでしか買えないもの自体が、以前と比べて少なくなっていることも事実で、店舗の世代交代も早くなっている。また2012年以降、

JR西日本が耐震補強工事を理由に店舗の退去を求めていて、「モトコー」の独特の雰囲気が一変してしまうことも懸念されている。

新長田地区商店街 （神戸市長田区）
―鉄人28号のモニュメントが出迎える震災復興商店街―

　JR新長田駅南口一帯を中心に11の商店街に330店舗が集まっている近隣型の商店街である。長田は、1950年代から70年代にかけては地場産業であるケミカルシューズやマッチ、ゴム関連の工場で働く人たちの日常的な買い物場所として大変賑わっていた。その後、1980年代から90年代にかけて、神戸市営地下鉄の延伸などの公共交通機関の整備に伴い、西区・須磨区の丘陵地帯に建設された西神ニュータウンや神戸研究学園都市などの郊外ニュータウンに住民の多くが移転したため、住民の高齢化率が高まり、商店街の空洞化も進行していった。こうした状況下、1995年の阪神・淡路大震災では、長田の街は壊滅的な被害を被った。

　震災から20年以上が経過した今では、街は一新して活気がよみがえっている。JR新長田駅近くの公園には、神戸出身の漫画家・横山光輝の代表作である『鉄人28号』の原寸大モニュメントが鮮やかなコバルトブルーの姿で商店街の買い物客を迎えている。

　この商店街の特徴の1つは、地元で昔から食べられてきた「そばめし」をはじめ「お好み焼き」「ぼっかけカレー」「焼肉」などの「食によるまちづくり」を目指していることである。食に関連する店だけではなく、地場産業の1つである「長田の靴」を販売する店も商店街の一角にあり、市価よりも安く買うことができる。一方、商店街で買い物をするだけではなく「社会体験学習のまち」として、修学旅行で長田を訪れる中学生・高校生たちが店での職場体験をすることもできる。また、震災後の長田の街の復興の話を語り部として教え伝えるカリキュラムが盛り込まれた学習メニューも、商店街独自につくられている。近年では、震災時に被害を受けた商店の一部を「震災遺構」として保存するかどうかを巡る議論も続いている。これからの長田の新しいまちづくりについても注意深く見守っていきたい。

阪神尼崎・三和本通り商店街 （尼崎市）
―阪神間随一の庶民的な商店街―

　尼崎市と聞いてまず思い浮かべるイメージは、「庶民的で生活のしやす

い工業の街」ではないだろうか。兵庫県に属していながら、市外局番は大阪市と同じ06であり、大阪・梅田から電車で10分という立地からも、他県の人にとっては大阪府の一部という印象が根強く残っている。商店街についても同様で、隣接する西宮市や芦屋市の高級なイメージの商店街とは雰囲気が大きく異なる。阪神尼崎駅と隣の出屋敷駅を結ぶ三和本通り商店街は、地元の人たちの日常生活に密着した場として連日賑わっている。三和本通り商店街を加え、中央商店街や出屋敷ショッピングロードと3つの市場(三和市場、神田市場、ナイス市場)が一体化した巨大商業地域を形成している。食料品をはじめとして、あらゆる業種の商店がひしめき合っており、「アマの台所」として地域密着型の個人経営の商店が多い。

　尼崎市は北から阪急、JR、阪神と3つの鉄道が並行しているため、東西の移動は便利であるが、南北間の交通が不便で、バス以外に公共交通がなく、結果として商業地域も阪神尼崎駅前、JR尼崎駅前、阪急塚口駅前と分散立地の状況に置かれている。JR尼崎駅前は、北口のキリンビール工場の閉鎖に伴い、「あまがさき緑新都心まちづくり」プロジェクトの一環として、「あまがさきキューズモール」を中心に大型複合商業施設や高層マンションなどが建設され、一変した。また、阪急塚口駅前も大型スーパーマーケットを核とした商業地域が形成されているが、阪神尼崎駅前に比べると商店街としての規模は小さい。総じて、尼崎市の場合、昔からの商店街は南部地域を走る阪神電車の沿線に多く、とりわけ、尼崎駅と西に隣接する出屋敷駅、東に隣接する杭瀬駅を中心に発達しており、昭和の商店街の風情を今でも味わえる昔ながらの街並みが残る。野球シーズンになると街も人もタイガース一色に染まる商店街でもある。

魚の棚商店街（明石市）

　―「おさかなの町・明石」として賑わう商店街―

　JR明石駅・山陽電鉄明石駅南口から国道2号線を渡ってすぐのところにあり、全国各地から多くの観光客が訪れる。その歴史は古く、明石城築城と前後して営業を始めており、400年以上経っている。「魚の棚」という風変りな名称の由来は、鎌倉時代から魚商人が大きな板を軒先にずらりと並べ、鮮度を保つために並べた魚に水を流していた様子から来ていると言われている。魚の棚商店街周辺には、明石銀座、ほんまち商店街をはじめとしていくつかの商店街が隣接しており、明石駅から明石港までの間に商業地域が面的に広がっている。「おさかなの町・明石」の風情が十分に

味わえる。

　総延長約350mのアーケードのなかに、100店舗以上の商店がひしめいている。「おさかなの町・明石」を代表する商店街の名のとおり、明石名産のタイやタコ、アナゴなどの鮮魚をはじめ、焼き魚やかまぼこなど「魚」に関連した店が多い。それ以外にも、精肉、青果をはじめ呉服、陶器、衣料品や日用雑貨、和菓子など様々な業種の店も混在している。観光地として名産品のイカナゴのくぎ煮や塩辛、珍味などの土産物を扱う店や、明石焼きや寿司などの飲食店では、連日、多くの観光客で賑わっている。その一方で、地元密着の最寄品・買回り品を扱う店では、冠婚葬祭用の祝鯛や正月用の鮮魚・乾物を求めて、明石市周辺をはじめ県下各地域や京阪神各地からの買い物客も多い。

　神戸と姫路にはさまれており、商業的には苦戦を強いられている傾向にあるが、日常生活に密着した魚を中心とした明石のイメージ戦略が全国的にどこまで浸透することができるかが今後の課題の1つとなっている。

みゆき通り商店街（姫路市）
― JR姫路駅と姫路城を結ぶ商店街 ―

　JR姫路駅北口から姫路城を結ぶメインストリートである大手前通りと並行して、全長約550mのみゆき通り商店街がある。1903年に現在の姫路競馬場に当たる城北練兵場で明治天皇行幸のもと閲兵式が行われた。この時に姫路駅から城北練兵場に至る道路を御幸(みゆき)通りと名づけた。姫路駅周辺は、第2次世界大戦の空襲により焼け野原となり、戦後、バラック建ての商店が建ち並んだ。その後、戦災復興事業により、大手前通りが拡幅され、大手前通りの一筋東のみゆき通りがアーケードのある商店街に変貌した。このみゆき通り商店街を中心に、姫路駅前商店街（駅前みゆき通り）、二階町通り商店街、本町商店街、おみぞ筋商店街などがあり、播磨地域の中心都市・姫路市の一大商業地域を形成している。姫路発祥の企業として全国展開をしているメガネや呉服、仏壇の専門店も商店街のなかに店を構えている。

　姫路市は神戸市からも、岡山市からも電車で1時間から1時間30分かかるため、地方中心都市としての独立性が強く、商業面でもその傾向が見られる。また、ユネスコの世界文化遺産に登録された姫路城を中心とした観光都市としても有名で、日本各地をはじめ海外からも多くの観光客が訪れている。姫路城までは、JR姫路駅から24時間車輌進入禁止のアーケード

商店街をぶらぶらと歩きながら15分弱で到着することができ、雨が降ってもお城まで濡れずに行けることも売りの1つにしている。そのため、商店街の店舗構成もバラエティーに富んでおり、観光客相手の土産物店や播磨地域の特産品店から、飲食店、家具・鞄・洋品店、菓子店、レコード店など様々な店が集まっている。また、姫路商工会議所を中心に、中心市街地の活性化を図るために様々な取組みをしている。特に、商店街の空き店舗対策として、店舗の賃料補助や内装設備工事費補助などを行っており、営業店舗数の増加を目指している。

宵田商店街（豊岡市）
―「豊岡鞄」の専門店が集まるカバンストリート―

　豊岡市は兵庫県北部但馬地方の中心都市である。豊岡の地場産業の鞄は柳行李に起因し、豊岡藩の独占取扱品として江戸時代には大阪を経由して全国にその販路ができ上がったと言われている。1936年に開催されたベルリンオリンピックの日本選手団の鞄として、紙を圧縮したファイバー素材の豊岡鞄が採用されたことで有名となった。戦後、軽くて強靭な素材を使い、改良を重ねながら鞄産業が発達し、現在では全国生産の80％を占めている。

　宵田商店街はJR豊岡駅東口から伸びる大開通り（豊岡駅通り商店街）の東端に位置している。南北全長200ｍの商店街で道路の両側に雁木造りのアーケードを備えている。鞄専門店は20店舗足らずであるが、鞄専門店を集中的に集めた商店街は全国的に見ても珍しい。通りには鞄の自動販売機も設置されている。中心商店街の空洞化が進み、空き店舗が増加していた状況を打破するため、商店街の活性化と地場産業の振興を目的として鞄を核としたまちづくりが進められてきた。2004年から「カバンストリート」というネーミングを掲げ、地域ブランド「豊岡鞄」に特化した商店街を前面に出している。

　単に鞄を売る商店街としてではなく、新しい鞄の商品開発や若手クリエーターのショップ展開など、地方都市ではなかなかできない新しい試みを手がけ、たびたびマスコミや雑誌、旅番組などでも取り上げられてきた。また、商店街独自の取組みとして毎月第4日曜日に開催される「カバストマルシェ」では、手作り鞄や雑貨、アート作品などを展示販売する「クリエーターズワンデイ・ショップ」や、軽自動車で地元の新鮮野菜や手作りパンを販売する「軽よん市」、ライブイベントなども行われている。

29 奈良県

東向商店街（奈良市）

奈良県の商店街の概観

奈良県は奈良盆地を中心とした県北部（北和、中和）と山間地域が広がる県南部（吉野）では、地形だけでなく、人口および都市分布、産業構造、交通条件など地域的特徴が大きく異なる。奈良盆地南部の諸都市（橿原市、桜井市、宇陀市）は、盆地と山間地域をつなぐ谷口集落的性格を持っている。また、大阪市の影響が強く、特に大阪の通勤圏に含まれる北部では、購買行動においても大阪あるいは京都に依存する割合が高いと見られる。

県最大の商業集積地は奈良市であるが、2014年の「商業統計調査」によれば、県全体に占めるシェアは小売店舗数で22.6％、販売額で29.8％と必ずしも高くない。奈良市に次ぐのが橿原市で、店舗数では10.5％、販売額では14.1％を占めており、中部の商業中心になっている。その他、大和郡山市、生駒市といった県北部の都市のシェアが高くなっている。注目されるのは大和高田市で、年間販売額の県内シェアは1970年の10.0％から2014年には5.3％に大きく低下した。

奈良県全体で100近い商店街組織があるが、規模が大きいのは奈良市の中心商店街と天理市の天理通り沿いの商店街である。奈良市の中心商店街は観光客、天理通り商店街は天理教関係者の往来が多い。奈良市以外では、主要な鉄道駅前を中心に商店街が形成されてきた。JRと近鉄線が交わる桜井駅周辺には規模の大きな商店街が形成されていたが、現在はシャッター通りとなっている。また、大和高田市や御所市の商店街、大和郡山市の城下町時代から続く商店街、盆地中央部に位置する田原本町駅周辺の商店街も、以前の賑わいを失っている。これらの地域では郊外型店舗の立地拡大、大型店の開店が商店街に及ぼした影響が大きかった。一方で、住宅開発による人口増加が著しい橿原市八木駅周辺や生駒市生駒駅周辺、奈良市学園前が商業集積地として成長している。これらの集積地には商店街も

あるものの、大型商業施設の占めるウェイトが大きく、商業機能だけでなくその他のサービス機能も集積し、地域の中心地となっている。盆地南西部の交通結節点である王寺駅前の商業集積地も同様である。

　南部の山間地域には商店が数店集まっているところはあるものの、商店街と言えるものは見られない。山間地域住民は吉野川沿いの商業地に依存しており、時には盆地内の商業地まで足を伸ばしていた。吉野川沿いでは、交通の要衝で近世に代官所が置かれていた五條駅前の商店街が代表的なもので、大淀町下市口駅前、上市町にも同様の商店街が形成されており、それぞれが異なる川筋を後背地としていた。これらの商業地は、共通して旅館や料理屋が多いといった特徴を持っているが、いずれも近年は衰退傾向にある。

　もう1つ特徴的な商店街として、寺社の門前に形成された商店街がある。桜井市長谷寺の「門前商店街」や生駒市宝山寺の商店街はその代表であろう。前者は初瀬街道沿いの商店街と一体化しており、密度は低いものの最寄りの長谷寺駅前から長谷寺まで約1km店舗が続いている。一方、宝山寺では生駒ケーブル宝山寺駅から石段の両側に飲食店や土産物店が並ぶ「参道商店街」のほかに、ケーブル下にも「元町商店街」があり、後者は生駒駅前の商業集積と一体のものになっている。

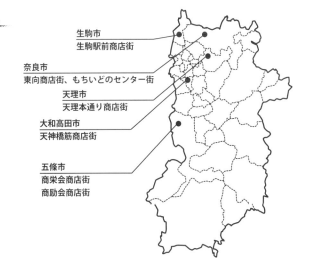

> 行ってみたい商店街

東向商店街、もちいどのセンター街（奈良市）
―古都の中心商店街―

　JR奈良駅からホテルや飲食店などが並び観光客の往来も多い三条通りを猿沢池方向へ10分ほど歩くと、東向商店街アーケードの南入口に至る。その少し先にはもちいどの（餅飯殿）センター街のアーケードが南に伸びている。三条通り沿いの商店街とともに奈良市の中心商店街として市民に親しまれている。

　東向商店街は三条通りと近鉄奈良駅のある大宮通りまで約300ｍの商店街で、大宮通りの北はアーケードのない東向北商店街になる。東側は興福寺領で、古くは通りの西側にのみ家屋があったことから「東向」と呼ばれるようになった。1914年に大阪電気軌道（現・近鉄奈良線）が開通し、駅前に商店街が形成されるようになり、高島屋百貨店、大軌百貨店（近鉄百貨店の前身）も出店していたが、現在は存在しない。戦後、近鉄沿線の人口増加などにより商店街は活況を呈するようになり、1984年にアーケードが再建された。近鉄を利用する観光客はこの商店街を利用することが多く、奈良漬けなどの土産物店や老舗に交じって観光客向けの飲食店、雑貨店が増えている。

　餅飯殿の名は、昔、東大寺の高僧がこの地の若者衆などを引き連れて大峰山の大蛇退治をした時に、たくさんの餅や干し飯を持っていったという故事によるという。最近はひらがなで表記することが多い。奈良で最も古い商店街の1つで、商店街を南へ抜けた一帯は古い街並みが人気のならまち地区である。買回り品店などが軒を連ねる県下一の商店街として賑わっていた。創業100年を超す老舗も多い商店街であるが、奈良市役所が移転したことなどにより1970年代末頃から客足が遠のき始め、2000年頃からは空き店舗が目立つようになってきた。このような状況に対して、跡地を商店街が買い上げ、2007年に若手企業家のための商業インキュベータ施設「もちいどの夢CUBE」をオープンし、雑貨店などミニ店舗が10店ほど入居している。また、2008年には地元に不足していた業種として食品系スーパーマーケットOkestを誘致し、店舗前に設けられたOK広場では各種イベントを開催している。これらの取組みにより通行量は回復傾向にあり、新規出店により空き店舗は減少している。

生駒駅前商店街（生駒市）
―生駒山麓に広がる住宅衛星都市の商店街―

　近鉄電車奈良線で大阪市の中心部から約20分、生駒トンネルを抜けると生駒山麓に位置する生駒駅に到達する。大阪市内から通じるもう1つの路線近鉄けいはんな線が合流し、南へは生駒線が分岐し乗降客数は多い。駅の南西約1.5kmにある宝山寺は古来聖天信仰の霊場として名高く、1914年の生駒駅開設により参詣客が増え、駅前から宝山寺に至る参道には料理屋や飲食店、旅館、土産物屋が軒を連ねていた。

　1970年頃から沿線の住宅開発が進むと駅周辺で商業集積が拡大し、駅前の再開発事業が実施された。南口再開発ではアーケード整備も行われ、1992年からの北口再開発では近鉄百貨店や専門店などが入る商業ビル、複合施設が整備されるとともに、南北両地区はデッキで結ばれて一体化されている。地元商店の多くは新しくできた商業施設に入居しており、地域商業に及ぼしたマイナス影響は少なかったと言われている。複合施設には公共機関や文化施設なども入っており、県西北の新しい中心として活気がある。

　駅前にある4つの商店街と2つの専門店街、大型商業施設が生駒駅前商店街連合会を結成しており、商店街活性化に取り組んでいる。2008年には関西で最初に100円商店街を開催し、すでに40回以上の開催実績がある。八百屋や文房具店、日用品店など商店街の商店に加えて百貨店も参加しており、多くの人出で賑わっている。

天理本通り商店街（天理市）
―天理教本部の門前町としての性格が強い商店街―

　JRおよび近鉄天理駅前から天理教本部までの間にある商店街。西半分の川原城商店街と東半分の三島商店街の2つの商店街からなり、全長約1kmのアーケードは奈良県最長である。天理教が現在地に本部を移したのは1888年で、大正期に信者が急増し本部の整備を行った（大正普請）のを機に、信者輸送などを目的にして1915年に天理軽便鉄道（現・近鉄天理線）が開通し、国鉄線丹波市駅（天理駅）の西隣に川原城駅が開設された。この頃から神殿周辺に商業機能を伴う門前町の形成が見られ、次第に駅方面へ伸びていったものと考えられる。

　店舗数は190店ほどで、洋装品店、履物店、食料品店に加えて飲食店、

土産物店が比較的多いが、露台に商品を並べて販売する店、辻々に出ている回転焼（どら焼き）の露店など様々な商店が存在し、賑わいを見せ、空き店舗は比較的少ない。天理教神具装束店舗や琴、太鼓など祭儀に用いられる楽器を取り扱う店舗、商店街を行き交う天理教の法被を着た信者など、随所に天理教本部の門前町の特徴を見ることができ、特に毎月26日の天理教の月次祭には天理教信者や観光客で混雑するほどである。しかし、近郊への大型小売店の進出による買い物客の減少、商店主の高齢化、後継者不足などの課題を抱えている。商店街組合では2008年に空き店舗を利用した賑わいづくりの拠点として「てんだりーcolors」を開設した。地元大学生を中心に運営されており、学生が販売する青空市や寄席、大学のサテライト講義などが開催されている。

天神橋筋商店街（大和高田市）
― 産業都市の商店街の変貌 ―

　古くからの市場町で、明治に入って繊維産業などを背景に産業都市として栄えた大和高田市内には3つの駅前に商業集積地がある。近鉄大阪線大和高田駅前、近鉄南大阪線高田市駅前とJR高田駅前で、各商業中心地間は徒歩でも移動できる。このうち、形成時期が最も早いのがJR高田駅前の商店街である。

　JR高田駅西口を出て少し行くと、南へまっすぐ続く本郷商店街と右手に天神橋筋商店街のアーケードの入口が見える。天神橋筋商店街は約160m先でいったん途切れ、天神橋筋西商店街（約120m）に続き、両方を合わせて市の木を冠した「サザンカストリート」と呼ばれる。天神橋筋西商店街の西端から南へ本町商店街が伸びているが、現在、商店はかなり少なくなっている。天神橋筋商店街と天神橋筋西商店街の間には60年以上前まで高田川が流れており、商店街名は高田川にかかっていた天神橋に由来するが、現在は欄干を残すのみである。1891年大阪鉄道（現・JR和歌山線）が開通して駅が開設され、さらに1896年に駅北側に大和紡績（後のユニチカ）の工場が開業すると、周辺の人口が急増し、商店が立地するようになった。その後も周辺に各種の工場などが立地し、奈良県下有数の商店街が形成されるようになる。衣料品店や履物店など各種商店が軒を連ね、紡績工場の労働者などを対象とした映画館や劇場も数館存在し、奈良盆地中部の商業中心、繁華街として賑わっていた。鉄道を通して顧客圏は奈良県の中南部に広がっており、駅前や商店街に隣接してスーパーマー

ケットも進出していた。

　1977年にユニチカの工場が閉鎖され、市外周辺域で商業集積が進んだことなどにより、商店街利用者は大きく減少した。特に駅から離れるほど影響は大きく、天神橋筋西商店街の受けた打撃は大きかったようである。劇場や映画館も1館を残すのみで、高田のシンボルとも言える大黒座（高田劇場）跡は南河生鮮市場になり、ユニチカ工場跡には奈良県最初のショッピングセンターとしてオークタウンが開設されたが、老朽化により、2018年に新しい商業施設トナリエ大和高田に建て替えられた。

商栄会商店街、商励会商店街（五條市）
　―吉野地方への出入口の商店街―

　JR五條駅の改札口を出て吉野川方面へ坂道を少し下りると、右手に商店街の入口が見える。吉野地方への出入口に当たる五條を代表する商店街として賑わった商栄会商店街である。古びているがカラー舗装された通りが500mほど続き、衣料品店や文具店など多彩な業種の看板にかつての繁栄ぶりをうかがうことができるが、現在はシャッターを下ろしている店舗が多い。吉野川の段丘面に位置する商店街の道路は起伏があり、自動車の通行もあって、特に高齢者の買い物には不便なように思われる。商店街の西端、市役所の手前から南へ段丘崖を下りるように商励会商店街が続いている。こちらの商店街も空き店舗が多いが、仕出し屋や旅館など谷口集落らしい業種も見られる。段丘崖を下りて国道24号線に出ると、イオンやファミリーレストラン、少し規模の大きな商店が見られる。これらの郊外型店舗の出現により、既存商店からの買い物客の流出があったと思われる。

　五條だけでなく下市口や上市にある商店街も共通するが、商圏としていた吉野地方の人口減少、高齢化などによる買い物客の減少の影響は大きく、空洞化が目立っている。しかし、旅館や仕出し屋、柿の葉寿司の店、種苗店など地域性を感じさせる商店が営業しており、どこか昔懐かしい商店街の風情を残している点でも共通しており、吉野へ出かけた際にはこれらの商店街にも訪れてみたい。五條では、重要伝統的建造物群保存地区に指定された吉野川沿いの新町通りには江戸時代の商家が多く残っており、おすすめである。

30 和歌山県

ぶらくり丁（和歌山市）

和歌山県の商店街の概観

　県北部を紀ノ川が流れ、流域平野には大和から伊勢へ向かう街道が走り、小都市が発達した。紀ノ川の河口に発達した県都和歌山市は、県域から見れば北西端という偏った場所に位置しており、南東端の新宮市まで特急でも3時間近くかかる。紀ノ川流域以南では有田川、日高川、新宮川（熊野川）の河口などに小規模な平野があるものの、山地が海岸まで迫っている。山間地域では熊野街道以外にも集落を縫うように交通路が形成されてきたが、高野山を除いて、商業集積は見られない。

　2014年の「商業統計調査」によると、県全体に占める和歌山市のシェアは小売店舗数では28.3％、販売額では41.7％で、これに次ぐのが田辺市で、商店数、販売額とも県全体の約10％を占めている。それ以外では、海南市、橋本市、新宮市、紀ノ川市、岩出市が5％程度であるが、紀ノ川流域の各市の人口1人当たり小売業販売額は県平均以下になっている。通勤や購買において県北は大阪への依存傾向が認められ、特に関西国際空港の開設を契機に空港周辺の大規模商業施設の開設が続いたことは、県北の商業集積地に及ぼした影響は大きかった。主要幹線道路沿いの大型店や量販店は県内各地で見られるが、大規模ショッピングセンターと呼べるものは和歌山市周辺に限られている。

　和歌山市の中心商店街「ぶらくり丁」は郊外化や駅から離れているといった不利な条件も重なって、シャッター通りと化し、中心市街地活性化計画の重要課題の1つとなってきた。和歌山市に隣接する岩出市や紀ノ川市では農業地域が広く、郊外型店舗の立地が盛んで、商店街形成には至っていない。また、奈良県境に位置し、大阪の通勤圏に含まれる橋本市は買い物でも大阪府に依存する傾向があったが、郊外に大型店が開店したことにより、中心商店街は消滅の危機に瀕している。南部（紀南）では田辺市、東

南部（東牟婁）では新宮市が地域中心都市としての地位を確立しており、県都に次ぐ規模の商店街を形成している。両市の商店街は城下町の町人町に起源を持っていること、商店街活性化に向けて熊野古道観光客、特に訪日外国人を取り込もうとしている点で共通している。

　その他の市町では、有田市箕島、御坊市、湯浅町、上富田町、串本町などに商店街が形成されているが、いずれも停滞ないし衰退傾向にある。このなかでは、隣接地域に大きな商業集積地がない串本町では、「串本駅前商店街」の規模が大きく、地域の商店街としての地位を保っている。醤油発祥の地と言われる湯浅町の商店街は、かつては賑わっていたが、近年は空洞化が目立つようになっており、熊野古道沿いの重要伝統的建造物群保存地区と連携した観光による活性化を模索している。また、温泉観光地である白浜、那智勝浦には観光要素のある商店街があるが、規模は比較的小さい。小学校から大学まである高野山は壇上伽藍を中心とした都市的集落と呼ぶことができ、名物の胡麻豆腐店などの商店が並ぶ景観は商店街と見ることができる。

　人口減少が深刻で産業が停滞的な和歌山県では、観光をテコにした地域振興に取り組んでいる。レジャー施設や外国人向けの免税カウンターの設置などである。これらが、地域商業の活性化につながるか、注目されるところである。

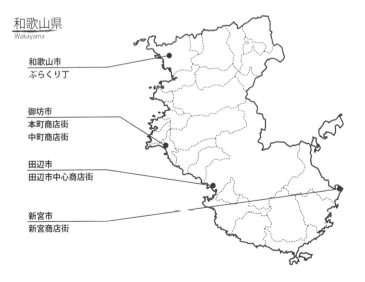

> 行ってみたい商店街

ぶらくり丁（和歌山市）
―シャッター通りからの活性化に取り組む県都の中心商店街―

　JR和歌山駅と南海電鉄和歌山市駅のほぼ中間、和歌山城の北に位置する商店街。6つの商店街（本町・ぶらくり丁・中ぶらくり丁・東ぶらくり丁・ぶらくり丁大通り・北ぶらくり丁）が連接しており、全体をぶらくり丁と総称することもある。約250店が和歌山市中央商店街を形成している。

　江戸時代、市堀川にかかる京橋から北に伸びる大手筋に沿って街が形成されており、1830年の大火により一帯が焼失した後、横丁で食料品や衣料品などを扱う商人が集まってきたのが商店街の始まりという。間口の狭い店が多かったため、商品を軒先に「ぶらくって」（吊り下げて）商っていたのが「ぶらくり丁」の名前の由来であると言われている。以来、和歌山県を代表する商店街として繁栄し、1932年には本町にあった地元呉服店から百貨店となった丸正百貨店は、長く本商店街の中核店として親しまれてきた。また、一帯には映画館や飲食店などが多数立地し、大阪以南では最大と言われる繁華街、歓楽街となった。

　衣料品などの買回り品店を主体とした商店街に、1970年にはジャスコ、1971年には大丸和歌山店など大型店も進出して、和歌山市の中心商店街としての地位を確立し、特に休日には紀南地方や大阪府南部からの買い物客で賑わっていた。しかし、1987年の近鉄百貨店のJR和歌山駅前への進出や、和歌山大学キャンパスの移転に象徴される郊外化により商店街を取り巻く商業環境は悪化し始める。特に、関西国際空港開港に伴い、大阪府南部に大型商業施設（りんくうプレミアム・アウトレットやイオン泉南店など）が新たにできた影響は大きく、1998年の大丸百貨店の撤退を皮切りに、2001年には丸正百貨店の倒産、日ノ丸ビル（ビブレ）撤退と大型店の閉鎖が相次いだ。また、郊外に大規模なシネマコンプレックスが開業した影響で中心地区の映画館は皆無となり来街者は大幅に減少した。中心市街地の人口減少、高齢化も重なって閉店する店舗が増える一方、新規立地はほとんどなく、一時は空き店舗率が30％近くになり、シャッター通り化していった。

　商店街の活性化は、中心市街地空洞化に対する課題の1つとして取り組まれている。「和歌山市中心市街地活性化基本計画」では、中心市街地の

回遊性を向上させるために、JR和歌山駅と南海和歌山市駅を結ぶ「城まちハッピーロード」が設定され、ぶらくり丁も組み込まれている。旧・大丸百貨店は2005年にドン・キホーテに、旧丸正百貨店は2007年に食料品店や飲食店のほかに和歌山大学のサテライトキャンパスや医療系施設、フュージョンミュージアムなどが入る複合施設フォルテワジマに生まれ変わったほか、空き店舗を活用して従来商店街に少なかった業種を新規導入するテナントミックスも少しずつ進められている。2014年から遊休不動産の事業化を目的とするリノベーションスクールが始められており、ぶらくり丁アーケードのほぼ中央に位置する農園レストラン石窯ポポロはその第1号事業案件である。また、本町の北に「紀の国ぶらくり劇場」が開館した。

田辺市中心商店街（田辺市）
―紀南の中心商店街―

　JR紀伊田辺駅南側にある9つの商店街からなる商業地区で、県南部（紀南）最大の商業集積地。駅の左右に弁慶町、駅前新通り、正面に駅前、アオイ通りの商店街が広がる。駅前商店街とアオイ通りの境から西へ湊本通り、北新町、栄町の商店街の連なりと銀座商店街が分岐し、アオイ通りの先は宮路通り商店街になる。また、駅前商店街西側の味光路は紀南随一の歓楽街になっている。江戸時代には特権的商人の多い栄町や本町が商業地

北新町商店街の老舗呉服店前の道分け石（「左くまの扁すぐハ大へ路」「右きみ為寺」）

区で、明治以降も度量衡や幻燈といった新時代の商品を販売する商店や銀行もでき、賑わっていた。1960年代には食品スーパーマーケットが登場し、北新町には百貨店「切荘」が誕生した。1971年に開催された国民体育大会を機に駅前が整備され、商店街の中心は湊本通りから駅前方面に移っていった。駅前は飲食店や土産物店が多く、中心商店街の周辺部では銀行や病院などの非商業施設が多くなる。湊本通り、北新町は衣料品、ファッションが中心で、栄町は衣料品以外に時計、メガネ、玩具などの買回り品店が中心で、老舗も多い。銀座商店街は衣料品店から食料品店まで多様な業種がバランス良く揃っている。

　1980年頃からロードサイド店の立地が増え、1996年に市街地北方の南紀田辺インターチェンジ近くに大型店が開店すると、中心商店街の買い物客は減少し、空き店舗が目立つようになった。空き店舗率は商店街全体で15％程度であるが、買回り品の多い商店街のほうが深刻である。銀座通りとアオイ通りでは1997年から商店街近代化事業を実施し、道路を拡張するとともに建物の1階部分を1.5mセットバックして、歩道（ミニアーケード付き）を整備し、駐車スペースも確保した。2010年に病院跡地に設けられた「ぽぽら銀座」にはカフェやベーカリーがテナントとして入っており、大正ロマンと近代的な雰囲気を持つ施設は商店街活性化の核として期待されている。一方、湊本通りから栄町の通りは、老舗の和菓子屋やかまぼこ屋もある落ち着いた通りとなっている。また、商店街近くの闘鶏神社などが世界文化遺産に追加登録されることを見据えて、2016年には、希望店舗だけではあるが、外国人観光客を対象にした消費税免税手続きカウンターが駅前商店街の一画に開設された。

新宮商店街（新宮市）
—熊野の中心商店街—

　熊野川（新宮川）河口の新宮は、熊野三山の1つ熊野速玉大社の門前に位置し、江戸時代には新宮城（丹鶴城）が置かれ、城の南に城下町が形成された。熊野川流域の木材集散地として発展し、大都市から離れているうえに近くに大きな中心地もなかったため商業中心地として栄え、三重県南部にも広がる独立的な小売り商圏を形成してきた。

　新宮駅前から丹鶴城の南を経て国道42号線（大橋通り）にかけて、9つの商店街（駅前・丹鶴・新町・仲之町・大橋通り・本町・初之地・神倉・堀端）が並び、全体で150ほどの商店がある地域型商店街である。その中

心になるのが唯一アーケードのある仲之町商店街で、最盛期の3分の2ほどに減ったものの、買回り品店を中心に90店ほどが営業している。アーケード東口には新宮を発祥の地とするスーパー・オークワがあり、核店舗としての役割を担っている。

　ジャスコ（現・イオン）が郊外に出店（1996年）したのをきっかけにオークワも郊外店を新規出店し、中心商店街の来街者は減少した。また、市民病院も郊外に移転し、中心市街地の活性化が課題になっている。商店街では商工会議所をタウンマネージメント機関（TMO）として「逸品スタンプラリー」を行い、各商店は他店と情報交換することにより、商品のディスプレイや品揃えの見直しにつながったと言われている。丹鶴城、熊野速玉大社に加えて国指定の天然記念物浮島の森といった観光地が巡回コースを形成しており、このコース上に商店街がある地の利を活かした商店街活性化が課題である。また、世界遺産登録後、この地を訪れる外国人が増加しており、2016年には「訪新外国人いらっしゃい商店街づくり推進協議会」を立ち上げ、宣伝用のぼりの設置やセミナーの開催を実施している。

本町商店街、中町商店街（御坊市）
—日本一短い鉄道沿線の商店街—

　JR御坊駅から日本一短い私鉄として知られる紀州鉄道に乗り換えて2駅、紀伊御坊駅で降りて少し東にあるのが本町商店街で、その南は中町商店街に連なる。商店街が面している通りは熊野街道で、御坊は中町商店街側にある西本願寺日高別院を中心に発展してきた。2つの商店街に交差あるいは平行する通りにも古くからの商店や商家があるが、現在、商店数は少ない。本町商店街は鮮魚店、精肉店、酒屋、呉服店、洋品店、金物店、化粧品店と多様な商店から構成されており、昔ながらの商店街といった感じである。本町商店街と比較して中町商店街の商店密度は低い。別院近くには醤油醸造店など昔ながらの商家造りで営業している老舗もあったが、次第に姿を消してきた。

　地域人口の減少や高齢化、和歌山方面への買い物客の流出などにより、商店街としての賑わいは失われてきている。2013年には紀州鉄道と連携して、乗客に商店街で使えるクーポンチラシを配布する「ごぼう寺内町ふれあい商店街事業」を実施した。さらに、商店街の活性化、まちおこしのシンボルとして、紀州鉄道の廃車輛を譲り受けて商店街に設置し、車内を店舗に改装する計画が進められ、2017年12月にオープンした。

31 鳥取県

水木しげるロード周辺商店街（境港市）

鳥取県の商店街の概観

　鳥取県は人口が全国一少ない57.3万人（2015年）であり、市の数も全国最少の4市で、人口最大の県庁所在地鳥取市でも19.4万人に過ぎない。一般的には消費者人口が少ないと大きな商店街の形成は難しいはずであるが、鳥取市「智頭街道商店街」および「若桜街道商店街」、米子市「本通り商店街」および「元町商店街」、倉吉市「本町通商店街」は、近世の城下町や陣屋町の商人町を母体に成立したもので、中心商店街として発展してきた。これらの3市は県の東部・中部（東伯地域）・西部（西伯地域）にほぼ均等に位置しているため、独自の商圏を確保、維持してきたと言える。

　近代では交通体系の変化により、一般に鉄道駅が中心商店街から離れた位置に立地したため、駅前に新たな商店街が形成されることが多い。山陰本線鳥取駅前の「本通り商店街」や旧倉吉線打吹駅前の「倉吉銀座商店街」はその例と言える。また、人口10万人を超える市の中心商店街には、核となるデパートが立地することが多いが、鳥取・米子ともに中心商店街の老舗店舗を母体とするものではなく、駅前など中心商店街からやや離れた位置に立地しているのが特徴的である。なお、倉吉には立地していない。もう1つの市である境港市の中心商店街は、ほかの3市と異なり、港町の機能をもとに成立しており、一時は隠岐諸島も商圏としたこともあるほどであった。

　これらの地方都市でも住宅地が郊外へ拡大するようになり、自家用車を中心とした生活様式への移行が顕著となり、購買行動にも変化が見られるようになった。幹線道路沿いのロードサイドショップや郊外の大規模ショッピングセンターの立地は、中心商店街の空洞化を招き、いわゆるシャッター街化が進行することになった。そのなかで中心市街地活性化の

ための諸策が講じられるようになり、鳥取市などでは空き店舗に若者向けの雑貨店や飲食店など新たな業態の店が入るようになったところもある。また、米子市や倉吉市のように、老朽化したアーケードを取り除き、明るい雰囲気の商店街に変える動きも出ている。

一方、新たな活性化策として、商店街に存在する観光資源を活用して、来客ターゲットを地元客から観光客に転換する商店街も現れてきた。境港市の「水木しげるロード」および倉吉市の赤瓦白壁の商家や倉庫群のある本町通りのように、地元消費者対象の買回り品から観光客対象の土産物店や飲食店を中心とした商店街に転換し、賑わいを取り戻しているところも出てきている。地方都市の商店街活性化の新たなモデルとして注目を集めている。

このほか、鳥取県には山陽地方を結ぶ街道に宿場町が形成され、若桜町、智頭町、日野町根雨は、近年まで地域の中心商業地として栄えた。鳥取市の南東部にある若桜町には、1885年の大火後に形成された蔵通りや道路端から土台を下げ、仮屋（ひさしの意）を付けた商家が立ち並ぶ「仮屋通り」があり、昭和レトロの商店街の趣に浸ることができる。また、因幡街道（智頭往来）に沿う智頭には国重要文化財の石谷家住宅や商家であった塩屋出店、出雲街道沿いの根雨にはたたら製鉄で財をなした近藤家住宅があり、酒造店や茶屋などとともに歴史と文化の風情を楽しむことができる。

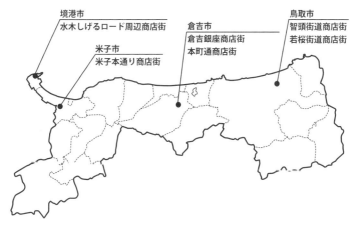

鳥取県 Tottori

> 行ってみたい商店街

智頭街道商店街、若桜街道商店街（鳥取市）
―県都の中心商店街―

　鳥取市の中心商店街の名称。鳥取は1617年に因幡・伯耆32万石の城主となった池田光政がつくった城下町で、外堀であった薬研堀と袋川との間に商人町が配置され、それが南北に伸びる現在の鹿野街道、智頭街道、若桜街道の商店街となった。江戸時代には西側の鹿野街道筋の茶町・元魚町付近に中心があったが、明治期になると道路整備が進み、車馬交通に便利な智頭街道筋に、さらに1896年の歩兵第40連隊が市街地の東部に設置されるとともに1912年の山陰本線開通で、鳥取駅から北の県庁を結ぶ若桜街道筋が商業機能の中心となっていった。

　JR鳥取駅から駅前通りを北に約150m進むと本通り商店街に出る。この地区は駅に近く駐車場も多いため、衣料品店や飲食店が多い。2005年には複合施設「パレットとっとり」が建設され、2016年には新アーケードが完成している。さらに約300m進み袋川の橋を渡ると、歩道上にアーケードがある若桜街道商店街に至る。鳥取市役所まで約500m続く商店街は、2015年に経済産業省の「がんばる商店街30選」にも選ばれ、呉服店や洋装店など買回り品を扱う商店が連なっている。2012年には「食を通じた多世代交流拠点」として「こむ・わかさ」がオープンしている。

　若桜街道筋の西側約250mには智頭街道商店街があり、現在は楽器や画材、高級茶・薬草茶などを取り扱う専門店が立地している。この2つの商店街の間には家具専門店が多い二階町商店街や、2014年にアーケードを撤去して若者向けの店舗が新規に開店するようになった川端商店街がある。

　鳥取市街地にある大型店は、唯一の百貨店である鳥取大丸が鳥取駅前に立地している。これは、地元資本により1937年に開業した丸由（まるゆう）百貨店が、1949年に大丸（現・大丸松坂屋百貨店）と資本・業務提携したものである。また、1972年に本通り商店街にダイエー鳥取店（トポス鳥取店となり、1998年閉店）、1979年に高架化した鳥取駅にショッピングセンター「シャミネ」、1989年に鳥取駅南口側に「新日本海ショッピングタウン」（後の鳥取ショッピングシティ）やダイエー鳥取南店が開店（2001年撤退）した。ところが、2000年に鳥取中心部から北西約5kmにある晩稲（おくて）地区に郊外型大型ショッピングセンターのジャスコ（現・イオンモール鳥取北）

が開業して以来、中心商店街の空洞化が進行するようになった。これに対応して2013年には駅前に開閉式大屋根と芝生広場のバード・ハットを完成させ、若い人を集め商店街の賑わいを取り戻す試みがなされている。

倉吉銀座商店街、本町通商店街（倉吉市）
―観光で活性化した東伯の中心商店街―

　鳥取県中部にある倉吉市の中心商店街の名称。中心商店街の1つである本町通商店街は歴史の古い八橋往来の一部で、江戸時代に侍屋敷と外堀である玉川の間に配置された商人町が母体となっている。この商店街は打吹商店街とも呼ばれ、地元客を中心として栄え、西町・西仲町・東仲町には1963年にアーケードも架けられた。平成に入ると、商店街は郊外、および鳥取市や米子市に立地した大型店に客を奪われ、空き店舗が増加していった。このような状況下、文化庁から1998年に「倉吉市打吹玉川伝統的建造物群保存地区」に指定されたことを契機に、空き家となっていた蔵を商業施設に改修するなどまちづくり活動が行われるようになった。赤い石州瓦が葺かれた屋根と白い漆喰壁に黒の焼き杉板が醸し出す伝統美に、多くの観光客が訪れるようになり、衰退していた本町通商店街も観光客を対象とする土産物店、カフェや手打ちそばなどの飲食店が立地し賑わうようになった。2007年にはアーケードも撤去され、明るい商店街に変貌した。

　2016年10月21日に発生した鳥取県中部地震（震度6弱）の震源付近であったため、白壁が剥がれるなど商家や民家に被害が出たが、商店街は機能を回復している。2017年現在、酒造店の蔵や醤油醸造場などを改装した赤瓦の蔵が14あり、醤油を使ったアイスクリームや飴を販売しており、酒造店では南総里見八犬伝にちなんだ地酒「八賢士」が購入できる。2001年には環境省から「酒と醤油のかおる倉吉白壁土蔵群」の名称で、「かおり風景100選」にも選ばれている。本町通りを西に進むと、1843年建造の主屋を持つ高田酒造が見えてくる。さらに進むと国登録有形文化財の豊田家住宅や倉吉市現存最

倉吉市本町通りの商家（裏手は白壁土蔵群）

古である1760年建築の町家建物「淀屋」に至る。

　倉吉銀座商店街は、大正末期に旧倉吉駅前に建設された記念道路沿いの大正町・明治町などに新しく形成されたもので、第2次世界大戦後はバスターミナルもあり、本町通りを凌ぐ商店街となった。近年は郊外の大型店に客を奪われ、店舗数・販売額とも大きく減少している。毎年7月の土曜夜市では歩行者天国となり、往時の商店街の賑わいを偲ぶことができる。

米子本通り商店街（米子市）
　―西伯の城下町の中心商店街―

　米子市の中心商店街の名称。米子は城下町起源であるが、1632年に鳥取池田藩家老荒尾氏の預かる殿様不在の城下町となったので自由闊達な商人気質が形成されたとされる。その商人町を構成したのが、現在の本通り商店街や元町通り商店街である。JR米子駅から駅前通りを北西に300mほど行くと、右手に元町サンロードと呼ばれる元町商店街が見える。約300m続くこの商店街は、松江藩や広瀬藩の参勤交代にも使われた旧出雲街道に沿っており、入口には出雲街道の石碑がある。アーケードは2012年に撤去され、文字どおり陽が当たる商店街となっているが、空き店舗が多い。中央付近には元町パティオ広場があり、旧日の丸自動車法勝寺鉄道の車輌が保存展示されている。その先に旧山陰銀行本通り支店を改装したダラズ・クリエイト・ボックスがあり、観光案内所やコミュニティFM放送局が入っている。

　ここで左折すると法勝寺町、紺屋町、四日市町、東倉吉町へと続く本通り商店街に出る。南端の法勝寺町には老舗の呉服店や陶器・仏具店が残るものの、2001年に振興組合は解散され、2009年にアーケードも撤去され、現在はほっしょうじ通りと呼ばれている。れんが敷きの通りの両側は植栽され、木々の鉢植えやベンチも置かれ、公園化した通りとなっている。通りの西側には倉庫を改装しカフェやオフィスが入る善五郎蔵がある。

　北へ100mほど進むと、アーケードが残る本通り商店街となる。呉服店や洋装店など買回り品中心の店舗が現在も軒を連ね、中心商店街らしさが残っている。年に2～3回開催される戸板市では、往年の賑わいが見られる。国道9号線を渡ると、咲い地蔵にちなむ笑い通り商店街（西倉吉町・東倉吉町）が続いており、コミュニティスペースの笑い庵がある。

　米子市街地にある大型店は、本通り商店街から約200m離れた角盤町に米子タカシマヤ、米子駅前にイオン米子駅前店（1990年に米子サティと

して開業)、少し離れた西福原町に米子しんまち天満屋(米子大丸から1987年に営業譲渡され、米子駅前から移転)がある。これらの大型店と中心商店街はある程度共存共栄していたが、1999年に郊外東部の日吉津村に山陰地方最大規模のショッピングセンターである現・イオンモール日吉津が開業し、中心商店街に大きな打撃を与えることになった。現在、中心市街地活性化として、通りの公園化、まち歩きコースへの商店街の組込み、空き店舗の活用、高齢者住宅建設などの取組みがなされている。

水木しげるロード周辺商店街（境港市）
―魅力的な妖怪ワールドが楽しめる商店街―

　水木しげるロード周辺商店街は、中小企業庁の「がんばる商店街77選」に選定された商店街で、本町・松ヶ枝町・西本町・新道元町の各商店街から構成されている。JR境港駅（愛称：鬼太郎駅）から東方にある2003年開館の「水木しげる記念館」に至る全長約800mの通りを「水木しげるロード」と呼び、多くの観光客で賑わっている。通りは幼少期を境港市で過ごした漫画家・水木しげるにちなんだ名称である。

　この商店街は、1902年頃から境港駅より鳥取藩の砲台跡のお台場に至る道筋に店舗が立ち並ぶようになり、次第に本町・松ヶ枝・銀座・新道の4商店街に発展し、隠岐の島をも商圏に含む地域の商業中心として繁栄してきた。本町商店街はアーケードを備えるほどで、1975年頃までは地元住民を顧客とする呉服・婦人服・紳士服・履物などの買回り品はもとより、日用品を販売する店舗で賑わっていた。しかし、郊外型大型店舗の増加、商店主の高齢化などに伴い、次第に閉店する店舗が増加していった。

　この状況を打開するための商店街活性化策の1つとして、1989年から「緑と文化のまちづくり」をテーマに人々に親しめる快適なまちづくりを進めることになり、「ゲゲゲの鬼太郎」や「妖怪」をモチーフとしたオブジェを商店街歩道に設置するユニークな「水木しげるロード」が実現されたものである。もっとも、当初は観光客を対象としたものではなく、地元消費者を商店街に引き込むのが目的であった。ところがマスコミ報道の効果もあり、今日では鳥取県内有数の観光スポットとなり、地域経済に大きな貢献をすることになった。また、本町商店街から「海とくらしの史料館」に至る全長約1,500mの道を「おさかなロード」と名づけ、18体の魚オブジェを設置し、少し先にある境港水産物直売センターへ観光客を誘導する取組みもなされている。

32 島根県

京店商店街（松江市）

島根県の商店街の概観

　島根県は人口が69.4万人（2015年）と鳥取県に次いで少なく、市の数こそ8市であるが、人口10万人以上の都市は松江市（20.6万人）、出雲市（17.2万人）の2市しかないことからも、商業機能の集積は県庁所在地の松江市を除くと低調となっている。本格的なデパートも、松江市に存在するだけである。それぞれの市には地域の中心となる商店街があったものの、郊外での大型店の立地や、高速道路の開通で広島市や鳥取県西部の店舗への買い物客の流出も見られるようになっている。

　松江市は県庁所在地として一定の購買力があり、城下町起源の中心商店街として「京店」や「茶町」がある。しかし、郊外化の進行と郊外型店舗の増加やデパートを含む松江駅周辺への大型店の出店により、中心商店街の空洞化が著しく、買回り品を扱う店舗の減少とその代わりに飲食店が増加する傾向が見られる。出雲市は室町時代から市場町としての歴史がある今市地区にアーケードを持つ中心商店街があるが、市街地の北部に大型店が出店したこともあり、和菓子店・酒蔵・麹屋など自店で製造販売する店舗以外は閉店したところが多い。出雲市駅前にあったデパートもホテルに建て替えられ、その一階に小規模な店舗として入店しているほどである。一方、同じ出雲市ではあるが、出雲大社の鳥居前町である大社町（2005年出雲市へ合併）の「神門通り」は、参詣客をはじめとする観光客を対象とした商店街として活性化されている点が注目されている。

　石見地域の行政上の中心は、元は城下町として栄え、現在は漁港と水産加工で知られた浜田市である。ここも城下町起源の商人町は衰退が著しく、大型店の立地もあって和菓子やかまぼこ製造の老舗以外は閉店した店舗が多い。比較的新しい商店街である浜田駅前の「銀天街」も小売店の閉店が相次ぎ、代わって居酒屋など飲食店が立地するようになっている。石見東

部には石州瓦や製紙工場で有名な江津市が位置し、「江津駅前商店街」がある。郊外店舗の立地により精彩を欠いていたが、近年、若手商店主を中心に「江津万葉の里商店会」が結成され、活性化の取組みがなされている。

　石見西部の益田市では、JR益田駅から県道54号線を東に向かった本町に中心商店街があるが、近年は市街地西部の高津地区の国道191号線（北浦街道）に沿ってゆめタウン益田や家電量販店、ファミリーレストランなどが多数立地している。広範囲から消費者を集めており、渋滞が発生するほどの賑わいがある。また、山陰の小京都と知られる城下町津和野町は、鯉の泳ぐ白壁の通りである「殿町通り」だけでなく、「本町・祇園丁通り商店街」も、歩車共存道路化、電線類の地中化、歩道の美装化などが行われて、商店街の魅力が高まっており、観光客も増加している。

　隠岐地方では、島後の隠岐の島町西郷に行政・商業・交通など都市機能が集中している。商店街は西郷港から八尾川の左岸に沿う西町地区を中心として形成されている。しかし、ここでも核となるスーパーマーケットの閉店や郊外に大型店が立地したことから、西郷港付近の飲食店を除き閉店している店舗が増加している。細長く続く「西町商店街」は、中央付近にある八尾川に架かる橋（篤志家により1929年完成）にちなんで「愛の橋商店街」と呼ばれており、パン製造販売店、和菓子店、カフェなどが地元客だけでなく観光客からも親しまれている。

> 行ってみたい商店街

京店商店街、茶町商店街、本町商店街、天神町商店街（松江市）
―県都の中心商店街―

　松江市の中心商店街の名称。松江は1600年に出雲・隠岐24万石の領主となった堀尾吉晴が築城した城下町（堀尾氏三代以後、京極氏一代、松平氏十代）で、宍道湖から中海に通じる大橋川と京橋川との間に商人町が形成された。それが現在の京店商店街と茶町商店街で、松江駅から少し離れた松江大橋を北に渡った位置にある。京店商店街は末次本町に位置し、石畳の街路にハート形の石が埋め込まれていることで人気がある。江戸時代創業で松江藩御用達の和菓子店をはじめ、1886年創業の呉服店や1901年創業の婦人服店など老舗店舗が今も立地している。木製の松江城模型を扱う模型店などユニークな店舗もあるが、最近は土産物店や飲食店が増加している。なお、京店の名称は、1724年に5代藩主宣維（のぶずみ）が京都から奥方・岩姫を迎えた際に、末次本町を京風のつくりにしたのでその名が付いたとしている。

　茶町商店街は東茶町・中茶町・西茶町に分かれている。町名の由来は茶店が多くあったことや茶屋という豪商がいたからと言われている。東茶町は京店商店街の西に連なっており、呉服店、婦人服・子ども服店、畳店などの買回り店舗や「むし寿司」で知られる1887年創業の寿司店もある。国道431号線を西に越えると中茶町となり、呉服や陶器・漆器・美術品を扱う店もあるが、名物出雲そば店をはじめとする飲食店が増加する。西茶町には1892年創業で趣のある煎茶製造販売店がある。

　本町商店街は松江市白潟本町にあり、松江大橋を南に渡った通り沿いにあり、さらに白潟天満宮への参詣路として賑わっていた松江天神町商店街へと続く。ともに城下町の町屋の位置にあるが、店舗は減少傾向にある。

　松江市の大型店は、唯一のデパートである一畑百貨店が1958年に三越（当時）と提携して殿町に開業し、1981年にはジャスコ松江店を核店舗とする商業施設「ピノ」が、1994年に松江駅の東部にあった製糸工場跡地に松江サティ（現・イオン松江ショッピングセンター）が開店した。このあおりを受け、1996年にはジャスコ松江店が撤退し、「ピノ」は閉店となった。その跡に、店舗の拡大と高級化を目指して、1998年に一畑百貨店が移転・開業している。

一方、今までの伝統的な商店街は、大型店進出や郊外店増加の影響を受け、衰退が著しいなかにあって、京店や天神町商店街などは活性化対策がとられている。特に天神町商店街は歩道上のアーケードの枠下に電線を収納し、車道のかさ上げで歩道との段差がないバリアフリー街路を整備し、高齢者にやさしいまちづくりを行っており、中小企業庁の「がんばる商店街77選」にも選定されている。月1回の縁日の天神市には、通りが歩行者天国となり賑わう。

出雲大社神門通り商店街（出雲市）
―出雲大社参詣のためのメインストリート―

　出雲市大社町にある出雲大社参拝客を対象とした商店街の名称。神門通りは堀川にかかる宇迦橋のやや南にある港湾道交差点から始まるが、中心をなすのは宇迦橋北詰にある鉄筋コンクリート造の大鳥居（1915年完成、国登録有形文化財）から勢溜の大鳥居前に至る一直線の街路である。参詣路としては比較的新しく、1912年に国鉄大社線が開通し、大社駅から出雲大社へ向かう直線路として1913年に現在の神門通りがつくられた。1930年に一畑電鉄大社線が開通し、大社神門駅（現・出雲大社前駅）が設置され、従来の馬場通りや市場通りに代わり新たな参詣路として賑わうようになった。沿道には多くの旅館、土産物店、飲食店が立ち並び、参詣客で賑わっていた。ところが、1960年代に入ると次第に自動車による参詣へと移行するようになり、1990年にはJR大社線も廃止となり、神門通りは往来する人も減少し、商店も2006年には22軒の店舗しかない状況となった。

　この通りの賑わいを取り戻すために県・市・地元が一体となって検討した結果が、街並みの景観統一と車歩共存の道路づくりであった。景観面では電線の地中化を進め、店舗も看板の大きさや色合いに制限を設けるとともに外壁を漆喰や板張りにするなど、門前通りにふさわしい和風建築にする取決めがなされた。2011年から出雲市の修景補助事業も始まり、空き店舗への出店助成制度もあって、2015年には72の店舗数を数えるようになった。道路も車道を意図的に狭め、歩道を広げて歩行者と自動車が道路空間を共有する新しい考えで整備されており、歩行者にやさしい構造になっている。

　商店街歩きには、ぜひ旧JR大社駅からスタートしたい。駅舎（国重要文化財）は1926年に改築された社殿風の建物で、かつての栄華が忍ばれる。

構内にはD51型蒸気機関車が保存・展示されている。駅前広場の先を右折ししばらく行くと大鳥居（一の鳥居）があり、この先から神門通り商店街となる。松並木のある道を200mほど進むと右手に一畑電鉄出雲大社前駅（国登録有形文化財）があり、構内には映画『RAILWAYS 49歳で電車の運転士になった男の物語』で使用されたレトロな電車が保存されている。このあたりから出雲そばやぜんざいを販売する飲食店および土産物店が増加する。日除けのれんや大黒様の石像を見ながら行くと、右側に神門通りおもてなしステーションがある。ここで観光情報を入手し、さらに進むと日の出館（国登録有形文化財）や皇族の宿泊先でもあった竹野屋旅館（ミュージシャン・竹内まりやの生家）が現れ、少し坂を登ると二の鳥居前の広場である勢溜に至る。ここから南方向に目をやると、一直線に連なる神門通りが見事に見える。ここから北へ参道を200mほど進むと、出雲大社本殿となる。

銀天街（どんちっちタウン）(浜田市)
―石見神楽の中心・浜田市にある浜田駅前商店街―

　島根県西部の石見地方の中心都市浜田市にある駅前商店街の名称。浜田市は、鎌倉時代から港湾機能で栄え、1619年に5万石浜田藩主となった古田重治によって建設された城下町が現・浜田市の母体となった。そこに配置された商人町が中心商店街を形成したが、西寄りの京町・錦町・蛭子町は次第に寂れ、1899年に陸軍歩兵21連隊が市街地東部の黒川地区（現・県立浜田高校の位置）に設置されたことや、1921年の山陰本線浜田駅開設で商業機能の中心は東部の新町・紺屋町に移り、さらに連隊に続く道沿いに朝日町商店街が形成された。

　浜田駅前にある「銀天街」の成立は新しく、駅の東南部にあった道分山（どうぶんざん）を切り崩し、十字に交わるように道を配し、それに沿うようにして1973年に誕生した商店街が「浜田駅前銀天街」である。愛称の「どんちっちタウン」の「どんちっち」の言葉は、神楽のお囃子の調子を「どろろんちっち、どんちっち」と表現することに由来している。浜田駅を降りると、どんちっち神楽時計が出迎えてくれる。この時計は2003年につくられたからくり時計であり、朝8時から夜9時までの毎正時になると、土台部から囃子手が登場してお囃子を奏で始めた後、神楽殿から現れた大蛇が霧を吐きながら暴れ、そして最上段から須佐之男命が登場し大蛇の首を討ち取るシーンが演じられる。その先にある神楽像のアーチをくぐると十字路に出

浜田駅前通常位置の時計台

る。まっすぐ進むと昭和通り、東西方向が東通りである。これらの商店街には当初買回り品店が並んでいたが、次第に撤退し、駅周辺にビジネスホテルが多数立地したこともあり、現在は飲食店のほうが多くなっている。

　高級品を扱うデパートとしては、銀天街付近に一畑百貨店浜田店と福屋浜田店（1993年開店）が婦人服やギフト商品を中心とする小規模な店舗を構えていたが、一畑百貨店は2016年に撤退している。大規模店舗としてはニチイを核とする浜田サティが相生町に開店（1982年）したが、2002年に閉店し、店舗跡はイズミ系列のシティパルク浜田（2003年開業）、2013年にはゆめマート浜田となっている。また、市街地西部の港町の工場跡地にはゆめタウン浜田が開業（1994年）し、日用品だけでなく買回り品でも集客力を高めている。一方、買回り品の購入には、浜田道の開通（1991年）で広島まで短時間で行くことができるようになったため、若い世代を中心に広島市内に出向くようになっている。また、ユニクロやイオンなどの量販店が多数立地している益田市への流出も著しい。そのような状況下でも、赤く舗装された直線路の朝日町商店街にあるかまぼこ店の「赤天」や、新町の和菓子店の「利休まんじゅう」など老舗の味を守っている店舗もあり、ランプ状の街灯のある紺屋町商店街などを歩くことで、浜田の魅力を感じることができる。

33 岡山県

倉敷美観地区（倉敷市）

岡山県の商店街の概観

　岡山県には2015年現在15市があるが、人口10万人以上の都市は政令指定都市の岡山市（約72万人）、倉敷市（約48万人）、津山市（約10万人）の3市のみである。岡山市には城下町の商人町を起源とし、中心商店街をなす県下最大の「表町商店街」がある。倉敷市も水主集落を母体に代官所所在地として形成された町場を起源とする「本町商店街」と倉敷駅方面に伸びる「えびす通り・えびす商店街」や「センター街」が中心商店街を形成する。県北の城下町津山市にも、「一番街」「銀天街」「元魚町」など城下町起源の中心商店街がある。高梁市も城下町であるが、商人町であった本町ではなく駅の設置以後形成された高梁栄町が中心街となった。現在、本町通りは町並み保存地区に指定され、市の補助を得て修景整備が行われているため、江戸時代の商人町の風情を感じることができる。

　デパートは、岡山市では「表町商店街」と岡山駅前に、倉敷市では倉敷駅前に、津山市では中心部の再開発ビルにそれぞれ店舗があり、商店街の核となっているが、消費者ニーズの変化に対応できなかったデパートの撤退も見られるようになった。また、郊外への大規模ショッピングセンターの立地やロードサイドショップの増加は、中心商店街の空洞化を招き、いわゆるシャッター街化が進行することにつながった。さらに岡山市では岡山駅前に都市型大規模ショッピングセンターが立地し、人の流れを変えることで既存の商店街に大きな影響を与えるようになった。

　ところで、広域合併で市域を拡大した岡山市や倉敷市には、旧西大寺市に「五福通り」「市場町」、旧児島市に「味野商店街」、旧玉島市に「通町商店街」などがそれぞれ中心商店街をなしていた。現在はいずれもシャッター街となっているものの、看板建築をはじめとする昭和レトロを感じさせる建物が多く残っており、西大寺の五福通りや玉島通町の商店街は、映

画『ALWAYS 三丁目の夕日』などのロケ地にもなっている。

　本文には取り上げられなかったが、行ってみたいユニークな商店街として、倉敷市の「児島ジーンズストリート」や岡山市の「奉還町商店街」がある。「児島ジーンズストリート」は、国産ジーンズ発祥の地「児島」の宣伝と「味野商店街」の賑わい再生を目指して、地元ジーンズメーカーの販売店を商店街へ集積させたもので、飲食店などの立地も進み、新たな観光スポットとなっている。「奉還町商店街」は、明治維新後に奉還金を得た士族が商売を始めたことから旧山陽道に沿って成立した商店街である。士族の商法はうまくいかず大半は撤退したが、現在も1軒だけ種苗店が営業している。第2次世界大戦後、県庁が一時移転してたいそう賑わった時期もあったが、再移転後は人通りが減少した。近年は空き店舗も増加しているが、飲食店や周辺の野菜を販売するアンテナショップ、福祉団体の出店など、空き店舗への出店が進められ、「がんばる商店街77選」にも選ばれている。

　県内には「がんばる商店街」に選ばれた3商店街があるように、活性化のための取組みを続けている。観光客対象の店舗を有する商店街だけでなく、地元消費者対象のニーズに応えられる商店街の構築が期待される。

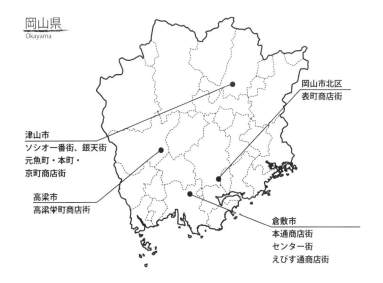

> 行ってみたい商店街

表町商店街（岡山市北区）
―県都の中心商店街―

　岡山市の中心商店街の名称。岡山は1573年に宇喜多直家が本拠を岡山に移してつくった城下町で、57万石の大名となった秀家の時代に本格的な城下町が建設された。この時、城下町を通るように山陽道を移設し、道沿いに商人町を配置したのが現在の表町商店街である。現在は表町1～3丁目となっているが、以前は上之町、中之町、下之町、栄町、紙屋町、西大寺町、新西大寺町、千日前から構成され、表八カ町と呼ばれていた（1903年に命名）。当初は千日前ではなく橋本町（現・京橋町）が加わっていた。

　JR岡山駅（1891年開業）から東へ約1km行くと、表町商店街のアーケードが見える。入口付近には岡山シンフォニーホールがあり、ランドマークとなっている。このあたりが上之町で、南に向かい最初の信号を越えると中之町となる。時計、カメラ、宝飾、婦人服などの買回り品を扱う店が多い。県庁通りを越えると下之町となり、岡山を本拠とする天満屋百貨店（1936年新店舗開業）があり、商店街の核店舗となっている。バスターミナルが併設され、郊外から多くの路線が集中している。付近には老舗で高級ブランド品を扱う時計店をはじめ靴、鞄、呉服、ブティックなどが集まり、表町商店街で最も賑わいがある。

　あくら通りを越えると栄町、その先が紙屋町となる。婦人服・洋装店、楽器店などに混じってカフェや雑貨店が立地しているが、空き店舗も目立つようになる。しばらく進むと時計台のある十字路に出る。東は旧山陽道に沿う西大寺町、西は新西大寺町で、ともに商人の出身地「西大寺」の名がついている。この界隈は昔からの楽器店、洋装店、書店もあるが、最近は飲食店が増加している。南に進むと千日前で、かつては4つの映画館が立地し、飲食店も多数集まる岡山一の娯楽街であった。現在、映画館はすべて閉館、駐車場に変わっており、当時の面影も忍ぶことは難しい。なお、アーケード南入口には木下サーカスの本社がある。

　さて、新幹線の岡山開業（1972年）後は、駅前に高島屋百貨店（1973年開業）など大型商業施設が立地し、新たな商業地区が形成された。しかし、ドーナツ化現象や自家用車利用による消費行動の変化は、表町商店街にも空き店舗を生じさせるようになってきた。これに対応して、城下に大

規模の地下駐車場やシンフォニービルの建設、カラー舗装、クレド岡山(1999年開業)などの再開発・整備を進め、魅力づくりに努めてきた。また、表町商店街の一筋東の道を「オランダ通り」として整備し、専門店や人気飲食店が集まるなど新たな魅力を生み出している。

表町商店街の時計台
(奥へ伸びるのが旧山陽道)

一方、2014年には都市型ショッピングセンターとしてイオンモール岡山が岡山駅近くに立地し、消費者行動に大きな変化が生じている。「新・がんばる商店街77選」に選定された表町商店街も、地区の大型店と連携し、不足業種の空き店舗への誘致など、さらなる魅力づくりを進めている。

本通商店街、センター街、えびす通商店街(倉敷市)
―美観地区に隣接する商店街―

倉敷市美観地区付近にある商店街の名称。倉敷は1642年に幕府領となり、1746年幕府代官陣屋が新設された(現在のアイビースクエアの地)が、それ以前から水主役を課された水主屋敷を中心として16の町割りのある町場が発達し、商人や職人が住み、定期市も立つ在町の存在であった。

JR倉敷駅前の国道429号線を南に越えると、アーケードのあるセンター街に出る。BIOS(ビオス)と書かれた入口と、やや左手に倉敷センター街と書かれた入口があり、商店街は十字に交差したエリアで構成されている。中心には来街者用の休憩所「ビオス憩いの広場」がある。呉服、婦人服など専門店も残るが、駅に近いこともあって飲食店が多い。この通りの東には百貨店の天満屋倉敷店が立地していたが、駅前の旧そごう跡に移転後は駐車場となっている。

センター街の途中の交差点を南に向かうと、倉敷えびす通商店街と倉敷えびす商店街となり、美観地区への道筋となっている。呉服、婦人服、靴、茶道具などの専門店や飲食店が軒を連ねるが、シャッターが降りている店舗も多い。美観地区に近づくと、デニム製品、備前焼、吹きガラスなどを扱う観光客を対象とする店舗が増加する。アーケードが途切れると本通商店街となり、古い街並みが続く。この通りには老舗の茶道具店や自転車、

メガネ、婦人服など地元客対象の店のほかに、民芸品やアクセサリーなど観光客対象の店舗も多い。その中心にあるのが、1657年創業の薬屋「林薬品」の店舗を改装した「林源十郎商店」で、デニム製品、生活雑貨、リビング用品の店のほか、飲食店が入居している。

美観地区に向かう小路の角には、登録有形文化財の中国銀行倉敷本町支店（1922年竣工、2016年閉店）がある。この付近から東町にかけて古い街並みが続き、森田酒造（予約で酒蔵見学可能）、伝統的建物の1つである吉井旅館や人気の古民家カフェ「有鄰庵」がある。

一方、1999年には市街地北西部の工場跡地にイオンモール倉敷、2010年には倉敷駅北のチボリ公園（2008年閉園）跡地に「三井アウトレットパーク倉敷」とショッピングセンター「アリオ倉敷」が開業し、既存商店街に大きな影響を与えるようになった。多くの観光客が訪れる美観地区と駅北商業施設との間にある立地を活用した商店街の再構築が求められる。

ソシオ一番街、銀天街、元魚町・本町・京町商店街（津山市）
―県北の城下町の中心商店街―

津山市の中心商店街の名称。津山の市街地は、1603年に森忠政が18.6万石で美作に入封し、つくられた城下町が起源となっている。商人町は城郭の南を東西に通過する出雲街道に沿って配置され、それが現在の中心商店街となっている。美作一円を商圏としたこともあり、地方の10万人都市としては立派なアーケードを備えた商店街を形成している。

JR津山駅から北に向かい、吉井川にかかる今津屋橋を渡り、少し進むと京町交差点に出る。その東西に中心商店街がある。ソシオ一番街は、京町交差点からアルネ津山までの全長約200mのアーケード街である。以前は津山一番街と呼ばれていたが、1994年のアーケード改修を機に、イタリア語で「仲間」を意味する「ソシオ」と命名された。軒高で明るいアーケードであるが、人通りは多いとは言えない。

この商店街の西端にあるアルネ津山は、津山市中心市街地活性化基本計画により1999年に建設された複合型商業施設で、岡山市が本拠の百貨店天満屋津山店を核店舗とし、市立図書館などの公共施設が入居している。アルネ津山の北には銀天街が続く。津山でいち早くアーケードを設置し、1975年には改修により天井に鏡のように反射する素材を使用したことから、銀天街と命名された。しかし、アルネ津山の建設で、商店街は大幅に縮小されている。郵便局から北に元魚町商店街、西に本町2丁目（二番街）・

3丁目のアーケード街が続く。本町3丁目には1785年創業の茶店や江戸時代の商家を利用した複合施設「バール横丁」がある。

京町交差点の東は、京町商店街、城南商店街を経て城東町並み保存地区に至る。重要伝統的建造物群保存地区に指定されており、津山洋学資料館や商家、箕作阮甫の旧宅などがあり、散策にふさわしい。

近年は市街地の東部と西部に郊外型ショッピングセンターが立地したため、中心商店街の地位低下が著しい。かつては市街地にも高島屋津山店やニチイなど大型店が立地していたが、いずれも1990年代に閉店している。現在市内の6商店街が「にぎわい商人隊」を発足させ、賑わいの創出に努めており、これらの取組みから「新・がんばる商店街77選」に選定されている。

高梁栄町商店街（高梁市）
―城下町備中高梁に形成された新しい商店街―

高梁市にある駅付近の商店街の名称。高梁市の中心市街地は、天空の山城として知られる備中松山城の城下町を起源とし、1744年から幕末まで板倉家が統治した。通常、城下町起源の中心商店街は町屋地区に成立するが、高梁栄町商店街は伯備南線の開通と備中高梁駅の設置（1926年）に伴って成立した新しい商店街である。

高梁栄町商店街は、JR備中高梁駅前通りを西に約100mのところにある信号から、北に約300m続く商店街で、その約250mにアーケードが設置されている。アーケード手前にはビジネスホテルや旅館が立地している。アーケードに入ると、生鮮食品を扱うスーパーマーケットや、和菓子、洋服、婦人服など買回り品を扱う店舗が並んでいる。北にしばらく進むと、東側に地元で人気のケーキ・パン製造販売店がある。途中には高齢者・障がい者・住民の触れ合いサロン「まちかど広場」や訪問介護センターもある。アーケードを抜けると西側に老人保健施設ゆうゆう村があり、高齢化している地域の状況を見ることができる。また、吉備国際大学の開学（1990年）でワンルームマンションも多く見られるようになっている。

商店街の機能は、市街地南部の中原町にポルカ天満屋ハピータウン、高梁川の対岸の落合町にゆめタウン高梁が開店（1990年）した影響を受けて、大きく低下しているが、空き店舗リニューアル事業により飲食店の立地が増えている。城郭や映画撮影地を訪れる観光客も増加しており、さらなる取組みが期待される。

34 広島県

尾道本通り商店街（尾道市）

広島県の商店街の概観

　広島県の人口は中国・四国地方最大の283万人を数え（2016年）、国土の幹線交通軸に位置する瀬戸内を中心に都市が発達してきた。主な都市としては城下町であった広島市、福山市、三原市、港町として栄えた尾道市、明治になって軍港が置かれた呉市などがあり、その後の工業化等により発展してきた。一方、北部山間地域は過疎化、高齢化の進行が著しく、三次市を除けば、都市の形成は少ない。世界遺産（厳島神社、原爆ドーム）などの観光資源に恵まれ、国内外からの観光客数は2013年に年間6,000万人を突破し、なお増え続けている。

　2014年の商業統計によると、広島市の小売業年間商品販売額は1兆円を超えており、県全体の45％を占めている。中四国では最多であるが、中国地方全体の小売業の中心とまでは言えない。広島市以外では、福山市、東広島市、呉市、尾道市が1,000億円を超えており、百貨店もこれらの都市に店舗展開している。なかでも福山市は広島県東部から岡山県西部にかけて商圏を広げており、岡山資本の百貨店が立地する。北部では、江の川流域に購買圏を広げる三次市の集積規模が比較的大きい。

　広島市は、毛利氏による築城以降、水運を主とした物資の輸送により、現在につながる商業の基礎を築いた。1894年には神戸から鉄道が伸びたことで中央との結び付きを強め、日清戦争勃発後、一時、大本営が置かれたため軍都としての性格を強めながら、中四国最大の都市として発展を続けた。現在の中心商業地は江戸時代に旧山陽道（西国街道）沿いにあった城南の町人町から発展したものであり、県内外資本の百貨店が複数立地している。商業地の東側には飲食店の多い歓楽街があり、中四国地方最大の繁華街の様相を呈している一方、西側には原爆ドームがあり、元安橋を渡った一帯は平和記念公園となっている。また、1990年代以降、広島市内に

点在していた工場跡地や郊外の幹線道路沿い、海沿いの埋立地などに建設されてきた大型商業施設は、他県と同様に市民の買い物環境を変えてきた。

広島市以外では、製鉄業を基幹産業とし県内第2の経済規模である福山市の中心商店街が、駅前の百貨店とともに商業の中心を担ってきた。また、軍都として栄え、現在も自衛隊が基地を置く呉市では、人口減少下でも中心商店街が地域おこしの重要な役目を果たしている。その他、瀬戸内では因島や安芸津、忠海など造船業の町、県北の庄原などに商店街があったが、店主の高齢化や後継者不足、大型店の進出などの影響により衰退している。

一方で、観光による活性化に取り組む商店街もある。廿日市市宮島町では、厳島神社の「表参道商店街」が土産物の購入や食べ歩きを楽しむ観光客の人波に連日埋まっており、県北部の三次市では中心商店街が景観整備に取り組んだ結果、鵜飼やワイナリーとともに市内の観光資源となった。また、映画の舞台、文学のまちとして人気のある尾道市では、中心商店街が市内散策の拠点として機能しており、近年はしまなみ海道のサイクリストも増えている。このほか、「安芸の小京都」と称される竹原市はNHKの朝の連続テレビ小説『マッサン』で注目されるようになった。

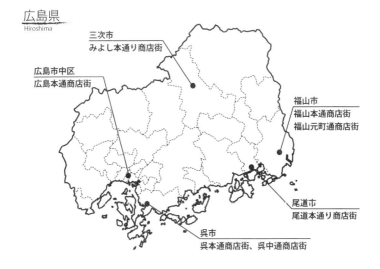

> 行ってみたい商店街

広島本通商店街（広島市中区）
―観光客と地元客が入り混じる平和都市の商店街―

　中国・四国地方を代表する大都市である広島市の中心商業地区には、県内各地からの買い物客のほか、国内外からの観光客が訪れる。なかでも原爆ドームや平和記念公園のエリアから東に伸びる広島本通商店街には、様々な店舗が立ち並び、商店街周辺にも個性豊かな店舗が多い。「本通」の名は県内の他都市の中心商店街にも名づけられており、広島県内において賑わう商店街の代名詞とも言える。この広島本通商店街を西から東に進む形で紹介したい。

　西側から本通商店街のアーケードに入ると、元安川をはさんで隣に広がる平和記念公園とは空気が一変する。お好み焼き屋などの飲食店、居酒屋などに交じって立地している、伝統的工芸品の熊野筆の販売店などを楽しみながら歩けば、5分ほどで路面電車の本通駅に到着する。路面電車が走る大通りを渡った先は、商店街の中心エリアとなり、観光客に加えて地元の買い物客も増えてくる。アパレル関連や貴金属販売の店舗、カフェや飲食店が目立つが、土産物を販売する観光客向けの店舗も多い。特に県の商工会が運営するひろしま夢プラザは、県内市町村の情報や特産品も充実している。また築年数が古い被爆建物も現存し、店舗として利用されているところもあり、見どころ満載である。

　本通商店街はかつての西国街道に当たる。武家屋敷が広がっていた商店街の北側は、広い土地を利用し、戦前から百貨店が開業したことで中四国の商業の核となった。一方で、商店街の南側には狭隘な町家が立ち並んでいたことから、現在でも小規模な店舗が多い。また、大型商業施設に突き当たる形で商店街が鉤型に曲がっているところもあり、江戸時代までに形成された城下町の町割りの影響を色濃く残す街並みが広がっている。このように、多様な規模、ジャンルの店舗が立地し、厚みのある広島市の中心商業地区において、本通商店街は歴史を現在に残し、太い幹として貫いている。広島本通商店街を散策される際は、今も垣間見える城下町としての発展、戦争の傷跡、その後の再興にもぜひ思いを馳せてもらいたい。

福山本通商店街、福山元町通商店街（福山市）
―鉄のまちのグッドデザイン商店街―

　県の最東部に位置する福山市は、製鉄業を基幹産業とする人口約47万人の県内第2の都市である。JR福山駅を起点に南へ歩くと見えるY字路から二手に伸びるのが、福山元町通商店街と福山元町一番街商店街である。特に全蓋式の元町通商店街には、岡山資本の天満屋が中心部唯一の百貨店として営業しており、駅西側の大型商業施設とともに双璧をなしている。元町通商店街のアーケードを南へ抜けた先の久松通商店街も含めて、この地区には飲食店が豊富に立ち並び、昼夜ともに食事を楽しむ人が多い。

　一方、福山駅から東へ徒歩5分ほどで到着する福山本通商店街は、江戸時代より「とおり町」の愛称で親しまれてきた。福山城の城下町のなかでも商家が集まっていた地域に当たり、古くからの買回り品販売店舗を中心に約70店舗が営業している。最近は洒落た雰囲気の飲食店も増え、商店街振興組合が運営する「とおり町交流館」ではイベントも開催される。

　南北に伸びる福山本通商店街では、2016年、南隣の船町商店街とともに約400ｍにわたって、老朽化したアーケードの改修に取り組んだが、その珍しい手法は全国から注目された。アーケードの左右の支柱を残し、その間に無数のワイヤーを張ることで、長年、親しまれていたアーケードの雰囲気を保ちつつも、日光が入る開放的な景観を生み出したのである。この改修で2017年の「グッドデザイン賞」を受賞した福山市の中心商店街に、ぜひ足を運んでいただきたい。

呉本通商店街、呉中通商店街（呉市）
―海軍・海上自衛隊とともに発展した商店街―

　当初、小さな漁村であった呉は1889年の鎮守府、1903年の海軍工廠の建設によって発展が進み、あわせて商業機能も拡大してきた。中心商店街は現在、JR呉駅から南東へ徒歩5分ほどの場所に位置しており、開業から1世紀を迎えようとする店舗も営業する呉本通商店街、呉中通商店街は、呉市の商業の中心として存在し続けてきた。

　片側3車線の国道185号線の両側に伸びる呉本通商店街は「フラワー通り」の愛称で親しまれ、地元住民が整備した花壇が美しい。金融機関、オフィスが建ち、呉市の中心業務地区として機能するこの商店街には、高級衣料品、貴金属などの高価な商品を取り扱う買回り品販売の店舗が多い。

本通商店街から西へ二筋入った呉中通商店街は、1977年より36万個ものレンガを用いた舗装を行ったことから「れんがどおり」とも呼ばれる。開放的な買い物空間づくりを目指して1990年に設置された全長420ｍの開閉式アーケードには、呉市のキャラクター「呉氏」の垂れ幕が並び、観光客への宣伝にも一役買っている。買回り品販売の店舗に加えて、飲食店や広島資本の福屋百貨店も営業し、活気にあふれている。
　また飲食店では、呉を拠点にする艦艇ごとのカレーの味が各艦長監修のもとに再現され、「呉海自カレー」として提供されている。艦艇ごとの異なる味を楽しもうと、約30の販売店舗をはしごする客の姿も多い。呉ではカレーを食べ比べながら、商店街を散策するのもよいのではないだろうか。

尾道本通り商店街（尾道市）
　―"映画のまち"から"自転車のまち"への変化を見てきた商店街―

　県南東部、瀬戸内海に面する尾道市は、急峻な山を背に広がるわずかな平地に市街地が広がっている。幅約200ｍの尾道水道をはさんだ向島などの島も含め、造船業を中心に発展してきた。また、映画や文学のまちとしても知られ、今の中高年層には従来から人気の観光地であった。ところが最近では、尾道観光のハイライトである市街地裏山の千光寺などに若年層の姿も目立つようになってきている。
　「映画のまち」らしく、2008年、市民の手によってコミュニティシネマが開業した尾道駅前から東に伸びる尾道本通り商店街などの中心商店街は、総延長約1kmのアーケードを持ち、通りから広がる路地までも多くの客が訪れ、活況を呈している。商店街には全国展開する店舗はほぼ見られず、古くからの買回り品（服飾、時計など）の店が軒を連ねるが、その間を埋めるように、古い商店や銭湯などをリノベーションした新しい店舗が営業している点は興味深い。若い経営者の姿も多い新規店舗での工夫が凝らされた店づくりは観光客の人気を呼び、SNSで発信され続けている。結果として買い物客が新たな顧客を呼び込む好循環が生まれており、尾道に若年層観光客が増えている一因になっていると言える。
　また、尾道は四国としまなみ海道で結ばれている。本州・四国を結ぶ3ルートで唯一、自転車で通行できるため、美しい瀬戸内の景色を楽しむ世界各地のサイクリストが尾道を訪れている。中心商店街には自転車の休憩所やゲストハウスも増え、サイクリストと地域との交流も進んでいる。

かつて「政治は広島、経済は尾道」と言われたほど尾道の商業の歴史は古く、全国的にも早くから商工会議所も設置された。芸術や音楽、文学などをテーマに商店街で開催されるイベントは、商工会が運営や情報発信に関与することで来訪者の増加に一役買っている。見どころ満載でレトロな雰囲気が残る尾道の中心商店街からは今後も目が離せなさそうだ。

みよし本通り商店街（三次市）
―山あいで"うだつを上げた"商店街―

中国山地の盆地に位置する三次市は県北部最大の都市である。三次と日本海側を結ぶ鉄道は2018年に廃線となった一方、広島市内への鉄道やバスは頻繁に運行しており、今では瀬戸内との結び付きが強い。ただ、三次を経て日本海へと流れる江の川が三次の発展に及ぼした影響も大きく、この地の郷土料理にはサメなど日本海側の食材が多く使用されてきたほどである。

みよし本通り商店街は、16世紀末に当時の物流ルートだった江の川の支流沿いに整備された定期市を基礎に形成され、現在の市中心部やJR三次駅から北西約1.5kmに位置する。「卯建」や「袖壁」を持つ古い商家が約1.4kmにわたって並ぶ商店街の景観は、統一感があり、趣深い。卯建には隣家からの延焼を防ぐという実用的な役割がある反面、商売繁盛の証しに掲げられるという側面がある。商店街内には従来からの店舗のほか、戦前に銀行だった建物を利用した歴史民俗資料館が見られる。また、新規出店希望者への支援を制度化したことで、新たに衣料品店や食料品店、カフェなどが営業を始め、これらの店舗には足を運ぶ観光客も少なくない。

商店街が新たな顧客を獲得するようになった契機としては、2000年代から行われた「卯建のにあう町」をコンセプトにした石畳舗装や電柱の撤去、街路灯の設置がある。これにより、合わせて20軒以上の商家や旅館が改修工事を行ったことで、統一感のとれた景観が整備された。その結果、みよし本通り商店街は、2018年5月、国土交通省から「都市景観大賞」の優秀賞を授与された。今後のまちづくりにも期待が寄せられている三次市の商店街にぜひ足を運んでいただきたい。

35 山口県

道場門前商店街（山口市）

山口県の商店街の概観

　山口県内の都市を人口順（2015年）に見ると、下関市（26.9万人）、山口市（19.7万人）、宇部市（16.9万人）、周南市（14.5万人）、岩国市（13.5万人）、防府市（11.6万人）と県南部の諸都市が並ぶ。日本海側では人口最大都市萩市でも5万人に過ぎない。また、県庁所在地山口市が首位でないのも特徴的である。都市の起源を見ると、新興鉱工業都市の宇部市を除くと、中世・近世の城下町・陣屋町や港町・鳥居前町などの歴史的都市である。このうち城下町・陣屋町には、都市計画により成立した町屋が今日の中心商店街の母体となっている。大内氏の城下町であった山口市の「道場門前・米屋町商店街」は南北朝期に成立した最古の商店街と呼ばれており、周南市徳山の「銀座商店街」、岩国市の「中通り商店街」、萩市の「田町商店街」もそれに当たる。

　明治以降は鉱工業や港湾機能の発達で、新たに都市が成長し、商店街も新たに形成されていった。宇部市は宇部炭田を背景に成立したが、農村に過ぎなかった宇部村が一躍工業都市へと発展したのは、セメントや曹達工業が立地する大正期で、1921年に単独で村から市になったことで知られる。戦後の最盛期には複数のデパートも立地し、中心商店街の「宇部中央銀天街」は人であふれていた。

　周南工業整備特別地域の中核をなした周南市、下松市、光市も工業化によって商店街が形成された。周南市徳山は、陣屋町起源ながら海軍燃料廠と戦後の石油化学コンビナート建設によって商店街が発達したと言える。下松市は第1次世界大戦後に日立製作所や日本石油の立地、第2次世界大戦後は中国電力火力発電所の建設で工業都市となり、光市は戦前は海軍工廠の建設、戦後はその跡地に武田薬品や八幡製鐵（現・新日鐵住金）が立地したことで、それぞれ駅前を中心に商店街が形成された。防府市は鳥居前

町の宮市と港町三田尻の双子都市であったが、臨海部に工場が立地したことで商業機能が拡充された。

下関市は古くから港湾機能に恵まれ、近代には関門航路や関釜航路の開設もあり、港湾・貿易都市として発達した。港湾のあった唐戸地区には中心商店街が形成されたが、関門トンネル開通と下関駅の移転で機能は低下し、現在は唐戸魚市場の立地で知られる。歴史的にも朝鮮半島との関係が密接で、韓国食材・衣料を扱う店舗や韓国料理店が集まった「グリーンモール」が特徴的な商店街となっている。

県西部は福岡県の商圏に、岩国市など東部は広島県の商圏に含まれて、高級品の購入には福岡市、北九州市小倉地区や広島市のデパート・専門店に向かうことが多い。また、若い世代は自家用車での買い物に便利な郊外立地のショッピングセンターやロードサイド型店舗で購入する傾向が強くなっている。その影響で、下関市、山口市、宇部市を除いてデパートは閉店され、中心商店街にも空き店舗が増加し、人通りも少なくなっている。そのような情勢下にあっても、萩市「田町商店街」や山口市「道場門前商店街」のように活性化の取組みの成果が認められ、「新・がんばる商店街77選」に選定されるところも現れている。

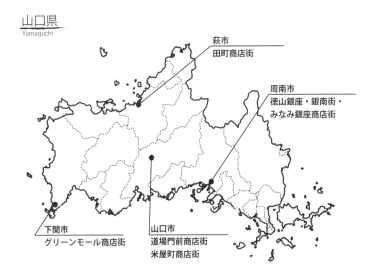

> 行ってみたい商店街

道場門前商店街、米屋町商店街（山口市）
―県都の中心商店街―

　山口市の中心商店街の名称。山口の市街は、1360年に周防・長門・石見の守護大内弘世が現在の龍福寺の地に館を建て、京都に模したまちづくりをしたことに始まる。ここに定期市が立ち、最古の商店街とされる町屋が形成された。毛利氏の統治下となり、居城が萩に移された後も商業機能は衰えず、江戸時代には石州街道に沿う大市、中市、米屋町、道場門前の4町は、「大町」あるいは「四町」と呼ばれ、賑わっていた。

　JR山口駅から駅前通りを北西に約500m進むと、アーケードのある道場門前商店街と米屋町・中市・大市商店街に出る。道場門前の名称は、明治期に廃寺となった時宗道場・寿持山善福寺の門前であったことに由来している。この通りは、ザビエル（当地ではサビエル）の辻立て布教や幕末の薩長同盟が結ばれた場所でもあった。通りには老舗の専門店が立地しており、中ほどにある明治堂（1902年創業）には分銅引き大時計があり、店のシンボルとなっている。商店街には核店舗として1960年に山口サティ、1969年にダイエー山口店が開店したが、1997年にゆめタウン山口が市街地東部に開業した影響もあって、ともに1998年に閉店した。ダイエー跡地は商店街振興組合により建て替えられ、レンガ調の「どうもんパーク」となり、コープやまぐち（2001年開店）やNHK山口文化センターなどが入居している。また、組合は「特産品ショップやまぐちさん」の経営（2005年）など様々な取組みが評価され、「新・がんばる商店街77選」に選定されている。なお、アーケードは西門前商店街まで続くが、人通りは減少する。

　駅前通りから北東に進むと米屋町商店街となる。ここには呉服店、厨房用品店などの専門店や旅館のほかに、銀行やJTB山口支店など業務の店舗も立地している。近江屋寝具店から中市商店街となる。ここには山口県最初の百貨店ちまきや（1855（安政2）年創業の呉服店を起源とし、1930年に百貨店化。1981年に移転）が店舗を構えていたが、2008年の廃業後は山口井筒屋が出店し、商店街の核となっている。大市商店街に入るとアーケードもなく、人通りも減少する。

　山口市は湯田温泉や多くの観光資源に恵まれ、県庁や大学が立地するこ

ともあって、人口約20万人（2017年）の地方都市の中心商店街としては活気がある。近年、シャッターの降りた店舗も増加しているが、道場門前商店街のように約6割の店舗が新しく入れ替わり経営者も若返るなど、活性化に取り組むことで商店街の魅力を取り戻している。

徳山銀座・銀南街・みなみ銀座商店街（周南市）
―陣屋町を起源とし、海軍とともに発展した中心商店街―

　山口県周南地区にある旧徳山市の中心商店街の名称。都市としての徳山は、毛利支藩3万石として当初下松にあった館を1650年に徳山へ移転して形成された陣屋町を起源とする。陣屋町の町屋は海岸付近を通る旧山陽道沿いに配置され、その長さは13町（約1.4 km）に達した。明治維新後は一時寂れたが、山陽鉄道の開通、港湾の整備や、1904年に海軍練炭所（後の海軍燃料廠）の設置を契機に工業化が進んだ。戦前の商店街は徳山駅前を中心に旧国道（山陽道）沿いに形成され、橋本町、糀町、幸町、佐渡町、油屋町などに商店が軒を連ねていた。しかし、1945年の空襲で商店街も灰燼に帰し、現在の商店街は戦後の復興計画により建設されたものである。

　中心商店街は、徳山駅前ロータリーの南東側に3列並行して立地している。その中心にあるのが旧佐渡町と旧幸町の合併でできた銀座商店街で、ピアモール銀座の愛称がある。戦後の復興により道路が拡幅され、現在も自動車の通行量が多い。道の両側の歩道上にはアーケードがかけられ、和装、靴、カメラなどの買回り品店やJTBなどが立地しているが、最近は、駅に近いこともあり居酒屋を中心とする飲食店が増加している。銀座商店街を東に向かうと、きらら通りの愛称がある糀町通商店街となる。かつてはアーケードもあったが、現在は撤去されている。

　銀南街商店街は銀座商店街の北に並行しており、1965年に防災建築街区造成法に基づいて建築された。その中央部はアーケードのある銀南街ビルで、山口井筒屋周南ショップ（2013年開業）や呉服、時計などの専門店街となっている。アーケードのない箇所は飲食店の進出が著しい。銀南街の名称は、戦前、付近にあった無量寺に植えられていた銀杏に由来している。

　みなみ銀座商店街は、駅から南東方向に銀座商店街と並行して伸びており、アーケードがある。駅に近い立地条件と石油化学コンビナートの経済的波及効果から、1962年に松下百貨店（1965年近鉄松下百貨店に改称）、1970年にダイエー、1971年にニチイが開店し、商店街の核として多くの

買い物客を集めた。しかし、1990年代になると隣接市に相次いで大型ショッピングセンターが開業したため、近鉄松下百貨店の閉店（2013年）で大型商業施設は中心商店街からすべて姿を消してしまった。現在、通りには市街地の案内所「まちのポート」や天満屋周南ショップ（2013年開業）のほか、銀行が立地している。大型店に頼らない中心市街地の活性化が模索されている。

グリーンモール商店街（下関市）
―下関駅前にある小コリアンタウンの商店街―

　下関市にある韓国料理に関わる店舗の集まった、小さいながらもコリアンタウンを形成する商店街の名称。グリーンモールの名称は、1976年に完成した竹崎-上条間の長さ600m、幅20mの買物公園道路に由来している。緩やかなカーブをなすこの商店街は、関門トンネル開通前の旧下関駅（1901年馬関駅として開業、1942年に現在地に移転）に通じた鉄道用地跡に商店街が形成されたものである。戦後、市民の娯楽場として邦楽座が建てられたことから邦楽座通りと呼ばれ、1950年に邦楽座通り商店会が結成されたのが商店街の起源である。

　JR下関駅を降り、駅前人工地盤を北に向かうと、グリーンモールの入口に出る。入口には釜山門のゲートが立っている。通りには韓国料理の食材を扱う専門店やキムチを販売する店舗が並んでいる。焼き肉やホルモン料理などを中心とする韓国レストランも多く、韓国情緒を味わうことのできる商店街となっている。毎年11月23日にはリトル釜山フェスタが開催され、多くの人で賑わう。

　市街地の大型店として、下関駅に隣接する、貨物ヤード跡を再開発してできたシーモール下関（1977年開業）がある。小倉地区への買い物客の流出を防ぐことを目的として、デパートの下関大丸（1950年創業）とスーパーマーケットのダイエーが核店舗として入店していたが、ダイエーは2010年に閉店し、その跡は複合商業施設est（エスト）となっている。

　下関市は港湾機能や水産業が発達した国際都市ではあるが、買回り品など高級品の商業機能は弱く、福岡や小倉のデパートや専門店に買い物客が流出する傾向が強い。一方、駅の東方約2kmにある唐戸魚市場は、卸売りだけでなく一般市民への小売りも行われ、市民の台所となっている。

田町商店街（萩市）
―史跡御成道が通る中心商店街―

　山口県北浦地区にある城下町萩の中心商店街の名称。都市としての萩は、1604年毛利輝元が周防・長門36万石の領主として城下町を造営したことに始まる。1863年藩庁が山口に移転されて以降、一地方中心都市の域にとどまるが、城下町のなかの商人町の一角が中心商店街である田町商店街（愛称：ジョイフルたまち）となっており、伝統的な町屋の建物が残っている。アーケードのかかる商店街の通りは、萩城下から山口を経て三田尻（現・防府市）に至る萩往還に当たり、藩主が参勤の際に通ったことから「御成道」とも呼ばれている。1989年には「歴史の道百選」の1つに選ばれている。

　萩バスセンターが最寄バス停である。商店街入口の右手に萩おみやげ博物館、左手に唐樋札場跡があり高札場が復元されている。アーケード街に入ると、人形店、時計・宝飾店、和服店など買回り品の店舗が軒を連ねているが、空き店舗も多い。岩崎酒造は店舗裏に醸造所があり、飲食店も設置している。その先にはイベントホールのジョイフルたまちがあり、これと交差する通りには古い家屋が並んでいる。アーケードの末端から西田町商店街となり、維新の志士たちの像が萩博物館前まで50体設置されている。これらは武家屋敷地区から商店街へ観光客を導く効果も期待できる。

　この田町商店街にも、核店舗として北浦地区唯一の百貨店であった八木百貨店（跡地は業務スーパー）、スーパーの丸正（現・特定非営利活動（NPO）法人萩市活動センター結）、ニチイ（現在は駐車場）が立地していたが、いずれも閉店している。現在、大型店は市役所近くにアトラス萩店（防府市の丸久資本）や萩バスセンターの向かいにサンリブ萩（地元資本）が立地しており、集客力が大きい。こうした状況にあって、田町商店街では2008年に空き店舗を改修し、地産地消のための農産物販売所「萩の台所とれたて市場たまち」および「農家レストラン＆居酒屋天蔵」を開店した。この取組みでは、地元農家の生産した農産物や近海魚の干物類販売と、地物の魚と野菜を使った飲食店を整備したことで、商店街の賑わい創出とともに、市民と観光客との交流の場となっている。こうした取組みから、「新・がんばる商店街77選」にも選定されている。

36 徳島県

東新町商店街（徳島市）

徳島県の商店街の概観

　徳島県内では徳島市の規模が大きく、県人口の31.1％を占める。徳島市以外では臨海部の鳴門市、小松島市、阿南市が早くから市制を施行しており、このなかでは新産業都市指定を受けた阿南市の人口がやや多い。県北吉野川流域平野の南岸には伊予街道、北岸には撫養街道が通じており、街道に沿って中心地が発達していた。藍の交易で栄えた脇町（美馬市）や木材の集散地でもある穴吹（美馬市）、貞光（つるぎ町）、下流域の在町に起源する市場（阿波市）、鴨島（吉野川市）などであり、最西端の土讃本線と徳島本線が合流する阿波池田（三好市）は愛媛県東部へ伊予街道も通じており、県西部の交通中心でもある。一方、山地が広い県南の海岸部では、四国遍路第23番札所薬王寺のある日和佐のほか牟岐、海部（海陽町）に小規模な町場が形成されている。

　2014年の「商業統計調査」によれば、徳島市の小売業年間販売額は県全体の37.4％を占め、第2位の阿南市（7.9％）との差は大きいが、小売業の集中度が特に著しいとは言えない。人口1人当たり小売販売額が県平均を上回っているのは徳島市のみで、小規模な商業地が分立していると言える。徳島県は以前から県外への買い物流出の割合が高いと言われており、高額の買回り品について県北は阪神で、西部は高松市や高知市で購入する機会が多かった。1996年の神戸淡路鳴門自動車道の全通とその後の自動車道の整備により、県外流出傾向が強まったと見られる。また、2011年に徳島市郊外に開店したショッピングセンターのほか、郊外店や量販店は山間地域を除く全県に分布しており、小規模な商業地の商業環境に大きな影響を及ぼしている。

　2014年の『商業統計表』には県内に70の商業集積地が挙げられているが、商店街は50程度と見られる。徳島市では新町川をはさんで内町と新町に

中心商店街が分かれており、東新町を中心とした新町地区が徳島市を代表する商店街であったが、駅前へのそごう百貨店の開店により内町の優位性が高くなった。中心商店街以外では、「蔵元」「佐古」「富田町」などの商店街はいずれも縮小傾向にある。徳島市以外では阿南市、鳴門市、美馬市脇町、三好市阿波池田に商店街が見られる。阿南市の「富岡商店街」は規模が大きいが、近年は空き店舗、空き地が目立つようになっている。また、美馬市脇町では撫養街道沿いに古い商家が並ぶ街並みが「うだつの町並み」として知られているが、商店街はその南東、撫養街道の300mほど南を走る県道沿いに形成されている。

　徳島県でも高齢化が進んでおり、限界集落を抱えている山間地域だけでなく、平野部でも買い物弱者に対する支援が課題になっている。全国的に注目されている「とくし丸」は2012年に徳島市で始められた移動スーパーマーケットで、軽トラックに約400品目を積んで、週2回の頻度で集落を巡回し、高齢者などの買い物支援だけでなくヒューマンネットワークの形成や見守り隊の役割も果たしている。「とくし丸」は、既存商店に影響を及ぼさないために商店から半径300m以内に入らないようにしているが、将来は商店（街）との共同も必要になるかもしれない。

> 行ってみたい商店街

東新町商店街、西新町商店街、籠屋町商店街（徳島市）
―阿波踊りで賑わう中心商店街の再生―

　徳島市の中心商店街は、新町川以北の内町地区と新町川以南の新町地区に分かれ、後者にある商店街を取り上げる。徳島駅から新町橋通りを10分ほど行くと、左右にアーケード商店街の入口が見える。右が西新町商店街、左が東新町商店街である。東新町商店街の途中から分岐する籠屋町商店街（アルクかごや町）のアーケードはLED照明が美しく、「虹の流れる街」と呼ばれている。新町地区は阿波踊りの主会場となる場所で、周辺は飲食店の多い地区でもある。また、新町通りの先は眉山ロープウェイ乗り場に通じている。

　1585年に入国した蜂須賀家政が新町地区に商人を集めたのが始まりで、江戸時代初期には内町と並ぶ商業地区になった。1899年に徳島駅が開設されると新町橋通りがメインストリートとなり、商店街発展の基礎となった。県の経済活動が拡大すると商店街も発展し、1934年には地元商店主や資本家によって、東新町商店街入口に鉄筋コンクリート5階建ての丸新百貨店が開店した。東新町商店街には戦前すでにアーケードも設置されており、流行品がいち早く手に入る先端の商店街と言われた。戦後、商店街は復興活動に取り組み、1950年代には戦前の賑わいを取り戻した。高度経済成長期には、丸新百貨店の増床やダイエーの出店（1971年籠屋町）など新たな核店舗の開店が相次ぎ、県下一円を商圏とする商業地としての地位が築かれた。一方で丸新をはじめ、本商店街に本拠を置く商店、企業が県内各地に支所を展開していった。

　1970年代後半頃から、郊外店の増加などの商業環境の変化が懸念されていたが、1983年の徳島駅前におけるそごう百貨店の開店によって、人の流れが駅前中心に変わっていった。さらに、1998年の明石海峡大橋の開通による買い物客の県外流出、2001年の郊外型大型ショッピングセンターの開店により、中心商店街全体が衰退化し、空き店舗が目立つようになった。東新町商店街では核店舗が相次いで閉店し、2005年には商店街から映画館も姿を消し、地区からかつての賑わいは消えていった。周辺部では空き店舗が目立つが、東新町商店街は婦人服店や靴店など専門店が中心で、西新町商店街は藍製品などの民芸品店や刃物販売店もある落ち着い

た商店街となっている。丸新百貨店跡は阿波銀行プラザとイベント広場に変わり、ダイエー跡などにはマンションが建設されている。また、商店街西口にあったマクドナルド跡（2010年閉店）に、2012年アニメ中心の映画館 ufotable CINEMA が開館し、駅前のポッポ街からアニメイトが移転してきた。中心市街地活性化の一環として2010年から「しんまちボードウォーク」が整備され、「とくしマルシェ」が開催されている。西新町では音楽・芸術ホールと高層マンション建設が計画されており、完成の暁には商店街は新しい商業ビルに衣替えすることになっている。

ポッポ街商店街（徳島市）
―ビルの谷間のアニメコンセプトの街―

JR 徳島駅前のビルの谷間にあるような幅4m、長さ160mほどの商店街。名称は「汽車ポッポ」に由来するという。1971年に約50店で振興組合を設立し、1975年の再開発により建設されたビルの間が商店街となり、組合員全員が再開発ビルの区分所有者であった。駅に近いという立地条件の良さから、1階だけでなく一部2階にも衣料関係の物販店や飲食店、サービス店が並んでいた。しかし、隣接してそごう百貨店が開店したことなど商業環境の変化により空き店舗問題が生じ、2000年頃からチャレンジショップを推進し、個性的な店舗が入居するようになったが、持続的に創業者を受け入れる仕組みが課題として残されてきた。現在は飲食店、理・美容店のほか衣料、雑貨など個性的な店舗が見られるものの空き店舗が大半となっている。

漫画・アニメ関連書籍の販売店があったことから、小規模ではあるが徳島の秋葉原的存在としてマニアの間では人気があり、アニメイトやメイド喫茶も入っていたが、現在はほとんどが撤退している。しかし、アニメコンテンツで活性化するコンセプトは現在も受け継がれており、2009年に始まった「マチ★アソビ」では本商店街も会場の1つになっており、毎年春と秋に開催される様々なアニメ・イベントには、全国からのアニメ愛好家やコスプレーヤーも含めて、3日間の期間中に1万人以上が集まり、期間中は商店街内の空き店舗スペースがイベント会場などに利用されている。立地条件の良さからテナントミックスの可能性が高いと言われているが、空き店舗所有者と商店街組合（テナント中心）の連携をいかにして強化するかが課題である。

大道銀天街（鳴門市）
―渦潮の街の商店街―

　JR鳴門駅から撫養街道を200mほど南下し、鳴門郵便局前の交差点を右折して鳴門線を渡ると、大道銀天街である。250mほどの通りの両側に約60の商店、銀行などが並び、空き店舗や空き地はほとんど見られない。

　1974年に鳴門市初の商店街振興組合を設立し、翌年から道路幅を18mに広げて両側に幅3.5mの歩道を設け、歩道部分にアーケードを設置して鳴門市一の近代的な商店街に変貌した。衣服、履物、時計、文具や贈答品店など各種の商店が並び、鳴門市周辺の地域住民で賑わった。しかし、鳴門大橋、明石海峡大橋の開通により京阪神地域と直結したことや、近隣地域に大型商業施設が進出した影響は大きく、商店街内にあったスーパーマーケットも廃業し、客足は減少した。県内で最初に「100円商店街」事業に積極的に取り組み、小学校高学年を対象にした起業体験プロジェクト「ジュニアエコノミーカレッジ」を開催するなどし、一定の集客力を上げる効果はあったが、継続的な顧客獲得につなげることが課題になっている。

　初期から営業していると思われる商店をはじめ店構えは小奇麗に整えられており、アーケードは老朽化が目につくが歩道の舗装やベンチには傷みは見られないなど、手入れは行き届いている。地元プロサッカーチーム「徳島ヴォルティス」の応援のぼりが立てられていて、老舗の商店街としてがんばっている姿を見ることができる。

阿波池田駅前商店街（三好市）
―「四国のへそ」の商店街―

　三好市阿波池田町は県西部の交通の中心で、山間地域に広い商圏を有しており、徳島市に次ぐ商業中心地とも言える。また、「四国のへそ」とも呼ばれる位置にあり、高松市や高知市までJR特急を使えば1時間強で行くことができる。

　JR阿波池田駅前から北東に伸びる約200mの全蓋型アーケードの商店街が駅前商店街で、途中から東へ同じくアーケードのある銀座商店街が分かれ、その先には日本たばこ産業池田工場があった。工場は1990年に閉鎖され、自動車部品工場を経て現在はスーパーマーケットになっている。その影響か銀座商店街は商店の連続性が低くなっており、アーケードも撤去された。

駅前商店街が面する道路は、自動車の通行が可能な2車線道路で路線バスも通るが、車輌の通行量はそれほど多くはない。かつては呉服店などの買回り品店や飲食店、旅館などが50店ほど並び、山間地域からの買い物客で賑わっていた。しかし、周辺地域の高齢化、高松市や高知市への購買流出などにより店舗数は減少した。現在は飲食店や菓子店などが中心であるが、各店舗の間口の広さや昔ながらの造りの商店、今も営業を続けている旅館などに、往時の本商店街の面影をうかがうことができる。また、空き店舗に木工所兼販売店を導入したり、安全確保のために店舗空き地を「ふれあい広場」にして交差点の見通しをよくしたりするといった工夫も見られる。

> **コラム**
>
> ### 祭りと商店街
>
> 　商店街と祭と聞けば、七夕飾りで賑わう仙台の商店街、商店街内を疾走する岸和田のだんじり祭りや博多祇園山笠などが思い浮かぶ。「まつり」と「商店街」でネット検索すると多様なサイトがヒットし、なかには長野県松本市の商店街映画祭、京都三条会商店街の地ビール祭りのように、イベントと呼ぶのがふさわしいものもある。
>
> 　祭りに露店はつきものであるが、祭りと商店街の結び付きも古い。ともに多くの人が集まるという点では共通しており、来街者が減少している商店街にとっては祭りやイベントは集客の機会として期待されている。一方、祭りの実施には、会場や施設の確保、経費、要員が必要になり、商店街が関わることも多い。商店街には地域のことに精通した人材がおり、広場や休憩施設もある。祭りの参加者や観覧者にとっては、物品やサービスを提供する商店の存在はありがたい。
>
> 　400年以上の歴史のある阿波踊りでは、商店街が実施に関わることはほとんどないが、商店街近くの広場などに演舞場が開設され、商店街の通りも練踊り場になる。一帯は阿波踊り一色に染まり、押し寄せる観光客の移動通路としての色合いが強い。全国に広まった阿波踊りのなかでも有名な東京都の高円寺阿波踊りは、商店街青年部が活性化のために導入した経緯もあって、商店街が実行委員会を組織しており、商店街が会場になっている。

37 香川県

丸亀町商店街（高松市）

香川県の商店街の概観

　県域面積が日本一狭い香川県は、山地が狭く交通路も発達しており、域内の移動が容易である。県都高松市は県域のほぼ中央に位置し、2014年の「商業統計調査」によれば、小売業年間販売額では県全体の51.8％を占めている。高松市に次ぐのが丸亀市（12.2％）で、それ以外で5％を超えるのは観音寺市のみである。善通寺市や平成の合併で市制を施行した東讃（県東部）のさぬき市、東かがわ市の集積量は小さい。人口1人当たり小売販売額が県平均を超えるのは高松市のみで、高松市への集中が際立っている。高級買回り品について見ると、高松市の商圏はほぼ全県を覆っているだけでなく、徳島県や愛媛県にも及んでいると見られる。中央部では丸亀市、坂出市、善通寺市、琴平町の商圏が分立しており、西部では観音寺の商圏が比較的広い。東讃は高松市の商圏が優勢で、さぬき市志度、東かがわ市三本松が副次的商圏を形成している。

　高松市の中心商店街は8つのアーケード商店街が連接しており、アーケードの総延長日本一を誇っている。最も中心になる「丸亀町商店街」は高松城下町建設以来の歴史があり、1988年の「町開き400年」を契機に取り組んだリニューアル事業によって大きく生まれ変わり、その再開発手法は全国的に注目された。高松市周辺は鉄道網が整備されており、郊外の駅前には小規模な商店街が形成されているが、郊外型店舗の立地による影響も大きい。城下町に起源を持つ丸亀市には、通町、富屋町を中心に規模の大きな商店街群が形成されていたが、高松市への集中化に加え郊外化の影響によりシャッター通り化したところが多い。坂出市は臨海工業地区の形成による人口増加を背景に、駅前に丸亀市と並ぶ規模の商店街があるほか、商店街の東側には全国的に珍しい人工地盤が建設され、そこにも商店が配置された。近年、商店街の周辺部で衰退化が目立つが、シャッターアート

による活性化への取組みはユニークである。県西部の観音寺市では駅の北側に商店街が形成され、高松市へは所要時間がかかることから独立的な商圏を形成していたが、近年は高松圏に包摂されるようになってきた。また、駅南側にスーパーマーケットや量販店が多数開店したことにより、商店街で多様な事業に取り組んでいる。なかでも、1つの店舗のなかに2つの業種が存在するショップ・イン・ショップは、商店主と若手創業者のマッチングを図るもので、注目されている。

　町では琴平町、多度津町、小豆島の商店街が比較的規模が大きい。特に、琴平町では「こんぴらさん」への石段沿いに土産物店や飲食店が並ぶ「参道商店街」が有名で、観光客で賑わっているが、それ以外に地元住民を対象とした商店街が2つある。2つの商店街は、駅から参道へのルート上にあるかないかの違いがあり、観光への対応の差が興味深い。島嶼部では、小豆島には商店街が存在するが、ほかの島々では買い物は本土の商業地に依存しており、直島の場合、距離的に近い岡山県側に出かけることが多い。小豆島では、土庄、草壁の港周辺に商店街が形成されている。そのなかでは「土庄商店街」の規模が大きいものの、島全体の商業中心地とは言えない。

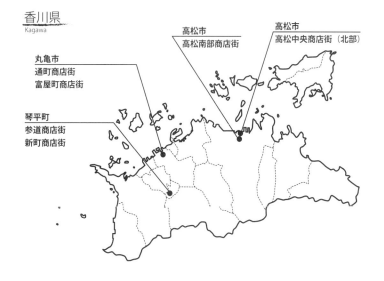

行ってみたい商店街

高松中央商店街（北部）（高松市）
―日本一のアーケード商店街―

　JR高松駅南東にある商店街の総称で、香川県のほぼ全域を商圏とする広域型商店街。周辺は飲食店なども多い繁華街、歓楽街であり、地区全体で約1,000を数える小売店、飲食店が集まっている。分岐する8つの商店街のほぼすべてを覆うアーケードの総延長は2.7kmあり、日本一である。商店街の東を高松琴平電鉄（以下、琴電と記す）が走り、商店街に隣接して片原町駅と瓦町駅がある。国道11号線を境に南北で商店街の歴史や様子が異なり、ここでは商店街としての歴史が古い北部を対象とし、南部については次項で紹介する。

　南北に伸びる丸亀町商店街が最も中心的な商店街で、三越百貨店の南で東西方向の兵庫町商店街と片原町商店街がT字状に接している。丸亀町商店街の東側をライオン通商店街が並走し、南は国道11号線をはさんで南新町商店街につながる。丸亀町は、江戸時代初期に生駒正親が丸亀から高松に居城を移した際に連れてきた町人を住まわせて商いを始めさせたのが地名の由来と言われている。当時から最も人通りの多い場所で、1931年に三越百貨店が開業して高松の中心商店街としての地位が確立された。商店街北端近くの百十四銀行高松支店は、1966年まで同銀行の本店だった店舗で、当時の外観を残す建物に本商店街の歴史を感じ取ることができる。高松を代表する商店街らしく、婦人服店を中心に靴、時計・宝飾、書籍などを扱う買回り品店が並び、幅広い年齢層の人通りが見られる。

　兵庫町と片原町はともに江戸時代に成立した町で、商店街の通りはそれぞれ丸亀街道、志度街道および長尾街道である。中央通（国道30号線）沿いはオフィスやホテルが立地する業務地区で、ビジネスマンの往来が多く、飲食店や衣料品店があるが、中央道路より西側では空き店舗も目立つ。片原町商店街は琴電片原町駅から三越百貨店へ向かうルートになり、通行量は多い。琴電の西側は繁華街であるのに対し、東側は食料品店などが多い庶民的な近隣商店街になっている。片原町商店街の中央付近から南に伸びるライオン通商店街は歓楽街のなかを突っ切る飲食店の多い通りで、昼夜人通りが多い。「ライオンカン」という映画館があったことからライオン通の名が付けられた。映画館は1999年に閉館され、跡地はマンション

になっている。

　瀬戸大橋の開通による交通体系の変化に加えて、ショッピングセンターが郊外に開業したことにより、中心商店街では来街者が減少し、空き店舗が目立つようになった。丸亀町商店街では、1988年の「町開き400年」を契機に、商店街が繁栄し続ける方法の検討が始まり、定期借地権制度を活用して民間主導で再開発事業が始められた。2006年には北端に商業施設とマンションが入る「高松丸亀町壱番街」が完成し、商店街入口に新たに設けられた高さ日本一（32.2m）のガラス製の円形ドーム下の広場には海外のブランドショップなどが並んでいる。ほかの街区でも、店舗、住居だけでなく医療施設などが入る再開発ビルが建設されている。

高松南部商店街（高松市）
―新世代が取り組む「親子で楽しめる商店街づくり」―

　高松中央商店街のうち国道11号線以南の3つの商店街（常磐町商店街、田町商店街、南新町商店街）は、下町らしさが残っている。2012年に3つの商店街の若い世代が中心になって「高松南部商店街新世代協議会（NASAP）を結成し、人の交流を重視した活性化に取り組んでいる。

　丸亀町の延長に位置する南新町商店街は、高級衣料品店やジュエリー店のほかに若者向けの雑貨店やライブハウスもある。一時、アニメ関係の店舗やメイド喫茶なども進出していたが、現在はない。南新町商店街の南端から南に田町商店街、東に常磐町商店街が伸びる。田町商店街は高松中央商店街の最も南に位置し、食料品店など庶民的な店舗が主体であるが、空き店舗も多い。商店街中央付近にある核店舗マルナカは、ここが発祥の地である。常磐町商店街は、戦後の闇市から高度経済成長期に発展した商店街で、商店街の東にある琴電瓦町駅は3路線が接続する乗換駅で、乗降客は多い。ほかの商店街へのルートになっており、カジュアルな衣料品店や雑貨店を訪れる若年層の往来が目立つ。1996年完成の駅ビル「コトデン瓦町ビル」にはそごう百貨店が入っていたが、天満屋を経て2014年に閉店した。そのほかに、商店街にあった大手スーパーマーケット（ジャスコ、ダイエー）や洋画系映画館なども2000年代前半までにいずれも閉鎖され、衰退傾向が際立っていた。一方で、新たにハローワークの付属機関である「しごとプラザ高松」や「ブリザーズスクエア」が開設された。

　商店街ではオープンスペースをコミュニティスペースとして整備し、空き店舗を利用して、高松市と合併した周辺5町の産品を販売するなどの活

動を進めてきた。親子連れを商店街に取り戻すことを目的に、2013年からNASAPが「商店街親子DAY」をスタートさせ、職業体験などでポイントを貯め、好きなおもちゃと交換できるイベント「かえっこ商店街2013」は大盛況であった。これらの活動を一過性のものに終わらせずに、いかにして商店街の再生につなげるかが課題である。

通町商店街、富屋町商店街（丸亀市）
―空洞化著しい中心商店街―

　丸亀市の中心商店街はJR丸亀駅の南側に広がっている。丸亀城の外堀を埋め立てて広い通りが建設され、国道11号線（現・京極通）になると、駅との間に中心商店街が形成されていった。1922年には丸亀-多度津間に琴平参宮電鉄が開通して、丸亀通町駅が国道11号線の南（現在ドン・キホーテのある場所）に開設されると、中心商店街は2つの駅を結ぶ形になった。中心になるのが通町商店街と富屋町商店街で、東西方向の本町商店街や道幅が広く車も往来するアーケードのある浜町商店街などが2つの商店街をつないでおり、面的に広がっていた。アーケードのある商店街は多くの買い物客で賑わっていたが、2000年頃からは郊外化の影響で空き店舗が目立つようになり、アーケードの多くが撤去された。

　南北に伸びる商店街のうち西側が富屋町商店街で、かつては衣料品店を主体にした商店街であったが、現在は空き店舗が目立っている。2014年にアーケードが撤去され、開放感は出てきたものの、活性化の点では依然として苦しい状況にある。東にある通町商店街は富屋町商店街よりも通りは広く、商店街南出口の向かいに丸亀市役所と丸亀通町駅（1963年廃止後はバスターミナル）があったことから、乗換え客の往来が多く、商店以外にパチンコ店やホテルなどもあった。1979年、バスターミナル跡にダイエーが進出したが1998年に撤退し、通町商店街の通行量は減少し、空き店舗が目立つようになった。2013年にダイエーの跡地にドン・キホーテが進出し、中心商店街の低迷に歯止めがかかったように思われる。商店街ではリニューアルに乗り出そうとしているが、古い街並みを活かして丸亀城などを訪れる観光客をどう取り込むかが課題であろう。

参道商店街、新町商店街（琴平町）
―こんぴらさんの近隣商店街―

　「こんぴらさん」と親しまれる金刀比羅宮と言えば、長い石段の両側に

土産物店や飲食店などが並ぶ参道商店街が知られており、石段途中の南には金丸座（金毘羅大歌舞伎）がある。参道商店街の石段を降り切って左へ折れると、駅との間に神明町にも商店街が伸びている。直進し一ノ橋を渡ったところから始まるのが新町商店街である。

広範囲から参詣客を集めていた金刀比羅宮へは東からの高松街道、北からの丸亀街道と多度津街道などの参詣道があり、燈籠などが整備されていた。新町商店街は前者の、神明町の商店街は後者の街道に位置している。1889年の讃岐鉄道（丸亀-多度津-琴平間、現在はJR）、1927年の琴平電鉄（高松-琴平間）など最盛期には4つの鉄道が開通し鉄道による参詣が主流になると、参詣者の流れも駅を中心としたものになり、駅と参道の間に旅館や土産物店が並ぶようになっていった。神明町の商店街は地元住民を対象とする商店街として発展してきたが、郊外店の開店などによる影響を受けたこともあって、近年は土産物を置くなど観光要素を取り入れようとしている店舗も見られるようになり、参道商店街の一部と見なされるようになった。

一方、金倉川の東には榎井集落などがあり、近隣住民を対象として商店が集まり、新町商店街が形成された。新町商店街は食料品や普段着などを扱う店舗が主体で、かつては商店街の南にはのこぎりの目立て屋や農機具店などもあり、農山村の中心的な性格もあった。近年は、郊外型店舗の立地増加などによる影響で閉鎖する店舗が目立つようになっている。2001年には空き店舗を利用して商店街交流施設「ふるさとこんぴらあいてぃ館」を開設したものの十分機能しないままとなっている。金倉川南側には御旅所（神事場）などの観光資源があり、新たな観光ルートの整備とあわせて商店街の活性化を目指すことが望まれる。

琴平参道商店街（約200m先に新町商店街がある）

38 愛媛県

大街道（松山市）

愛媛県の商店街の概観

　県域が東西に長い愛媛県は、松山市を中心とする中予、今治市以東の東予、西部から南部にかけての南予に区分される。江戸時代、現在の愛媛県の範囲は8藩1天領に分かれていたこと、東部で工業化が進んだことなどにより多くの都市が発達してきた。東予では今治市のほか新居浜市、西条市、四国中央市（伊予三島市、川之江市）、中予では松山市のほか大洲市、南予では宇和島市と八幡浜市が地域の中心都市である。2014年の「商業統計調査」によれば、松山市の小売業年間販売額は四国では高松に次ぐ規模であるが、県全体に占める割合は38％と必ずしも高くない。次いで、今治市（11.2％）、新居浜市（8.2％）、西条市（7.3％）、四国中央市（6.3％）と東予の諸都市が続き、宇和島市（6.1％）までが5％以上である。

　松山市では「大街道」、湊町（「銀天街」）が中心商店街を形成しており、それよりも歴史の古い松山城西側の古町には「本町商店街」があるが規模は小さい。その他、周辺部に商店数50店ほどの商店街が存在し、市街地全域で商店密度が高くなっている。「道後商店街」は温泉客を対象とする観光型商店街であるが、「日本一のお土産商店街」と自称するだけあって、ほかの観光地の商店街とは趣がやや異なっている。中予では「大洲市本町・中町商店街」に隣接する地区は「おはなはん通り」として石畳、レンガ敷き通りにして明治の街並みが再現されている。また、内子町「本町商店街」は木蝋などの取引で栄えた古い街並みとは少し離れているが、内子座など見るべきものは多い。

　東予では今治の中心商店街の存在が大きいが、1980年代の百貨店戦争や、しまなみ海道開通による島嶼部からの人の流れの変化、郊外化による影響を受け、揺れ動いてきた。最近は、個々の商店街を越えた商店関係者のつながりによる再生化への取組みが注目されている。新居浜市と西条市、

合併により四国中央市となった旧伊予三島市と旧川之江市は、起源は異なるが同程度の都市が並んでいるケースとして注目される。昭和初期の工業化により人口が急増した新居浜市では昭和町を中心に、西条市では駅から市役所にかけて、それぞれ1kmを超える長大な商店街が形成されているが、地域密着型商店街としての性格が強い。郊外に大型ショッピングセンターが立地したことにより、商店街は来街者が減少し苦戦しており、西条市では共同店舗開設事業にも取り組んだが、行き詰まっている。

　宇和島市の中心商店街は、南予の広域型商店街として整備されているが、移動手段が限られていることから、宇和島市吉田町、西予市宇和町、同野村町、愛南町城辺など小盆地や海岸沿いの小規模な平野にもローカルな範囲を商圏とする商店街が存在する。また、南予北部から佐田岬半島にかけて商圏を広げている八幡浜市「新町・銀座商店街」は賑わいを見せており、水産物加工品を扱う店舗が多いのが特徴である。

　島嶼部（芸予諸島）では、大三島宮浦、大島吉海に小規模な商店街があるが、今治市内の商店街に依存することが多かった。しまなみ海道の開通により船便利用から自動車利用に変わったことで、人の流れが変わり、今治市の中心商店街に影響を与えたと言われている。

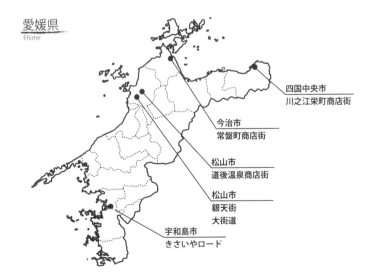

> 行ってみたい商店街

銀天街、大街道（松山市）
― 松山城下の中心商店街 ―

　松山市の中心商店街。伊予鉄道松山市駅から東に伸びるのが湊町商店街（銀天街）、その東端から北へ伸びるのが大街道で、それぞれ500m以上の全蓋型アーケードのある商店街で、周辺一帯には映画館や飲食店が集まっており、四国最大の繁華街を形成している。

　湊町は江戸時代中期以降、城の南に建設された町人町、外側の中心として発展した。1888年には伊予鉄道松山駅（1927年に松山市駅と改称）が開業して以来、松山を代表する商店街が形成されるようになった。松山市駅は郊外線のターミナル、市内線との連絡駅で、1971年に駅ビル建設とともに伊予鉄そごう（現・いよてつ高島屋）が開業し、商店街とは四国唯一の地下街でつながっている。衣料品店、身の回り品店、雑貨店、化粧品店が主体で、松山を代表する老舗も多いが、近年はアパレルやドラッグストアなど全国ブランドのフランチャイズ店の進出も目立つようになってきた。

　大街道は、城の西にある古町から呉服商などが移り住んで町を形成したことに始まり、大正時代に用水路を埋め立ててできた広い通りに商店街が形成されると、大街道という通称が定着するようになった。かつては片側（西側）のみにアーケードがある商店街であったが、1982年に歩行者専用道路への移行に伴い全蓋アーケード化された。銀天街と比べると間口の広い店舗が多く、ファッションや身の回り品などの買回り品店を中心に、遊技場やゲームセンターも多い。商店街北口の三越は、1946年に三越の戦後新規第1号店として開店したもので、周辺にはホテルや「坂の上ミュージアム」（2007年開館）があり、商店街の北の核になっている。

　1960年代には商店街にスーパーマーケットが進出し、いっそうの賑わいを見せていたが、1990年代後半頃から郊外における大型店の進出による影響を受けて閉店が相次ぎ、商店街への来街者は大幅に減少した。閉鎖店舗の多くは新しい複合商業施設に生まれ変わっており、中心商店街としての地位に揺るぎはないものの、広域の中心にふさわしい魅力と厚みのある中心市街地、それにふさわしい商業核への再生が課題となっている。2つの商店街は連携して2005年に「株式会社まちづくり松山」を設立し、事業によって得られた収益で映像装置を数カ所設置し、情報発信などに活

用している。

道後温泉商店街（松山市）
―自称「日本一のお土産商店街」―

　松山市街地東部、伊予鉄道市内線道後温泉駅から道後温泉本館にかけてのL字形のアーケード商店街。明治時代に建てられた道後温泉本館前に発達してきた観光型の商店街で、明治ロマンを感じさせることを活性化の目標にしていることから、「道後ハイカラ通り」を愛称としている。商店主や店員が明治の衣装をまとってパレードをするイベントなどを行っている。

　1911年建設の道後温泉駅を出て、坊ちゃん列車やからくり時計の出迎えを受けて商店街に入ると、道後温泉観光会館があり、観光ボランティア待機所にもなっている。長さ250mほどの通りの両側には土産物店や飲食店など60を超える店舗が並び、店舗の入替りは多少あるものの、空き店舗はほとんどない。各種商品を扱う土産物店というよりも、坊ちゃん団子やタルトなどの銘菓、伊予絣や砥部焼といった特定の名産品を専門的に扱う店が多いのが特徴である。夕食後は浴衣姿の観光客で賑わい、夜10時まで開いている店が多い。逆にパチンコなどの遊戯店が少ないことも特徴であろう。商店街が折れ曲がる地点の北東角には、商店関係者なども利用する共同湯「椿の湯」があるのも、湯の町の商店街らしさと言えよう。

川之江栄町商店街（四国中央市）
―「どっと混む」商店街を目指す近隣商店街―

　JR川之江駅の西側にあり、南北に伸びるアーケードのある商店街。2004年に川之江市と西隣の伊予三島市などが合併して四国中央市になるが、合併前から栄町商店街は駅前通商店街とともに川之江の中心商店街として賑わってきた。現在は40店ほどが営業しており、食料品、衣料品のほか各種の生活用品を扱う店舗が揃っており、地域に密着した商店街として親しまれている。

　郊外スーパーマーケットの進出や住民の高齢化などにより来街者が減少し、空き店舗が目立つようになってきた。特に、1990年代に伊予三島との間にイオンタウンやフジグランなどの大型店が相次いで進出した影響は大きく、商店街としても活性化に向けて取り組んでいる。1993年にはアーケードとカラー舗装を整備し、合併時には記念事業の1つとして情報発信

施設、コミュニティの核として「四国中央ドットコム」を開設し、住民による手作りグッズの販売やパソコン教室の開催などを主催している。また、商店街内に不足している業種を補い、買い物客を誘引する目的で、商店街組合が地元漁協などと連携して、商店街内を市場のように見立てて露台で鮮魚などを販売する生鮮市「食の回廊」事業を実験的に行ってきた。「食の回廊」は2012年から観光物産館「えぇ～もん屋」と統合され、翌年には四国中央ドットコムのなかに販売スペースを設けて常設化された。ほかにも空き店舗の再利用を行い、「どっと混む」商店街を目指している。

常盤町商店街（今治市）
―島々とつながる商店街の変化―

　JR今治駅の北東約500ｍにある公会堂前の交差点を市役所方向へ右折し、しばらく行くと「ドンドビ交差点」に至る。交差点から港方面に伸びるアーケードが常盤町商店街で、アーケードは500ｍほど先で左に折れて少し続く。その先、大通りをはさんで本町商店街が、一方、アーケードの屈曲点からまっすぐ港方向へ新町商店街が続く。ドンドビとは今治城の外堀に当たる金星川を遡って押し寄せる海水を呑んだり吐いたりする樋門（呑吐樋）のことで、金星川の北西側は江戸時代の町人地区で、本町は早くから今治の商業の中心であった。

　明治になり、旧武家屋敷地区と町人地区の境であった金星川端に商店が集まるようになり、1920年の今治港の建設、1924年の国鉄開通により駅と港との往来者が増加した。また、繊維産業の発達も重なって、今治の中心商業地は本町から拡大していった。戦後、島嶼部との間の流動人口が増えると、川端岸が特に賑わうようになり、1950年頃から「今治銀座」を名乗るようになった。広域型商店街として衣料品店をはじめ各種の商店が軒を連ねており、港に近いところは海産物店が多かった。1970年代には百貨店など県外資本の大型店が相次いで進出し、市役所近くに今治大丸、今治高島屋（かつての今治センター）、ニチイなどが立地し、今治は全国有数の流通激戦地と呼ばれるようになる。ちょうど、車社会の到来とも重なっており、大型店が大通り沿いに立地し人の流れが変わったため、常盤町商店街や本町商店街などの通行量は減少し、本町にあった大洋デパートは1977年に閉店するに至った。

　1990年代後半には郊外に大型商業施設が相次いで立地し、中心市街地の空洞化が生じてきた。特に、1999年にしまなみ海道が開通すると、島

嶼部から今治港への船便は減少し、買い物客の流れも大きく変化し、空き店舗が目立つようになった。商店街組合では、空き店舗活用の一環として市民ギャラリーと物品販売を兼ねた「しまなみパティオ」を開設する一方「ほんからどん」という地域商品券が当たるくじの発行などの取組みを行っている。また2000年には、中心商業地内の商店のおかみさんが個々の商店街の枠を超えて「今治おかみさん会」を結成し、「しまなみパティオ」での喫茶店出店やフリーマーケットの実施、情報発信など、活性化に向けて多様に取り組んでいる。

きさいやロード（宇和島市）
―古くから親しまれてきた南予の顔―

　愛媛県南部（南予）の中心都市宇和島市にある広域型商店街。宇和島城の東麓に南北約600ｍの全蓋型アーケードのある商店街で、北東の宇和島駅と商店街の間は飲食店などの多い地区になっている。北から、恵比寿町、新町、袋町の商店街が連なっており、1982年に現在のアーケードに一新され、3つの商店街が一体化し「きさいや（宇和島方言で「お越しなさい」という意味）ロード」と改称した。

　1900年の宇和島城の堀の埋立て、1914年の宇和島鉄道（現・予土線）の宇和島駅開業などにより、宇和島の中心商業地は本町通りから北へ向かって拡大し、本商店街発展の基礎が築かれた。1945年に予讃線が全通し、さらに新橋通りの街区整理（1949年）によって中心商店街としての姿を整えていった。衣服・身の回り品や靴・履物などの買回り品店が主体で、商圏は愛媛県南部から高知県の一部にかけて広がっていた。1960年代後半から商店街内にスーパーマーケットが複数立地し、核店舗として商店街と共存してきた。1980年から3年かけて自動開閉式のアーケードへの改修、カラー舗装を施行し、一新した。一方、商店街に隣接していた市役所が1977年に城の北西に移転したことに加えて、港周辺における道の駅開設、北宇和島駅周辺への大型商業施設の進出などにより、中心商店街は苦戦しているが、南予の中心商店街の地位は維持している。幅員の広い通路の中央は駐輪スペースに充てられ、両側に100を超える店舗が並んでおり、アーケードの老朽化や空き店舗の出現は否めないが、整然とした通りは広域型商店街としての風格を感じさせる。

39 高知県

帯屋町商店街(高知市)

高知県の商店街の概観

　高知県では高知平野を中心とした地域に人口が集中しており、都市機能の高知市への一極集中が顕著である。2014年の「商業統計調査」によれば、高知県に占める高知市の割合は小売商店数で40%弱、年間販売額で50%以上に達している。それに次ぐのは、商店数では四万十市、年間販売額では南国市であるが、高知市との格差は大きい。一方で、地形的制約の大きい県内では、各地に小規模な商業中心地が形成されてきたが、人口減少、高齢化により衰退化が目立っている。また、隣接県との商圏の競合は小さい。

　主な商業集積地は高知市とその周辺に集中しているが、周辺域のそれは主要道路沿いの郊外型のもので商店街と呼べるものはほとんどない。高知市の中心商店街は異なった特徴のある複数の商店街で構成されており、人口規模以上の規模を誇ってきた。高知県は観光立県を目指しており、中心商店街にとっても観光の拡大をいかにして商店街の活性化につなげるかが課題になっている。中心商店街以外では、1960年代までに市街地化された旧市街の愛宕、旭町、升形、菜園場などに早くから近隣型商店街があり、1970年代以降に住宅地化したところでは、北部の「万々商店街」に活気がある。1980年頃から郊外のバイパス沿いに各種商業施設が新規立地し、郊外化が進んだ。2000年に市北部に大都市資本のショッピングセンターが進出したことは、中心商店街をはじめ旧来の商店街に打撃を与えた。

　高知市の買回り商圏は高知県全域に及んでいるとも言えるが、県西部では四万十市中村が独立的な商圏を持ち、複数の商店街からなる面的な商業地区を形作っている。中村に次ぐ商店街は港町須崎市の商業地区で、鍋焼きラーメンによるまちおこしに取り組んでいる。それ以外では、江戸期の土居町や主要街道沿いの在町に由来する地に商店街が見られる。安芸市、

香美市土佐山田町、南国市後免町、土佐市高岡、佐川町、越知町、四万十町窪川、宿毛市などの商店街で、いずれも主要道路に沿った単線型の小規模なものであるが、商店街としての景観を持っていた。安芸、佐川、窪川、宿毛は、江戸期に士族が配された土居町に隣接しており、土佐山田町、後免町は高知平野東部の開発に伴って建設された町場に由来する。その他、東部の土佐浜街道沿いの赤岡、田野、奈半利、室津（室戸市）などの商店街は、地元の商店街として親しまれ、歴史的に見るべきものもあって興味深いが、人口減少や高齢化、郊外店の進出などによる影響は大きく、商店の連続性が薄れたものが多い。

　山間部には商店が数店程度のごく小規模な商業地が存在し、地域住民だけでなく、一時的に流入してきたダム工事従業者などの消費需要に対応してきたが、1970年代後半になると、人口減少、高齢化が深刻になり、加えて公共交通の縮小も進み、商業地はいずれも消滅の危機にみまわれた。このような地域では、縮小する小売り機能に対して早くから移動販売が行われていたが、それも限界にある。いわゆる「限界集落」が多く、広い範囲に買い物弱者が存在する高知県にとっては、小規模な集積地が果たす役割を考え、商業中心地と住民をいかにつなぐかを検討することは喫緊の課題になっている。

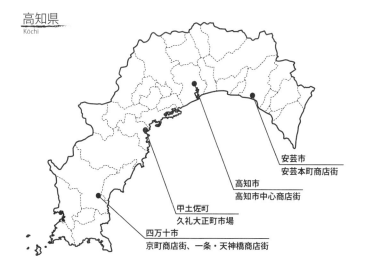

行ってみたい商店街

高知市中心商店街（高知市）
―観光立県の県都の中心商店街―

　はりまや橋付近から西に広がる、東西約1km、南北200mの範囲の高知市の中心商業地区で「よさこいタウン」とも呼ばれる。高知駅前から南に800mほど行くと、東側に木造アーケードが興味深いはりまや橋商店街（旧中種）の入口がある。反対側には京町商店街と壱番街のアーケードがあり、その先は新京橋商店街、帯屋町商店街とアーケード商店街が続き、途中で中の橋通り、大橋通りと交わり、帯屋町の南には並行しておびさんロードがある。帯屋町商店街の西から徒歩約5分で高知城追手門に達する。

　その中心的存在が帯屋町商店街で、約500mのアーケードの両側には買回り品店などが並び、2008年までは県下最高地価点もこの商店街にあった。江戸時代には武家地であったが、明治になって東京に移住した士族の屋敷跡地に商店が並び始め、後に中心商店街になった。京町、新京橋商店街付近は、城下町時代は武家地と町人地の境界に位置し、堀詰（現・中央公園）と呼ばれるあたりが戦前は最も賑わった。現在も核店舗の1つ大丸百貨店が立地し、サンゴなどの観光土産物店もあり、観光客の往来も多い。帯屋町と中の橋通りの交差する地点に、1980年、ダイエーの都心型店舗が進出したが、2005年に撤退した。おびさんロードは1994年に街路整備されたオープンモール商店街で、衣料品店や飲食店が立地し、帯屋町商店街との間は路地で抜けられるようになっている。中心商店街の西端に位置する大橋通りは、鮮魚や海産物、青果を扱う有名店が並び、高知の台所となっていたが、移転、閉鎖する商店も多い。

　郊外化の影響を受けて、中心商店街でも空き店舗が増加し、老舗の移転も見られる。特に、2000年のイオンの進出による打撃は大きく、空き店舗の増加が目立つようになり、商店街の活性化、回遊路の形成が課題となっている。1998年商店街の西北端に「ひろめ市場」がオープンしたことは、新しい核店舗の出現として、活性化につながることが期待されている。名前は、江戸時代この地に家老・深尾弘人の屋敷地があったことにちなんで付けられたもので、土佐の食材を扱う飲食店が主体で、調理されたものを食することもできるフードコートも設けられており、特に週末には多くの観光客で賑わっている。中心商店街の北、追手筋では、日曜日ごとに車道

南半分を歩行者天国として、朝から夕刻まで約420店の露店が並ぶ（日曜市）。野菜や果物など地元農家の出店が多く、特産物の宅配便も受け付けており、高知観光の1つとして人気がある。また、商店街に隣接する小学校が廃校になった跡地に県立図書館の建設が進められており、観光資源の開発だけでなく都心という地の利を活かした新しい核施設の建設も進められている。これらの施設を活かして回遊路を形成し、賑わいを取り戻すための商店街の取組み、発奮が必要である。

京町商店街、一条・天神橋商店街（四万十市）
―おかみさんが手をつなぐ商店街―

　県西部（幡多地方）の中心都市、四万十市中村の広域型商店街。中村は室町時代にこの地に移ってきた一條氏が建設した町で、土佐の小京都と呼ばれる。古い街並みはほとんど見られないが、碁盤目状の道路網の骨格は一條氏時代に建設されたものと言われており、京町商店街の中央を南北に走る道路は一條時代の地図にも見られる。昭和の初め頃まで中村一の商店街で、老舗が多く、江戸時代から続く屋号をかかげた商店も見られる。なかでも紺屋町の染物屋は、一條氏に従って京から来たと伝えられる。京町と直交する一条通りには一条商店街と天神橋商店街が伸びる。一条商店街にはかつては魚市場、青果市場があり、今も食品販売店も多く、四万十市の台所と言える。天神橋商店街は唯一アーケードのある商店街で、京町商店街に代わって最も中心的な商店街になったが、周辺に大型量販店の進出が続いたことにより買回り品店への打撃も大きく、空き店舗が増えてきた。チャレンジショップや市の関連事務所の空き店舗利用を進めており、空き店舗は減少傾向にある。一条通りの南側の大橋通りは、四万十川にかかる赤鉄橋に直結し、四万十川観光の入口に当たり、天神橋商店街との間の栄町には観光客も立ち寄る飲食店が集中する。大橋通りには、市役所や事務所と商店などが混在し、商店街としての連続性は薄いが、駐車場を備えているところが多く、周辺市町村などからの自家用車での買い物に便利である。

　商圏人口の減少、量販店の進出などによりいずれの商店街も苦戦しているなか、関係者の様々な努力が見られる。なかでも、商店街の垣根を越えておかみさんたちが結束した取組みは注目され、「新・がんばる商店街77選」にも選ばれた。各商店のおすすめ手作り品を詰めた「玉姫様の小箱」には、商店街の中ほどにある一條神社境内に湧く「お化粧の井戸」の水で清めた5円玉が「美人のお守り」として入れられており、女性観光客など

にも人気がある。

久礼大正町市場（中土佐町）
―漁師町の市場―

　高知県の中央、土佐湾に臨む中土佐町久礼は映画化もされた漫画『土佐の一本釣り』の舞台となったところで、規模は縮小したが、現在も土佐湾を漁場とした漁業が行われている。集落とそこから臨む久礼湾一帯は、2011年に漁師町としては全国初の重要文化的景観に指定された。JR土佐久礼駅から海岸に向かって徒歩約10分で、カツオの看板を掲げた市場が迎えてくれる。

　天井から大漁旗がつるされた市場内の通路の両側に、鮮魚などを扱う10軒ほどの商店が並び、市場の周辺にも商店が散見される。明治の頃に、漁師のおかみさんがトロ箱1つでその日にとれた新鮮な魚を売るようになったことに始まり、現在も、一般商店の軒先に台を並べて魚や干物を売る女性にかつての姿を見ることができる。その日の昼前に水揚げされた新鮮な魚介が売りで、午後2時過ぎに市場が最も賑わい、観光客の姿も見かけられる。藁でいぶしてカツオのたたき造りを実演している店もあり、市場内の食堂で新鮮な魚などを食することもできる。古くは「地蔵通り」と呼ばれていたが、1915（大正4）年に一帯が火災で焼失した際に大正天皇から復興費が下賜されたことにより町名を「大正町」と変え、市場名も大正市場となった。洗練された近代的商店街からはほど遠いが、漁師町の商店街発生の雰囲気を感じることのできる場所である。

安芸本町商店街（安芸市）
―「商い」にチャレンジする商店街―

　県東部、安芸市の中心市街地にある商店街。江戸時代、家老が置かれ、現在も武家屋敷が残る土居は商店街の北約2kmにある。海岸沿いの土佐東街道（土佐浜街道）沿いに形成された町場が本商店街の起源で、商店街南の通りを中心に高知独特の水切り瓦が壁面にある土蔵も見られる。国道55号線の南側に位置する商店街には60店ほどの店舗が並び、なかには江戸時代末から続く商店もあるが、店舗数は減少傾向にある。1989年に振興組合を結成し、活性化に向けてチャレンジショップ事業や様々なイベントなどに取り組んできたが、2002年に開通した土佐くろしお鉄道ごめん・なはり線の駅に「安芸駅ぢばさん市場」が併設されたことや、国道55号

線北側に量販店が進出するなど、商業環境の厳しさが続いている。

そのようななか、2008年に商店街振興組合が始めた「商い甲子園」は、ほかに例を見ない取組みとして注目される。名称は、「商い」で名をなした三菱財閥創始者・岩崎弥太郎が安芸市出身であることから付けられたもので、高校生がチームを結成して、商店街の通りに設営された仮設店舗でチームごとに設定したテーマに沿った商品を販売するもので、2017年には県内外から16校23チームの参加があった。一方で、地元商店主も希望者に対して「商い実践講座」を開講しており、生徒の学びの場となっているだけでなく、参加校それぞれによる地域活性化にもつながることが期待されている。また、中山間地域が広く、高齢者の買い物弱者が増加していることから、2013年には現地に出かけて物品販売や触れ合いの場を提供する「本町出張商店街」を、2016年には地元スーパーマーケットと連携した「移動販売事業」を始めた。このような取組みが評価されて、2017年に中小企業庁の「はばたく商店街30選」に選ばれた。

コラム

高知の日曜市

　高知市では毎週日曜日に、高知城から東に伸びる追手筋の南側約1.3kmを歩行者天国にして日曜市が開催される。300年以上の歴史があり、曜日を替えて市内4カ所で開催される街路市のなかで最も規模が大きい。野菜、果物をはじめ植木、古道具などを扱う露店が400店以上出店しており、市民の購買の場であり、生産者と消費者のコミュニケーションの場となってきた。近年は、観光客にも人気の観光資源にもなっている。日曜市の特徴として、午前中だけ開催される輪島や高山の朝市とは異なり、夏期は5時から18時まで（冬期は5時〜17時30分）開催される。市の立つ通りは商店街ではないが、中心商店街と共存して賑わいを創出してきた。明治時代には、帯屋町筋が街路市を誘致して成長したと言われている。

　全国各地の市は、その歴史や開催場所、時期、時間帯など様々であるが、いずれも商店街となんらかの関係を持ってきたと言える。伝統的な市だけでなく、土曜夜市のように、商店街が活性化のために新しく始めた市もある。

40 福岡県

川端通り商店街（福岡市）

福岡県の商店街の概観

　石炭産業と工業化により発展してきた福岡県は、福岡市と北九州市の2つの政令指定都市に久留米市を加えた3市が、県内の商業中心都市として県域を分割してきた。福岡市は九州全体の中心都市としての性格を強めており、北九州市の影響は下関側にも及んでいると見られる。3市に次ぐ地域中心としては、県東部の行橋、南部の柳川、大牟田、筑豊地方の飯塚が挙げられる。

　2014年の「商業統計調査」によれば、県全体の小売業販売額に占める割合は、福岡市が62％、北九州市が13％で、第3位の久留米市は3.8％と規模が小さい。人口1人当たり販売額が県平均を超えているのは福岡市のみである。1970年には福岡市以外に、久留米市など6市が県平均以上であった。この間、福岡市への集中化が強まったと言える。

　福岡市の中心商店街は、博多側の川端地区と福岡側の天神地区、両者の間に位置し飲食店の多い中州に分けられる。西鉄線の駅周辺に百貨店など大型商業施設が集中する天神に対して、川端の中心はアーケード商店街と、対照的である。天神地区への商業集積の拡大は周辺地域からの吸引力を高めた。一方、1996年に川端地区の南端にキャナルシティ博多がオープンしたが、ターミナルからのアクセスが課題である。中心商店街以外では、鉄道駅前などに形成された近隣商店街のなかでは、中心部から電車で20分程度のところに位置する「香椎」「西新」「雑餉隈」などの規模が大きかったが、郊外化の進展などの商業環境の変化もあって、苦戦しているところが多い。

　北九州市は1963年に工業都市や港湾都市5市が合併して生まれたもので、合併前からそれぞれの市に商店街が形成されていた。なかでは小倉の「魚町」「京町」と八幡の「黒崎」の規模が大きく、北九州市の中心商店街と

しての地位を築いていた。近年は小倉駅周辺への集積が拡大しているのに対して、黒崎はやや停滞気味である。このほか、小倉区の「旦過市場」や若松区の「大正町商店街」など、レトロな商店街が現役商店街として地域住民に親しまれている。北九州の産業化の基盤となった筑豊では直方、田川、飯塚の3市が鼎立してきたが、石炭産業の斜陽化、人口減少により、商店街は衰退してきた。3市は都市としての起源や炭鉱との関わりが異なり、商店街の様相も異なる。城下町に起源する直方では町人町に由来する「本町商店街」が老舗も多い商店街として賑わっていたが、衰退化が著しい。伊田と後藤寺が合併してできた田川市は市街地が2つに分かれており、中心商店街は形成されなかった。長崎街道の宿場町から発達した飯塚の商店街は、近隣の中小炭鉱から顧客を吸引し、筑豊一の商都として賑わい、閉山後も内陸交通上の優位性を活かして都市再生に取り組み、商店街も活気がある。

　県南では、久留米市の中心商店街が筑後平野一帯に商圏を広げていたが、近年は周辺市町に大型商業施設の立地が相次いだこともあって、広域圏からの吸引力は低下している。石炭産業で発達した大牟田市は、人口規模は大きいが、商業活動も三井資本に抑えられていたこともあって、商店街の形成は弱かった。その他、大川市の家具、建具店の多い商店街、城下町柳川の観光の中心お堀巡り乗船場から続く商店街がある。

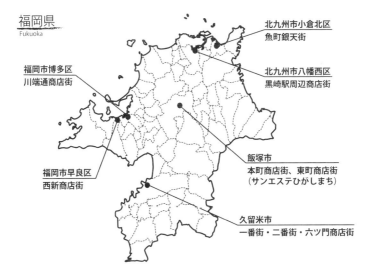

行ってみたい商店街

川端通商店街（福岡市博多区）
―商人町・博多を代表する老舗商店街―

　JR博多駅から地下鉄空港線に乗って3分足らずで中洲川端駅に到着する。駅前の明治通り沿いには1999年に開業した「博多リバレイン」がある。川端通り商店街は、明治通りから南東方向へ博多川に沿って約400mのアーケード内に100店舗あまりの商店が立ち並び、活気あふれる博多を代表する老舗商店街である。ちょうど北側の「博多リバレイン」と南側の「キャナルシティ博多」の2つの大型複合商業施設にはさまれたところに商店街が立地している。休日には1日で2.5万人もの買い物客が訪れる盛況ぶりである。

　商店街のなかは、衣料品や靴などの服飾雑貨から、博多人形や飲食店、美容室、フラワーショップまで様々な業種構成である。なかでも、特徴的なのは仏壇・仏具店が多いことである。これは商店街の近くの祇園町付近に寺院が多く、寺町を形成していることにも起因しており、仏壇販売で全国展開をしているチェーン店の本店もこの商店街のなかにある。また、博多名物川端ぜんざいと銘打った「川端ぜんざい広場」もあり、ぜんざいを味わいながら休憩できるスペースがつくられ、観光客をはじめ多くの人で賑わっている。

　福岡市の中心商店街は、この川端通り商店街と西側の中洲をはさみ、那珂川左岸の天神地区に新天町商店街があり二大商店街と呼ばれている。戦前から戦後にかけて、川端通り商店街付近は福岡市内最大の繁華街として賑わっていた。しかし、1963年の国鉄博多駅の移転や、1970年代後半からの天神地区への商業集積の拡大などの影響から、川端通り付近の商店街の地盤沈下が進行してきた。立地条件を見ても、福岡の二大ターミナルであるJR博多駅と地下鉄天神駅・西鉄福岡駅の間にはさまれていて、恵まれているとは言いがたい。

　そこで、商店街の北にある博多リバレインと南にあるキャナルシティ博多と協力して、回遊性を高める施策に乗り出した。1996年にキャナルシティ博多が開業した時には、「川端通りはキャナルシティ博多の楽しい近道です」のキャンペーンを行い、さらには、1999年のリバレイン博多開業に合わせて、商人町「博多部」再生の基盤である地域の一体化をさらに

推し進めた。現在では商店街と周辺の大型複合商業施設の両者が手を結び、天神地区やJR博多駅とは一味違う「博多の心に出会う街」をコンセプトにした独自のまちづくりを進めている。

西新商店街（福岡市早良区）
―リヤカー部隊とサザエさんが生まれた街で有名な商店街―

　福岡市西部の副都心的な役割を持つ西新は、都心の天神駅まで地下鉄で約7分、博多駅まで約13分とアクセスが良く、福岡市内では天神、博多に次ぐ繁華街である。近くには、西南学院大学や修猷館高校などの学校も多く、学生街としての顔も持っている。江戸時代には、小倉から博多を通り唐津へ向かう「唐津街道」沿いにあり、現在の北九州市と佐賀県唐津市のほぼ中間地点に位置している。

　西新には西新中央商店街をはじめ7つの商店会があり、280あまりの商店からできていて、総称して「西新商店街」と呼ばれている。この西新商店街で名物と言えば、リヤカーに生鮮品や漬物、野菜、魚介類などの食材を載せて販売する「リヤカー部隊」である。多い日には商店街に十数台のリヤカー部隊が営業をしている。リヤカーを率いるおばちゃんと買い物客の対面販売でのやりとりの楽しさが大きな魅力となっている。もともと、戦後に露天商を中心にリヤカーを使った営業が始まり、最盛期には100台以上のリヤカーであふれていたが、近年は減少傾向にある。これまでは生鮮食料品を主に扱う店が多かったが、最近の傾向として、外国人店主のサンドイッチ店など、テイクアウトの店も見られるようになってきている。このサンドイッチ店は、既存店舗のブランチとしての位置づけであるが、店主はリヤカーの雰囲気を好んで、リヤカーに商品を載せた移動販売も増えつつある。商店街のなかでリヤカーが営業する光景は全国的に見ても珍しく、ぜひ商店街に行ってみていただきたい。

　また、西新は漫画『サザエさん』の作者である長谷川町子が住んでいた場所で、サザエさんの連載も福岡の地方新聞で1946年に始まった。長谷川町子が住んでいた場所には「磯野広場」があり、「サザエさん発案の地」の記念碑が建てられている。西新商店街北側から海に向かう約1.6kmの道は、2012年に東京都世田谷区桜新町に次いで「サザエさん通り」に改称された。ここにはサザエさんのモニュメントやマンホールがつくられ、サザエさんを軸としたまちづくりへとシフトしている。

魚町銀天街（北九州市小倉北区）
―小倉駅に近接する日本で最初にアーケードをつくった商店街―

　1951年日本初のアーケードをつくった商店街として知られている魚町銀天街は、「銀の天井に輝く街」になるように願いを込めて名づけられた。魚町銀天街は、JR小倉駅から南下するメインストリート平和通りと並行して西側にある、南北全長約400mの全蓋式アーケード商店街である。商店街は小倉駅南口から魚町1丁目、2丁目、3丁目と3つに分かれている。隣接して、小倉井筒屋百貨店や、リバーウォーク北九州などの大型商業施設もあり、小倉を代表する中心商業地域となっている。

　小倉市が市制施行した6年後の1906年に「えびす市」が始まり、商店の主人が仮装した祭りやくじ引きが行われ、商店街の原形がつくられた。昭和の初め、1930年頃の魚町には飲食店はほとんどなく、呉服、履物を中心とした物品販売の店が中心であった。戦後になると、「自分たちでアーケードをつくろう」という話が商店主たちの間から起こり、資金を出し合い、役所の賛同を得て、ようやく完成にこぎつけたとのことである。アーケード完成時には盛大なパレードも行われ、小倉駅と門司港を結ぶ商店街送迎バスも走っていた。

　小倉周辺に大型商業施設が増加し、客足の流れに歯止めをかける取組みも積極的に行われている。魚町銀天街だけでなく、周辺の小倉中央銀座商店街、京町銀天街、魚町グリーンロード、旦過市場など多くの商店街が協力して取り組む動きが活発化している。商店街内の空きビルを再生して「リノベーションまちづくり」を積極的に行い、商店街エリアの再生事業が盛んである。また、外国人観光客をターゲットにしたゲストハウスの設置や三カ国語（英・中・韓）対応の商店街ガイドマップ製作などにも取り組んでいる。こうした様々な取組みが功を奏し、商店街への買い物客数も増加傾向で、全国の自治体や商店街関係者が魚町銀天街の視察に訪れている。

黒崎駅周辺商店街（北九州市八幡西区）
―黒崎再生をかけて取り組む、宿場町の商店街―

　旧長崎街道の宿場町に起因し、街道沿いに古くから商店街が発達していた黒崎は、小倉に次ぐ商業地としてたいそう賑わっていた。駅北側には三菱化学や安川電機をはじめとする工業地域が広がり、南側にはいくつもの商店街が駅から放射状に形成された。また、黒崎駅は交通の結節点として

機能し、筑豊炭田への玄関口としての役割も果たしており、直方方面とは筑豊電鉄で結ばれ、炭鉱町からも多くの買い物客が黒崎へ来ていた。

しかし、1980年代まで順調であった黒崎駅周辺商店街も、1990年代以降はモータリゼーションの進展に伴い、郊外型大型商業施設が進出したことに加えて、小倉や博多へ気軽に買い物に出かけられることから、黒崎のまちとしての求心力も徐々に低下していった。

JR黒崎駅南口から「新天街」「カムズ黒崎（名店街・一番街）」の2つのアーケード商店街が、放射状に整備された街路に沿って立ち並んでいる。この2つの商店街の南東端に、「熊手通り商店街」「藤田銀天街」の2つの商店街が宿場通りをはさんで連結して伸びている。現在では、シャッター通り化している部分も見られるが、かつては「九州一の売上げを誇る銀天街」との異名を付けられていたほどの賑わいを見せていた。

一番街・二番街・六ツ門商店街（久留米市）
―筑後平野の中心都市の中心商店街―

筑後平野の中心に位置する城下町に起源を持つ久留米市は、1889年に市制施行し、古くは久留米絣、明治以降は足袋産業から発達したゴム工業などを背景に、県内第3位の人口を有して、福岡市の通勤圏にありながらも独自の経済を形成している。また、大学・短大が4校存在し、文教都市としての性格もある。JR線と西鉄線、九州自動車道が通じる交通の要衝でもあるが、JR久留米駅と西鉄久留米駅は約2km離れていて、2つの駅をつなぐ形で市街地が形成されてきた。

筑後川を背後に築城された久留米城は、JR久留米駅の北方約1kmのところに位置しており、六ツ門は城下町の東側に配置された町人町の東端に当たる。1924年に西鉄久留米駅が開設され、市街地は東に拡大し、1970年から始まった西鉄久留米駅の高架化と駅周辺の整備によって、現在見られるような中心商店街が形成されるようになった。全体で10の商店街から構成され「久留米ときめき通り商店街」とも呼ばれる中心商店街の主軸が、西鉄久留米駅西口の駅前商店街と、その西、一番街、二番街、サンロード六ツ門と続く約800mのアーケード商店街である。商店街の北には業務街である明治通りが走り、北側の文化街は800ほどの飲食店が集まる飲食街となっており、久留米が発祥の豚骨ラーメンや名物の焼き鳥を提供する店も多い。また、商店街の南を流れる池町川沿いは緑道となっており、界隈は昭和の香りを残す街並みを楽しめ、市民の憩いの空間となっている。

井筒屋（六ツ門）と岩田屋（西鉄久留米駅東口）の2つの百貨店が存在し、広域商店街として筑後地方一帯に商圏を広げていた。現在もアーケード内だけで約200の小売店やサービス店が存在するが、井筒屋は2006年に閉鎖され、跡地には、音楽ホールや劇場などが入る複合文化施設久留米シティプラザが2016年にオープンしている。1990年代後半から福岡市天神地区の整備、周辺町村における大型商業施設の立地増加などにより、久留米市の中心商店街ではアーケードのリニューアルなどを行うものの、広域商圏内における吸引力は低下した。そこでバリアフリー化を目指したまちづくりに取り組み、2003年に整備された六角堂広場では電動スクーターや車いすの貸出しを行うようになった。六角堂広場は屋根付きになり、久留米シティプラザ内に移されている。また、6月の最終土曜日から8月の第1土曜日まで（6回）、毎週土曜日に土曜夜市を開催しており、中心商店街に金魚すくいやヨーヨー釣りをはじめ、様々な飲食、小物、雑貨の露店が並び、縁日の雰囲気を楽しめる場となっている。

本町商店街、東町商店街（サンエステひがしまち）(飯塚市)
―筑豊の中心都市のドーム型アーケード商店街―

飯塚市は福岡県のほぼ中央に位置する筑豊地域の中心都市である。人口は約13万人で、福岡市、北九州市、久留米市に次ぐ県下第4位の規模を誇る。かつては筑豊炭田の中心地で、長崎街道の宿場町として知られていたが、現在は2つの大学を有する学園都市として、また、電車で博多へ40分、小倉へ55分以内で行けることから、福岡市・北九州市への通勤・通学圏という利便性の良い都市でもある。

1960年代後半からの石炭産業の衰退に伴い、炭鉱の閉山による過疎化が進んだ。その後、1966年に近畿大学が、1986年に九州工業大学が市内にキャンパスを設置したことにより、炭鉱都市から学園都市へと脱却した。

飯塚市内には市中央部を流れる遠賀川をはさんで6つの商店街がある。JR新飯塚駅から遠賀川の間には新飯塚商店街があるが閑散としている。中心商店街として賑わっているのは遠賀川の向こう岸にある本町商店街と東町商店街であるが、駅からは少し離れていて徒歩で約20分かかる。本町商店街は長崎街道沿いにできた商店街でイタリア・ミラノのエマヌエル二世街を模したドーム型のアーケードが特色となっている。市内の商店街のなかでは最も店舗数も多く、かつては商店街のなかに筑豊唯一の百貨店・飯塚井筒屋（1949年開店）もあったが現在は閉店している。さらに連続

してつながる東町商店街（サンエステひがしまち）があり、本町商店街と比べると幅員は狭いがドーム型アーケードになっている。商店街の出口付近には、筑豊の芝居小屋として生まれ、大衆演劇や歌舞伎で有名な嘉穂劇場（1931年開館）もある。また、2つの商店街の近くには鮮魚店や精肉店などが集まった公設市場がある永楽町商店街もあり、市民の台所として賑わっている。

飯塚市の中心商店街は鉄道駅からも遠く、郊外部のロードサイドを中心とした大型店出店の影響も受けているが、商店街同士が結束して大売出しイベントや商店街ツアー、商店街情報誌発行など魅力ある商店街活性化事業を次々と打ち出し、「がんばる商店街77選」にも選ばれている。

コラム

屋台と商店街

ラーメン、博多一口餃子、天ぷら―福岡市には歓楽街の中洲付近、都心の天神などにこれらを楽しめる屋台が集中しており、重要な観光資源となっている。夕刻、曳かれてくる屋台は営業場所・時間などを定めた市条例に基づき、連なるように営業しており、さながら"飲食商店街"の様相を呈している。道路占有、公衆衛生などの課題から他の都市で屋台が姿を消すなか、厳格なルールのもとで営業されている福岡市の屋台数は、出店者を募りながら100軒以上に維持されており、今後も楽しむことができそうだ。

また県内では、久留米市や北九州市でも屋台が営業されている。その数は減少傾向にあるが、屋台から商店街などでの固定店舗営業へと転換する例もあり、屋台は地域の食文化創出に寄与してきたと言う。客がその灯りに郷愁を感じ、料理に舌鼓を打つ屋台が、地域の飲食業や食文化へ担ってきた役割は大きい。

福岡市天神の屋台（2019年5月撮影）

41 佐賀県

唐人町商店街（佐賀市）

佐賀県の商店街の概観

　佐賀県の歴史は古く、伊万里市腰岳遺跡から産出された旧石器時代後期の黒曜石は、本州や朝鮮半島南部まで分布する。また、わが国最古級の水田遺跡の菜畑遺跡、『魏志倭人伝』に登場する末廬国は、唐津市周辺にあったとされる。弥生時代の大規模集落「吉野ヶ里遺跡」はわが国の古代史解明に大きく寄与している。8世紀中頃に編纂された『肥前風土記』は現存する数少ない史料で、佐賀県の歴史の古さを証明している。

　近世に入ると、佐賀城に鍋島氏が入封し35.7万石の大藩を築いた。佐賀藩は常時財政負担に見舞われながらも、長崎街道があったため諸外国の情報や先進技術と接する機会が多く、諸外国の文物が流入しやすい環境にあった。佐賀城下の白山町と呉服町は大藩のお膝元として栄えた。この町の経済を支えてきた地元経済人が残した銀行や屋敷など、明治から昭和初期の建造物が点在している。

　武雄市は長崎街道の本陣に温泉を置き、殿様たちも入浴したという。また、この街道は外国人の往来や諸国の文物の流路としての機能を果たし、ゾウやラクダも闊歩したという記録も残る。街道に沿って各地に商店街が成立し発展した。鳥栖市の「田代宿」もその1つで、この地は対馬藩の飛び地であったため大陸の医術が伝わるとともに、交通の要所に位置していたことから売薬が栄えた。鳥栖市には今日も大手製薬メーカーが立地する。近代に入ると、鳥栖市は鉄道の分岐点として大きく発展し、物流の拠点としての地位を築いた。今日では「九州のクロスロード」と称され、九州自動車道、長崎自動車道、大分自動車道が交差し、物流拠点となっている。また、物流基地内にアクセスの優位性を活かして「鳥栖アウトレットモール」が立地し、大変な賑わいを見せている。その一方、福岡市の商圏に完全に取り込まれ、中心商店街の機能低下は著しい。

県の北西部玄界灘に面する唐津市は、古くから大陸・半島との交流がさかんであった。近代に入ると、周辺で炭鉱開発が進み、その積出港として飛躍的な発展を遂げる。商店街には、地域経済を支えた先人たちが残した建造物が現存し、これらを活用して賑わいを取り戻そうという取組みが行われている。伊万里市は、オランダの東インド会社が有田焼を「IMARI」の名称で輸出したことから世界的な地名となった。他方、鍋島藩の御用窯が伊万里市大川内山に置かれ、「鍋島焼」と称されている。伊万里の市街地には陶磁器のモニュメントが点在し、「陶磁器の町」を演出している。商店街もこうした環境のなかで立地している。

　その他、羊羹の町として名高い小城市、有明海に面した鹿島市の商店街でも、それぞれ城下町の雰囲気を活かした取組みが行われている。

　佐賀県は福岡市とのアクセス向上とともに時間距離が短縮され、その影響下に入りつつある。県都佐賀市も福岡市から1時間圏内にあり、商店街は苦戦している。唐津市も、JR線は九州最大の商業地天神まで乗り入れ、商圏のみならず通勤・通学圏に取り込まれている。こうした状況下、県内各地の商店街ではいずれも地域の活性化に向けた積極的な取組みが行われている。

> 行ってみたい商店街

白山(しらやま)商店街、呉服町商店街（佐賀市）
―藩政下から続く歴史的環境の発信を模索する商店街―

　佐賀市は人口23万人で、全国の県庁所在地のなかでも下位に位置する。しかし、江戸時代は、鍋島氏35.7万石という全国有数の大藩であった。今日の街路は、城下町の町割りをほぼ受け継いでいる。佐賀藩は領内に自治領が多く、さらに幕府から長崎の警備も任され常に貧窮していた。一方、長崎と接することで諸外国の情報入手が比較的容易であった。こうした背景により、明治維新を先導する先見性が醸成されたと言われている。

　佐賀城下を長崎街道が東西に貫き、白山商店街と呉服町商店街はこの街道に沿って展開している。白山町の地名は1591（天正19）年の文書に見出され、佐賀城下町成立当初から存在していた。また、呉服町の町名も1789年の文書に城下三十三町の1つとして列挙され、藩政下に由来する歴史ある商店街である。

　長崎街道はほぼ当時のまま保たれているが、この由緒ある街道に1980年に「白山名店街」と称するアーケードが設置された。そのうえ、アーケードに面して複合ビルが建てられ、街道は一部消滅してしまった。大駐車場を備えた郊外型大型商業施設の開業が相次ぎ、その影響で客足は遠のいている。白山商店街は近年店舗数が微増し、現在、およそ130店が営業している。しかし、その半数は飲食店で占められ、増加した店舗のほとんどはこれに当たる。

　一方、呉服町商店街は30店舗弱と小規模であるが、衣料品店、青果店、精肉店、文具店、スポーツ用品店などが並び、地元住民の生活に根ざした商店街と言える。この商店街に隣接する柳町界隈は、和洋の建造物と街路が一体化した景観をなし、散策コースとして人気が高い。柳町を訪れる人々を商店街に引き寄せる工夫が必要ではなかろうか。また、佐賀市は全国一多く「恵比寿像」が祀られている町と言われており、長崎街道沿いにも多く現存し、両商店街ではこれを巡る散策コースを紹介している。

　近年では、毎年10月から11月初旬にかけて行われている「佐賀インターナショナルバルーンフェスタ」が世界的に注目を集め、今では80万人を超える人々が見学に訪れる一大観光イベントとなっている。2016年には、両商店街に隣接する松原町に「バルーンミュージアム」が開館した。今後

は、この新しい施設と定着したバルーンフェスタを有効に活用すべきだろう。

　白山商店街と呉服町商店街は、買い物客の足は遠のいたものの、豊富な歴史的資源を活用することによって、市民憩いの散策路、そしてまた観光客が集う散策路として最良の条件を備えている商店街と言えよう。

皿山通り商店街、トンバイ塀通り商店街（有田町）
―焼き物の町とともに発展してきた個性的な商店街―

　佐賀県西部に位置する有田町は、人口およそ2万人を有し、「有田焼」の産地として名高い。有田焼は1616年に佐賀藩主・鍋島直茂が朝鮮出兵の帰路連れ帰った陶工李三平（和名：金ヶ江三兵衛）がこの地にやって来たことに由来する。陶磁器の窯元および販売店舗が数多くあり、独特の景観を形成している。

　有田町の皿山通り商店街、トンバイ塀通り商店街は、ともに1991年に「有田町有田内山」として重要伝統的建造物群保存地区（重伝建地区）に選定されたエリア内に位置する。両商店街の表通りには、有田焼を扱う商家、有田焼の窯元の屋敷、さらに洋館並びに社寺建築など、和風から洋風まで多様な建造物が立ち並んでいる。さらに、商店街の名称にも使われているトンバイ塀と称される独特の景観も形成している。この塀は、登り窯の廃煉瓦や壊れた皿などを材料にしており、製陶技術の秘密を守るために作られたと言われている。

　両商店街には有田焼を扱う店舗が軒を連ね、その数は一般商店を大きく上回っている。地元ではこうした特性を活かして様々な取組みを行っている。とりわけ、毎年ゴールデンウィークに開催される『有田陶器市』は、115回の開催（2018年現在）を誇る伝統行事で、120万人もの観光客が押し寄せる全国的なイベントとなっている。その他、11月23日前後には「秋の陶磁器まつり」、2～3月には「有田雛のやきものまつり」を開催し、ともに多くの観光客で賑わっている。

　「焼き物の町」として形成され歩んできた独特の歴史背景のもと発展して来たのが皿山通り商店街、トンバイ塀通り商店街である。ゆえに、一般的な商店街というよりも「焼き物の商店街」といった様相を呈している。これは全国的に見ても唯一無二の存在と言える。この独特な雰囲気を持った商店街は、有田焼を品定めしながらのんびりと散策すべきである。

武雄温泉商店街（武雄市）
―長い歴史を持つ温泉と長崎街道沿いに展開する商店街―

　佐賀県西部に位置する武雄市は、人口およそ5万人を有する古い温泉地である。武雄温泉はすでに、8世紀中頃に編纂された『肥前風土記』に記されている。また、神功皇后が凱旋帰路に立ち寄り温泉を発見したという故事に習い、柄崎(つかざき)温泉と呼ばれた。江戸時代になると、国際都市長崎に続く長崎街道がこの地を通り、「塚（柄）崎宿」が置かれた。この街道は諸外国の珍しい品々が行き交い、特に当時貴重な砂糖は珍重され、街道沿いには「カステラ」「丸ぼうろ」などの菓子製造が発展し、「シュガーロード」とも呼ばれている。武雄温泉商店街はこの長崎街道に沿って位置する。

　明治期になると武雄温泉の人気は高まり、全国屈指の入浴者数を誇る温泉地となった。1915年には、東京駅の設計者・辰野金吾が手がけた「武雄温泉楼門」が完成し、2005年「武雄温泉新館」とともに国の重要文化財に指定されている。

　今日の武雄温泉商店街は、案内施設「まちなか案内所」を核として展開しているが、商店はわずか十数店舗だけで、その多くは飲食店で占められており、「温泉街」としての名残はとどめていない。また、温泉観光地としては珍しく「まちなか案内所」以外で土産を購入できる場所がない。観光客の関心が「武雄温泉新館」と「楼門」に集約され、商店街まで足を運ぶ観光客はまれのようである。

　商店街も対応策を実施し、その1つとして「武雄温泉しあわせの朝」と銘打って、「朝散歩」「朝カフェ」「楼門朝市」などの催しを行っている。「まちなか案内所」では種々の手作りマップを用意し、素朴ながらも心温まる配慮が伝わってくる。近年、商店街には個性的な専門店の出店も見られ、今後が楽しみである。今後、武雄温泉の古くて多彩な歴史を感じながら散策するには絶好の商店街となっていくであろう。

呉服町商店街、中町商店街（唐津市）
―中心市街地の再生を担う新たな取組みを始めた商店街―

　唐津市は佐賀県の北西部に位置し、玄界灘に面した人口12万人の都市である。明治以降、海運と炭鉱開発によって栄え、経済も飛躍的に発展した。市中心街には地元経済を支えた旧唐津銀行、三菱合資会社唐津支店などの近代建築物が残っている。また、唐津と言えば「唐津くんち」が有名

である。この祭礼は、1819年に伊勢参りの帰路京に立ち寄り祇園祭に感激した町人・石崎嘉兵衛が唐津神社に獅子頭を奉納したことから始まった。

　呉服町商店街と中町商店街は唐津市中心部に位置し、旧唐津銀行にも近く、近代期の唐津発展の推移を見届けた商店街と言えよう。呉服町商店街は1964年にアーケードが設置され、入口に「唐津くんち」の意匠が取り付けられていた。最盛期には170ｍの街路に50店舗が軒を連ねていたが、現在では20店舗あまりが営業するにとどまっている。このアーケードは老朽化が進み、安全上も問題視されるようになったため、2015年に撤去された。これを契機に、通りの名称も「五福の縁結び通り」に改称した。商店街協力組合は、不要となったアーケードの維持管理費を新たな出店希望者の支援に充てるなどの対策を講じている。また、この商店街はJR唐津駅とバスターミナルの中間点に位置するため、唐津市はこの商店街のファサードを整備して、2つのターミナルを結ぶ回遊路の形成を目指している。

　隣接する中町商店街は、およそ90店舗が軒を連ねる中心市街地で、最大規模を誇る。ここは鮮魚店の数が多く、古くから「唐津の台所」と称されてきた。近年では、2月下旬に「かきまつり」を開催している。また、昭和初期の洋式建築物を利用したカフェが開業するなど、地域の歴史的特性を活かした取組みが始まっている。

　呉服町商店街と中町商店街は、ともに唐津市の中心市街地の一角を占め、唐津市の推移を見守ってきた商店街と言えよう。今後は「近代化」をキーワードとしたまちづくりが進められるものと期待している。

42 長崎県

浜の町商店街（長崎市）

長崎県の商店街の概観

　長崎県は人口135万人、九州地方7県のなかでは、福岡、熊本、鹿児島に次ぐ人口規模で、第1位の長崎市（42.1万人）、2位の佐世保市（25.1万人）の両市で県の人口の半分を占めている。また、県内には多くの島（594島）を有し、県の総面積の約46％は島である。現在の長崎県は、明治維新までは幕府直轄地としての天領と、佐賀、大村、島原、平戸、福江、厳原の諸藩に分かれていた。1876年、肥前の国に属する旧佐賀県全部を長崎県に移管し、肥前、壱岐、対馬の3国21郡の県となったが、後に旧佐賀県が分離し現在の長崎県となった。

　長崎県の各都市のなかでは、長崎市と佐世保市に商店街が集中している。人口規模では第3位の諫早市（13.6万人）、4位の大村市（9.4万人）と続き、以下、南島原市と島原市が4.4万人とほぼ同数である。諫早市と大村市、島原市には比較的大きな商店街が存在しているが、大規模店舗の郊外立地化が進み、「まちなか」の商業機能の衰退が進んでいる。しかしながら、商店街の空き店舗率は県全体で12.0％（2015年度）と全国の空き店舗率14.6％と比べて、2.6ポイント低い。また、県内のショッピングセンターの総数は2014年現在で27あり、九州7県のなかでは、福岡（126）、熊本（49）、大分（30）に次いで4番目である。店舗面積が5万 m^2 を超える大規模店舗が福岡県には9店舗、熊本県には3店舗、大分県には1店舗あるが、長崎県には存在しない。県内には最大で2万 m^2 台の店舗が長崎市に3店舗、佐世保市に2店舗、大村市に1店舗と、合計で6店舗にとどまっている。

　長崎市は市街地の周囲が山に囲まれているという地形的要因から、郊外型の大型商業施設が比較的少なく、「浜の町商店街」（「浜市アーケード」）や「新大工商店街」などの中心商店街が賑わいを見せている。一方で、2000年代以降には、長崎港大波止に「ゆめタウン夢彩都」、JR長崎駅前に

「アミュプラザ長崎」などの大型商業施設が進出し、中心商店街も楽観できない状態となっている。佐世保市は人口規模25万人の地方都市の商店街としてはアーケードの規模も大きく活気もあり、全国の商店街からも多くの人が視察に訪れるほどの人気である。その要因の1つとして、長崎市と同様に、海と山に囲まれた地形的条件から中心市街地の拡大が限定され、コンパクトな都市構造が維持されており、中心商店街が駅から徒歩圏内にまとまって立地していることが大きい。2012年に長崎県が行った『消費者購買実態調査報告書』によると、長崎市民の買い物先の86.1％が長崎市、佐世保市民の買い物先の75.4％が佐世保市といずれも1位を占めている。両市とも3位に通信販売がそれぞれ4.3％、5.4％を占めており、佐世保市に本社を構える日本有数の通信販売会社の影響も見逃せない。

　また、長崎県は47都道府県のなかでも最も島が多い。なかでも、飲食店や土産物店の多い五島の福江商店街や週末になると韓国からの観光客も押し寄せる対馬の厳原・川端通商店街、まち歩きに最適な平戸・みやんちょ商店街、壱岐・郷ノ浦町商店街などが島の商店街として知られている。

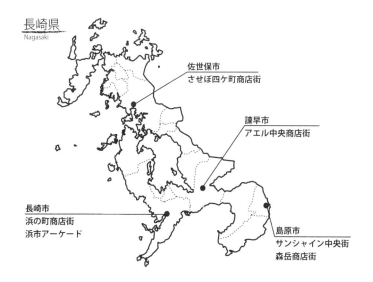

> 行ってみたい商店街

浜の町商店街、浜市アーケード（長崎市）
―長崎県下一の繁華街にある中心商店街―

　長崎市内には商店街が主なところだけでも20近くある。なかでも県下最大の商業地は、浜の町商店街で、その中核の浜市商店街は1902年に発足し、日本で2番目に古い商店街と言われている。浜市商店街は長崎電気軌道路面電車の西浜町電停前から東西方向に伸びる全長350mの「浜市アーケード」と、アーケードの途中から南北方向に伸びるアーケード「ベルナード観光通り」からなり、長崎一の繁華街を形成している。長崎では「まち」と言えばこのエリアで、「浜の町」「浜町」と書いて「はまんまち」と発音する。浜町の名の由来は、浜辺の新開地ができたことから地名が付けられたと言われている。この界隈を散策することを「浜ぶら」と呼び、明治から創業する老舗の店が多く、浜市アーケードだけでも約150店舗が軒を連ねている。アーケードのなかを通る国道324号線は、午前5時から10時までは車も通ることができる。

　浜市アーケードの入口は船首の形になっていて、2本の錨のマークがデザインされ、貿易港で栄えた長崎の商店街らしい雰囲気を出している。アーケードの中ほどには80年以上の歴史を誇る市内唯一の百貨店・長崎浜屋があり、向かいには「仲見世8番街」がある。アーケード内を歩くと、休憩所や日本語・英語・中国語・韓国語で書かれた表示板、商店街マップが置かれていて、長崎を訪れる外国人観光客にも親切な心配りがなされている。

　近年、JR長崎駅が一新され、「アミュプラザ長崎」をはじめとした駅ナカショッピングビルができ、シネマコンプレックスや東急ハンズ、無印良品をはじめ、東京の有名ブランド店やセレクトショップなどが多数出店している。2022年の長崎新幹線（九州新幹線西九州ルート）開業に向けて、着々と駅周辺のまちづくりが進行中である。長崎駅から離れた位置にある中心商店街・浜の町周辺も地域間競争の激化に対して、商店街独自の魅力をどう打ち出していけるかが大きな鍵となってくる。

させぼ四ケ町商店街（佐世保市）
―全国有数の全長960mのアーケード商店街―

　JR佐世保線の終着駅で、日本最西端の駅でもある佐世保駅に降りると、山と海の両方が間近に見えてくる。平地は少なく坂と階段の多い町のため、佐世保の市街地はコンパクトにまとまっている。明治初期の人口は4,000人あまりであった寒村が、現在では人口25万人の長崎市に次ぐ県下第2位の都市に発展している。1889年の旧佐世保鎮守府の開庁とともに、大がかりな建設が始まり、戦後は海上自衛隊と米国海軍の基地の町として、日本と米国の文化が溶け込んだ独特の雰囲気をつくり上げてきた。

　佐世保駅から駅ビル「フレスタ佐世保」、多目的ホール「アルカスSASEBO」を見ながら国道35号線させぼ大通りをしばらく歩くと、中心商店街の大きなアーケードの入口に到着する。全国有数のアーケード商店街「させぼ四ケ町商店街」である。四ケ町アーケード、さるくシティ４〇３アーケード、サンプラザアーケードの3つのアーケードが連続し、国際通りと交差するところまで全長960ｍあり、直線型のアーケードとしては全国有数の規模を誇る。させぼ四ケ町商店街のキャッチフレーズもユニークで、「20万都市では日本一元気な商店街」「人が人を呼ぶまち四ケ町」と大胆かつ面白い表現で商店街を宣伝している。実際に商店街を歩くと、地方商店街には珍しく活気があり、空き店舗も見当たらない。また、商店街の中ほどには、少し路地に入ったところに佐世保駅から平戸方面へ行くローカル私鉄・松浦鉄道の佐世保中央駅がひっそりと建っている。この駅からアーケードを天井部でまたぎ、さらに国道35号線の上の高架橋を通過して、次の中佐世保駅まで日本一駅間距離が短いことも、鉄道ファンの間では有名である。

　商店街には地元百貨店「佐世保玉屋」が立地し、土産物店や地元名物の佐世保バーガーやレモンステーキの店、書店、銀行、スーパーマーケットなどあらゆる業種が160店舗以上集まっている。きらきらフェスティバルや5,000人によるきらきらチャリティ大パーティーなど、商店街独自のイベントも随時開催されている。このように商店街が一体となって様々な取組みを行っていることから、全国の商店街関係者が多数視察に訪れている。近くには、大正時代から佐世保市民の台所となっている「戸尾市場街」や、戦時中の防空壕を店舗として再利用した「とんねる横丁」など興味深い見どころも数多い。近年、郊外型大型ショッピングセンターの進出によって

苦心している地方都市の商店街のなかで、これほど活気のあるところは珍しい存在である。戦前の洋風建築を残した銀行や防空壕を再利用した店舗、米国文化が漂うジャズバーなど、佐世保らしい歴史遺産や異文化を巧みに取り入れたまちづくりは、中心市街地の活性化の1つのヒントになるのではないか。

アエル中央商店街（諫早市）
―街道筋を中心に発達した3つの商店街―

　諫早市は長崎県の中央に位置し、長崎市、佐世保市に次ぐ人口14万人の県下第3位の都市である。諫早市の中心商店街である「アエル中央商店街」は島原街道の街道筋を中心に発達した商店街で、栄町通り・本町通り・竹の下通りの3つの商店街から構成されている。2022年の九州新幹線西九州ルートの開業に合わせて、駅前再開発中のJR諫早駅からは2km以上離れており、最寄駅は島原鉄道本諫早駅で、ここから徒歩5分で商店街の入口（栄町）に到着する。栄町と本町の2つの商店街は、アーケードが設置され広々としている。アーケードのなかには、買い物客が休憩しやすいように等間隔に木の椅子が設置されている。まちの中心部を流れる本明川を渡ると、竹の下通りに続いている。こちらはアーケードではなく、道の両側に雨除けの屋根が設置されたタイプになっている。3つの商店街ともほとんどが個人商店で、呉服店や電器店、薬局、青果店、鮮魚店など地域密着型の店舗構成となっている。かつては本町通りに大型スーパーマーケット「サティ」があったが、2005年に撤退し、現在は諫早市中心市街地商店街連合組合が運営する「アエルいさはや」として再スタートしている。

　大型店が撤退した後、商店街自らがまちづくり活性化に向けてどう取り組んでいけばよいか、これまで様々なアイデアを出し合っている。取組みの1つとして、商店街に不足する業種を公募して充足を図ることや、90分無料駐車場の設置、100円商店街や商店街活性コスプレイベントと銘打った賑わい創出イベント事業などを行っている。商店街としてはがんばっているが、決定打にはなっていない。商店街を歩いてみても、買い物客が多いとは言えず、のどかな地方都市の商店街の印象を受ける。かつて賑わっていた昭和の商店街の面影として、大型スーパーマーケットの看板や、映画館跡がかすかに残っているところも興味深い。現在では、商店街の空き地部分には隙間を縫うように大型マンションが建てられている。一方で、

重厚な戦前の西洋建築をそのまま残した「十八銀行」や、昔ながらの家屋をそのまま利用して営業をしている、江戸時代からの伝統を受け継ぐ「諫早うなぎ」の専門店もある。商店街のなかには新旧の建物が混在していて、散策するのにも最適な場所である。長崎にも佐世保にもない諫早ならではの商店街再生策を打ち出すことができるのか見守っていきたい。

サンシャイン中央街、森岳商店街（島原市）
―島原城下の湧水とレトロな商店街―

　JR諫早駅から島原鉄道に乗り換えて約1時間、島原駅に到着する。島原駅を降りて、島原城を正面に眺めながら「七万石坂」と名づけられた通りを城の方向へ歩くと、右手に古い町屋風のレトロな建物が見えてくる。このあたりが森岳商店街である。商店街の案内板には、「心ゆたかな時間を過ごせる街　森岳さらく」と書かれている。「さらく（さるく）」とは、まちをぶらぶら歩くという意味の長崎弁である。森岳商店街を歩くと、道祖神をモチーフにデザインした街路灯の側面に名所案内や歴史紹介のプレートが付いていて、わかりやすい。明治・大正時代に建築された建物がそのまま店舗として使われている。酒蔵、和楽器店、金物店、時計店、精肉店など生活に密着した店が多い。まちの駅（無料休憩所）やギャラリーなどもあって、のんびりとくつろげる。このあたりは長崎県のまちづくり景観資産や島原市の「まち並景観賞」のプレートが付けられた店も多い。

　森岳商店街からさらに南へ数分歩くと「サンシャイン中央街」と掲げられたアーケード商店街が見えてくる。ここが島原市の中心商店街で、サンシャイン中央街（万町商店街）と一番街アーケード（島原一番街）が連続している。商店街のなかには湧水が至る所にある。商店街の中ほどにある公衆浴場「ゆとろぎの湯」では、買い物の途中で温泉も楽しめる。商店街のなかには、昭和30年代の商店街が賑わいを見せていた当時の写真や島原城下町の様子が詳しく書かれていて興味深い。

　商店街にはスーパーマーケットや大型店もなく、地元住民に密着した品揃えの店が大半である。島原名物の夏の冷菓「かんざらし」の店も多い。商店街のなかの通りは、坂本龍馬が幕末激動期に長崎の行き帰りに勝海舟たちと一緒に通った歴史ある道だと言われており、このあたりで一休みしたことも地図や写真で説明されている。歴史好きな人にも十分に楽しめる商店街である。

43 熊本県

上通商店街（熊本市）

熊本県の商店街の概観

　熊本県は熊本市を中心とする県央と、玉名市、菊池市以北の県北、八代市以南の県南に3区分され、県北はさらに西の玉名地域、東の阿蘇地域、その間の菊池・山鹿地域に、県南は八代市、水俣市を中心とする芦北、人吉市を中心とする球磨、天草の各地域に分かれる。県西部を幹線鉄道が南北に縦断し、東西方向の豊肥本線、肥薩線が分岐し、県北を中心に道路網も発達している。九州新幹線や九州自動車道といった新しい交通動脈はやや内陸を通っているが、交通軸に大きな変化はない。熊本市は県域のほぼ中央に位置し、県内には玉名市、山鹿市、菊池市、八代市、人吉市、水俣市といった中心都市がほぼ等間隔で分布している。また、天草は1966年に本土と結ばれたが、南部の牛深市までは熊本市から車で3時間以上を要する。

　2014年の「商業統計調査」によれば、年間小売販売額で県全体に占める割合は熊本市が45.8％と最大で、第2位の八代市（6.6％）との差は大きく、ほかの都市は5％未満である。両市以外では、人吉市、水俣市、山鹿市、菊池市、玉名市、荒尾市が主な商業中心である。

　熊本市は戦前までは九州の中心都市に位置づけられ、国の機関や師団、高等学校などが置かれていた。商業地としては熊本城南の古町、西の新町が古く、現在の中心商店街（「上通」「下通」）は大正期に城の東側に置かれていた軍施設が移転したことにより商店街として発展したものである。その頃、私鉄路線が相次いで敷設されたことも商店街の発展にとって大きかった。中心商店街以外では、熊本大学西側の「子飼商店街」、市電の終点で戦前の航空機工場跡に隣接する「健軍商店街」、南郊の交通の要衝から成長した「川尻商店街」などが近隣商店街として機能しており、より新しい新興住宅地などには大型店を中心とした商業集積地が形成されている。

また、水前寺には観光要素の強い「参道商店街」がある。

　八代市、人吉市、山鹿市、菊池市の中心商店街はいずれも古い歴史を持つ地域型商店街として機能してきたが、近年は衰退傾向が見られ、それぞれが活性化に取り組んでいる。山鹿市では、活性化により豊後街道沿いの古い街並みが復活した。また、阿蘇一の宮における湧水を活かしたまちづくり、商店街の活性化はユニークなものである。熊本県でも郊外大型店の立地による商店街への影響は大きく、大型ショッピングセンターがオープンした荒尾市や宇土市、宇城市では商店街の衰退が著しい。三池炭鉱万田坑で栄えた荒尾市では、「買い物弱者」を支援することを目的に、商店主が「青研」（中央青空企画）と呼ばれる組織を立ち上げ、ミニスーパーマーケットなどを開設した活動が注目される。天草は1966年の架橋により本土と結ばれたが、本土の結び付き先は、島内の地域により異なる。北部の「本渡商店街」と南部の「牛深商店街」が存在し、島内における小売商圏を形成している。

　2016年の熊本地震では商店街も大きな被害を受け、各商店街では復興に取り組み、益城町と阿蘇町には中小企業基盤整備機構により仮設店舗が開設されている。熊本市の中心商店街の復興は比較的早かったが、その他の商店街では思うように進んでいない。

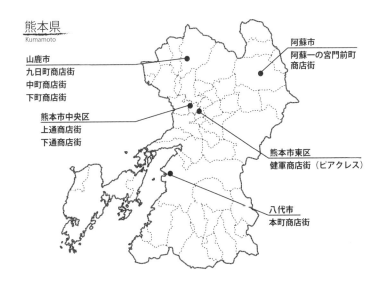

> 行ってみたい商店街

上通商店街、下通商店街（熊本市中央区）
―熊本城と歩む中心商店街―

　熊本市の中心、通町交差点をはさんで北に上通商店街、南に下通商店街のアーケードがある。2つの商店街を軸に多くの商店街が交差・分岐し、中心商業地区を形成している。また、目抜き通りには県内唯一の百貨店鶴屋をはじめ複合商業施設やホテルなどが並び、一帯は飲食店や映画館なども集まる県内最大の繁華街である。

　上通地区は江戸時代には武家屋敷地区で、西南戦争で焼失した跡地に商店が並ぶようになった。東側には官庁が並び、西側には学校が建ち、北は熊本電鉄藤崎宮前駅（1911年開業）で、戦前から熊本の中心商店街として賑わってきた。全長約600mの商店街のうちアーケードがあるのは南半分のみで、北半分は1990年にアーケードを撤去してオープンモールとなり、「上通並木坂」と呼ばれることになった。並木坂は上通のなかでも商店街としての歴史は最も古く、100年以上営業している老舗が多いが、オープンモール化以後、若者向けの衣類を扱う店舗も開店している。また、一筋東の上乃裏通りは、古民家を改修したレストランや衣料品店の多い通りに変貌している。上通商店街全体では、各種の衣服店、時計店などの専門店主体に約300の店舗が軒を連ねており、空き店舗はほとんど見られない。歴史を感じさせる書店や文具店、楽器店がある一方、外資系ファッションや全国チェーンの出店も多く、中心商店街として活況を呈している様子がうかがえる。アーケード南出口にある「びぷれす熊日会館」は熊本日日新聞社本社（1999年移転）の跡地に建設された複合商業ビルで、2002年にオープンした。熊本市現代美術館、ホテル、商業施設などが入り、1階の広場ではふるさと物産店などのイベントが開催され、向かいの鶴屋百貨店（1952年開店、73年改築）とともに中心商店街の核施設になっている。

　下通商店街は長さ約500mのアーケードのある商店街で、南端から西へサンロード新市街のアーケードが連なり、南はアーケードのないシャワー通りが続く。東は鶴屋百貨店など大型商業施設主体の駕町通商店街である。2005年から改修されたアーケードは幅員のある高層アーケード（高さ約16m）で、開放的で回遊性を持たせており、可動式休憩所が設けられている。ファッション、身の回り品、文化用品などの専門店を中心に約180店

が並んでいるが、店舗交替は早く、最近は飲食店の増加が目立っている。サンロード新市街は飲食店などの多い商店街、シャワー通りは老舗のファッションストリートである。

2016年の熊本地震では、商店街も店舗の破損や買い物客の減少といった影響を受けたが、復旧は急速に進められ、鶴屋百貨店も2カ月足らずで全館で営業再開した。一方、熊本城をはじめ地域の復旧には時間が必要であろう。通町交差点から見通せる熊本城は中心商店街のシンボルと言ってよいものであり、お城の復旧とともに商店街が発展することを願いたい。

健軍商店街（ピアクレス）（熊本市東区）

―熊本郊外の近隣型商店街―

熊本市東部にある近隣型商店街。市電の終点「健軍町」から南へ伸びるアーケードのある商店街で、青果、果物、精肉から衣類、寝具、文具など日用品を扱う商店が揃っている。また、周辺には医院が多いのも特徴。1992年に片側式の木製アーケードを全蓋型アーケードにしたのを機に、愛称を「ピアクレス」と名づけた。市電停留所の北東に第2次世界大戦直前に三菱重工熊本航空機製作所が開設され、1945年には市電が健軍まで延伸され、戦後、工場跡地に商店が数軒立地した。1953年の白川大洪水により、被災者が水害を受けにくい東部地区に移住してきたことから商店街の形ができた。1950年代後半には、周辺地域の人口増加により商店街は次第に成長し、1970年には98店舗で商店街振興組合が結成された。

その後、周辺地域でスーパーマーケットの出店が相次ぐと客足は減少し、一方で、通学、通勤の駐輪が商店街にあふれるといった問題も生じた。組合では全蓋式アーケードに改め、市営駐輪場も整備した。また、健軍桜まつりに加えて様々なイベントや企画を立ち上げるなど、商店街活性化に向けた取組みを行っている。タクシーを利用した宅配システムを構築し、高齢者の要望を受けて、空き店舗を活用して道の駅や物産館を出店するなどした。これらの「少子高齢化に対応した医商連携型まちづくり」は、2009年に「新・がんばる商店街77選」に選ばれた。

本町商店街（八代市）

―地域の商店街へ脱皮する商店街―

八代市の中心市街地、八代城跡の南約250mを東西に伸びる商店街で、JR八代駅から商店街の東入口まで2km近く離れている。城跡北側の通町

商店街とともに八代市の中心商店街に位置づけられる。城下町時代の町屋地区に始まり、早くから八代の商業地区として栄えてきた。1丁目から3丁目まで約700m続くアーケードは、県内第2位の長さで170店ほどの商店があるが、空き店舗が目立つようになっている。東端の1丁目は飲食店の多い商店街で、北約100mにはスーパーマーケット・マルショクがある。2丁目は衣料品店、生鮮食料品店、飲食店など多様な業種構成の商店街で、鶴屋生活彩館が核店舗としてあったが、2016年の熊本地震の影響により閉店した。

2000年代に入って、郊外に大型商業施設が相次いで開店すると商店街の客足は大きく減少し、商店街内の大型店は閉鎖され、商店街の活気は失われていった。一方で、高層マンション建設により地区の人口減少には歯止めがかかってきた。商店街ではチャレンジストア事業により、商店街に不足している業種の誘致を進め、20店を超える空き店舗の再開にこぎつけている。「テクテク歩こう商店街」など健康づくりをテーマとして取り組んできた商店街連携事業が、2014年に「がんばる商店街30選」に選ばれた。また、7、8月の土曜日に開催してきた本町土曜市のほか、春の雛飾り、秋の八代妙見祭の笠鉾展示といったイベントに取り組み、成果は上げているが、購買者の増加につなげるには、いっそうの工夫が必要であろう。

阿蘇一の宮門前町商店街（阿蘇市）
―水基を活かした商店街の再生―

阿蘇市にある阿蘇神社（肥後国一の宮）の門前にある全長200m、店舗数30店ほどの小規模な商店街。JR豊肥線宮地駅からは徒歩約15分と離れているが、阿蘇神社の門前という地の利を活かして商店街が形成され、最盛期には100軒以上の店舗が営業していた。いわゆる門前町型商店街というよりも、周辺地域の日常生活を支える地域密着型の商店街であった。周辺地域にも商店が立地するようになると、賑わいは少しずつ薄れ、1992年に阿蘇一の宮門前町会を設立し、阿蘇神社観光客の回遊路となることを目指すが、効果が上がらず、店舗数は減少していった。2001年に商店街の2代目が中心になって「若きゃもん会」を結成し、商店街を盛り上げる活動に取り組んできた。

阿蘇の湧水（水基）による商店街の再生は、地域の自然、歴史を活かしたもので、注目される。各店舗などが水基をそれぞれ違うデザインで作っ

て、個性的なネーミングを施し、「水基巡りの道」を整備し、マップも作成している。時計店は「竹沢の雫(しずく)」、酒屋は「酒杜の泉(さかもり)」などユニークなものが36基設けられている（2016年現在）。また、桜の木を活用した「お座敷商店街」の設置、湧水を使ったサイダーやコーヒー、馬肉や阿蘇赤牛など特産物を使った商品開発も行っている。これらの活動が観光客の足を商店街に向けさせる一定の効果はあったようで、人出が戻り、新規参入者も徐々に現れている。2016年の地震では、阿蘇神社だけでなく商店街も被害を受けたが、ともに復興に向けて歩んでいる。

九日町商店街、中町商店街、下町商店街（山鹿市）
―交通の要衝のレトロ商店街―

　山鹿は古くからの温泉地であり、県北の交通の要衝でもあった。山鹿市役所前の堀明商店街・花見坂商店街の西側にある丘陵部を通る旧豊前街道（旧小倉街道）に沿うのが、本商店街である。山鹿で最も早く商店街が形成され、北から上町、日吉町、九日町、中町、下町と古い商家や土蔵が多く残る街並みが続いているが、現在の店舗数は30程度で、商店街と呼べるのは九日町以南に縮小している。1980年頃までは商店街は国道方向へ拡大し、スーパーマーケットも相次いで出店し、県北部の商業中心地として繁栄してきた。2000年頃に郊外に大型商業施設が開店し、中心部は魅力を失い、空き店舗が増えた。とりわけ、国道沿いの温泉プラザに入っていたサンリブの閉鎖（2002年）は核店舗であっただけに商店街に与えた影響は大きかった。

　市では中心市街地活性化策として、旧豊前街道を中心とした範囲を都市景観形成地区に指定して、歴史的、文化的価値の高い建物を保存・整備して、歴史的街並みの景観整備を進めている。九日町の国指定重要文化財「八千代座」（1911年開場、2001年改修オープン）、中町の旧安田銀行山鹿支店の建物（1925年建設）に入る山鹿灯籠民芸館、下町南端にある明治創業の老舗造り酒屋はその代表とも言えるもので、観光の中心にもなっている。また、看板を撤去して商店の造りを前面に出すことによって、昔の商店街の姿を取り戻しつつある。

44 大分県

ガレリア竹町（大分市）

大分県の商店街の概観

　大分県をさす「豊の国」は、律令制が整う前から存在した地名で、古い歴史を物語る。また、国東半島は「六郷満山」と呼ばれる神仏習合の独特な文化を誇る。中世から戦国期にかけて大友氏が勢力を張り、一時は九州北部の大半を版図に治めた。大友氏亡き後の幕藩体制下では、奥平氏の中津藩10万石が最大という小藩分立状態にあり、これに天領の日田が位置していた。

　明治維新後、廃藩置県によっていくつかの県が成立したが、やがて大分県に統合された。大分市は交通の要所として発展し、県都としてふさわしい都市となった。一方、別府市は戦災を受けなかったため、1950年には「別府国際観光温泉文化都市建設法」が施行され、わが国の戦後復興に寄与することになった。

　県下には、小規模ながら数多くの藩が成立したため、城下町の風情を今に伝える都市が多い。中津市、竹田市、杵築市、臼杵市がこれに該当する。なかでも杵築市の武家屋敷の一画にある酢屋の坂は、映画やテレビのロケ地として使われている。これらの都市には、古い歴史を持つ商店街が存在する。また、天領として栄えた日田市には、江戸時代の商家が立ち並ぶ豆田町がある。

　古い歴史を持つ商店街のなかには、地域資源を活かして再出発を図ったところもある。臼杵市の中心商店街はその代表例であり、杵築市も武家屋敷にはさまれた商人町を整備している。

　その一方、別府市や豊後高田市は「昭和レトロ」として人気を博し、地元商店街もこの環境を活かした取組みがなされている。豊後高田市は都市再開発から取り残された街区を、商店街が一体となって1960年頃を再現した「昭和の町」として売り込み、最盛期には年間40万人を超える観光客

を呼び寄せた。別府市中心部は戦災を受けなかったため、戦前から続くレトロ感漂う路地が点在し、「路地裏」として人気の散策ルートとなっている。

　大分県は近年高速道路が整備され、福岡市との時間距離が飛躍的に短縮された。このため、福岡県に接する日田市は福岡市の商圏に組み込まれ、市内の大型スーパーマーケットが撤退するなどの影響を受けている。反面、大分市は東九州自動車道が開通したことで宮崎県北部を商圏に組み入れることに成功し、インターチェンジ周辺のショッピングモールのみならず、JR大分駅ビルを核とした中心商店街は賑わいを取り戻し始めている。

　わが国最大規模の温泉観光都市別府市は、近年各宿泊施設が売店や飲食施設の整備を進めたため、宿泊客は施設に滞在するようになった。そのため、商店街に繰り出す観光客は大幅に減少した。同じ温泉地として人気の高い由布院温泉は、湯坪通りに若者や外国人観光客が押し寄せているが、ここに立ち寄る人々の大半は温泉に入らずに立ち去る。両温泉地はともに大分県の観光産業を支える存在であり、今後は宿泊客を町に繰り出させる方策が必要となろう。

　このように大分県の商店街の多くでは、「歴史的町並み」「昭和レトロ」といった歴史的環境を活かした取組みが進められており、今後が楽しみである。加えて県都大分市は駅ビル効果が顕在化しており、ほかの参考事例となろう。

> 行ってみたい商店街

大分市中心商店街（大分市）
―大型店舗の集客力を活用し客足を確保している商店街―

　大分市は人口48万人を有する県都である。明治以降、交通の要所として発展し、JR日豊本線、豊肥線、久大線の結節点となっている。1964年に「新産業都市」の指定を受けると、九州を代表する工業都市へと急成長を遂げた。工業の発展とともに人口も増加し、郊外に住宅地が次々と造成され、郊外型大型ショッピングモールも開業し、中心市街地の各商店街は大きな影響を受けた。

　中心市街地の商店街は、JR大分駅ビルと地元資本の百貨店が核となっている。商業施設を有する駅ビル開業（2015年）に対して、当初は周辺商店街への影響を懸念する声が強かった。しかし、駅ビルの集客力が予想をはるかに超え、多くの買い物客が周辺の商店街まで足を運んでいる。この駅ビル効果の要因として、東九州自動車道の開通による商圏の拡大、そして福岡市に向かっていた若者が地元に戻りつつあることが挙げられる。

　JR大分駅周辺には11の商店街があり「大分都心まちづくり委員会」を発足させ、活性化を図っている。この委員会には駅ビルも加入しており、ビル内の飲食店の比率を下げるなどして地元商店街との共存を図っている。特に駅から近いセントポルタ中央町商店街は、飲食店の比率が49％へと上昇した。さらに、両者は提携して「THEまちなかバーゲン」を開催している。

　一方、中心市街地商店街に位置していた「パルコ大分」は2011年に閉店し、その跡地は、2019年9月のラグビーワールドカップ開幕に合わせて「祝祭広場」として生まれ変わる。隣接していた「大分フォーラス」も2017年に閉店、2019年に「大分OPA（オーパ）」として再出発した。

　セントポルタ中央町商店街からガレリア竹町はアーケードでつながっており、飲食店とともに買回り品を扱う老舗店舗も多く、大型店舗との補完関係を構築していけばこの特性を活かせるのではないか。

　駅ビルとの連携によって客足を確保している中心商店街は、全国で苦悩する商店街のモデルと言え、今後の動向も注目されよう。

別府やよい銀天商店街、別府ソルパセオ銀座商店街（別府市）
―大温泉観光地にありながらレトロな雰囲気を醸し出す商店街―

　日本一の温泉湧出量を誇る「泉都」別府市は、人口11万人であるが、年間800万人を超える観光客を迎える大温泉観光都市である。列車で別府駅に近づくと、山側にはあちらこちらから湯けむりが立ち上るのが目に入る。市内には8カ所の温泉地が点在し、「別府八湯」を形成している。別府八湯の由来は古く、8世紀中頃に編纂された『豊後風土記』にその記述が認められる。

　JR別府駅を降りて海側の出口（東口）を出ると、まっすぐに駅前通りが海に向かって伸びている。この通りを行くと、直交する形で2本のアーケード街がある。駅から手前が「別府やよい銀天商店街」、そして「別府銀座ソルパセオ商店街」である。1970年代中頃までは、両商店街には土産物店が並び、観光客があふれ返っていた。この頃、修学旅行生だけで年間200万人を数えたという。今日ではその面影はまったく見られないが、当時から営業している土産物店が数店舗、現在でも営業を続けている。

　別府の近代観光は1873年の関西航路の就航に始まる。明治から昭和初期にかけては、現在の「ゆめタウン」に位置していた旧別府港界隈に観光客が集まったと言われている。ここには、現存する最古の木造アーケード「竹瓦小路アーケード」がある。

　別府やよい銀天商店街では、現在、土産物店は4店舗を数えるに過ぎないが、衣料品店、呉服店、食肉店、美容院などの最寄品を扱う店舗も点在する。1973年、商店街の火災厄除けと温泉感謝、別府繁栄の願いを込めて「やよい天狗」が設置された。毎年4月初旬に市を挙げて開催する温泉ま

竹瓦小路の木造アーケード

つりでは、「天狗みこし」が繰り出される。別府銀座ソルパセオ商店街は、1955年にアーケードを設置し、高度経済成長期は観光客で賑わったが、各宿泊施設で土産物購入や飲食が可能になってから機能が低下してきた。今日では、やよい銀天商店街と比べると飲食店が半数近くを占め、歓楽的要素が強い。

いずれにせよ、両商店街ともにもはや高度経済成長期の賑わいを取り戻すことは夢物語であろう。その一方、今日では「昭和レトロ」「昭和調」というキーワードでマスコミに取り上げられ、散策する観光客の姿も多い。周辺には「竹瓦温泉」「駅前高等温泉」などのレトロな建造物と「路地裏」が点在するので、これらを結ぶ散策コースを売り込めば時流に乗った観光地となろう。年間800万人が訪れる日本を代表する大温泉観光地という利点を活かさない手はない。今後の展開に期待したい商店街である。

豆田町商店街（日田市）
―天領を支えた江戸時代からの商家が並ぶ商店街―

日田市は人口6.7万人、大分県の西部に位置する都市である。九州の中心に位置するという地理的条件から、江戸時代には西国郡代が置かれ、九州各地の天領を管理下に治め、その経済規模は幕末には16万石に及んだ。これを背景に商人たちは財をなし、「日田金(ひたがね)」と呼ばれた。こうした商家から広瀬淡窓が輩出され、淡窓は私塾咸宜園(かんぎえん)を開き、閉校するまでの80年間で延べ4,800人もの門人を輩出した。

この日田市の中心に位置する豆田町は繁栄を極め、商家が軒を連ねた。明治期に大火に見舞われながらも、多くの建造物が現存し、2004年には「重要伝統的建造物群保存地区」に選定された。豆田町エリアには豆田みゆき通りと上町通りの2つの商店街があり、ともにこの歴史的環境を活用した取組みが行われている。なかでも、1984年に始まった「日田天領おひなまつり」は、今日全国各地で開催されている「ひな祭り」の先駆けとして知られている。これは草野本家が所蔵する江戸時代初期由来の雛人形を公開したことに由来する。7月中旬には、300年以上の歴史を持ち2016年にユネスコ無形文化遺産に選定された「日田祇園祭」が行われる。

両商店街ともに半数が観光客向けの店舗で占められるが、重伝建地区という歴史性から資料館・展示施設や造り酒屋の「薫長酒造」がある。一方、文具店、金物店、時計店、薬店といった日用品を扱う店舗もあり、地元住民の商店街としても機能している。

2017年7月の九州北部豪雨で、豆田町全域がほぼ水に浸かる甚大な被害を受けた。伝統の祇園祭も自粛ムードが漂ったが、「祇園祭は疫病や風水害を払い安泰を祈る神事、このような時だからこそやろう」との合言葉でわずか2週間しか経ていないにも関わらず執り行われた。これを契機に復興も大きく動き出した。

中央通り商店街（臼杵市）
　―アーケードを撤去し歴史的町並みを活かして再生した商店街―

　臼杵市は大分県南部に位置する人口3.8万人の都市で、国宝の臼杵石仏を有する。石仏は平安末期から室町初期の作とされるが、作者はいまだ不明である。臼杵市の発展は、大友宗麟が1562年に築城し城下町を整備したところから始まる。キリシタンであった宗麟のもと、明国やポルトガル人も往来する国際的都市として栄えた。江戸時代は稲葉氏が入封し、明治維新を迎えるまでの270年間この地を治めた。

　臼杵市は、水深が深く穏やかなリアス式海岸に面しているため、海運業が発達し、物資の集積地としても栄えた。これを背景に、幕末には醸造業が成立し、今日では九州最大の生産量を誇る醤油メーカー「フンドーキン」が拠点を置く。また、造船業も盛んで、現在およそ30の造船業者が操業する。地元大手造船所では「進水式情報」を出して、見学者を受け入れている。

　臼杵城下には「二王座地区」と呼ばれる歴史的町並みを有する街区が残り、観光客で賑わう。ここに隣接して中央通り商店街がある。元来、日用品を扱う地元型の商店街として発展し、1950年の市制施行当時は市の目抜き通りと位置づけられ、賑わいを見せた。1953年には本町商店街と畳屋町商店街が一体となり、中央通り商店街と称されるようになった。

　1978年にはアーケードが設置されたが、その後、商業機能の衰退が顕在化した。しかし、活性化の方策を巡り地元の意見はまとまらなかった。こうしたなか、アーケードの老朽化が進み、危険な状態であることが判明した。以降、アーケードの撤去も含めた活性化について議論が進み、歴史的町並みを活かした商店街づくりの方向性が固まった。2003年アーケードは撤去され、同時に電柱の地中化も進めた。その結果、今では歴史的な街並みを楽しむ観光客で賑わう。商店街は地元型の機能を残しつつ、観光客対応も進み、良好な景観・雰囲気のもとで買い物や散策が楽しめる空間となった。

45 宮崎県

一番街商店街（宮崎市）

宮崎県の商店街の概観

　宮崎県は、九州地方の東部に位置し、九州地方で2番目に広い面積を持っている。宮崎県の気候は冬でも温暖で、多くのプロスポーツチームがキャンプ地として訪れている。こうした温暖な気候は、南国情緒を想起させ、かつては新婚旅行客で賑わった。また、近年、宮崎県や各自治体が、日本神話発祥の地として積極的に宣伝したことによって、天岩戸神社や高千穂神社などの神話ゆかりの地を多くの観光客が訪れている。

　県庁所在地である宮崎市は、青島やフェニックス・シーガイア・リゾートなどの豊富な観光資源を持つ都市で、県内最多の約40万人が住んでいる。メインストリートの橘通りは、百貨店や複合商業施設、オフィスビルが立ち並び、宮崎市内で最も賑わいを見せている地区である。

　宮崎市に次ぐ約17万人の人口を擁するのは、県南部に位置する都城市である。都城市は、かつて存在した都城県の県庁所在地であり、県南部の中心地としての役割を担ってきた。都城市は、古くから宮崎県と鹿児島県を結ぶ交通の要衝として栄え、鹿児島県北部の一部地域を含む約30万人規模の商圏を形成している。しかし、郊外に大型商業施設が進出したことによって、都城市中心部に立地していた百貨店が撤退したため、宮崎市や鹿児島市に商圏購買人口が流出している。

　県北部の中心地は、人口約12万人の延岡市である。延岡市は、旭化成創業の地として知られ、多くの工場が立地している。近年は、東九州自動車道が延伸したことによって、陸上交通の利便性が向上し、クレアパーク延岡工業団地などの工業団地への企業立地が進んでいる。また、JR延岡駅周辺の商店街の活性化事業として、「空き店舗ツアー」などの新規出店支援が行われており、新しい賑わいの創出が期待されている。

　延岡市とともに、県北部の中心的役割を担っているのは日向市である。

日向市は、海上交通の要衝として知られ、日明貿易の際に利用されたという記録も残っている。また、日向市の細島港は、宮崎県で最初に重要港湾に指定され、延岡・日向地域の新産業都市指定の原動力となり、現在でも日向市産業を支える核として機能している。しかし、日向市の商店街は厳しい状況に置かれている。JR日向駅東側に位置する「上町商店街」は、大型商業施設の出店・撤退が相次いだため、かつての活気が失われてしまった。そこで、区画整理事業や空き店舗対策を実施することで賑わいを取り戻すための努力が続けられている。

　以上のように、都城市や延岡市、日向市など宮崎県を代表する都市の商店街は活気を失っており、様々な対策が講じられている。活気が失われた1つの背景は、高速道路網の建設が遅れたことによって、宮崎県が「陸の孤島」となっている点がある。東九州自動車道は、「陸の孤島」を改善することを目指したもので、新しい人の移動や企業立地の促進が期待できる。しかし、日南市などが位置する県南部地域は、東九州自動車道が開通しておらず、依然として「陸の孤島」となっている。こうした地域に立地し衰退傾向にある商店街の活性化のために、自動車道の早期開通が待たれている。

> 行ってみたい商店街

宮崎市中心商店街（宮崎市）
―南国宮崎の中心地―

　宮崎市の中心商店街は、橘通3丁目交差点から南に約150m伸び、宮崎山形屋やボンベルタ橘などが立地する橘通中央商店街、JR宮崎駅西口から伸びる県道25号線の1つ南側の通りに位置する若草通商店街、橘通3丁目交差点から西に伸びる国道10号線の1つ南側の通りに位置する一番街商店街、若草通商店街と一番街商店街の入口から南に約250m伸びる橘三番街商店街、宮崎山形屋裏に位置するハイカラ通り商店街・四季通り商店街の6商店街の総称である。これら6つの商店街が位置する宮崎市は、人口約37万人を抱える宮崎県の県都であり、南九州の政治・経済の中心的役割を持つ都市である。しかし、この宮崎市の中心市街地においても、全国の地方都市の例にもれず、販売額や店舗数の減少が続いており、衰退傾向に陥っている。具体的には、1997年からの10年間で、中心市街地の店舗数は、約300軒減少し、空き店舗率は、2006～10年の5年間で増加を続け、2010年には19.1％となるなど、商業機能の郊外分散化の影響を受けている。

　こうした状況を改善するために、中心商店街の6商店街を核とした地域を1つのショッピングモールと見立てて「Doまんなかモール」と名づけ、様々なイベントを開催することによって、減少した買い物客を少しでも呼び戻そうとしている。

　2017年で12回目を数えるみやざき国際ストリート音楽祭は、多彩なアーティストやミュージシャン、地元学校の吹奏楽部などが参加する地域密着型の音楽イベントで、宮崎市の中心市街地の各商店街が協力している。その他には、商店街を訪れる買い物客を増やすために、ファッションショーやダンスショーなど主に若者をターゲットにしたイベントが開催されている。また、空き店舗の増加に対処するため、商店街では数カ月おきに空き店舗の内覧会を開催している。こうしたイベントによって、徐々に活気を取り戻し、県都にふさわしい商店街となっていくことだろう。

都城中央通り（都城市）
―創業支援に取り組む城下町商店街―

　都城市は、県内第2位の規模を持つ地方都市で、宮崎市とともに県南部

の政治・経済の中心地としての役割を持っている。都城中央通りは、JR都城駅から南西約1.5kmに位置し、都城市中央部を南北に走る国道10号線沿いの商店街である。この商店街は、江戸時代から都城の中心部として栄え、市民の生活を支えてきた。しかし、この都城中央通りも、宮崎市中心部の商店街と同様に、買い物客の減少と空き店舗の増加に悩まされている。東九州の幹線道路である国道10号線沿線という立地から自動車の交通量は多いが、このメリットを十分に活かしきれていない。都城中央通りを行き交う歩行者の数は少なく、空き店舗や大きな駐車場が目立つ地域となっているが、かつては地元資本である大浦株式会社が経営していた都城大丸、寿屋都城店、ナカムラデパートの3つの百貨店が立ち並ぶ一大商業空間が形成されていた。これら3つの百貨店は、いずれも現在は閉店しており、このことが都城中央通りの衰退を加速させてしまった。

このような衰退傾向にある都城中央通りの状況を改善するための取組みが、様々な団体によって実行されている。その1つが、都城中央通り沿いに整備されたオーバルパティオである。このオーバルパティオは、都城市の中心市街地における土地区画整理事業に合わせて、賑わいの増進や集客の向上を図るため、地元商業者でつくる協同組合が店舗を集団化し、イベント広場や駐車場を備えた魅力ある商業空間を整備したものである。このオーバルパティオには、2017年8月現在14店舗が営業している。そのなかには、3つのチャレンジショップも含まれている。チャレンジショップとは、商業・サービス業系の新規創業者への創業支援と中心市街地に賑わい空間を創出することを目的として都城市が整備した施設で、ここでは実際に販売や接客を体験してもらいながら夢の実現を支援している。こうした、若者による新規事業へのサポートを続けていくことによって、再び活気ある商店街となる日が待たれる。

山下新天街商店街（延岡市）
—県北の企業城下町の新しい顔—

宮崎県北部に位置する延岡市は、約12万人が住む県北の政治・経済の中心地であり、旭化成の創業地として多くの関連工場が立ち並ぶ、宮崎県屈指の工業都市でもある。延岡市の商業中心地区は、JR延岡駅周辺で、駅の西南方向に山下新天街商店街がある。ここには、1919年開業のアヅマヤ百貨店が、延岡市の商業の中心としての役割を果たしていた。しかし、郊外型の大規模な商業施設が完成すると、徐々に客足が遠のいた結果、

2000年に閉店してしまい、JR延岡駅周辺の商店街は衰退していった。

　延岡市は、こうしたJR延岡駅周辺の衰退傾向を改善してかつての賑わいを取り戻すために、2007年アヅマヤ百貨店の跡地に、新しくココレッタ延岡を整備した。さらに、ココレッタ延岡の西側に位置する山下新天街商店街のアーケードも建て替えられた。この2つを整備することによって新しい商業空間をつくり出した。

　建て替えられた山下新天街商店街は、「夢・心・感動のあるおせったいのまち」をキーワードに、様々な取組みを実行している。例えば、2002年から、毎月1・11・21日の月3回、延岡門前市を開催している。この定期市では、野菜、海産物、生花、菓子をはじめ、商店街のワゴンセールも実施されている。定期市開催日は、商店街の通行量が平日の約1.5倍に増加し、女性を中心とした多くの買い物客で賑わっている。また、空き店舗を活用した取組みも実行されている。空き店舗を市民・学生の活動の拠点として提供し、農業高校や海洋高校の農水産加工品をはじめとする新鮮野菜や卵などを販売する店舗などが誕生した。その結果、商店街に若い声が響きわたり、まちの活気・活力の源になり、話題性があり、多くの買い物客が訪れるようになった。

油津商店街（日南市）
―民間人による商店街活性化―

　県南部に位置する日南市は、九州の小京都と呼ばれる飫肥や日南海岸国定公園などの豊かな観光資源を持つ地方都市である。飫肥の外港であった油津は、県南地域のなかで最も発達した市街地を形成しており、商店街も発達していた。しかし、近年、近隣地域への大型商業施設の進出に伴う買い物客の減少と空き店舗・空き地の増加に悩まされている。こうした問題を解決するために、2013年に日南市は中心市街地活性化事業の一環としてまちづくりや商店街活性化に実績がある民間人を登用し、4年で20店舗の誘致を目標とする油津商店街の再生事業を開始した。

　商店街の再生事業が開始されてから、様々なイベントが開催され、新しい店舗も次々とオープンした。例えば、空き店舗を利用したフリースペース「Yotten」がオープンし、市民との交流の場が設けられ、七夕祭りやファッションショーなどのイベントも開催され、市民の関心を集めた。これまでまったく商店街に興味を持っていなかった市民が、商店街に興味を持ち、関わろうとするきっかけをつくることに成功したのである。

2015年に多世代交流モールがオープンし、市民が使用できるスタジオ、スクール、フリースペースからなる「油津Yotten」、スイーツからベビー服、まつ毛美容まで多岐にわたる店舗が入る「ABURATSU GARDEN」、オーナー全員が宮崎県出身だという飲食店が並ぶ「あぶらつ食堂」、日南でキャンプを張る広島カープを応援する「油津カープ館」など、子どもからお年寄りまで楽しめる場所が誕生した。こうした新しい施設のオープンによって、徐々に買い物客が油津商店街に戻り、賑わいを取り戻していった。さらに、地域外の企業が日南市に進出し、地元の若者の雇用の創出にもつながっている。

　こうした日南市のケースは、民間人の登用によって商店街の活性化に成功し、地域外からの企業進出にもつながり、地域の活性化が大いに成功した例として、全国的な注目を集めている。

コラム

プロスポーツキャンプ地の商店街

　近年は様々なプロスポーツリーグが生まれており、商店街活性化の手段として誘致合戦も盛んである。公式戦開催地の商店街では選手や関係者、ファンによる購買増加が期待され、地方のキャンプ地ではキャンプ期間中賑わいが生じる意義は大きい。同一チームのキャンプ地になっている期間が長いほど結び付きは強く、活性化に向けた取組みも活発である。

　50年以上広島カープが春季キャンプを行う日南市では「広島東洋カープ協力会」を結成して、ポスターの配布、歓迎幕の設置などに商店街も協力し、広島での公式戦には応援ツアーを組み、現地で物産展も開催している。また、商店街内に「油津カープ館」を設けたほか、台風で損壊した屋根を覆うように、チームカラーである赤色を中心とする彩鮮やかな230本のビニール傘をつるすアンブレラスカイが開催されている。こうしたイベントを開催することで、キャンプの見物客を商店街に呼び込むことができ、地域活性化につながることが期待できる。

46 鹿児島県

天文館（鹿児島市）

鹿児島県の商店街の概観

鹿児島県は面積9,189km^{2}で、県域の約27％を離島が占めている。九州新幹線の開通やNHK大河ドラマの舞台となるなど、明るい話題が多い鹿児島県の各都市に立地する商店街の状況を見ていこう。

県庁所在地の鹿児島市は、福岡市、北九州市、熊本市に次ぐ九州第4位の約59万人の人口を持つ都市である。鹿児島湾西岸から桜島を望む景色は、イタリア南部のナポリからヴェスヴィオ火山を望む風景に似ていることから「東洋のナポリ」と呼ばれている。大型商業施設の店舗数は、2001年の13店舗から2017年には20店舗に増加しており、買い物客が郊外に流出している。そのため、鹿児島市の各商店街はかつての賑わいを失いつつある。多くの観光資源が点在する鹿児島市にとって、市内各地の商店街の賑わいを取り戻すことは、都市型観光を振興するためにも重要なことである。

鹿児島県中央部に位置する霧島市は、鹿児島市に次ぐ約12万人の人口を擁する都市である。霧島市は、古くから薩摩半島、大隅半島、宮崎県を結ぶ交通の要衝地であり、戦後は鹿児島空港や九州自動車道が整備された。こうした交通網の発達を背景に国分隼人テクノポリスの指定を受け、京セラやソニーなどの工場が立地するようになった。しかし、九州自動車道の整備による商圏の拡大によって、霧島市内の商店街は厳しい状況に置かれ、空き店舗が目立っている。そこで、霧島市は、商店街活性化のために霧島市空き店舗等ストックバンク事業を開始し、市内の空き店舗の有効活用を進め、空き店舗の減少に努めている。

県内東部に位置する鹿屋市は、人口約10万人を擁する大隅半島の中心地である。高齢化などの進展によって、市内中心部に立地する商店街の営業店舗数は、167軒（2006年）から105軒（2013年）に減少し、空き店舗

率も増加している。この対策として、大隅半島の中心地で広域的な都市機能の集積地という鹿屋市の特色を活かしたまちづくりが進められている。

　大隅半島の対岸、薩摩半島の南東端に位置するのが指宿市である。指宿市は、指宿温泉や池田湖、開聞岳など豊富な観光資源を持ち、年間約380万人の観光客が訪れている。しかし、新婚旅行客で賑わった高度経済成長期に比べると、観光客数は減少しており、かつて活気があった市内各商店街も厳しい状況に置かれている。そこで、指宿市は、金銭的補助によって商店街にかつての輝きを取り戻そうとしている。

　鹿児島県北西部に位置する出水市は、2004年3月の九州新幹線部分開業以降、次第に生活圏の広域化が進んでいる。新幹線開通によって、鹿児島市まで約24分で結ばれ、出水市から鹿児島市への通勤・通学客が増加した。また、生活圏の広域化によって、出水市の小売業商店数は、2004年の685軒から2014年の423軒に減少しており、各商店街の活気も失われてしまった。この対応策として、「出水市本町通り商店街」は、各商店の写真や短い紹介文が記載されたタウンガイドを作成し、商店街の宣伝を図り、商店街を利用する買い物客を取り戻そうとしている。

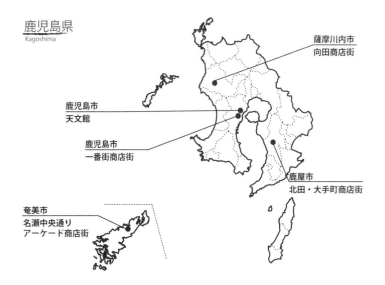

九州・沖縄地方

> 行ってみたい商店街

天文館（鹿児島市）
―鹿児島県下一の商店街―

　九州新幹線鹿児島中央駅の東、鹿児島市電天文館通駅で下車すると、目の前に鹿児島県を代表する商店街「天文館」がある。観光ガイドブックなどにも掲載される鹿児島市を代表する観光地の一面も持っており、商店街のなかには、観光客向けの土産物を扱う商店も多く、全国各地から多くの観光客が訪れている。観光客で賑わう「天文館」は、地元住民にとっても大切な生活の場でもある。若者向けの雑貨や洋服を扱う店から主婦層向けの洋品を扱う店まであり、多くの市民も訪れている。

　「天文館」という名称は、薩摩藩第25代藩主・島津重豪（しまづしげひで）が、天体観測などのために整備した明時館（別名：天文館）に由来する。天文館周辺は、江戸時代から明治時代にかけては現在のような賑わいを見せてはいなかったが、1914年に鹿児島電気軌道（現・鹿児島市電）が開通すると、映画館や劇場、飲食店が集まるようになり、徐々に商店街として発展していった。そして、1917年には、神戸以西では初めての百貨店である山形屋が開業した。この山形屋の開業と大正・昭和期の鹿児島市を中心とする鉄道交通網の整備があいまって、「天文館」の商店街としての発展を大きく促進した。こうした発展も戦時下のいく度かの鹿児島空襲によって停滞するが、戦後も山形屋を中心として、「天文館」は鹿児島市の中心地としての役割を果たし続けてきた。

　2004年、九州新幹線開業によって西鹿児島駅が鹿児島中央駅に改称した。九州新幹線の開業は鹿児島経済の起爆剤として期待されていたが、熊本や博多までも鹿児島から買い物客が流出し、さらに、鹿児島中央駅周辺に大型商業施設が出店するようになり、「天文館」にとっては苦しい状況となった。こうした状況は、「天文館」以外にも波及し、2009年には前身の丸屋時代を含めると127年の歴史を持つ三越鹿児島店が閉店した。そして、この状況に対応するために、撤退した三越鹿児島店跡地に、2010年、新しい商業施設マルヤガーデンが開業した。また、地元商店や住民が中心の「We Love 天文館協議会」が建設・運営する天文館シネマパラダイスが2012年に開業した。このような取組みはまだ始まったばかりであるが、「天文館」のこれからに期待が集まっている。

一番街商店街（鹿児島市）
―鹿児島の玄関口に一番近い商店街―

　JR鹿児島中央駅東口の南側に位置している一番街商店街は、「天文館」と並び鹿児島市を代表する商店街で、九州新幹線開業によって、大型商業施設も整備された活気あるまちである。

　第2次世界大戦の空襲によって西鹿児島駅（現・鹿児島中央駅）周辺は一面焼け野原となったが、戦後、県内各地から物資が運び込まれ、駅周辺には闇市が形成された。この闇市は発展していき、やがて、西駅朝市と呼ばれるようになった。この西駅朝市が、一番街商店街の前身である朝市通りの始まりである。1950年代後半の朝市通りは、市外からも多くの買い物客が訪れ、大変な賑わいであった。この朝市通りが店舗数を増やしながらますます発展していき、現在の一番街商店街に至る。朝市通りでは、現在でも平日の早朝から朝市が開催されている。一番街商店街のアーケード内にアエールプラザやアエールタワーが建設され、九州新幹線開通後の鹿児島の玄関口として多くの観光客が訪れる活気あふれる商店街となっている。

　現在、再開発プロジェクトが始動している。2020年度中の完成を目指して、2018年6月に着工した中央町19・20番街区市街地再開発事業である。事業計画案によると、総事業費約222億円をかけて、地上24階地下1階建ての高さ約100m、商業施設やオフィス、住宅が入る再開発ビルを建設する予定である。このようにして、鹿児島の玄関口として相応しい景観を持った新しい一番街商店街が誕生し、鹿児島経済を牽引していくことになるだろう。

北田・大手町商店街（鹿屋市）
―地域資源を活かした魅力あふれる商店街―

　鹿屋市は、県都鹿児島市が位置する薩摩半島の対岸、大隅半島に位置する地方都市である。ここで紹介する北田・大手町商店街は、鹿屋市の中心部に位置する大隅半島を代表する商店街である。北田・大手町商店街は、1960年代後半以降にはアーケードが設置され、大隅半島から様々な物資が集まり、多くの人で賑わっていた。しかし、1980年代後半以降、郊外に大型商業施設の進出が相次ぐようになると、多くの個人商店の経営は立ち行かなくなり、北田・大手町商店街は衰退していった。

北田・大手町商店街が衰退していくなか、2012年に地域商店街活性化法の認定を受け、商店街再生の道を進んでいくこととなった。地域商店街活性化法の認定を受けた後、北田・大手町商店街は、「水と緑と文化が融合した人にやさしい湧水商店街」をテーマにした取組みを開始した。具体的には、アーケード整備、ナノミスト設置、LED街路灯設置、放送設備設置、防犯カメラ設置などを実施した。また、地域資源を活用したイベントとして、5月のリナフェスタ、7月の六月燈（地域の夏祭り）、8月のリバーサイドビアパーティー・夏まつり、11月のイルミネーションの飾付け・新酒まつり・秋まつり、12月のクリスマス大パーティーなどを地域と連携しながら開催し、多くの買い物客を集めている。こうした商店街による熱意あふれる取組みによって、地元を離れた若い後継者が地元に戻ってきたという例もあり、地域の活性化に一定の効果が出てきている。

向田商店街（薩摩川内市）
―県北部の中心地にある商店街―

　薩摩川内市は、九州の物流を支える国道3号線の整備によって、周辺自治体の農産物などが集積する物流拠点として機能し、2004年には九州新幹線が部分開通し、広域的な交通拠点としての役割も担っている。そして、2004年の1市4町4村による市町村合併によって、県内最大の面積を持つ県北部の中心地となった。一方、産業面では、京セラや中越パルプ工業の工場が立地しており、企業城下町としての性格も有している。

　向田商店街は、JR川内駅西部に位置する商店街である。商店街が位置する向田地区の歴史は古く、かつては平佐川や川内川の水運の拠点として機能し、平佐城の城下町でもあった。しかし、近年、薩摩川内市の中心市街地の商店街に立地する商店の数は、大型商業施設の郊外進出によって、年々減少しており、空き店舗の数も増加傾向にある。

　薩摩川内市は、中心市街地の商店街の賑わいを取り戻すために、ポイントカードの発行や自転車の無料貸出といったソフト面での対策を講じたが、大きな効果は得られなかった。また、薩摩川内市の行政だけではなく、向田商店街の経営者たちの間でも、ハロウィンパーティーの開催や空き店舗の活用を通して、子育て世代などの若い世代も訪れやすい商店街を目指している。

名瀬中央通りアーケード商店街（奄美市）
―南国の歴史と文化を味わえる商店街―

　奄美市は、鹿児島県本土から約300km離れた奄美大島のなかで最も大きな人口・経済規模を持つ自治体で、その中心地が名瀬である。奄美大島は、観光地としても有名であり、豊かな自然環境と南国情緒を求めて全国各地から年間約42万人の観光客が訪れている。近年は、国立公園指定および世界自然遺産登録に向けた動きも活発化しており、今後ますます観光客は増加を続けるだろう。

　この奄美市の中心部にあるのが、名瀬中央通りアーケード商店街だ。名瀬中央通りアーケード商店街は、奄美市で唯一アーケードを持つ商店街であり、通行量が最も多い。約200m続くアーケード商店街には、地元住民が利用する生活用品・食料品を扱う個人商店や、奄美の特産物・土産物を扱う個人商店が並んでおり、観光客や地元住民などの買い物客で賑わっている。また、名瀬中央通りアーケード商店街にはほかの地方都市の中心商店街で見られるような空き店舗が少なく、2015年度に奄美市が実施した調査によると、店舗数75に対して空き店舗は10であった。これは、近隣住民が、食料品などの日用品の買い物のために名瀬中央通りアーケード商店街を使っているからである。しかし、歩行者の通行量は、年々減少しており、商店街の衰退を心配する声も上がっている。

　こうした商店街の衰退傾向に歯止めをかけるために、奄美市では様々な取組みを実行している。増加する空き店舗に新しい事業者の出店を促進するために、2年間家賃の半分を補助するとともに、出店に伴うリフォーム費用に対し支援を行う事業が開始され、2014年と15年の2年間でこの制度を活かした新規出店が奄美市内で35店舗あり、一定の効果が現れていると言える。また、観光客を呼び込むための奄美の歴史文化が体験できる観光ルートの策定も進められており、奄美市の取組みに注目が集まっている。

47 沖縄県

国際通り（那覇市）

沖縄県の商店街の概観

　沖縄県の内陸部集落（古村）は、御嶽（ウタキ）と呼ばれる拝所（祖先神を祀る聖地＝鎮守の森）を核に形成された例が多い。通常、御嶽は集落内で標高が高い場所に位置し、この丘を取り囲む形で集落が発展したと考えられる。御嶽には大岩や大木などの自然崇拝対象物が位置するとともに、祖先の骨が祀られる伝承も見られる。この拝所は城（グスク）と呼ばれる軍事的意味を持つ要塞（城郭）内にも分布する。海岸平野部では、石垣市の「○○ハカ（通り）」のように漁村時代の海に向かう複数の縦道が平行して見られる。

　新しい集落（新村）としては、沖縄島中北部内陸部や本部半島では、琉球王国滅亡後に士族が帰農移住した屯田兵村的な屋取（ヤードリ）集落が分布し、風水思想の影響で格子状街並み景観が見られる。

　やがて、このような町場に人口が増え、中心部にマチグヮー（市場）が自然発生し、その後に市場に隣接する街路に沿って商店街が形成された。1933年当時、沖縄県内市町村の公設市場は、那覇市（東市場・潟原市場・泊市場）、首里市（町端市場・赤田市場・平良市場）、島尻郡（糸満市場・与那原市場）、国頭郡（名護市場・渡久地市場・今帰仁市場）、宮古郡（平良市場）、八重山郡（石垣市場）の13ヵ所があった。これ以外に私設市場として、那覇市（崇元寺市場・久茂地市場・垣花市場）があった［中田邦彦（2009）『沖縄県の地理』編集工房東洋企画、p.78］。これらの多くは現在の商店街へと発展した。

　このような歴史の古い「市場」とともに、「映画館」が商店街形成に関わった例も見られる。例えば、沖縄本島北部では、名護十字路（旧国道58号と県道84号の交差点）には国際館、琉映館、アポロ館の3つの映画館があり、沖縄島北部ヤンバル（山原）住民に娯楽を提供しながら商店街発展に貢献した。このことは、那覇市の国際通りの地元での通称が映画館「アー

ニー・パイル国際劇場」に、沖映通りが映画館「沖映本館」に由来することからも興味深い。

しかし、近年の郊外型大型ショッピング施設（駐車場完備）により、沖縄本島の市場由来の商店街は衰退傾向にある。

南部シマジリ（島尻）の中心である糸満市では、潮崎や西崎、浦添市の西洲、北谷町ハンビーなどは埋立地に形成された新しい商業施設・居住地区として発展している。また、広大な米軍施設が返還されて生まれた那覇市おもろまち新都心のようなケースもある。

いずれにせよ沖縄県の商店街の将来は「県民」だけを対象にしたのでは先細りである。県外・海外からの観光客をどう呼び込むかが課題となっている。海外からの大型客船が寄港できるのは、現在は那覇港と石垣港のみであるが、名護市や宮古島市でも港湾の整備が待ち望まれている。

これ以外に、商店街ではないが交通の不便な農山村部や離島には、「共同売店」と呼ばれ、地域の住民が出資者となって運営する集落単位の商店が見られる。共同店が最初に設立されたのは1906年である。

さらに、嘉手納基地に代表される軍属居住地域には、米軍とその家族・基地従業員を対象とした、大型店舗や娯楽施設が存在する。

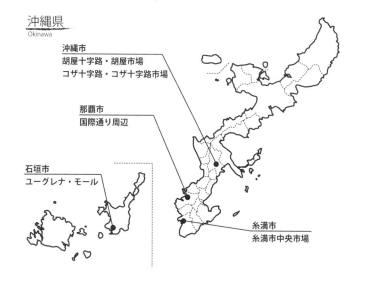

行ってみたい商店街

国際通り周辺（那覇市）
—奇跡の1マイル—

　那覇市の商店街と言えば国際通りを思い浮かべる人が多い。この通りは今でこそ沖縄県一の繁華街になっているが、かつては野原の一本道に過ぎなかった。この場所に1947年に建設されたのが「アーニー・パイル国際劇場」である。アーニー・パイル（1900～45年）は第2次世界大戦中に沖縄戦で伊江島において戦死した従軍記者であり、彼の名前を付けることで米軍政府から「映画館の認可」が得やすかったために、この名称となったようである。1950年頃までは「牧志街道」「牧志大通り」と呼ばれていたが、映画館が繁盛し訪れる人が増えるとともに「国際通り」が定着した。同時に戦後復興の象徴として「奇跡の1マイル通り」とも呼ばれるようになった。

　那覇市には国際通りの中央南側に「牧志第一公設市場（生鮮食品が中心）」が、そのすぐ近くには「公設市場雑貨部」「公設市場衣料部」が隣接する。モノレール安里駅東には、「栄町市場（一高女、女師両校の跡地で、隣接する通りにはひめゆり通りの名称が付けられている）」がある。これらの市場と国際通りを結ぶ、「むつみ橋通り」と「市場中央通り」の間には「ガーブ川」が流れている。この川の上流部には「農連市場」（中央卸売市場）があり、ここから下流部が約500mにわたって暗渠化されて「水上店舗（第一街区～第四街区）」という新たな商店街となっている。この下流はむつみ橋交差点（スクランブル交差点）で国際通りの下を横切り、モノレール美栄橋駅方面に流れていて「沖映通り」となっている。

　これとは別に地元で「社交街」と呼ばれる飲み屋街（平和通りからモノレール牧志駅）には、桜坂社交街、神里社交街、竜宮社交街、グランドオリオン社交街（現在、屋台村として注目を集めている）が集中している。同様に、国際通りの北側にはニューパラダイス通り（社交街）がある。郊外の「飲み屋街」として松山・辻など新しい「花街」が発展している。

　国際通り周辺部（北西から海岸方向）には、琉球王国時代の中華街景観が残る「唐栄久米村（中国人居住区）」「福州園」がある。またモノレール牧志駅南側には、朝鮮半島からの陶工が移り住んだ「ヤチムン（焼き物）の商店街」である壺屋通りなど異国情緒を持つ独特の景観が見られる。

デパートとしては「山形屋」「伊勢丹」「ダイエー」があったが、いずれも撤退した。その要因として、モノレール開通、おもろまち駅周辺の米軍施設返還による再開発、DFS免税店が考えられる。国際通り南端には「パレット久茂地」大型店舗がある。

モノレール旭橋駅周辺は、現在はバスターミナルになっているが、戦前は鉄道駅（軽便鉄道・路面電車）として交通の要衝であった。現在、再開発が進んでいて、那覇空港や泊港（フェリー乗り場）とともに沖縄観光の拠点として確実に発展を遂げている。

糸満市中央市場（糸満市）
―ウミンチュ人情の商店街―

海人（ウミンチュ＝漁師）の町として発展してきた糸満市は、戦前には沖縄島南端の軽便鉄道・馬車鉄道のターミナル駅（サトウキビの集散地）で栄えた。しかし、沖縄戦では甚大な被害を受けた。近年は「戦跡巡り」「ウミンチュの町」など観光でも注目される。

国道331号と県道7号の交差点糸満ロータリーは、嘉手納ロータリーとともに米国占領時代の遺産で、ロータリーから西側に糸満中央市場を取り囲んで、センター通り、有栄通り、新世界通り、南通り、市場通りの5つの商店街がある。市場周辺には、古くからの休憩所・食堂のほか、近年は若者向けカフェやレストランもある。現在、ロータリーの再開発整備が行われ、歴史的な町並み景観復原が試みられている。

糸満市中央市場は、地元では「マチグヮー（市場）」と呼ばれ、早朝から糸満（アンマー：お母さん）たちで活気づく。糸満市民の台所として、採れたての野菜や鮮魚・豆腐（ゆし豆腐）・かまぼこなど生活に欠かせない地元の食材を安く購入できる。県外・海外の観光客が増えて賑わう那覇市の牧志公設市場とは異なり、日曜・祝日は閉店する店が多いので、賑わいを体験するには平日の早朝がおすすめである。観光客向けに2カ月に1回「チムチム市（チム＝心、心が結ばれる市場の意）」が開かれる。

海人（漁師）の町である糸満は「旧暦行事」が多く、その際の料理の食材購入では市場を利用する人が多く、特に賑わう。正月・盆・清明（シーミー）などの年中行事のほか、結婚式（ニービキ）・生年祝（トゥシビー）・葬式（ムンチュウ）など門中一族での冠婚葬祭が多いのが琉球文化の特色である。こうした時の「供え物」を、出席者にふるまう伝統的な沖縄料理に欠かせない「食材」を、まとめて大量に入手することができるのが市場（マチグヮー）である。

九州・沖縄地方

特に糸満の位置する島尻（沖縄島南端部）では、独特の食材の「カステラかまぼこ」「赤かまぼこ」「ナントゥー」などが市場で山積みされている。この景観は沖縄でも糸満市場でしか見られない。

　また、近代化した商業施設では見られない地縁・血縁を反映した「商文化」と人間関係がここには存在している。どの店で買うのかについて、「親戚」「同じ集落の出店者」など血縁関係や地縁関係が重視されており、また売り手と買い手の会話や情報交換・値段交渉・調理法の伝授などの場となっている。特に長男に嫁いできた若い主婦にとっては、スーパーマーケットには見られない魅力が市場にはあると言われている。

　糸満周辺にも郊外に大型商業施設ができ、自家用車での買い物はそちらに向いている。そのようななかで中央市場には独特の「人情」が見えてくる。訪ねてみたい商店街である。

胡屋十字路・胡屋市場、コザ十字路・コザ十字路市場（沖縄市）
―2つの中心―

　嘉手納米軍基地の「門前町」としての沖縄市には、8つの商店街が存在する。賑わいの中心は「胡屋十字路」周辺である。コザ市と美里村が合併して沖縄市が誕生した1974年に、嘉手納ゲート通りにあった「胡屋市場」に接して、一番街（沖縄県最初のアーケード街）、センター通り、パークアベニューができた。1976年にはコザ十字路市場、本町通りの2つの商店街を起源として（統合、合併して）、銀天街（沖縄県で2番目のアーケード街）が誕生した。

　基地門前町の視点から見れば、嘉手納ゲート近くの飲み屋街として胡屋十字路周辺に中の町、百件町が存在する。こちらは比較的高級感のある飲食店が多いのに対して、コザ十字路に接する飲み屋街は、庶民的な店が中心である。このような「棲み分け」は戦後、朝鮮戦争・ベトナム戦争期にはっきりと「階層化」されていったと考えられる。

　また、嘉手納ゲート通りには「土産物屋」と「仕立て屋（テーラー）」が集中していて、インド人経営の店が多く見られる。彼らはインド系のテイラーとしての「手先の器用さ」を売り物にしている。そのようななかで「ジャズ喫茶」や「タトゥー（刺青）」専門店があるのは、米軍のもたらした文化の名残である。米軍とそれに支えられて発展してきた沖縄市であるが、近年「音楽の町」「沖縄芸能文化の町」として生まれ変わろうとしている。

ユーグレナ・モール（石垣市）
―最西端・最南端の商店街―

　石垣市の中心集落は、町村制以前の4つの字、登野城（トノグスク）、大川、石垣、新川（アラカワ）からなり、総称して「四箇（シカ）」「石垣四箇」と呼ばれてきた。この中心市街地には整然とした格子状の町割りを見ることができ、その背景には「風水」による都市計画がある。

　四箇集落の中心部に自然発生的に市場ができ、公設市場をはさんで海岸線に平行して通る2本の通りに沿って商店街が形成された。海側が中央通り商店街、山側が銀座通り商店街である。地元では1950年頃には、前者を「マチイ（市場）の大通り」、後者を「ヤグサミ（未亡人）スージグァー（狭い小路）」と呼ばれていた。「ヤグサミ」は、戦争で御主人を亡くした女性が、一家を支えるために市場近くの小路に露店を出したことがその起源で、石垣の女性のたくましさを示す名称とも言える。

　現在の公設市場の建物竣工（1989年）をきっかけに商店街にはアーケード屋根が建設され、「アヤパニ・モール」と呼ばれることになった。アヤパニは、石垣地方の保護鳥「カンムリワシの美しい羽根」を意味し、地元住民に愛着のある名称である。この起源は公設市場の近くにある与那国御嶽（ウタキ＝自然崇拝の聖地）を詠んだ詩に登場するアヤパニに由来する。

　こうして店舗が増え、一時的に賑わったが、アーケード屋根の維持に多額の出費がかさむため、「アヤパニ・モール」は財政的に苦境に立たされた。そのような時に、商工会議所が「命名権ドットコム」を通して命名者を募集したところ、東京に本社がある株式会社ユーグレナ（ミドリムシ（euglena）を意味する）が命名権を獲得し、2010年3月14日「ユーグレナ・モール」に改名された。健康自然食品の会社にとって石垣の美しい海と自然が会社のイメージの「宣伝効果」を高めるのに役立っている。

　美しい自然環境に恵まれた先島諸島は、その地理的な優位性を活かして、香港・台湾などの大型クルーズ船の寄港地として海外からの観光客を呼び込むことができれば発展することになるだろう。

　かつてポルトガル人が「レキオス」と呼んだ琉球王国は、「万国津梁の国」（海外との架け橋）として交易で栄えた。現在、沖縄県はアジアそして世界との「貿易と観光」の拠点として大きく注目されている。

付録1　本書で取り上げた「行ってみたい商店街」一覧

（注）＊Aは「がんばる商店街」、Bは「はばたく商店街」に選定されたもの（一部選定を含む）。複数年次に選定された場合もある。
　　　＊最寄駅などから離れているものについては、距離または所要時間を記してある。

都府道県		商店街名（市区町村）	キーワード	最寄駅
北海道	A	札幌狸小路商店街（札幌市）	開拓使、大通公園、商店街ストリート文化、狸小路市場、すすきの	札幌市営地下鉄すすきの駅
	B	大門商店街（函館市）	函館港、金森赤レンガ倉庫、キラリス函館、朝市、観光	JR函館駅
		都通り商店街、サンモール一番街（小樽市）	小樽駅、三大百貨店、観光、日本銀行旧小樽支店、介護サービス付き高齢者住宅	JR小樽駅
		平和通買物公園（旭川市）	師団通り、歩行者専用道路、手の噴水、南北格差、トランジットモール化	JR旭川駅
	A	電信通り商店街（帯広市）	十勝開拓、晩成社、花ば咲かせ隊、協働・共生する商店街、でんぞうちゃん	JR帯広駅
青森県	A	新町商店街（青森市）	福祉対応型商店街、青森魚菜センター、パサージュ広場、アウガ、海水利用融雪施設	JR青森駅
	A	土手町商店街（弘前市）	土手町通り、老舗、かくはデパート、津軽林檎輸出業組合、第8師団	JR弘前駅
		十三日町商店街など（八戸市）	まちなか／横丁、市（いち）、ポータルミュージアム「はっち」、暖簾、城下町	JR本八戸駅
岩手県	A	肴町商店街、大通り商店街、菜園（盛岡市）	城下町、大通、市街地整備、川徳百貨店、岩手銀行赤レンガ館	JR盛岡駅
		大町商店街（一関市）	千葉久百貨店、地産地消型商店街、新鮮館おおまち、酒の民俗文化博物館、奥の細道	JR一ノ関駅
		十字路商店街（北上市）	北上川水運、黒沢尻、十字街、さくら野百貨店、お江戸本牧亭きたかみ寄席	JR北上駅
	A	土沢商店街（花巻市）	銀河鉄道の夜、おたすけキッチン、土沢まちづくり会社、こっぽら土澤、萬鉄五郎記念美術館	JR土沢駅
	A	末広町商店街（宮古市）	閉伊街道、三陸海岸、すえひろ亭、宮あきんど復興市、地域コミュニティ	JR宮古駅
宮城県	A	東一番丁通り（仙台市）	士族授産、藤崎百貨店、高層アーケード、番ブラ、横丁	仙台市営地下鉄広瀬通駅、青葉通り1丁目駅など
		台町商店街（アークヒルズ台町）（大崎市）	奥州街道、大崎平野、東北新幹線、台町TMC株式会社、シネマ・リオーネ古川	JR古川駅

都道府県	商店街名（市区町村）	キーワード	最寄駅
宮城県	A 立町通り商店街、アイトピア通り（石巻市）	北上川河口、さくら野百貨店、復興商店街、石ノ森萬画館、石巻ASATTE	JR石巻駅
	A 南三陸さんさん商店街（南三陸町）	復興商店街、福幸市、南三陸杉、キラキラ丼、志津川湾	JR仙台駅から高速バスで約90分
秋田県	秋田市中心商店街（秋田市）	広小路、内町・外町、木内百貨店、エリアなかいち、商店街すごろく	JR秋田駅
	畠町商店街、柳町商店街（能代市）	木都、米代川、花街、復興事業、能代中央都市開発	JR能代駅
	A 大町商店街（ハチ公通り）（大館市）	東大館駅、ハチ公、きりたんぽ、まげわっぱ体験館、アメッコ市	JR東大館駅
	中七日町通り（横手市）	旧増田町、くらしっくロード、切妻造り妻入り商家、内蔵、朝市通り	JR十文字駅から約3km
	花火通り商店街（大仙市）	全国花火大会、つつどん・たまどん、花火庵、ペアーレ大仙、タカヤナギ	JR大曲駅
山形県	AB 七日町商店街（山形市）	城下町、3つの新名所、NANA BEANS、街なかウェディング、ほっとなる広場公園	JR山形駅
	A 山王商店街（鶴岡市）	商家、山王ナイトバザール、おいやさ祭り、鶴岡まちなかキネマ、歩いて暮らせるまちづくり	JR鶴岡駅
	A 中通り商店街（酒田市）	防火建築、酒田大火、セットバック方式、ショッピングモール、街なかキャンパス	JR酒田駅
福島県	駅前通り商店街、パセオ470、文化通り商店街（福島市）	れんが基調、コミュニティ道路、日銀福島支店、福島稲荷神社、散策	JR福島駅
	A 中央商店街、大町商店街（郡山市）	陸羽街道、鉄道交通、おおまちネット、ユニバーサルデザイン、郡山べっぴん	JR郡山駅
	A 七日町商店街（会津若松市）	七日町通りまちなみ協議会、大正浪漫、業種転換、地場産業、駅カフェ	JR七日町駅
	A 本町通り（いわき市）	浜通り、城下町、常磐線、震災・津波	JRいわき駅
茨城県	宮下銀座商店街、南町商店街、ハーモニーロード（水戸市）	銀杏坂、昭和のレトロ感、老舗商店、水戸芸術館、水戸まちなかフェスティバル	JR水戸駅
	日立駅周辺商店街（日立市）	企業城下町、日立シビックセンター、モール、ゆるゆる市、ひたち国際大道芸	JR日立駅
	ザ・モール505（土浦市）	高架道路下モール、水戸街道、霞ヶ浦遊覧、複合商業施設 ウララ、レトロな建物	JR土浦駅
栃木県	A オリオン通り商店街（宇都宮市）	大型アーケード、東武鉄道、餃子のまち、ジャズの街、カクテルのまち	東武宇都宮駅

都道府県		商店街名（市区町村）	キーワード	最寄駅
栃木県		蔵の街大通り商店街（栃木市）	蔵の街、例幣使街道、巴波川（うずまがわ）の舟運、コエド市場、福田屋百貨店	JR・東武栃木駅
		中央通り、石畳通り商店街（足利市）	まち歩き商店街、鑁阿寺（ばんなじ）、マンホールマップ、石畳、足利ブランド	JR足利駅または東武足利駅
		日光東町商店街（日光市）	参道商店街、日光街道、東照宮、外国人観光客、土産物店	JR日光駅または東武日光駅
群馬県	A	Qのまち商店街（前橋市）	9つの商店街、スズラン百貨店、Qのひろば、レトロな風情、映画のロケ地	JR前橋駅
		高崎中央ぎんざ商店街（高崎市）	鉄道交通の要地、2つの百貨店、市役所の移転、歓楽街、昭和レトロ感	JR高崎駅
	B	本町通り商店街、末広通り商店街（桐生市）	絹織物の産地、日本遺産、有鄰館（ゆうりんかん）、産学連携、料亭	JR桐生駅または上毛電鉄西桐生駅
		南一番街（太田市）	スバル、外国人労働者、歓楽街、空洞化、産学連携	東武太田駅
埼玉県		大宮駅東側地区（さいたま市）	新幹線、大宮ソニックシティ、百貨店、大宮駅西口土地区画整理事業、さくら横丁	JR大宮駅
		なか町商店街（さいたま市）	県庁所在地、百貨店・大型商業施設、中山道、老舗菓子店、旧浦和市	JR浦和駅
	A	クレアモール（川越新富町商店街、川越サンロード商店街）（川越市）	小江戸、歩行者天国、丸広百貨店、美しい景観、ショッピングモール化	西武本川越駅または東武川越市駅
	A	みやのかわ商店街（秩父市）	秩父神社、高齢化、ボランティアバンクおたすけ隊、ナイトバザール、共通商品券	秩父鉄道秩父駅または西武秩父駅
		熊谷鎌倉町商店街（熊谷市）	商都、八木橋百貨店、熊谷うちわ祭、星溪園、日本一暑い商店街	秩父鉄道上熊谷駅またはJR熊谷駅
千葉県		千葉銀座商店街（千葉市）	イオン本社、Qiball、フリーマーケット、高層マンション、ビジネス街	京成千葉中央駅またはタウンライナー葭川公園駅
		成田山新勝寺門前町（成田市）	成田山新勝寺の門前町、老舗、成田祇園祭、成田国際空港、外国人観光客	JR成田駅または京成成田駅
		館山銀座商店街（館山市）	南房総、観光、甲冑隊、南総里見まつり、東京アクアライン	JR館山駅
		船橋市本町通り商店街（船橋市）	郊外交通の中心、ダイヤモンドポイントカード、きらきら夢ひろば、マンション、大型商業施設	JR船橋駅または京成船橋駅

都道府県	商店街名(市区町村)	キーワード	最寄駅
千葉県	銚子銀座商店街(銚子市)	飯沼山圓福寺、銚子港、門前町・街並み散策マップ、門前・軽トラ市、銚子電鉄	銚子電鉄観音駅
東京都	銀座商店街(中央区)	老舗、百貨店、銀ブラ、銀座ブランド、銀座憲章、和光	東京メトロ銀座駅またはJR有楽町駅など
	A 巣鴨地蔵通り商店街(豊島区)	とげぬき地蔵、旧中山道、庚申塚、おばあちゃんの原宿、縁日	JR巣鴨駅など
	アメ横商店街(台東区)	舶来雑貨、高架下、年末の買出し、アメ横センタービル、世界各地の食材	JR上野駅または御徒町駅など
	十条銀座商店街(北区)	関東大震災、惣菜天国、東京三大銀座商店街、物価の安さ、個人商店	JR十条駅
	A 戸越銀座商店街(品川区)	元祖「○○銀座」、東急池上線、戸越銀次郎、とごしぎんざまつり、戸越銀座コロッケ	東急戸越銀座駅または東京メトロ戸越駅
	吉祥寺サンロード商店街(武蔵野市)	五日市街道、郊外住宅地、ハモニカ横丁、喫茶店文化、バリアフリー化	JR吉祥寺駅または京王吉祥寺駅
	A 住江町商店街、本町商店街(青梅市)	名作映画看板、行楽地、青梅街道、赤塚不二夫、昭和レトロ商品博物館	JR青梅駅
神奈川県	元町商店街(横浜市)	外国人居留地、元町ブランド、タイル敷き、元町クラフトマンシップ・ストリート、チャーミングセール	横浜市営地下鉄元町 中華街駅またはJR石川町駅
	A 六角橋商店街(横浜市)	神奈川大学、商店街プロレス発祥の地、ドッキリヤミ市場、綱島街道、東急東横線	東急白楽駅
	B 横須賀本町どぶ板通り商店街(横須賀市)	海軍工廠、米軍横須賀基地、スカジャン、ドブ板バザール、アメリカン	京急横須賀中央駅または汐入駅
	小田原ダイヤ街商店会、錦通り商店街、おしゃれ横丁(小田原市)	城下町、東海道、北條ストリートマルシェ、西湘地域、レンガの小径	JR小田原駅
新潟県	A 上古町商店街(新潟市)	港町、万代シテイ、老舗、カミフル、ゲストハウス	JR新潟駅
	長岡中心市街地商店街(長岡市)	大手通、スカイデッキ、地下駐車場、まちなか型公共サービス、アオーレ長岡	JR長岡駅
	A 高田本町商店街(上越市)	北國街道、雁木造り、2核1モール、越後・謙信SAKEまつり、がんぎっこ	JR高田駅
	糸魚川中心商店街(糸魚川市)	大火、酒造、日本海、街道、ヒスイ王国館	JR糸魚川駅
富山県	A 総曲輪商店街、中央通り商店街、西町商店街、千石町商店街(富山市)	路面電車、コンパクトシティー、売薬の町、ストリートミュージアム、越中大手市場	富山地方鉄道大手モール駅

付　録　325

都府道県	商店街名（市区町村）		キーワード	最寄駅
富山県	A	高岡市中心商店街（高岡市）	旧北陸道、鋳物産業、町衆STUDIO、レンタサイクル、まちなかギャラリー	JR高岡駅
		氷見比美町商店街（氷見市）	氷見漁港、藤子不二雄Ⓐ、まんがロード、ひみ番屋街、「きときとな」魚	JR氷見駅
		本町商店街、ハミングロード東町など（南砺市）	砺波平野、散居村、ねつおくり七夕まつり、きき味トライアル、子育て支援「レシートde サポート」	JR砺波駅
石川県	AB	金沢市中心商店街（金沢市）	町屋、伝統工芸、観光、まちづくり協定、北陸新幹線	JR金沢駅
	A	ゆげ街道商店街、湯の出町商店街、湯の本町商店街（加賀市）	温泉地、伝統工芸品、エコ乗り物レンタル、スイーツ巡りクーポン、1店舗2業種	JR加賀温泉駅から約5km
		鶴来本町通り商店街（白山市）	白山比咩神社、手取川、谷口集落、発酵食材、TKGY	北鉄石川線鶴来駅
		一本杉通り振興会（七尾市）	北前船、花嫁のれん、青柏祭、語り部処、能登食祭市場	JR七尾駅
		わいち商店街、本町（朝市通り）商店街（輪島市）	朝市、輪島塗、輪島工房、輪島段駄羅（だんだら）、能登半島	JR金沢駅から特急バスで約2時間30分、のと里山空港から車で約30分
福井県	B	福井市中心商店街（福井市）	エキマエベース、どまんな館、北国街道市、路面電車、きちづくり福井会社	JR福井駅または福井鉄道福井駅
		敦賀市中心商店街（敦賀市）	気比大社、嶺南、北前船、敦賀百縁笑店会、昆布屋	JR敦賀駅から
	A	駅前（はまかぜ通り）商店街、いづみ町商店街（小浜市）	食文化、鯖街道記念館、焼き鯖、若狭塗、はまかぜ寄席	JR小浜駅
		勝山本町通り商店街（勝山市）	商人地区、石畳、勝山年の市、奥越前、白山信仰	えちぜん鉄道勝山駅
山梨県		甲府中央商店街（甲府市）	甲州街道、宝石美術専門学校、桜座、オリオンスクエア、岡島百貨店	JR甲府駅
	B	下吉田商店街（富士吉田市）	富士山、御師の家、門前集落、粉食文化、石畳	富士急富士山駅
	A	久遠寺門内商店街、しょうにん通り商店街（身延町）	久遠寺、門前町、甲州土産、なまこ壁、家紋	JR身延駅から路線バスで約15分
長野県	A	権堂商店街（長野市）	善光寺、長野松竹相生座、長野電鉄、権堂イーストプラザ、リノベーション	長野電鉄権堂駅またはJR長野駅

都道府県	商店街名（市区町村）	キーワード	最寄駅
長野県	AB 中町商店街（松本市）	松本城、土蔵造り、問屋、中町・蔵シック館、電線地中化	JR松本駅
	松尾町商店街、海野町商店街、うえだ原町一番街商店街（上田市）	北國街道、真田坂、上田デパート、真田十勇士ガーデンプレイス	JR・上田電鉄上田駅
	塩尻大門商店街（塩尻市）	中山道、塩尻駅、「えんぱーく」、ハッピーハロウィーン、ジャコランタン	JR塩尻駅
岐阜県	AB 柳ケ瀬商店街（岐阜市）	柳ケ瀬ブルース、岐阜高島屋、アーケード網、FLORENCE YANAGASE、歓楽街	JR岐阜駅または名鉄新岐阜駅
	大垣駅前商店街、大垣郭町商店街（大垣市）	ヤナゲン百貨店、大垣城、OKB street、まちゼミ、GAKIめし	JR大垣駅
	AB 飛騨高山中心商店街（高山市）	朝市、宮川、土産物店、格子、外国人観光客	JR高山駅
	B 多治見ながせ商店街（多治見市）	陶磁器業、ベッドタウン、土岐川、商展街、オリベストリート	JR多治見駅
静岡県	A 呉服町通り名店街（静岡市）	駿府、老舗、五福町、一店逸品運動、回遊型商店街	JR静岡駅または静鉄新静岡駅
	鍛冶町通商店街、田町中央通商店街（浜松市）	浜松商店界連盟、ザザシティ浜松、遠鉄百貨店、東海道、産業都市	JR浜松駅または遠州鉄道新浜松駅
	A 沼津仲見世商店街（沼津市）	東海道、駿河湾、鉄道交通、青空市場、地域密着型、七夕まつり	JR沼津駅
	マイロード本町商店街、神田商店街、宮町商店街（富士宮市）	富士山信仰、お宮横丁、昭和レトロ、富士宮やきそば、身延線	JR富士宮駅
愛知県	A 大須商店街（名古屋市）	大須観音、大須大道町人祭、オタク街、骨董市、多様な客層	名古屋市営地下鉄大須観音駅、上前津駅など
	B 円頓寺商店街（名古屋市）	四間道（しけみち）、ナゴノダナバンク、円頓寺 秋のパリ祭、三英傑モニュメント、商店街再生	JR名古屋駅
	覚王山商店街（名古屋市）	弘法縁日、エスニック、レトロ、アート、覚王山新聞	名古屋市営地下鉄覚王山駅
	大豊商店街（豊橋市）	牟呂用水、水上ビル、雨の日商店街、飯田線、縦割り所有	JR・名鉄豊橋駅
	A 一宮本町商店街（一宮市）	真清田（ますみだ）神社、一宮七夕祭り、やろまい、繊維産業の街、コスプレパレード	JR尾張一宮駅・名鉄一宮駅
三重県	だいたて商店街（津市）	津観音、伊勢神宮参詣道、大門百貨店（津松菱）、老朽化、丸の内商店街	近鉄津新町駅

都道府県	商店街名（市区町村）		キーワード	最寄駅
三重県	A	寺町通り商店街（桑名市）	桑名別院、三・八市、露店、貝のしぐれ煮、無料カート	JR・近鉄桑名駅
	A	諏訪西町商店街（四日市市）	四日市宿、廃線跡、四日市大博覧会、岡田屋、マンション	JR・近鉄四日市駅
		松阪市中心商店街（松阪市）	伊勢街道、和歌山街道、おもてなし処、松阪商人、日野町交差点	JR・近鉄松阪駅
	A	伊勢銀座新道商店街、高柳商店街（伊勢市）	伊勢神宮、参宮街道、さくら市場、高柳の夜店、ユニバーサルデザインのまちづくり宣言	JR・近鉄伊勢市駅
滋賀県		大津百町（丸屋町・菱屋町・長等）中心商店街（大津市）	旧東海道、大津百町館、路面電車、OTSU-MAP、琵琶湖	京阪電車浜大津駅
		夢京橋キャッスルロード、彦根銀座街（彦根市）	彦根城、マルビシ百貨店、平和堂、OLDNEW TOWN、街角整備事業	JR彦根駅
	AB	大手門通り商店街、ながはま御坊表参道商店街（長浜市）	黒壁スクエア、曳山祭、大通寺、北國街道、観光	JR長浜駅
		京街道門前通り商店街（近江八幡市）	八幡商人、重要伝統的建造物群保存地区、朝鮮人街道、八幡堀、観光	JR近江八幡駅
京都府		寺町京極商店街、新京極商店街（京都市）	明治時代、寺院、老舗、修学旅行、繁華街	阪急河原町駅
	A	錦市場商店街（京都市）	京の台所、おばんざい、井戸水、観光、専門店	阪急河原町駅
	A	京都三条会商店街（京都市）	全蓋型アーケード、八百屋、印判屋、町屋再生、二条城	京都市営地下鉄二条城駅
	A	伏見大手筋商店街（京都市）	酒造業地帯、ソーラーアーケード、からくり時計、ぱおぱおの家、伏見城下町	京阪電車伏見桃山駅または近鉄桃山御陵前駅
		宇治橋通り商店街（宇治市）	茶師の町、大和街道、上林春松家、JR宇治駅、観光	京阪電車宇治駅またはJR宇治駅
		広小路商店街、新町商店街（福知山市）	城下町、三ツ丸百貨店、広小路再生プロジェクト、ポッポランド、福知山ワンダーマーケット	JR福知山駅
		東舞鶴商店街（舞鶴市）	旧軍港都市、碁盤目状の市街地、肉じゃが、海軍カレー、らぽーる	JR東舞鶴駅
大阪府		キタ　梅田周辺（大阪市）	巨大地下街、阪急資本、うめきた、百貨店激戦区、ターミナル	JR大阪駅または阪急電車、阪神電車、大阪メトロ梅田駅

都道府県	商店街名(市区町村)	キーワード	最寄駅
大阪府	AB ミナミ なんば・心斎橋周辺(大阪市)	アーケード、老舗専門店、心ブラ、外国人観光客、高級ブランド	南海電車、近鉄電車、大阪メトロ難波駅など
	A 天神橋筋商店街(大阪市)	日本一長いアーケード、庶民の台所、裏天満、ごちゃまぜ、大阪天満宮	JR天満駅または大阪メトロ天神橋筋6丁目駅など
	鶴橋商店街、市場界隈(大阪市)	コリアンタウン、ガード下、市場、闇市、フィールドワーク	JR、近鉄、大阪メトロ鶴橋駅
	サカエマチ商店街(池田市)	阪急電車、能勢街道、落語みゅーじあむ、池田呉服座、郊外住宅地	阪急電車池田駅
	石切参道商店街(東大阪市)	生駒山、石切劔前(つるぎや)神社、商店街おもてなし活動、占いの店、漢方薬専門店	近鉄石切駅または新石切駅
	岸和田駅前通商店街(岸和田市)	だんじり祭り、切絵、紀州街道、コシノギャラリー、紡績業	南海電車岸和田駅
兵庫県	B 三宮センター街、元町商店街、南京町(神戸市)	ファッションの街、老舗、西国街道、元祖センター街、ターミナル	JR、阪急電車、阪神電車三宮駅など
	元町高架下商店街(神戸市)	JR線高架下、迷宮、「穴場」、「お宝」、耐震補強工事	JR元町駅など
	A 新長田地区商店街(神戸市)	鉄人28号、震災復興商店街、そばめし、ぼっかけカレー、第2種市街地再開発事業	JR新長田駅
	A 阪神尼崎・三和本通り商店街(尼崎市)	「アマの台所」、庶民的、工業の街、阪神電車、地域密着型商店街	阪神電車尼崎駅
	魚の棚商店街(明石市)	おさかなの町、イカナゴのくぎ煮、明石焼き、観光客、城下町	JR明石駅または山陽電車明石駅
	みゆき通り商店街(姫路市)	姫路城、アーケード、戦災復興、ヤマトヤシキ、西播磨の中心	JR姫路駅または山陽電車姫路駅
	A 宵田商店街(豊岡市)	柳行李、「カバンストリート」、鞄の自販機、豊岡ブランド、軽(かろ)よん市	JR豊岡駅
奈良県	AB 東向商店街、もちいどのセンター街(奈良市)	興福寺、近鉄奈良線、観光客、もちいどの夢CUBE、ならまち地区	JR奈良駅または近鉄奈良駅
	生駒駅前商店街(生駒市)	生駒山、宝山寺、駅前再開発、商業施設、100円商店街	近鉄電車生駒駅
	A 天理本通り商店街(天理市)	天理教本部、天理教祭具装束店舗、てんだりーcolors、青空市、桜井線	JR・近鉄天理駅
	天神橋筋商店街(大和高田市)	サザンカストリート、JR和歌山線、ユニチカ、オークタウン、シャッター通り化	JR高田駅
	商栄会商店街、商励会商店街(五條市)	吉野地方、仕出し屋、谷口集落、柿の葉寿司、紀州街道	JR五条駅

都道府県	商店街名(市区町村)	キーワード	最寄駅
和歌山県	ぶらくり丁(和歌山市)	横丁、丸正百貨店、空洞化、城まちハッピーロード、フォルテワジマ	JR和歌山駅
	A 田辺市中心商店街(田辺市)	南紀、ぽぽら銀座、闘鶏神社、免税カウンター、熊野古道	JR田辺駅
	新宮商店街(新宮市)	丹鶴城、スーパー・オークワ、逸品スタンプラリー、訪新外国人、熊野古道	JR新宮駅
	A 本町商店街、中町商店街(御坊市)	紀州鉄道、熊野街道、西本願寺日高別院、ふれあい商店街事業、商家	紀州鉄道市役所前駅
鳥取県	A 智頭街道商店街、若桜街道商店街(鳥取市)	街道、パレットとっとり、鳥取大丸、城下町、袋川	JR鳥取駅
	AB 倉吉銀座商店街、本町通商店街(倉吉市)	白壁土蔵群、赤瓦、鳥取県中部地震、土曜夜市、打吹山	JR倉吉駅からバスで約10分
	A 米子本通り商店街(米子市)	出雲街道、善五郎蔵、戸板市、高齢者住宅、元町パティオ広場	JR米子駅
	A 水木しげるロード周辺商店街(境港市)	水木しげる、ゲゲゲの鬼太郎、オブジェ、おさかなロード、観光	JR境港駅
島根県	A 京店商店街、茶町商店街、本町商店街、天神町商店街(松江市)	松江大橋、天神市、一畑百貨店、バリアフリー街路、松江城	JR松江駅
	B 出雲大社神門通り商店街(出雲市)	出雲大社、街並みの景観統一、神門通りおもてなしステーション、門前町、歩車共存道路	一畑電鉄出雲大社駅
	A 銀天街(どんちっちタウン)(浜田市)	石見神楽、ゆめマート、どんちっち神楽時計、神楽像のアーチ、城下町	JR浜田駅
岡山県	A 表町商店街(岡山市)	山陽道、岡山シンフォニーホール、天満屋百貨店、オランダ通り、城下町	JR岡山駅
	B 本通商店街、センター街、えびす通商店街(倉敷市)	美観地区、ビオス憩いの広場、観光客、倉敷三斎市、まちづくり協定	JR倉敷駅
	A ソシオ一番街商店街、銀天街商店街、元魚町商店街、本町商店街、京町商店街(津山市)	出雲街道、アルネ津山、にぎわい商人隊、吉井川、城下町	JR津山駅
	高梁栄町商店街(高梁市)	まちかど広場、ワンルームマンション、城下町、わくわく子どもフェスタ、町屋	JR備中高梁駅
広島県	広島本通商店街(広島市)	平和記念公園、路面電車、ひろしま夢プラザ、西国街道、被爆建物	広島電鉄「本通」または「紙屋町」
	B 福山本通商店街、福山元町通商店街(福山市)	飲食店、とおり町交流館、アーケードの改修、天満屋百貨店、とおりちょうストリートガーデン	JR福山駅

都道府県	商店街名（市区町村）	キーワード	最寄駅
広島県	A 呉本通商店街、呉中通商店街（呉市）	海軍、福屋百貨店、呉海自カレー、れんがどおり、フラワー通り	JR呉駅
	尾道本通り商店街（尾道市）	観光地、映画のまち、コミュニティシネマ、しまなみ海道、サイクリスト	JR尾道駅
	A みよし本通り商店街（三次市）	盆地、江の川、定期市、卯建、商家	JR三次駅
山口県	A 道場門前商店街、米屋町商店街（山口市）	定期市、石州街道、どうもんパーク、特産品ショップやまぐちさん、分銅引き大時計	JR山口駅
	B 徳山銀座商店街、銀南街商店街、みなみ銀座商店街（周南市）	山陽鉄道、まちのポート、ピアモール銀座、百貨店、防災建築街区造成法	JR徳山駅
	グリーンモール商店街（下関市）	コリアンタウン、鉄道用地跡、釜山門、est（エスト）、リトル釜山フェスタ	JR下関駅
	A 田町商店街（萩市）	御成道、ジョイフルたまち、地産地消 農産物販売所、萩おみやげ博物館	JR萩駅または東萩駅
徳島県	東新町商店街、西新町商店街、籠屋町商店街（徳島市）	新町川、阿波踊り、丸新百貨店、ufotable CINEMA、しんまちボードウォーク	JR徳島駅
	ポッポ街商店街（徳島市）	JR徳島駅前、そごう百貨店、アニメコンテンツ、マチ★アソビ、ビルの谷間	JR徳島駅
	A 大道銀天街（鳴門市）	100円商店街、ジュニアエコノミーカレッジ、商店街振興組合、徳島ヴォルティス、JR鳴門線	JR鳴門駅
	阿波池田駅前商店街（三好市）	四国のへそ、路線バス、旅館、山間地域、木工所兼販売店	JR阿波池田駅
香川県	A 高松中央商店街(北部)（高松市）	円形ドーム、琴平電鉄、三越百貨店、定期借地権制度、高松丸亀町壱番街	JR高松駅
	A 高松南部商店街（高松市）	高松南部商店街新世代協議会（NASAP）、琴電瓦町駅、しごとプラザ高松、商店街親子DAY、コミュニティスペース	琴電瓦町駅
	通町商店街、富屋町商店街（丸亀市）	空洞化、JR丸亀駅、丸亀城、旧丸亀通町駅、ドン・キホーテ	JR丸亀駅
	参道商店街、新町商店街（琴平町）	金刀比羅宮、参詣道、観光要素、ふるさとこんぴらあいてぃ館、鉄道	JR琴平駅または琴電琴平駅
愛媛県	AB 銀天街、大街道（松山市）	伊予鉄道 松山市駅、百貨店、（株）まちづくり松山、アーケード、松山城	伊予鉄松山市駅
	B 道後温泉商店街（松山市）	道後ハイカラ通り、明治ロマン、坊ちゃん列車、土産物店、観光ボランティア	伊予鉄「道後温泉」
	A 川之江栄町商店街（四国中央市）	空き店舗、四国中央ドットコム、「食の回廊」事業、漁協、地域コミュニティ	JR川之江駅

都道府県	商店街名（市区町村）		キーワード	最寄駅
愛媛県		常盤町商店街（今治市）	ドンドビ、県外資本、しまなみ海道、今治おかみさん会、今治港	JR今治駅
		きさいやロード（宇和島市）	宇和島城、宇和島駅、街区整理、南予、アーケード	JR宇和島駅
高知県	AB	高知市中心商店街（高知市）	はりまや橋、高知城、ひろめ市場、日曜市、よさこい祭り	土佐電気鉄道「はりまや橋」または「大橋通」
	A	京町商店街、一条商店街、天神橋商店街（四万十市）	幡多地方、土佐の小京都、玉姫様の小箱、四万十川観光、旧中村市	土佐くろしお鉄道中村駅
		久礼大正町市場（中土佐町）	漁師町、市場、カツオのたたき、観光、重要文化的景観	JR土佐久礼駅
	B	安芸本町商店街（安芸市）	土佐東街道、商い甲子園、商い実践講座、本町出張商店街、移動販売事業	土佐くろしお鉄道安芸駅
福岡県		川端通商店街（福岡市）	博多リバレイン、キャナルシティ、仏壇・仏具店、川端ぜんざい、中州	福岡市営地下鉄中洲川端駅
		西新商店街（福岡市）	学生街、唐津街道、リヤカー部隊、サザエさん発案の地、地域密着型	福岡市営地下鉄西新駅
	AB	魚町銀天街（北九州市）	アーケード、小倉井筒屋、えびす市、旦過市場、リノベーションまちづくり	JR小倉駅
		黒崎駅周辺商店街（北九州市）	宿場町、工業地域、筑豊、放射状、黒崎駅南口	JR黒崎駅
	A	一番商店街、二番街商店街、六ツ門商店街（久留米市）	城下町、西鉄久留米駅、岩田屋百貨店、六角堂広場、土曜夜市	JR久留米駅または西鉄久留米駅
	A	本町商店街、東町商店街（サンエステひがしまち）（飯塚市）	筑豊炭田、長崎街道、学園都市、嘉穂劇場、アーケード	JR飯塚駅または新飯塚駅
佐賀県	AB	白山商店街、呉服町商店街（佐賀市）	長崎街道、城下町、白山名店街、恵比寿像、バルーンフェスタ、散策路	JR佐賀駅
		皿山通り商店街、トンバイ塀通り商店街（有田町）	有田焼、トンバイ塀、有田陶器市、観光、直売店	松浦鉄道上有田駅
		武雄温泉商店街（武雄市）	武雄温泉、シュガーロード、まちなか案内所、楼門、武雄温泉しあわせの朝	JR武雄温泉駅
		呉服町商店街、中町商店街（唐津市）	唐津くんち、旧唐津銀行、五福の縁結び通り、唐津の台所、城下町	JR唐津駅
長崎県	AB	浜の町商店街、浜市アーケード（長崎市）	新開地、浜ぶら、長崎浜屋、仲見世8番街、外国人観光客	長崎市電「浜町アーケード」ほか

都道府県	商店街名（市区町村）	キーワード	最寄駅
長崎県	A させぼ四ケ町商店街（佐世保市）	基地の町、アーケード商店街、佐世保玉屋、戸尾市場、とんねる横丁	JR佐世保駅または松浦鉄道佐世保中央駅
	A アエル中央商店街（諫早市）	アエルいさはや、100円商店街、コスプレイベント、十八銀行、諫早うなぎ	島原鉄道本諫早駅
	サンシャイン中央街、森岳商店街（島原市）	七万石坂、さらく（さるく）、まち並景観賞、湧水、ゆとちぎの湯	島原鉄道島原駅
熊本県	AB 上通商店街、下通商店街（熊本市）	熊本城、繁華街、老舗、高層アーケード、鶴屋百貨店	熊本市電「通町筋」
	A 健軍商店街（ピアクレス）（熊本市）	市電、三菱重工工場跡地、白川大洪水、健軍桜まつり、医療連携型まちづくり	熊本市電「健軍町」
	A 本町商店街（八代市）	八代城跡、町屋地区、テクテク歩こう商店街、本町土曜市、八代妙見祭	JR八代駅
	B 阿蘇一の宮門前町商店街（阿蘇市）	阿蘇神社、若きゃもん会、湧水（水基）、水基巡りの道、商品開発	JR宮地駅
	九日町商店街、中町商店街、下町商店街（山鹿市）	レトロ商店街、旧豊前街道、温泉プラザ、八千代座、山鹿灯籠民芸館	JR九州新幹線新玉名駅からバスで約50分
大分県	AR 大分市中心商店街（大分市）	トキハ百貨店、大分都心まちづくり委員会、THEまちなかバーゲン、大分OPA、ガレリア竹町	JR大分駅
	A 別府やよい銀天商店街、別府ソルパセオ銀座商店街（別府市）	泉都、別府港、竹瓦小路アーケード、やよい天狗、昭和調	JR別府駅
	豆田町商店街（日田市）	天領、商家、重要伝統的建造物群保存地区、ひな祭り、観光客	JR日田駅
	中央通り商店街（臼杵市）	城下町、海運業、醸造業、二王座地区、歴史的町並み	JR臼杵駅
宮崎県	A 宮崎市中心商店街（宮崎市）	宮崎山形屋、ボンベルタ橘、Doまんなかモール、みやざき国際ストリート音楽祭、よってンプラザ	JR宮崎駅
	A 都城中央通り（都城市）	国道10号線、百貨店、オーバルパティオ、ロードサイド店、盆地	JR西都城駅
	A 山下新天街商店街（延岡市）	旭化成、ココレッタ延岡、延岡門前市、空き店舗、城下町	JR延岡駅
	B 油津商店街（日南市）	城下町、Yotten、ABURTSU GARDEN、あぶらつ食堂、油津カープ館、民間人の登用	JR油津駅

付　　録　333

都道府県		商店街名（市区町村）	キーワード	最寄駅
鹿児島県	A	天文館（鹿児島市）	観光、天文館、鹿児島市電、山形屋百貨店、マルヤガーデン、We Love天文館協議会	鹿児島市電「天文館通」
		一番街商店街（鹿児島市）	九州新幹線、西駅朝市、アエールプラザ、アエールタワー、観光客	JR鹿児島中央駅
	B	北田・大手町商店街（鹿屋市）	大隅半島、湧水商店街、ナノミスト、地域資源、KITADA SARUGGA	JR鹿児島中央駅から直行バスで約2時間、または鹿児島空港から連絡バスで約1時間40分
		向田商店街（薩摩川内市）	川内川（水運）、九州新幹線、子育て世代、ハロウィン・パーティー、空き店舗の活用	JR川内駅
		名瀬中央通りアーケード商店街（奄美市）	奄美大島、特産物・土産物、観光客、離島、ティダ（太陽）	奄美空港から約1時間、名瀬新港からすぐ
沖縄県	A	国際通り周辺（那覇市）	アーニー・パイル国際劇場、公設市場、ガーブ川、壺屋通り、ゆいレール	ゆいレール県庁前駅
		糸満市中央市場（糸満市）	ウミンチュ人情、アンマー、糸満市民の台所、観光客、チムチム市	那覇空港から車で約30分
	A	胡屋十字路・胡屋市場、コザ十字路・コザ十字路市場（沖縄市）	嘉手納米軍基地、土産物屋、仕立て屋（テーラー）、インド人経営、沖縄芸能文化の町	那覇空港から車で約1時間
		ユーグレナ・モール（石垣市）	アヤパニ・モール、命名権、大型クルーズ船、風水、日本最南の商店街	新石垣空港から車で約30分

付録2　商店街関係年表

年	事　項
1904	三井呉服店改め三越呉服店が「デパートメント・ストア宣言」を行う。
1918	大阪市に公設市場（4カ所）設置。
1919	家庭購買組合（東京市）設立。
1921	神戸消費組合、灘購買組合設立。
1923	中央卸売市場法公布。
	関東大震災発生。
1927	京都市に中央卸売市場が開設される（全国初）。
1929	書籍商が距離制限を行う（最も早い距離制限）。
1932	商業組合法施行、横浜市弁天通商店街組合設立（全国初）。
1935	『商店街調査』（全国87都市）。
	全国商業組合中央会発足。
	日本専門店連盟（日専連）結成。
1937	百貨店法公布。
1941	生活必需物資統制令公布、施行。
	太平洋戦争勃発（～1945）。
1948	日本デパートメントストア協会発足（1950年日本百貨店協会と改称）。
1950	配給統制が完全解除。
1952	全国商店街連合会結成。
	第1回商業統計調査実施。
1953	日本初のセルフサービス方式の食料品店、紀ノ国屋が東京青山に開店。
1956	百貨店法（第2次）成立。
	日本生活協同組合設立。
1957	大阪市千林に「主婦の店ダイエー」が開店（スーパー1号）。
1959	小売商業調整特別措置法（商調法）成立。
1962	商店街振興組合法公布。
	林周二『流通革命』中公新書、発行。
1964	東海道新幹線開業。
1967	日本チェーンストア協会発足。
1968	日本の名目GDPが西ドイツを抜いて世界第2位になる。
1969	日本フランチャイズ協会設立。
	玉川高島屋開業（日本初の本格的な郊外型ショッピングセンター）。
1970	商業近代化地域計画事業が始まる。
1972	ダイエーが三越百貨店を抜いて小売業売上第1位になる。
	旭川市買物公園化実施。

年	事項
1973	中小小売商業振興法公布。
	第1次オイルショック発生。
1974	大規模小売店法（大店法）施行（1979年改正（規制強化）、91年改正（規制緩和））。
	セブン-イレブン1号店が開店。
1985	イトーヨーカ堂、全店にPOSシステムを導入。
	コミュニティ・マートセンター設立。
1989	消費税導入。
1991	特定商業集積整備法公布。
1992	セブン-イレブン・ジャパンが売上高1兆円を達成。
1993	全国で103カ所（第1次）の道の駅が登録される。
1994	日本商工会議所が空き店舗調査を初めて実施する。
1995	阪神・淡路大震災発生。
1998	中心市街地活性化法制定（2006年改正）。
1999	ヤフーがショッピングサイト、ネット・オークションを開始。
	イトーヨーカ堂がダイエーを抜き、小売売上高でトップになる。
2000	大規模小売店舗立地法（大店立地法）施行、大店法廃止（まちづくり三法体制）。
	そごうが民事再生法適用を申請。
2003	愛知県岡崎市で「得する街のゼミナール」（まちゼミ）が始まる。
	山形県新庄市が100円商店街を始める。
2004	イオンがイトーヨーカ堂を抜き小売業売上高でトップに。
	ダイエーが産業再生機構に支援要請（2015年イオンの完全子会社になる）。
	函館市西部地区で「バル街」（まちバル）が実施される。
2006	がんばる商店街77選（中小企業庁）選定。
	中心市街地活性化法改正、都市計画法改正（改正まちづくり三法体制）。
2008	全国のコンビニエンスストアの年間販売額が百貨店を上回る。
2009	地域商店街活性化法制定、（株）全国商店街支援センター（EGAO）設立。
2011	東日本大震災発生。
	九州新幹線が鹿児島中央駅まで開業。
	広島県神石高原町で全国初の官民共同運営のコンビニエンスストアがオープン。
2012	九州北部豪雨発生。
2013	訪日外国人旅行者が1,000万人を超える。
2014	東日本大震災で運休していた三陸鉄道が全線運行再開。
2015	北陸新幹線が金沢まで開業。
2016	熊本地震発生。
2017	九州北部豪雨発生。
2018	西日本豪雨、北海道胆振東部地震など災害が相次ぐ。

●文献および資料●

〈文献〉

足立基浩『シャッター通り再生計画―明日からはじめる活性化の極意』ミネルヴァ書房、2010

新雅史『商店街はなぜ滅びるのか―社会・政治・経済史から探る再生の道』光文社新書、2012

荒井良雄・箸本健二編『流通空間の再構築』古今書院、2007

石原武政『公設小売市場の生成と展開』千倉書房、1989

石原武政『まちづくりのなかの小売業』有斐閣選書、2000

石原武政・矢作敏行編『日本の流通100年』有斐閣、2004

石原武政『小売業の外部性とまちづくり』有斐閣、2006

石原武政『商業・まちづくり口辞苑』碩学舎、2012

石原武政・渡辺達朗編著『小売業起点のまちづくり』碩学舎、2018

小川雅人・福田敦・妻島龍一『現代の商店街活性化戦略』創風社、2004

懸田豊・住谷宏編著『現代の小売流通』（第2版）中央経済社、2016

川端基夫編著『情報化と地域商業』千倉書房、1997

木地節郎『商業集積の立地―小売商業集積の成立と形成―』啓文社、1988

酒巻貞夫『商店街の街づくり戦略』創成社、2008

杉田聡『「買い物難民」をなくせ！：消える商店街、孤立する高齢者』中公新書ラクレ、2013

鈴木出版編集部商店街研究会編『商店街へGo！：社会科見学★ぼくらのまち探検』（全5冊）鈴木出版、2014

鈴木安昭『昭和初期の小売商問題―百貨店と中小商店の角逐』日本経済新聞社、1980

鈴木安昭『日本の商業問題』有斐閣、2001

関満博『まちの自立を支える「仮設商店街」』（震災復興と地域産業 4）新評論、2013

全国商店街を巡る会編『がんばれ！ニッポンの商店街：今と昔の写真でめぐる全国商店街ガイドブック』辰巳出版、2012

竹林庄太郎『都市化と小売商業』ミネルヴァ書房、1972

竹林庄太郎・木地節郎『小売商業経営の研究―商店街の構造分析―』有斐閣、1959

竹本遼太『コンビニ難民―小売店から「ライフライン」へ』中公新書ラクレ、2016

建野堅誠『日本スーパー発達史年表』創成社、1994

田中道雄『商店街経営の研究―潮流・変革・展望』中央経済社、1995

辻井啓作『なぜ繁栄している商店街は1％しかないのか』光文社新書、2013

戸所隆『商業近代化と都市』古今書院、1991

中沢孝夫『変わる商店街』岩波新書、2001

日本流通学会監修、佐々木保幸・番場博之編著『地域の再生と流通・まちづくり』（日本流通学会設立25周年記念出版プロジェクト第1巻）白桃書房、2013
根田克彦『都市小売業の空間分析』大明堂、1999
初田亨『百貨店の誕生』ちくま学芸文庫、1999
服部銈二郎・杉村暢二『商店街と商業地域』古今書院、1974
林周二『流通革命―製品・経路および消費者』中央公論社、1962
原田英生・向山雅夫・渡辺達朗『ベーシック　流通と商業〔新版〕』有斐閣アルマ、2010
久繁哲之介『商店街再生の罠：売りたいモノから顧客がしたいコトへ』ちくま新書、2013
廣田誠・山田雄久・木山実・長廣利崇・藤岡里圭『日本商業史―商業・流通の発展プロセスをとらえる』有斐閣、2017
三浦展『ファスト風土化する日本―郊外化とその病理』洋泉社　新書y、2004
三浦展編著『脱ファスト化宣言―商店街を救え！』洋泉社　新書y、2006
満薗勇『商店街はいま必要なのか―「日本型流通」の近現代史』講談社現代新書、2015
山口あゆみ『名古屋円頓寺商店街の奇跡』講談社＋α新書、2018
矢作敏行『コンビニエンス・ストア・システムの革新性』日本経済新聞社、1994
吉崎誠二『行列ができる奇跡の商店街』青春出版　青春新書、2011
渡辺達朗『商業まちづくり政策―日本における展開と政策評価』有斐閣、2014

〈資料および統計〉
『昭和10年　全国商店街調査資料（全14冊）』（編集復刻版）富士出版、2007-8
『我が国の商業』（経済産業統計協会編および発行）
『日本スーパー名鑑』商業界、1962～（1962～1996年版は『日本スーパーマーケット名鑑』）
『百貨店調査年鑑』ストアーズ編、1962～
『CVSマーケット年鑑』流通企画編、1995～
木下安司編『日本のコンビニ年鑑』ティーシービー、2002

「商業統計」（経済産業省）1952年開始
「商業動態調査」（経済産業省）1953年開始
「商店街実態調査」（中小企業庁）1970年開始

索　　引

あ　行

アイトピア通り（宮城県）‥‥‥‥48
アエル中央商店街（長崎県）‥‥‥290
秋田市中心商店街（秋田県）‥‥‥52
安芸本町商店街（高知県）‥‥‥‥270
アークヒルズ台町（宮城県）‥‥‥47
阿蘇一の宮門前町商店街（熊本県）
　‥‥‥‥‥‥‥‥‥‥‥‥‥‥296
油津商店街（宮崎県）‥‥‥‥‥‥308
アメ横商店街（東京都）‥‥‥‥‥102
阿波池田駅前商店街（徳島県）‥‥252
生駒駅前商店街（奈良県）‥‥‥‥209
石切参道商店街（大阪府）‥‥‥‥195
石畳通り商店街（栃木県）‥‥‥‥78
出雲大社神門通り商店街（島根県）
　‥‥‥‥‥‥‥‥‥‥‥‥‥‥227
伊勢銀座新道商店街（三重県）‥‥173
一条商店街（高知県）‥‥‥‥‥‥269
一宮本町商店街（愛知県）‥‥‥‥167
一番街商店街（福島県）‥‥‥‥‥277
一番街商店街（鹿児島県）‥‥‥‥313
一本杉通り振興会（石川県）‥‥‥130
いづみ町商店街（福井県）‥‥‥‥136
糸魚川中心商店街（新潟県）‥‥‥119
糸満市中央市場（沖縄県）‥‥‥‥319
うえだ原町一番街商店街（長野県）
　‥‥‥‥‥‥‥‥‥‥‥‥‥‥147
魚の棚商店街（兵庫県）‥‥‥‥‥203
魚町銀天街（福岡県）‥‥‥‥‥‥276
宇治橋通り商店街（京都府）‥‥‥185
海野町商店街（長野県）‥‥‥‥‥147
駅前（はまかぜ通り）商店街
　（福井県）‥‥‥‥‥‥‥‥‥‥136
駅前通り商店街（福島県）‥‥‥‥64
えびす通商店街（岡山県）‥‥‥‥233
円頓寺商店街（愛知県）‥‥‥‥‥165
大分市中心商店街（大分県）‥‥‥300
大街道（愛媛県）‥‥‥‥‥‥‥‥262
大垣駅前商店街（岐阜県）‥‥‥‥153
大垣郭町商店街（岐阜県）‥‥‥‥153
大須商店街（愛知県）‥‥‥‥‥‥164
大津百町（丸屋町・菱屋町・長等）
　中心商店街（滋賀県）‥‥‥‥‥176
大手門通り商店街（滋賀県）‥‥‥178
大通り商店街（岩手県）‥‥‥‥‥40
大豊商店街（愛知県）‥‥‥‥‥‥166
大町商店街（岩手県）‥‥‥‥‥‥41
大町商店街（ハチ公通り）（秋田県）
　‥‥‥‥‥‥‥‥‥‥‥‥‥‥‥53
大町商店街（福島県）‥‥‥‥‥‥65
大道銀天街（徳島県）‥‥‥‥‥‥252
大宮駅東側地区（埼玉県）‥‥‥‥88
おしゃれ横丁（神奈川県）‥‥‥‥113
小田原ダイヤ街商店会（神奈川県）
　‥‥‥‥‥‥‥‥‥‥‥‥‥‥‥113
尾道本通り商店街（広島県）‥‥‥240
表町商店街（岡山県）‥‥‥‥‥‥232
オリオン通り商店街（栃木県）‥‥76

か　行

覚王山商店街（愛知県）‥‥‥‥‥165
籠屋町商店街（徳島県）‥‥‥‥‥250
鍛冶町通商店街（静岡県）‥‥‥‥159
勝山本町通り商店街（福井県）‥‥137
金沢市中心商店街（石川県）‥‥‥128
上通商店街（熊本県）‥‥‥‥‥‥294
上古町商店街（新潟県）‥‥‥‥‥116
川之江栄町商店街（愛媛県）‥‥‥263
川端通り商店街（福岡県）‥‥‥‥274

索　　引　339

項目	頁
神田商店街（静岡県）	161
きさいやロード（愛媛県）	265
岸和田駅前通商店街（大阪府）	196
キタ（梅田周辺）（大阪府）	190
北田・大手町商店街（鹿児島県）	313
吉祥寺サンロード商店街（東京都）	105
Qのまち商店街（群馬県）	82
京街道門前通り商店街（滋賀県）	179
京都三条会商店街（京都府）	184
京町商店街（岡山県）	234
京町商店街（高知県）	269
京店商店街（島根県）	226
銀座商店街（東京都）	100
銀天街（愛媛県）	262
銀天街（どんちっちタウン）（島根県）	228
銀天街商店街（岡山県）	234
銀南街商店街（山口県）	245
久遠寺門内商店街（山梨県）	142
熊谷鎌倉町商店街（埼玉県）	91
蔵の街大通り商店街（栃木県）	77
倉吉銀座商店街（鳥取県）	221
グリーンモール商店街（山口県）	246
クレアモール（川越新富町商店街、川越サンロード商店街）（埼玉県）	89
久礼大正町市場（高知県）	270
呉中通商店街（広島県）	239
呉本通商店街（広島県）	239
黒崎駅周辺商店街（福岡県）	276
健軍商店街（ピアクレス）（熊本県）	295
高知市中心商店街（高知県）	268
甲府中央商店街（山梨県）	140
国際通り周辺（沖縄県）	318
九日町商店街（熊本県）	297
コザ十字路・コザ十字路市場（沖縄県）	320
呉服町通り名店街（静岡県）	158
呉服町商店街（佐賀県佐賀市）	282
呉服町商店街（佐賀県唐津市）	284
米屋町商店街（山口県）	244
胡屋十字路・胡屋市場（沖縄県）	320
川越サンロード商店街（埼玉県）	89
川越新富町商店街（埼玉県）	89
権堂商店街（長野県）	146

さ 行

項目	頁
菜園（岩手県）	40
サカエマチ商店街（大阪府）	194
肴町商店街（岩手県）	40
させぼ四ケ町商店街（長崎県）	289
札幌狸小路商店街（北海道）	26
ザ・モール505（茨城県）	72
皿山通り商店街（佐賀県）	283
サンエステひがしまち（福岡県）	278
サンシャイン中央街（長崎県）	291
参道商店街（香川県）	258
山王商店街（山形県）	59
三宮センター街（兵庫県）	200
サンモール一番街（北海道）	28
塩尻大門商店街（長野県）	148
下通商店街（熊本県）	294
下町商店街（熊本県）	297
下吉田商店街（山梨県）	141
十三日町商店街（青森県）	37
十条銀座商店街（東京都）	103
十字路商店街（岩手県）	41
商栄会商店街（奈良県）	211
しょうにん通り商店街（山梨県）	142
商励会商店街（奈良県）	211
白山商店街（佐賀県）	282
新京極商店街（京都府）	182
新宮商店街（和歌山県）	216

新長田地区商店街（兵庫県）……202
新町商店街（青森県）……………34
新町商店街（京都府）……………186
新町商店街（香川県）……………258
末広町商店街（岩手県）…………43
末広通り商店街（群馬県）………84
巣鴨地蔵通り商店街（東京都）…101
住江町商店街（東京都）…………106
諏訪西町商店街（三重県）………171
千石町商店街（富山県）…………122
センター街（岡山県）……………233
総曲輪商店街（富山県）…………122
ソシオ一番街商店街（岡山県）…234

た 行

だいたて商店街（三重県）………170
台町商店街（アークヒルズ台町）
（宮城県）………………………47
大門商店街（北海道）……………27
高岡市中心商店街（富山県）……123
高崎中央ぎんざ商店街（群馬県）‥83
高田本町商店街（新潟県）………118
高梁栄町商店街（岡山県）………235
高松中央商店街（北部）（香川県）256
高松南部商店街（香川県）………257
高柳商店街（三重県）……………173
武雄温泉商店街（佐賀県）………284
多治見ながせ商店街（岐阜県）…155
立町通り商店街（宮城県）………48
館山銀座商店街（千葉県）………95
田辺市中心商店街（和歌山県）…215
田町商店街（山口県）……………247
田町中央通商店街（静岡県）……159
智頭街道商店街（鳥取県）………220
千葉銀座商店街（千葉県）………94
茶町商店街（島根県）……………226
中央商店街（福島県）……………65
中央通り（栃木県）………………78
中央通り（富山県）………………122
中央通り（大分県）………………302

銚子銀座商店街（千葉県）………97
土沢商店街（岩手県）……………42
敦賀市中心商店街（福井県）……135
鶴来町本町通り商店街（石川県）
………………………………130
鶴橋商店街（大阪府）……………193
寺町京極商店街（京都府）………182
寺町通り商店街（三重県）………171
電信通り商店街（北海道）………30
天神橋商店街（高知県）…………269
天神橋筋商店街（大阪府）………192
天神橋筋商店街（奈良県）………210
天神町商店街（島根県）…………226
天文館（鹿児島県）………………312
天理本通り商店街（奈良県）……209
道後温泉商店街（愛媛県）………263
道場門前商店街（山口県）………244
通町商店街（香川県）……………258
常盤町商店街（愛媛県）…………264
徳山銀座商店街（山口県）………245
戸越銀座商店街（東京都）………104
土手町商店街（青森県）…………35
富屋町商店街（香川県）…………258
どんちっちタウン（島根県）……228
トンバイ塀通り商店街（佐賀県）
………………………………283

な 行

長岡中心市街地商店街（新潟県）
………………………………117
中通り商店街（山形県）…………60
中七日町通り（秋田県）…………54
ながはま御坊表参道商店街（滋賀県）
………………………………178
なか町商店街（埼玉県）…………88
中町商店街（長野県）……………147
中町商店街（和歌山県）…………217
中町商店街（佐賀県）……………284
中町商店街（熊本県）……………297
名瀬中央通りアーケード商店街

（鹿児島県）・・・・・・・・・・・・・・・315	福山元町通商店街（広島県）・・・・・239
七日町商店街（福島県）・・・・・・・・・・66	伏見大手筋商店街（京都府）・・・・・184
七日町商店街（山形県）・・・・・・・・・・58	船橋市本町通り商店街（千葉県）・・96
成田山新勝寺門前町（千葉県）・・・・94	ぶらくり丁（和歌山県）・・・・・・・・・214
南京町（兵庫県）・・・・・・・・・・・・・・200	文化通り商店街（福島県）・・・・・・・・64
錦市場商店街（京都府）・・・・・・・・・183	平和通買物公園（北海道）・・・・・・・・29
錦通り商店街（神奈川県）・・・・・・・113	別府ソルパセオ銀座商店街（大分県）
西新商店街（福岡県）・・・・・・・・・・・275	・・・・・・・・・・・・・・・・・・・・・・・・・・301
西新町商店街（徳島県）・・・・・・・・・250	別府やよい銀天商店街（大分県）
西町商店街（富山県）・・・・・・・・・・・122	・・・・・・・・・・・・・・・・・・・・・・・・・・301
日光東町商店街（栃木県）・・・・・・・・79	ポッポ商店街（徳島県）・・・・・・・・・251
二番街商店街（福岡県）・・・・・・・・・277	本町商店街（東京都）・・・・・・・・・・・106
沼津仲見世商店街（静岡県）・・・・・160	本町通り（福島県）・・・・・・・・・・・・・・66
	本町通り商店街（群馬県）・・・・・・・・84
は 行	本通商店街（岡山県）・・・・・・・・・・・233
パセオ470（福島県）・・・・・・・・・・・・64	本町商店街（富山県）・・・・・・・・・・・125
畠町商店街（秋田県）・・・・・・・・・・・・53	本町商店街（和歌山県）・・・・・・・・・217
ハチ公通り（秋田県）・・・・・・・・・・・・53	本町商店街（島根県）・・・・・・・・・・・226
花火通り商店街（秋田県）・・・・・・・・55	本町商店街（岡山県）・・・・・・・・・・・234
浜市アーケード（長崎県）・・・・・・・288	本町商店街（福岡県）・・・・・・・・・・・278
浜の町商店街（長崎県）・・・・・・・・・288	本町商店街（熊本県）・・・・・・・・・・・295
ハミングロード東町（富山県）・・・・125	本町（朝市通り）商店街（石川県）
ハーモニーロード（茨城県）・・・・・・70	・・・・・・・・・・・・・・・・・・・・・・・・・・131
阪神尼崎・三和本通り商店街	本町通商店街（鳥取県）・・・・・・・・・221
（兵庫県）・・・・・・・・・・・・・・・・・202	
ピアクレス（熊本県）・・・・・・・・・・・295	**ま 行**
東一番丁通り（宮城県）・・・・・・・・・・46	マイロード本町商店街（静岡県）
東新町商店街（徳島県）・・・・・・・・・250	・・・・・・・・・・・・・・・・・・・・・・・・・・161
東舞鶴商店街（京都府）・・・・・・・・・187	松尾町商店街（長野県）・・・・・・・・・147
東商店街（サンエステひがしまち）	松阪市中心商店街（三重県）・・・・・172
（福岡県）・・・・・・・・・・・・・・・・・278	豆田町商店街（大分県）・・・・・・・・・302
東向商店街（奈良県）・・・・・・・・・・・208	水木しげるロード周辺商店街
彦根銀座街（滋賀県）・・・・・・・・・・・177	（鳥取県）・・・・・・・・・・・・・・・・・223
飛驒高山中心商店街（岐阜県）・・・・154	南一番街（群馬県）・・・・・・・・・・・・・・85
日立駅周辺商店街（茨城県）・・・・・・71	みなみ銀座商店街（山口県）・・・・・245
氷見比美町商店街（富山県）・・・・・124	南三陸さんさん商店街（宮城県）・・49
広小路商店街（京都府）・・・・・・・・・186	ミナミ（なんば・心斎橋周辺）
広島本通商店街（広島県）・・・・・・・238	（大阪府）・・・・・・・・・・・・・・・・・191
福井市中心商店街（福井県）・・・・・134	南町商店街（茨城県）・・・・・・・・・・・・70
福山本通商店街（広島県）・・・・・・・239	都通り商店街（北海道）・・・・・・・・・・28

都城中央通り（宮崎県）‥‥‥‥‥306
宮崎市中心商店街（宮崎県）‥‥‥306
宮下銀座商店街（茨城県）‥‥‥‥70
宮町商店街（静岡県）‥‥‥‥‥‥161
みやのかわ商店街（埼玉県）‥‥‥90
みゆき通り商店街（兵庫県）‥‥‥204
みよし本通り商店街（広島県）‥‥241
向田商店街（鹿児島県）‥‥‥‥‥314
六ツ門商店街（福岡県）‥‥‥‥‥277
もちいどのセンター街（奈良県）
　‥‥‥‥‥‥‥‥‥‥‥‥‥‥208
元魚町商店街（岡山県）‥‥‥‥‥234
元町商店街（神奈川県）‥‥‥‥‥110
元町商店街（兵庫県）‥‥‥‥‥‥200
元町高架下商店街（兵庫県）‥‥‥201
森岳商店街（長崎県）‥‥‥‥‥‥291

や　行

柳ケ瀬商店街（岐阜県）‥‥‥‥‥152
柳町商店街（秋田県）‥‥‥‥‥‥53

山下新天街商店街（宮崎県）‥‥‥307
ユーグレナ・モール（沖縄県）‥‥321
ゆげ街道商店街（石川県）‥‥‥‥129
湯の出町商店街（石川県）‥‥‥‥129
湯の本町商店街（石川県）‥‥‥‥129
夢京橋キャッスルロード（滋賀県）
　‥‥‥‥‥‥‥‥‥‥‥‥‥‥177
宵田商店街（兵庫県）‥‥‥‥‥‥205
横須賀本町どぶ板通り商店街
　（神奈川県）‥‥‥‥‥‥‥‥‥111
米子本通り商店街（鳥取県）‥‥‥222

ろ　行

六角橋商店街（神奈川県）‥‥‥‥111

わ　行

わいち商店街（石川県）‥‥‥‥‥131
若桜街道商店街（鳥取県）‥‥‥‥220

編著者・執筆者一覧

● 編著者 ●

正 木 久 仁　大阪教育大学名誉教授
杉 山 伸 一　大阪学院大学商学部

● 執筆者 ●（五十音順、［　］は執筆担当箇所）

河 合 保 生　ノートルダム清心女子大学文学部［鳥取県、島根県、岡山県、山口県］
佐 野 勝 敏　山梨県市川三郷町立市川中学校［山梨県］
杉 山 伸 一　大阪学院大学商学部［第Ⅰ部、北海道、茨城県、栃木県、群馬県、東京都、神奈川県、岐阜県、静岡県、滋賀県、大阪府、兵庫県、福岡県、長崎県］
中 山 昭 則　別府大学国際経営学部［佐賀県、大分県］
中 山 穂 孝　川村学園女子大学生活創造学部［埼玉県、千葉県、宮崎県、鹿児島県］
南 波　　純　山形県鶴岡市立鶴岡第一中学校［青森県、山形県］
西 岡 尚 也　大阪商業大学公共学部［沖縄県］
林　　紀代美　金沢大学人間社会研究域［富山県、石川県、福井県］
正 木 久 仁　大阪教育大学名誉教授［第Ⅰ部、岩手県、宮城県、秋田県、福島県、愛知県、三重県、京都府、奈良県、和歌山県、徳島県、香川県、愛媛県、高知県、熊本県］
松 木 駿 也　長野県塩尻志学館高等学校［新潟県、長野県］
米 井 悠 人　九州産業大学付属九州高等学校［広島県］

● 地図作成協力 ●

谷 口　　博　大阪学院大学大学院生

47都道府県・商店街百科

令和元年7月10日　発　行

編著者　　正　木　久　仁
　　　　　杉　山　伸　一

発行者　　池　田　和　博

発行所　　丸善出版株式会社
　　　　　〒101-0051　東京都千代田区神田神保町二丁目17番
　　　　　編　集：電話(03)3512-3264／FAX(03)3512-3272
　　　　　営　業：電話(03)3512-3256／FAX(03)3512-3270
　　　　　https://www.maruzen-publishing.co.jp

© Hisahito Masaki, Shinichi Sugiyama, 2019

組版印刷・富士美術印刷株式会社／製本・株式会社 星共社

ISBN 978-4-621-30409-9　C 0525　　　　　　Printed in Japan

JCOPY〈(一社)出版者著作権管理機構　委託出版物〉
本書の無断複写は著作権法上での例外を除き禁じられています．複写される場合は，そのつど事前に，(一社)出版者著作権管理機構(電話03-5244-5088, FAX 03-5244-5089, e-mail：info@jcopy.or.jp)の許諾を得てください．

【好評既刊書】

47都道府県・**伝統食百科** ISBN 978-4-621-08065-8
47都道府県・**地野菜/伝統野菜百科** ISBN 978-4-621-08204-1
47都道府県・**魚食文化百科** ISBN 978-4-621-08406-9
47都道府県・**伝統行事百科** ISBN 978-4-621-08543-1
47都道府県・**こなもの食文化百科** ISBN 978-4-621-08553-0
47都道府県・**伝統調味料百科** ISBN 978-4-621-08681-0
47都道府県・**地鶏百科** ISBN 978-4-621-08801-2
47都道府県・**肉食文化百科** ISBN 978-4-621-08826-5
47都道府県・**汁物百科** ISBN 978-4-621-08947-7
47都道府県・**和菓子/郷土菓子百科** ISBN 978-4-621-08975-0
47都道府県・**乾物/干物百科** ISBN 978-4-621-30047-3
47都道府県・**くだもの百科** ISBN 978-4-621-30167-8
47都道府県・**妖怪伝承百科** ISBN 978-4-621-30158-6
47都道府県・**米/雑穀百科** ISBN 978-4-621-30182-1　　※定価(本体3,800円＋税)

ISBN 978-4-621-30180-7

ISBN 978-4-621-30295-8

ISBN 978-4-621-30224-8

ISBN 978-4-621-30122-7

ISBN 978-4-621-08996-5

ISBN 978-4-621-08761-9